정치사상의 이해 I
근대편

정치사상의 이해 I
근대편

폴 슈마커 · 드위트 키엘 · 토마스 헤일케 지음

양길현 옮김

저자 서문

정치적 공동체 특히 경제와 정부를 어떻게 조직해야 할 것인가? 누가 지배해야 하는가? 시민으로서 우리의 권리와 의무는 무엇인가? 정부 권위는 무슨 목적을 위해서 활용되는가? 정의로운 사회에서는 다양한 상품들을 어떻게 분배해야 하는가? 사회변화는 얼마나 필요하며 그러한 변화는 어떻게 해야 가장 잘 확보되는가? 이러한 것들은 정치의 '큰 쟁점들'이자 '항구적인 문제들'이다. 이러한 문제들을 명확하게 다루기 위해서는 이러한 질문들에 대한 대답으로서 제시된 '위대한 사상'들을 이해할 필요가 있다. 이러한 질문들에 대해 깊이 생각을 하려면, 제시된 대답들의 철학적 기반이 무엇인지를 알아둘 필요가 있다. 특정의 '위대한 사상들'은 우주와 사회, 인간본성, 정치적 지식에 대한 어떤 개념을 전제로 삼고 있는가? 정치에 관한 큰 쟁점들, 이러한 쟁점들에 대한 대답으로서 제시되는 위대한 사상, 그리고 이러한 사상의 철학적 기반들에 대해서 생각하는 것이 정치이론과 철학의 주된 영역이다.

정치이론과 철학을 가르치는 필자들로서는 다양한 이데올로기들을 검토하는 것이 학생들로 하여금 이러한 문제들에 대해 생각을 하도록 하는 가장 좋은 방법이라고 생각한다. 정치 이데올로기는 정치생활을 이해하고 평가하는 '거대한 도식'이다. 이데올로기는 특정의 이데올로기적 쟁점 각각에 대해 대답을 제시한다. 이데올로기는 우주와 사회, 인간본성, 정치적 지식에 대해 명시적이든 암묵적이든 그 나름의 가정을 갖고 있다. 이데올로기는 체계적으로 상호 연관되어 있으며, 최소한 그래야 한다. 이데올로기의 개념들은 정치에 대한 가장 근본적인 쟁점들을 다루고 있고 또 일관되게 구조화되어 있기 때문에 정치공동체가 어떻게 작동할는지 그리고 보다 이상적인 공동체는 어떠해야 하는지에 대해서 '큰 그림'을 제공해 준다.

정치 이데올로기는 정치의 큰 쟁점들에 대해 유용한 안내를 제공해 줄 수 있는데, 왜냐하면 학생들이 이데올로기에 익숙해 있기 때문이다. 학생들은 정치 지도자들이 특정의 이데올로기를 신봉하고 있음을 알 뿐만 아니라 자신들이 보고 듣는 논평들이 이데올로기적 편견을 반영하고 있음도 감지하고 있다. 그들은 이데올로기들이 '실제 세계'에서도 중요한 역할을 한다고 생각하는데 그것은 일면 타당하기도 하다. 왜냐하면 정부가 추구하는 정책이 지배적인 이데올로기적 정향을 반영할 뿐만 아니라 새로운 이데올로기의 출현은 중요한 사회적 변화를 가져올 수 있기 때문이다. 이데올로기가 중요하다고 생각할 때 학생들은 이를 더 잘 이해하길 바라게 될 것이다.

정치 이데올로기를 보다 잘 이해하는 것은 대부분의 정치학은 물론이고 여타의 사회과학 분야의 더 넓은 교과과정에서 중요하다. 정치, 사회, 경제에 대한 많은 교과와 교재들은 다양한 이데올로기적 관점에서 끄집어 온 개념과 이론들을 소개한다. 제도적 장치, 정책선택 그리고 역사적 사건과 현행의 사건들 모두가 다 전형적으로 경쟁적인 이데올로기적 관점에 의해 분석된다. 이러한 분석에 깔려있는 전제들은 학생들이 이미 다양한 이데올로기 사이의 구별을 제대로 이해하고 있다는 것이다. 그러나 우리들의 경험에 의하면, 이러한 가정은 왕왕 잘못된 것일 수가 많다. 예를 들면 학생들은 고전적 자유주의와 현대 자유주의 혹은 마르크스주의와 공산주의 그리고 민주사회주의를 구별하지 못하는 경우가 적지 않다. 정치학과 사회과학 교과과정을 통해서 보다 명확하고 초점이 잡힌 논의 과정을 다루기 위해서는 다양한 정치사상들의 철학적 기반에 대해 주의를 기울일 필요가 있다.

　이데올로기적 전망은 항상 변화하며, 아마도 최근처럼 그렇게 극적으로 변화한 적이 없을 것이다, 소연방의 붕괴는 통상 마르크스주의와 공산주의가 더 이상 매력적인 이데올로기가 아님을 보여주는 것으로 간주되고 있다. 이러한 이데올로기 또는 이들 가운데 어느 일부분은 여전히 오늘날에도 연관이 있는가? 레이건-부시 시대에 많은 미국인들은 자신들의 이데올로기적 견지에서 심대한 변화를 경험했는가 하면, 자유주의도 대중들에 대한 호소력을 많이 상실하고 있는 것 같아 보인다. 오늘날의 자유주의자들은 거대한 관료적 정부와 많은 납세를 인정하는 자유주의의 인기 없는 이미지에 대해서 어떤 형태의 매력적이고 일관된 수정을 제시하고 있는가? 종교적 근본주의, 환경주의, 여성주의와 같은 다양한 신생 이데올로기들이 점점 더 대중의 주목을 받고 있다. 이들은 잘 짜여진 이데올로기들인가? 그리고 이들은 공산주의와 자유주의 그리고 보수주의가 20세기에 가졌던 것과 같은 그런 정치적 영향력을 21세기에 발휘할 수 있을 만큼 매력적인가? 이 책은 부분적으로는 변화하는 이데올로기적 조망과 이데올로기적 변혁에 의해 제기된 문제들을 다루고 있다.

　학문적으로 볼 때 이 책과 이데올로기를 다루는 다른 책 사이의 가장 중요한 차이는 우리가 각각의 이데올로기를 분석함에 있어서 단일의 분석틀을 사용하고 있다는 점이다. 우리들은 잘 조직화된 이데올로기 설명을 통해 이데올로기 사이의 비교론적 분석을 용이하게 하려는 의도를 갖고 있다. 우리들은 다음과 같은 12개의 일반적 질문에 대한 대답과 관련하여 각각의 이데올로기의 옹호자들이 어떤 사상을 제공하고 있는지를 밝히고자 한다.

1. 문제점: 이데올로기 가장 긴급하게 다룰 필요가 있는 정치적·경제적·사회적 문제는 무엇인가?
2. 목표: 이데올로기가 성취해야 할 가장 중요한 정치적·경제적·사회적 목표는 무엇인가?
3. 구조: 정치공동체는 어떻게 조직되며 또 어떻게 조직되어야 하는가?
4. 시민권: 시민의 권리와 책임은 무엇이어야 하는가?
5. 통치자: 누가 사회를 통치하고 누가 사회를 통치해야 하는가?
6. 권위: 정부의 권위는 어떤 목적을 위해 사용되며 어떤 목적으로 사용되어야 하는가 그리고 어떤 목적으로는 사용되지 말아야 하는가?
7. 정의: 사회적 재화는 어떻게 분배되며 또 어떻게 분배되어야 하는가?
8. 변화: 변화는 얼마나 필요하며 그리고 어떻게 하면 그러한 변화를 최대로 실현할 수 있는가?
9. 인간본성: 인간본성의 근본적 특성은 무엇인가?
10. 사회: 사회의 기본적 특성은 무엇인가?
11. 존재론: 궁극의 실재는 무엇이고 세계에서 변화의 궁극적 원인은 무엇인가?
12. 인식론: '선한' 정치생활에 대해 신뢰할 수 있는 지식은 획득 가능한가 그리고 그러한 지식은 어떻게 하면 가장 잘 얻을 수 있거나 접근할 수 있는가?

이 책에서 우리들은 12개의 이데올로기를 논의하고 있다. 우리들은 각각의 이데올로기를 위해서 이데올로기 주창자들이 이러한 문제들에 대해 어떻게 대답하는지를 알려주는 절을 제공하고 있다. 그러한 분석틀은 직접적인 비교를 통해 경쟁적인 이데올로기의 사상들을 분석하고 평가하는 데 도움을 줄 것이다. 우리들은 첫째 경쟁적인 이데올로기 사상들을 비교함으로써, 둘째 이데올로기의 호소력 있는 원칙들이 다른 사상이나 또는 덜 호소력 있는 사상과 어떻게 논리적으로 연관되는지를 보여줌으로써, 셋째 이들 사상의 철학적 기반을 천착함으로써, 학생들의 이해와 분석이 증진될 것이라고 믿는다.

또한 우리들은 다양한 이데올로기들을 그들의 역사적 발전을 반영하는 방식으로 제시하고 있다. 제1부에서 우리들은 최초의 이데올로기인 고전적 자유주의 또는 민주적 자본주의로부터 시작하여 19세기의 주요 이데올로기를 설명하고 있다. 고전적 자유주의에 대한 반응이자 대안으로서 전통적 보수주의, 무정부주의, 마르크스주의가 제시된다. 제2부에서 우리들은 20세기 주요 전체주의적 이데올로기인 공산주의와 나치즘, 파시즘을 설명한다. 나치즘과 파시즘은 이들 간의 차이에 주목하면서도 동시에 이들 간의 공통점을 강조하기 때문에 하나의 장에 포함시키고 있다. 제3부에서 우리들은 20세기 주요 민주적 이데올로기를 다룬다. 여기서 우리들은 고전적 자유주의의 최소정부 원칙이 어떻게 현대 자유주의에서는 강한 국가 원칙으로 변형되는지를 살펴보게 될 것이다. 우리들은 마르크스주의의 혁명적 이데올로기가 어떻게 민주적 사회주의를 특징짓는 점진적인 사상으로 수정되는지도 보게 될 것이다. 또한 우리들은 현대 보수주의가 어떻게 고전적 자유주의와 전통적 보수주의 사상을 수용하고 조화를 이루려고 하는지 그리고 20세기에 지배적이었던 국가중심적인 이데올로기들의 맹공에 대항하여 어떻게 이들 고전적 자유주의와 전통적 보수주의를 옹호하고 있는지를 논의하게 될 것이다. 제4부에서 우리들은 점차 지배적인 영향을 미치고 있는 3개의 신생 이데올로기에 대해 논의하게 될 것인데, 종교적 근본주의, 환경주의, 여성주의가 그것이다.

20세기 말 무렵이면 제1, 2, 3부에서 설명되는 이데올로기들에 대해 대안적 입장을 취하는 많은 목소리들이 불거져 나왔다. 자유지상주의와 공동체지상주의가 많은 정치이론가들과 철학자들 사이에서 널리 논의되었고 특히 미국의 대학에서 더욱 인기를 모았다. 흑인 분리주의가 많은 아프리카계 미국인들의 정치적 의사 표현으로 등장하였다. 해방신학은 라틴아메리카의 변화를 요구하는 강력한 목소리였다. 지구 곳곳에서 다양한 형태의 민족해방운동이 나름대로의 독특한 원칙을 표방하면서 출현하였다. 이들 새로운 목소리 가운데 우리는 근본주의, 환경주의, 여성주의에 초점을 맞추게 될 것인데, 그 이유는 이들 이데올로기들이 다른 이데올로기들과는 다른 독특한 이념 체계를 제공해 주고 있기 때문이다. 유대교, 기독교 그리고 이슬람교 근본주의는 신의 전지전능에 대한 인간의 믿음이 얼마나 광범한지를 보여주고 있으며, 그 결과 인간이 신의 의지와는 무관한 방식으로 세상을 이해하고 통제할 수 있다고 보는 이데올로기와는 달리 생각하는 정치적 식견이 얼마나 매력적인 것인지를 일깨워 주고 있다. 환경론자들은 지구상에 거주하는 많은 종들 가운데 인간은 그 하나일 뿐이라는 점을 일깨워주면서 다른 대부분의 이데올로기들은 인간중심적인 데에 치우쳐 있어서 인간의 목적을 위해서 자연환경을 훼손하는 것을 정당화시켜 주고 있다고 주장한다. 여성론자들은 대부분의 다른 이데올로기들이 남성중심적임을 역설하고 있다. 이들 남성 중심적 이데올로기들은 대개의 경우 남성들에 의해서 개발되었으며 그렇기 때문에 여성의 관심 사항을 적절히 반영하지 못하고 있다는 것이다.

　근본주의, 환경주의, 여성주의의 중요성에도 불구하고 우리들은 다른 이데올로기들을 다룰 때만큼의 깊이로 이들 이데올로기들의 견해들을 분석하지 못하고 있다. 이들 이데올로기들과 관련한 많은 문헌들이 우리들이 지금 막 통합시키려고 하고 있는 각각의 시각들 안으로 최근에야 들어왔기 때문이다. 이들 문헌들에 대한 우리들의 제한된 섭렵 탓인지도 모르지만, 근본주의, 환경주의, 여성주의 내의 정치적 원칙들에 대해서 의견이 일치하지 않는 경우가 많고 또 철학적 원칙에 대해서도 충분하게 관심을 표명하지 않고 있기 때문에 이들 이데올로기들이 충분히 개발된 것으로 보기가 어렵다는 게 우리들의 판단이다. 그렇다고 이것이 마치 이들 이데올로기 내에 또는 이들 이데올로기와 관련하여 어떤 중요한 이론적 내지는 철학적 저술들이 없다는 얘기는 아니다.

반대로 이들 견해들을 '신진' 이데올로기로 명명할 수 있도록 하는 저술들이 존재하며 그리고 이들 저술들을 통해서 궁극적으로 '충분히 성숙된' 이데올로기로 발전해 나갈 수 있는 토대를 갖추고 있다. 그래서 우리들은 근본주의, 환경주의, 여성주의가 일부 학자들의 주장과는 달리 기존 이데올로기에 통합될 수 있는 사회운동을 넘어서서 명백한 이데올로기적 대안으로서 떠오를 가능성이 크다고 생각한다. '충분히 발전된' 이데올로기들을 설명하기 위해서 채택했던 우리들의 설명틀 내에서 근본주의, 환경주의, 여성주의 각각의 주장들을 제시함으로써, 우리들은 이들의 주장들을 분석하거나 그 주장을 명확히 하는 데 기여하고 그럼으로써 이들 이데올로기들의 발전에 도움이 되기를 희망하고 있다.

우리들은 또한 이 책에서 채택했던 몇 가지 협의 사항을 제시하고자 한다. 가장 중요한 것으로서 우리들은 각각의 이데올로기들을 그 주창자들의 시각에서 보여주고자 했다. 이데올로기는 보통 부정적인 것으로 간주되고 또 이데올로기에 관한 책들은 자신들이 설명하고자 하는 이데올로기를 비판하는 데 치중하는 경향이 있다. 우리들은 이데올로기에는 사태를 왜곡하는 등의 문제점이 있다는 것에 동의하며 모든 이데올로기들은 각각의 한계를 지니고 있다고 생각한다.

그럼에도 불구하고 우리들은 학생들이 어떤 이데올로기나 사상을 효과적으로 평가하기 이전에 먼저 그 이데올로기를 이해하는 첫 번째 단계는 우선 그 이데올로기의 세계관 속으로 들어가 보는 것이라고 생각한다. 물론 학생들이 이데올로기들을 평가해야 한다는 것은 두말할 필요가 없다. 그래서 제1장에서 우리들은 이데올로기 평가과정에서 유용할 수 있는 기준을 제시하고 있으며 또 각각의 이데올로기에 대한 우리들의 논의의 결론에서 평가적 논평과 의문점을 제시하고 있다. 또한 우리들은 어떤 사상들에 대한 어려움이 무엇인지를 알려주고 이들 각각의 사상들을 비판하는 자료들을 제공하기 위해 때때로 각주를 활용한다. 그러나 이들 고안들은 학생들로 하여금 스스로 생각하도록 하기 위한 것이지 학생들의 판단을 우리들의 판단으로 대치하기 위한 데 있지 않다.

또 하나 우리들의 협의 사항은 '설명상자'를 제공하는 것이다. 각각의 이데올로기에 대해서 우리들은 설명상자를 만들어 각각의 이데올로기 전통에 대한 주요 기여자들의 이름을 그들의 저술과 함께 담고 있다. 우리들의 의도는 모든 것을 망라한 목록을 제공하기보다는 이데올로기를 설명함에 있어서 누구의 생각을 주로 개진하고 있는지를 보여주기 위한 데에 있다. 우리들의 설명상자는 우리들의 설명틀 내에는 잘 들어맞지 않지만 중요하고 흥미 있는 생각들을 다듬고 그 연관성을 들어내 보여주려는 목적을 갖고 있다.

마지막 협의 사항은 각각의 이데올로기 전통에서 중요한 사상을 대표하는 용어를 돋보이도록 하기 위해서 고딕체로 표기하기로 하였다. 이들 용어들은 정치이론과 정치학을 공부하는 학생들이라면 꼭 알아두어야 할 개념이라고 하겠다. 이 책 말미에 붙여진 용어해설은 이들 용어들에 대해 간단히 개념정의하고 있지만, 우리 학생들에게 다음의 사항을 강조해 둘 필요가 있겠다. 즉, 이들 용어들이 대변하고 있는 사상들을 잘 이해하기 위해서는 이러한 간단한 정의들을 기억하는 것으로는 부족하고 이들 각각의 이데올로기들에 들어 있는 보다 넓은 사상체계와 연관하여 그 중요성을 파악할 필요가 있다.

우리들이 이 책을 쓰는 과정에서 많은 사람에게 빚을 졌다. 가장 큰 빚은 이 책에 적정하면서도 정확하게 반영되어 있고 또 이러한 '대논쟁'에 기여한 바 있는 모든 사람들에게 있다. 우리들은 정치 이론과 철학에 대한 우리들의 관심을 불러일으키고 이를 이해하는 데 도움을 주었던 우리들의 은사들에게 빚지고 있다. 맥갈리스터(Lester McAlister), 파울러(Booth Fowler), 필즈(Eldon Fields), 세드귁(Jeff Sedgwick), 마인저(Lewis Mainzer), 쿠퍼(Barry Cooper), 플라나간(Thomas Flanagan), 길레스피(Michael Gillespie) 그리고 파렐(Anthony Parel)이 그 분들이다. 우리들은 질문을 통해서 우리들 자신의 이해를 깊게 해 주는가 하면 논평을 통해 유용한 통찰을 제공해 주었던 우리들 학생들에게도 고마움을 느낀다. 특히 이 책 집필 동안 직간접으로 지원을 아끼지 않은 우리들의 아내들, 진 슈마커(Jean Schumaker), 찰레네 스티나르드(Charlene Stinard), 타라 헤일케(Tara Heilke)에게 감사의 뜻 전한다. 그들과 많은 사람들이 이 책의 일부 내지는 전부에 대해 논평을 해 주었다. 우리들은 또한 유용한 도움을 준 브리추(David Brichoux), 브루너(Cryss Brunner), 거너(Deborah Gerner), 구스타프손(Peter Gustafson), 켈리(Marisa Kelly), 쿠르휘르스트(Rob Kurfirst), 팔레이(Nicholas Paley)에게 고마운 뜻 전하고 싶다. 또한 우리들은 유익한 제안을 해준 다음의 논평가들을 잊지 못할 것인데, 코크란(Clarke Cochran, Texas Tech University), 에반스(Gill Evans, University of Tennessee-Knoxville), 가너(William Garner, University of Southern Illinois), 기본스(Michael Gibbons, University of South Florida), 그릭스비(Ellen Grigsby, University of New Mexico), 하베이(Michael Harvey, Colorado State University), 자르디네(Murray Jardine, Louisiana State University), 마르티네즈(Tim Martinez, Northern Arizona University), 마타레세(Susan Mataresse, University of Louisville), 미드(Walter Mead, Illinois State University), 넬슨(John Nelson, University of Iowa), 오미아라(Patrick O'Meara, Indiana University), 티엘레(Leslie Thiele, University of Florida)가 그분들이다.

폴 슈마커(Paul Schumaker)
드위트 키엘(Dwight C. Kiel)
토마스 헤일케(Thomas W. Heilke)

정치사상의 이해 I · 근대편

차례

저자 서문 | 5

제1장 정치사상과 이론 그리고 이데올로기 | 17
- Ⅰ. 정치, 정치이론, 이데올로기 20
- Ⅱ. 이데올로기의 역사 38
- Ⅲ. 다양한 이데올로기를 평가하기 48
- Ⅳ. 다양한 이데올로기를 설명하는 틀 52
- Ⅴ. 이데올로기의 기능 73
- Ⅵ. 요약과 결론 82

제2장 고전적 자유주의 | 85
- Ⅰ. 정치적 기반 88
- Ⅱ. 철학적 기반 96
- Ⅲ. 실질적인 정치적 원칙 112
- Ⅳ. 요약과 결론 142

제3장 전통적 보수주의 | 145
- Ⅰ. 정치적 기반 149
- Ⅱ. 철학적 기반 161
- Ⅲ. 실질적인 정치적 원칙 173
- Ⅳ. 요약과 결론 187

제4장 무정부주의 | 189

I. 정치적 기반 196
II. 철학적 기반 205
III. 실질적인 정치적 원칙 217
IV. 요약과 결론 239

제5장 마르크스주의 | 243

I. 정치적 기반 251
II. 철학적 기반 258
III. 실질적인 정치적 원칙 281
IV. 요약과 결론 302

제6장 공산주의 | 305

I. 정치적 기반 310
II. 철학적 기반 320
III. 실질적인 정치적 원칙 331
IV. 요약과 결론 351

제7장 파시즘과 나치즘 | 353

I. 정치적 기반 357
II. 철학적 기반 367
III. 실질적인 정치적 원칙 384
IV. 요약과 결론 403

용어해설 | 405 참고문헌 | 431
색인 | 459 역자후기 | 466

정치사상의 이해 II · 현대편

제 8장　현대 자유주의
Ⅰ. 정치적 기반　Ⅱ. 실질적인 정치적 원칙　Ⅲ. 철학적 기반　Ⅳ. 요약과 결론

제 9장　민주사회주의
Ⅰ. 정치적 기반　Ⅱ. 실질적인 정치적 원칙　Ⅲ. 철학적 기반　Ⅳ. 요약과 결론

제10장　현대 보수주의
Ⅰ. 정치적 기반　Ⅱ. 실질적인 정치적 원칙　Ⅲ. 철학적 기반　Ⅳ. 요약과 결론

제11장　근본주의
Ⅰ. 정치적 기반　Ⅱ. 철학적 기반　Ⅲ. 실질적인 정치적 원칙　Ⅳ. 요약과 결론

제12장　환경주의
Ⅰ. 정치적 기반　Ⅱ. 철학적 기반　Ⅲ. 실질적인 정치적 원칙　Ⅳ. 요약과 결론

제13장　여성주의
Ⅰ. 정치적 기반　Ⅱ. 철학적 기반　Ⅲ. 실질적인 정치적 원칙　Ⅳ. 요약과 결론

제14장　이데올로기를 넘어서
Ⅰ. 정치에 대한 지적인 이해의 수준　Ⅱ. 이데올로기적 선입견에 대한 문제제기
Ⅲ. 정치과학　Ⅳ. 정치철학　Ⅴ. 정치평가　Ⅵ. 요약과 결론

제1장

정치사상과 이론 그리고 이데올로기

텔레비전 채널을 여기저기로 돌리다 보면 국가의 상태에 대한 분석을 제시하는 '뉴스앵커들'을 자주 만나게 된다. 라디오 다이얼을 돌리면서 귀 기울여 보면 사회문제라든가 경제 그리고 정부에 대한 견해를 전달하고 있는 수많은 시사토론자와 전화연결 평자 그리고 초빙 논평가들의 얘기를 듣게 된다. 신문과 잡지를 보면 다양한 관점에서 최근의 사건들을 해설하는 논평과 사설을 접하게 된다. 정치학뿐만 아니라 어떤 인문학 강의를 들어 보라. 그러면 그 교수들은 인간의 조건과 공동체 생활에 대한 논의로부터 시작할 것이다. 이런 저런 많은 논의들과 행동을 접하게 될 때마다 여러분들은 복잡하고 혼란스러운 정치적 개념들을 만나게 될 것이다.

정치에 대해서 많은 사상들이 존재하지만 이들 모두가 다 똑같이 중요한 것은 아니다. 많은 정치적 개념들은 유동적인 정치적 사건들이나 쟁점 또는 정치적 인물들을 다루지만, 위대한 정치사상은 정치 공동체의 보다 지속적인 문제들에 관심을 갖는다. 위대한 정치사상은 사람들이 어떻게 평화와 번영을 이루면서 살아가는지를 묘사하고 설명하거나 또는 어떻게 하면 평화와 번영을 보다 많이 확보할 수 있는지를 제시해 준다.

이들 사상들은 우리들의 공동체가 어떻게 구성되는지 혹은 어떻게 구성되어야 하는지를 말해 준다. 이들은(아마도 숨겨져 있을 테지만) 사회의 통치자가 누구인지 그리고 보다 이상적이고 좋은 사회에서는 누가 통치해야 하는지를 밝혀 준다. 이들은 정부가 그들의 권력을 어떻게 활용하고 남용하는지를 알려주고 또 언제 정부의 권위가 사용되어야 하는지를 제시해 준다. 이들은 시민의 자유와 의무에 대해서 얘기하며 시민들의 권리와 의무를 확장하거나 제한할 것을 제안한다. 이들은 부와 권력, 지위와 같은 다양한 사회적 재화들이 어떻게 분배되고 있는가를 말해 주고 이러한 재화들의 공정한 분배를 주장한다.

텔레비전과 라디오의 시사토론, 신문의 논평과 사설, 오늘날의 인문과학의 교육과정을 보면 모두가 위대한 정치사상을 둘러싸고 일반 시민들 사이에서 뿐만 아니라 전문가로 지칭되는 사람들 사이에서도 광범한 의견불일치가 존재함을 보여주고 있다. 사람들은 평화와 번영을 어떻게 달성할 것인가에 대해서 다른 생각을 갖고 있으며, 누가 통치해야 할 것인가에 대해서도 다른 생각을 하고 있다. 그들은 권위라든가 자유, 정의, 다른 정치적 개념들에서 그 의미와 필요조건들에 대해 의견을 달리한다. 혹은 최소한 그들은 각기 다른 생각을 하고 있는 것 같아 보인다.

아마도 가장 위대한 정치적 개념은 정치와 관련된 위대한 사상에 대해 합의가 가능하다는 것일 게다. 수천 년 동안 인류는 정치적 진실의 세계, 즉 평화와 번영 그리고 정의를 제공하고 다른 인간의 소망을 충족시켜 주는 방식에서 어떻게 질서를 유지하고 공동체를 통치해 나갈 것인지에 대해 확실한 지식을 갖고 있는 세계를 꿈꾸어 왔다. 고대 그리스 사람들, 특히 소크라테스(Socrates, ca. 470-399 B.C.E.), 플라톤(Plato, ca. 427-346 B.C.E.), 아리스토텔레스(Aristotle, 384-322 B.C.E.)는 정치적 진실을 추구하는 데 관심을 갖고 있는 학문으로서 정치철학을 정립시켰다. 그 이후의 인류역사를 통해 '위대한 사상가들'은 정치적 진실에 대해 다양한 접근을 제시해 왔다. 그러나 정치적 진실에 대한 탐구를 진지하게 고심해 온 많은 사람들에게 이러한 탐구는 실패하였으며, 또 항상 실패할 것임에 틀림없다.[1] 많은 경우 확실한 정치적 지식을 얻으려 한다거나 또는 어떤 정치사상이 최선의 것인지에 대해 폭넓은 합의를 얻으려는 꿈은 실현되지 않았다.

그러나 한편으로 이러한 주장은 너무 조급한 것일 수도 있다. 어쩌면 언론이나 또는 인문학의 교육과 교과과정에서 명백히 나타나고 있는 바와 같이 정치사상에 대한 의견의 불일치를 강조하는 것은 인류가 모든 것에서 점차로 의견의 일치를 보이고 있는 몇 가지 근본적이고 심오한 진리들을 무시한 채 우리들의 다른 견해 차이를 과장하고 있는 것인지도 모른다. 그리고 아마도 정치가들은 순간적인 당파적 이득을 획득할 목적으로 "잘못된 선택과 인위적인 양극화"를 불필요하게 조장하고 있는지도 모른다.[2] 그래서 아마도 정치생활에 대한 근본적인 진리들은 발견되어 왔고 이러한 사상들에 대한 보편적인 인식과 모든 곳에서의 점진적인 실현을 가능하게 하는 방식으로 역사적 과정들이 밝혀지고 있다.[3]

정치에 대한 위대한 사상을 이해하고 이러한 사상들에 대해 합의를 이루는 것이 가능한가를 알아보기 위해서는 시사토론이라든가 현재의 사건들에 대한 언론의 관심, 또는 미국의 교육을 지배하고 있는, 이른바 정치적 진리의 획득이 가능한가에 대한 회의로부터 한발 뒤로

---

1) 예를 들면 Judith Shklar, *After Utopia: The Decline of Political Faith* (Princeton: Princeton University Press, 1957) 참조.
2) E. J. Dione, *Why Americans Hate Politics* (New York: Simon and Schuster, 1991), p. 15.
3) Francis Fukuyama, *The End of History of the Last Man* (New York: Avon Books, 1992).

물러나는 것이 필요하다. 정치의 특성 그 자체를 살펴보고 정치사상을 연구하는 것이 요청된다는 것이다.

I. 정치, 정치이론, 이데올로기

1. 정치

'정치'는 보통 위대한 정치사상과 관련한 합의를 이끌어 내는 것이 가능한가라는 우리들의 문제에 대해 대답을 미리 전제하는 방식으로 정의된다. 지도적인 한 정치철학자에 따르면,

> 정치는 진실이 알려져 있지 않거나 혹은 아직까지 알려져 있지 않은 분야에 대해서만 관심을 갖는다. 우리들은 어느 것이 가장 좋은 소아마비 백신이라든가 이상적인 우주왕복선에 대한 품질조사를 위해 투표를 하지 않는다. 그리고 컴퓨터의 불연산식도 선거의 검증을 받지 않는다. 그러나 레이트릴 항암제와 유전공학은 형식적으로는 과학의 영역에 속해 있으면서도 그것이 정치 영역에 속하는 것인지에 대해 과학자들 사이에서 많은 견해 차이를 보이고 있으며, 그러한 견해 차이가 있는 것이 옳다. 합의가 이루어지지 않는 바로 그곳에서부터 정치가 출발한다.[4]

이러한 설명에 따르면, 정치는 공동체 삶에서 사람들이 어떻게 조직되어야 할 것인가에 대한 대립되는 생각들을 다루는 인간행위이다. 사람들이 대개는 그렇듯이 자신들의 사회적 협동을 통해서 얻기를 바라는 이익이 무엇인지에 대해 의견이 일치하지 않을 때, 그들은 정치

---

4) Benjamin Barber, *Strong Democracy* (Berkeley: University of California Press, 1984), p. 139.

에 들어선다. 사람들이 이번에도 대개는 그렇듯이 공동체의 구성원들 간에 자신들의 협력에 뒤따르는 이득과 부담을 어떻게 분배할 것인지에 대해 합의가 이루어지지 않을 때, 그들은 정치에 개입한다. 간단히 말해서 이러한 정의가 의미하는 바는 사람들이 공동체가 어떻게 통치되어야 하는지에 대해 서로 합의를 이루지 못할 때 정치가 등장한다는 것이다.

그러나 정치의 특성에 대해 다른 견해도 있다. 탁월한 한 정치학자에 따르면, "정치는 사회의 방향타 부문"이며, "불가피하게 인류의 집단적인 자기통제 내지는 자신들의 운명에 대한 공동의 권력을 다룬다."[5] 비슷한 맥락에서 정치는 "공적으로 중요한 결과를 얻기 위해서 이질적인 공동체 구성원들 사이에 이루어지는 협동"[6]과 관련한 것으로 파악된다. 이러한 개념에서 정치는 대립적인 견해 차이에 대해서보다는 공통의 목적을 달성하는 것에 관련되어 있다. 이러한 시각에서 볼 때 정치는 어떤 사상이 '선'하고 '옳다'는 사회적 동의를 얻는 데 관계하며, 이어 이렇게 선한 사상들이 구상하는 결과들을 낳을 수 있는 방식으로 공동체를 조직하는 것과 관련되어 있다.

우리는 정치에 대한 이러한 두 가지의 견해 가운데 어느 것도 배제하지 않고 이들 모두를 반영하는 방식으로 정치를 개념정의해야 한다고 생각한다. 정치는 공동체 구성원들이 자신들의 목적과 이러한 목적을 달성하는 수단을 둘러싸고 현존하거나 잠재적인 견해 차이를 다양한 방식으로 해결하고자 하면서 공통의 행동을 모색하고 있는 상황과 관련된 것으로 파악할 때 가장 잘 이해될 수 있다.[7] 그들은 폭력이

---

5) Karl Deutsch, "On Political Theory and Political Action," *American Political Science Review* 65(Mar. 1971), p. 18.
6) Clarence Stone, *Regime Politics* (Lawrence: University Press of Kansas, 1989), p. 227.
7) 정치에 대한 우리의 설명은 아마도 버트란드 드 주브날(Bertrand de Jouvenal)의 다음과 같은 주장과 가장 흡사하다. 즉, "발의자가 구상하는 어떤 계획을 달성함에 있어서 다른 사람들을 움직이도록 하기 위해 사회적 영역의 모든

나 전쟁, 강제에 의존할 수 있다; 어떤 사람들은 약자에게 강자의 생각을 따르도록 강제하면서 다른 사람들을 압도할 수 있다. 그들은 선전을 활용할 수 있다; 어떤 사람들은 만약 다른 사람들이 경쟁적인 생각에 제한 없이 가까이 갈 수 있고 더 많은 정보를 입수할 수 있다면 생기지 않을 '잘못된' 합의가 진전되어 나가는 데 대해 광범한 순응을 조장하기 위해 정보와 생각을 조작할 수 있다. 그들은 불일치가 발생하더라도 이를 해소할 수 있는 어떤 절차를 채택하는 데 동의할 수 있다; 그들은 동전을 던져 정할 수도 있고, 쟁점을 투표에 부칠 수도 있으며, 법정에 가져갈 수도 있고, 혹은 자신들의 불일치를 해결하는 데 합당한 수단이라고 생각하는 어떤 다른 절차를 사용할 수 있다. 그들은 합의에 도달함으로써 견해 차이를 해소하려고 노력할 수 있다; 그들은 공통의 근거에 도달하기 위해서라든가 합의에 접근하기 위해서 혹은 모든 사람들이 공동체를 위해 '옳은' 것으로 간주하는 생각에 합의하기 위해서 대립적인 견해들을 '통과하려는' 협력적인 노력에 개입할 수도 있다.[8]

정치에 대한 이러한 개념은 공동체 생활과 관련하여 위대한 사상을 연구하고 있는 사람들에게 유용하다. 이는 위대한 사상에 대해 자주 견해 차이가 있다는 것을 인정한다. 그러나 이러한 불일치가 불가피하고 해결될 수가 없는 것인지의 문제에 대해서는 미정으로 남겨두고자 한다. 정치에 대한 이러한 개념은 정치가 모든 공동체의 특징이라는 것을 인정하고 있기 때문에도 유용하다. 사람들은 다양한 유형의

곳에서 수행되는 모든 체계적인 노력을 '정치적'인 것으로 간주해야 한다"는 것이다. Bertrand de Jouvenal, *The Pure Theory of Politics* (Cambridge: Cambridge University Press, 1963) 참조.

8) 정치적 갈등을 해결하는 이러한 수단으로는 이것들이 전부가 아니고 또 서로 배타적인 것도 아니다. 공동체에서 논쟁이 야기될 때 논쟁자들은 선전을 활용할 수도 있고 강제나 폭력의 위험을 사용할 수도 있으며 또 그들은 최종적으로 쟁점을 투표에 부치기 이전에 진정한 합의를 이루기 위해 애를 쓸 수도 있다.

공동체에 조직되어 있기 때문에, 즉 그들은 가족과 이웃, 교회나 유대교 교회당, 기업과 노동조합, 체육팀과 음악단체, 여성사회단체와 사회적 우애단체, 기타 많은 유형의 결사체의 구성원이기 때문에, 그들은 그들 각각의 읍·면이나 주 또는 국가의 시민으로 행동하고 있지 않을 때에도 자신들이 위대한 정치사상에 직면하고 있음을 발견하게 된다.

2. 정치이론

정치이론은 인간의 삶이 다른 사람들과 공동체를 이루어 살고 있기 때문에 인간의 삶을 묘사하고 설명하며 평가하고 또 공동체 생활의 미래 유형을 예견한다. 정치이론은 인간이 다른 사람들과 어떻게 공동생활을 해야 하는지에 대해 어떤 이상이나 가치를 옹호하거나 비판하며 또 이러한 이상이나 가치를 얻거나 회피할 수 있는 수단을 처방한다. 정치이론은 우리들의 다양한 공동체가 어떻게 통치되고 있으며 또 어떻게 통치되어야 하는가에 대해 '위대한' 사상가뿐만 아니라 덜 위대한 사상가들의 대립되는 모든 사상들을 포괄한다. 모든 사람들은 자신이 속해 있는 공동체의 통치에 대해서 어떤 생각을 갖고 있기 때문에 어느 정도로는 모든 사람이 다 정치이론가이다. 그러나 진지한 정치사상가나 이론가에게서는 최소한 다음과 같은 두 가지의 특성이 발견된다.

첫째, 이론가들의 생각은 일반화로서 제시된다. 많은 경우 비(非)이론가들은 구체적이고 특정적인 사례에 초점을 맞춘다. 예를 들면, 비이론가들은 스미스가 공동체에서 가장 힘센 사람이라는 개념을 피력하고는 그가 그의 힘을 획득하고 사용하는 방법을 묘사한다. 이러한 묘사는 스미스의 사례를 통해 드러난 힘의 특별한 차이와 독특한 특징으로 인해 매력적이며 무언가를 알게 해 준다. 그러나 정치이론가들은 전형적으로 사례를 넘어서서 일반화를 추구한다. 다양한 공동체에서 힘이 가장 센 사람들을 관찰하고 힘의 다양한 분배의 원천이라든가 의미에 대한 숙고를 통해 이론가들은 '힘이 센 사람은 남자인 경향이 있다' 라든가 혹은 '공동체에서 여자보다 남자가 더 힘이 센 것은 어린 시절 남자애와 여자애의 각기 다른 사회화 경험 때문이다' 또는 '남자와 여자 사이에 힘이 균등하게 분배될 때 공동체는 가장 잘 통치될 수 있다' 는 등의 보다 일반적인 생각을 표현한다. 이론가들은 이러한 일반화가 구체적인 사례의 밑바탕이 되고 있는 인간 생활의 기본적인 유형을 이해할 수 있도록 한다고 믿는다. 이론가들은 사례들 간의 차이를 설명하고 다양한 사례의 결과를 예상하며 대부분의 사례에서 가장 좋은 결과를 처방하기 위해서는 일반화가 필요하다고 주장한다.[9]

둘째, 대부분의 사람들과 비교할 때 정치이론가들은 자신들의 생각의 기반과 **유효성**에 보다 더 깊은 관심을 기울인다. 이론가들은 보통 자신들의 생각을 한 정치학자가 "인문학적인 불확실성"[10] 이라고 지칭한 잠정성과 겸허한 방식으로 제시한다. 그들은 자주 평화, 번영, 정의, 기타 위대한 사상과 관련하여 자신들이 제기하는 의문들이 신의 관점에서 보거나 아니면 어떤 다른 이상적이고 전지전능하며 편견 없이 초월적인 시각에서 보면 진실된 해답을 갖고 있다고 생각한다. 그

---

9) 보다 기술적으로 정치학자들은 법칙정립적인 생각과 표의문자적 생각을 구별한다. '표의문자적' 진술은 구체적 사례에 초점을 맞추지만, '법칙정립적' 진술은 일반화를 포함한다. 정치이론가들이 법칙정립적인 생각에 초점을 맞추면서도 그들은 보통 예를 들면, 전기로부터 끄집어 낸 표의문자적 생각이나 사례연구 또는 특정의 정책쟁점에 대한 분석도 중요하다는 것을 인정한다. 이들 연구들은 자주 법칙정립적인 생각들을 발전시키거나 아니면 이러한 법칙정립적인 생각의 유효성을 검증하는 기반이 된다. Adam Przeworski and Henry Teune, *The Logic of Comparative Social Inquiry*(New York: Wiley Interscience, 1970), pp. 5-8 그리고 Harry Eckstein, "Case Study and Theory in Political Science," in *Handbook of Political Science*, vol. 7, edited by Fred I. Greenstein and Nelson Polsby(Reading, Mass.: Addison-Wesley, 1975) 참조.

10) Glenn Tinder, *Political Thinking: The Perennial Questions,* 5th ed. (New York: HarperCollins, 1991), pp. 225-238.

러나 그들은 자신들의 인간성을 인정함으로써 자신들의 지식의 한계를 인정하고 자신들의 인식이나 분석에서 편견이 있을 수 있음을 받아들인다. 프랑스 철학자 시몬느 웨일(Simone Weil)에 따르면, 이론가들은 정규적으로 자신들의 생각과 반대되는 것을 찾아 나서고 이와 같이 반대되는 생각의 유효성을 검토하는 것을 탐구의 수단으로 삼음으로써 자신들의 생각의 유효성을 점검한다. 오스트리아 태생의 영국인 철학가이자 교육자인 칼 포퍼(Karl Popper)에 따르면, 이론가들은 사상과 관련된 경험적 증거를 고려하고 사상과 관련된 다양한 편견들을 제거하며 다른 사람들로 하여금 자신들의 사상을 검증하기 위해서 사용된 절차들에 대해 검사를 하도록 허용하는 등의 과학적인 방식을 채택함으로써 자신들의 생각의 유효성을 확인한다. 이론가들은 자신들의 사상을 지지한다면 받아들여야 할 기본적인 가정들에 대해 의문을 제기하며 이러한 가정들의 유용성과 유효성에 대해 생각을 해 본다. 이론가들은 자신들의 생각과 반대되는 주장을 찾아 나서며 이들 주장의 설득력에 대해 곰곰이 생각을 한다. 이론가들은 자신들의 일반화에 반대되는 사례들을 찾으며 그럼으로써 이러한 일반화에 대해 알려진 제한을 제시한다. 생각의 유효성에 대해 심사숙고를 함으로써 이론가들은 정치생활에서 진리가 무엇이며 선이 무엇인지에 대해 개방적이며 잠정적인 탐구를 수행한다.[11]

모든 정치이론은 일반화를 제공하는가 하면 표명된 생각의 유효성에 대해 성찰적이지만, 다양한 형태의 정치이론 간에 중요한 차이가 존재한다. 정치이론과 관련하여 자주 제시되는 두 개의 중요한 차이는 정치이론의 목적과 영역에 관한 것이다.

정치생활을 서술하고 설명하며 예측하려는 정치이론은 **경험이론**이

---

11) 대부분의 과학철학자들은 자신들의 사상이 자연세계와 관련된 것이든 사회적 세계와 연관된 것이든 관계없이 모든 생각들은 잠정적인 것이라고 인정한다. Thomas Khun, *The Structure of Scientific Revolutions* (Chicago: University of Chicago Press, 1962) 참조.

라고 지칭된다.[12] 정치생활이 보다 이상에 가까운 세계에서 어떻게 되어야 하는가와 관련하여 어떤 '가치'나 '목적'을 옹호하고 정당화하는 정치이론, 또는 실제로 나타나는 정치생활의 가치나 목적을 비판하고 결점이 많은 가치로부터 벗어나서 옹호된 목적으로 나아가는 '수단'이나 방법을 처방하는 정치이론을 **규범이론**이라고 지칭한다. 경험이론이 정치세계가 어떻게 되어 있는가를 다루는 데 반해 규범이론은 정치세계가 어떻게 되어야 하는가를 다룬다. 정치적 실재에 대한 서술과 설명의 유효성을 검증하기 위해서 과학적 방법이 사용되기 때문에 이와 같은 검증을 거친 일반화를 종종 '과학적' 정치이론이라고 언명된다. 이와 대조적으로 규범이론은 바람직하거나 이상적인 정치적 상태에 대한 정치원칙을 포함한다. 과학적 증거는 규범적 원칙을 옹호하거나 정당화하는 데 역할을 할 수 있다.

그러나 규범적 생각에는 항상 어떤 가치판단이 개입되기 때문에 과학적 증거가 규범적 원칙의 유효성을 나타낸다고 보기에는 충분하지 않다. 경험이론과 규범이론 간의 구별이 중요하기는 하지만, 정치에 관해서 완전하게 경험적이거나 과학적인 이론을 득하려는 일부 정치분석가들의 노력들은 논쟁의 여지가 있을 뿐만 아니라 아마도 별 소득도 없을 것이다.[13] 아마도 가장 중요하고 흥미 있는 대 정치사상들은 평가적일 뿐만 아니라 경험적인 요소와 규범적인 요소 모두를 포함하

---

12) 경험세계에서의 두가지 현상과 관련하여 유효한 일반화는 설명과 예측 모두를 제공해 준다. 예를 들면 민주주의의 확산은 전쟁의 쇠퇴와 연관되어 있다는 일반화를 고려해 보라. 이 일반화는 (잠재적으로) 전쟁의 쇠퇴를 민주주의의 확산에 기인하는 것으로 설명한다(왜냐하면 '동일한 인정'에 대한 점증하는 요구는 민주적 절차와 다른 공동체에 대한 공격자제 모두에 대한 지지를 의미하기 때문이다). 이 일반화는 민주적 가치와 제도를 보유하는 정부가 지속적으로 전 세계를 통하여 비민주적 정부를 대치해 나갈 것이라는 점에서 전쟁의 감퇴를 예견하는 것 같아 보인다.

13) David Ricci, *The Tragedy of Political Science: Politics, Scholarship, and Democracy* (New Haven: Yale University Press, 1984) 참조.

고 있다. 예를 들면 잘 알려진 평가적 사상이란 다음과 같은 것이다. 즉, 이상적으로 보면 민주주의에서는 다양한 이해관계자들 간의 정치권력이 상대적으로 균등해야 하지만, 실제에 있어서는 어떤 이해관계가 다른 이해관계보다 훨씬 더 강력하며, 그래서 보다 민주적인 공동체를 이루기 위해서는 어떤 개혁이 추구되어야 할 것으로 요구된다.

경험적 분석은 우리들의 도덕적 민감성이나 정치적 가치를 공격하는 정치생활에 대해 서술하고 설명을 제공하며, 그럼으로써 정치생활이 어떻게 되어야 하는지에 대한 규범적 생각이라든가 그러한 이상으로 어떻게 나아갈 수 있는지의 처방을 끌어낼 수 있다. 혹은 규범적 기준들은 옹호되거나 주장될 수 있고, 그에 이어 경험적 분석은 정치생활에 있어서 존재와 당위 사이의 갭을 드러내 보일 수 있으며, 경험이론들은 이러한 갭에 대한 설명과 그 갭을 줄이기 위한 처방을 제공할 수 있다.[14]

정치이론은 상대적으로 협소한 것에서부터 극단적으로 광대한 것까지 그 범위에 있어서 다양하다. 범위가 제한되어 있고 잘 발전된 이론적 기반을 갖추지 않은 일반화를 때때로 소범위이론(lower-range theory)이라고 지칭한다. 예를 들면 남성보다 여성이 민주적 정당에 투표하는 경향이 있다는 일반화는 의미 있는 경험적 증거 자료에 의해서 지지되고 있지만, 그러나 이 일반화가 그러한 경향을 설명하는 이론적 기반을 갖고 있지 않다면 그것은 이론적 포괄성에 있어서 작은 범위에 머물러 있다. 이러한 일반화는 정치생활을 이해하는 데는 어떤 가치를 갖고 있지만, 그러나 이 일반화는 정치에 대한 '위대한 생각'에는 들어가 있지 않다.

중범위이론은 자주 '위대한 생각'에 초점을 맞추지만, 이들 이론은 이와 같은 위대한 생각들 가운데 하나 또는 잘해야 소수만을 분석할

---

14) 경험이론과 규범이론을 종합하는 대표적인 정치이론의 사례로서는, Robert Dahl, *Democracy and Its Critics* (New Haven: Yale University Press, 1989) 참조.

뿐이다. 예를 들면 이 중범위이론은 왜 어떤 나라는 다른 나라보다 더 민주적인가, 왜 어떤 지도자는 다른 지도자보다 더 효율적인가, 왜 어떤 시민은 다른 시민보다 더 활동적인가와 같이 다양한 특정의 중요한 변수들을 놓고 공동체와 지도자, 시민들 사이에 관찰 가능한 차이를 설명하려고 시도할 수 있다. 중범위이론은 민주주의를 증진시키고 민족주의를 고양하는 것과 같은 특정의 정치적 실천을 옹호할 수도 있다. 민주주의와 민족주의에 관한 생각이 때때로는 정치에 관한 보다 포괄적인 이론으로, 다시 말해서 이데올로기로 간주되기 때문에 이러한 생각들이 왜 중범위이론으로 간주되어야 하는지를 고려하는 것은 유용하다.

민주주의는 정치적 평등, 다시 말해서 공동체의 각 구성원들의 이해관계가 중요할 뿐만 아니라 동등하게 중요하다는 생각에 기반을 두고 있다. 사회의 구성원들이 서로에 대해 동등한 정치적 권리를 부여하며 모든 사람은 자신의 효과적인 정치적 판단을 동등하게 할 수 있는 것으로 간주하는 한, 그들은 민주적 원칙을 견지하고 있다. 민주적 이상은 오늘날 정치에서 가장 강력한 힘이 되고 있지만, 민주적 이상에 대한 지지가 포괄적인 정치적 세계관을 구성하고 있는 것은 아니다. 민주적 원칙을 견지하는 것이 반드시 다른 정치적 원칙이나 신념으로 그대로 연결되지도 않는다.

우리는 민주적 원칙을 견지하면서 동시에 경제적 부에 있어서 현행의 불평등을 정당화할 수도 있고 또는 부당한 것으로 생각할 수도 있다. 우리들은 민주적 원칙을 견지하면서 정부권위가 약해야 한다고 주장할 수도 있고 또는 강해야 하는 것으로 생각을 할 수가 있다. 민주주의자가 단순히 예를 들면 다수지배와 같은 민주적 원칙에 기반하여 현안을 해결하는 것과 같이 어떤 정책이 최선인가를 결정하는 절차적 규범만을 보유하고 있는 한, 민주적 원칙에 충실하다는 것만으로는 정치적 현안에 대해 어떤 실질적인 지침을 거의 제공해 주지 못한다. 이론가들이 민주주의를 옹호하거나 비판할 때, 그들은 대개의 경우 하나의 위대한 사상에 초점을 맞추고 있는 것이며 민주주의의 중범위 이론에 기여하고 있는 것이다.

민족주의는 예를 들면 구소련의 리투아니아 사람들이라든가, 구 유고슬라비아의 세르비아 사람들, 프랑스계 캐나다인, 스페인의 바스크족, 미국의 아프리카 흑인들과 같이 인종적·문화적인 정체성을 공유하고 있는 일단의 사람들이 독립적인 국가를 건설할 권리를 갖고 있다고 주장하는 신념과 가치의 체계이다. 민주주의처럼 민족주의는 정치에 있어 가장 중요한 사상 중의 하나이지만, 그것은 포괄적인 정치적 세계관은 아니다. 왜냐하면 민족주의자들은 다른 위대한 생각들을 공유하지 않기 때문이다.

민족주의운동은 세르비아 민족주의운동의 경우처럼 기본적으로 파시스트적일 수 있는가 하면, 이슬람 민족주의처럼 보수주의적일 수도 있으며, 퀘벡의 분리주의운동처럼 자유주의적일 수도 있고, 아프리카의 많은 민족주의운동처럼 사회주의적일 수도 있다. 민족주의를 하나의 이데올로기로 바라보기 보다는 다양한 형태의 민족주의를 발생시키는 다른 이데올로기의 목표들과 결합되는 하나의 목표로 바라보아야 할 것이다. 사람들이 다양한 민족성을 통해 독립된 국가를 형성하도록 하는 목표를 옹호하거나 또는 비판할 때, 그들은 민족주의의 중범위이론에 기여하고 있는 것이다.

소범위이론과 중범위이론을 넘어서서 거대이론은 많은 위대한 생각들을 체계적으로 상호 연결시킴으로써 광범위한 정치적 현안들을 다루려고 시도한다. 거대이론의 한 방법은 패러다임의 구축이다. 패러다임은 존재하는 그대로의 정치세계에서 나타나는 다양한 가장 중요한 특징들을 모색하고 설명하려고 한다. 상호 연관된 일련의 개념들의 적용을 통해서 체계이론이라든가 집단이론과 같은 '이론들'은 예를 들면 정부권위는 어떻게 그리고 왜 사용되는가라든가, 권력 등과 같은 사회적 재화는 어떻게 분배되는가, 시민은 왜 참여하고, 정치변동은 언제 일어나는가 등과 같은 거대한 정치적 현안의 결과를 설명하려고 한다. 이러한 패러다임들은 과학적이고 경험적이며 가치중립적이고자 하기 때문에 정치세계에 대해 어떤 평가를 내리지도 않으며 정치세계가 어떻게 구조화되고 기능해야 하는가에 대해 어떤 주장을 펴지도 않는다.[15]

이와 대조적으로 유토피아론자는 "좋은 정치사회는 무엇과 같아 보이는가?"와 같은 질문에 대해 포괄적인 대답을 제시하려고 한다. 그들은 다음과 같은 정치의 거대한 규범적 쟁점들에 대해 통합된 반응을 제공한다. 즉, 누가 지배해야 하는가, 권위는 어떻게 사용되어야 하는가, 사회적 재화는 어떻게 분배되어야 하는가, 그리고 시민은 어떻게 행동해야 하는가 등이 그것이다. 적어도 토머스 모어(Thomas Moore, 1478~1535)가 자신의 위대한 이론적인 사회적 논문인 『유토피아』(Utopia)를 집필했던 1516년 이래 유토피아론자들은 정치사상사에서 두드러진 역할을 해 왔다. 프란시스 베이컨의 『신이상향』(New Atlantis, 1624)으로부터 테오도르 헤르츠카(Theodor Hertzka)의 『자유로운 땅』(Freeland, 1891)과 스키너(B. F. Skinner)의 『월든 투』(Walden Two, 1948)에 이르기까지 일련의 이론적인 유토피아론자들은 거대한 자극과 거대한 웃음거리의 양면성을 보여주었다.

'유토피아'란 말이 '어느 곳에도 없는'을 의미하기 때문에 유토피아론자들은 정치세계에 대해 완전히 비현실적인 비전을 제시한다고 자주 경멸을 받았다.[16] 또한 유토피아론자들은 경쟁적인 생각이나 정치적 가치와 관련하여 이들 생각들에 대한 엄격한 검증 없이 규범적인 생각을 제시하는가 하면 그들이 묘사하는 이상세계가 모든 문화와

---

15) 1960년대와 70년대 동안 정치에 대한 거대한 과학적 이론은 지금보다 훨씬 더 지배적이었다. 이들 이론들에 대한 가장 최근의 평가 가운데 하나는 Gabriel A. Almond, *A Discipline Divided: Schools and Sects in Political Science*(Newberry Park, Calif.: Sage, 1990)이다.
16) Frank E. Manuel and Fritzie P. Manuel, *Utopian Thoughts in the Western World*(Cambridge: Belknap Press of Harvard University Press, 1979), p.1.

알려지지 않은 모든 미래에 보편적으로 적용 가능한 것으로 가정한다는 점에서 비판을 받는다. 그럼에도 불구하고 유토피아론자들은 현존의 조건이나 예견되는 미래의 조건을 넘어서서 다양한 대안들에 대한 우리들의 시야를 열어놓는가 하면 사회적 가능성에 대한 비전을 제공함으로써 정치사상의 세계에 가치 있는 기여를 하고 있다.

3. 이데올로기

정치에 대한 가장 포괄적인 거대이론은 이데올로기이다. 이데올로기는 사회적·경제적·정치적 생활의 역사적이고 현재적인 실재에 대해 논리적으로 연관된 경험적 진술을 제공하며, 또 사회와 경제 그리고 정부가 가까운 미래에 어떻게 구조화되고 어떻게 실행해야 하는가에 대해서 일관된 이상과 가치의 체계를 제공한다. 패러다임의 서술적이고 설명적인 기능과 유토피아의 규범적이고 비전제시적인 기능을 수행함으로써 이데올로기는 진실로 정치적 생각들의 '거대한 틀'이 되고 있다. 이와 같은 포괄적 영역 이외에도 이데올로기는 적어도 정치에 대한 위대한 생각들을 이해하는 데 매력적인 도구가 될 수 있는 다음의 3가지 특성을 보유하고 있다.

첫째, 정치 이데올로기는 정치의 실재적인 실천과 직접 관련되어 있다. 정치철학은 직접적으로는 실재적 적용과 거의 관련이 없는 방식으로 정치적 진실을 추구하는 것으로 곧잘 이해된다. 우리는 정치철학이 정치적 실천과 관련이 없다는 것에 대해서는 의문을 제기하지만, 정치철학에서 많은 작업들의 긴급한 연관성이 항상 명확한 것은 아니다. 이와 대조적으로 정치 이데올로기는 많은 정치적·경제적·사회적 실천에 직접 영향을 미친다.

이데올로기는 시민들로 하여금 정권을 지지하거나 또는 반대하도록 촉구한다. 어떤 이데올로기들은 특정의 정권이 수년간이나 수십 년 동안, 심지어는 수백 년 동안 권력을 장악하도록 하는 데 도움을 주었다. 예를 들면 광범하게 정의되고 이해된 바와 같이 자유주의는 2백

년 넘게 미국헌법에 기초한 정권을 지지하는 데 도움을 주었다. 구질서를 붕괴시키는 데 기여한 이데올로기도 있다. 예를 들면, 마르크스-레닌주의 또는 볼셰비즘은 1917년 러시아혁명에 기여했다.

또한 이데올로기는 경제제도와 운용상에 중요한 변화를 가져오기도 했다. 예를 들면 민주사회주의는 20세기 서유럽에서 사회적 복지국가의 등장에 막강한 역할을 수행했으며, 현대 보수주의는 영국과 미국에 존재하는 많은 경제적 규제들에서 최근 의미 있는 감축을 가능하게 했다. 이데올로기는 또한 사회적 제도와 관행에서도 변화를 가져왔다. 예를 들면 페미니즘은 여성을 위한 교육과 직업상의 기회를 증대시킴으로써 또는 작업장에서의 성학대를 줄임으로써 그리고 부모의 양육 책임을 보다 동등하게 함으로써 남성과 여성의 삶에서 변혁을 가져오기 시작했다. 환경주의는 정원에 화학비료를 뿌리거나 쓰레기통에 빈 깡통을 버리는 것과 같은 습관을 재검토하고 변화시키도록 촉구하고 있다.

이러한 사례들은 끝없이 열거할 수 있지만, 지금까지의 예시만으로도 이데올로기가 우리들의 정치와 일상생활에 심대하게 영향을 미친다는 기본적인 논점을 밝히는 데는 충분할 것이다. 이데올로기의 적용에 대한 구체적 사례들을 통해서 이데올로기를 더 잘 이해할 수 있고 평가할 수 있는 것이기 때문에 이와 같이 이데올로기가 응용되는 특성들은 위대한 사상을 연구하는 데 특히 유용할 것이다.

둘째, 이데올로기 연구는 지난 200년 동안 정치생활의 발전에 영향을 미쳤던 관념의 지성사를 제공해 줄 수 있다. 이데올로기 연구는 존 로크라든지 에드먼드 버크, 칼 마르크스, 존 스튜아트 밀과 같이 널리 알려진 '위대한 사상가들'의 기여를 이해하거나 또는 그들을 적절한 맥락에 위치시키는 데 도움을 줄 뿐만 아니라 앞으로 정치사상의 '법전' 가운데 일부분으로서 인정받아야 할 다른 저술가나 행동가들이 얼마나 중요한 지도 일깨워 준다.

모든 이데올로기들은 영감이나 지침 또는 지적인 권위를 위해서 정치철학에 기여해 온 지난날의 것을 되돌아 보며, 동시에 대개의 경우 이러한 생각들을 위해 철학적 기반을 제공해 주는 '성스리운 교재'가 되기도 한다. 이데올로기 연구는 정치적 목표와 행동들을 결정하기 위해서 사용되는 이데올로기에 편입됨으로 인해서 많은 철학가들의 다양한 생각이 정치세계에 어떻게 영향을 미치는 지를 드러내 보여주기도 한다.

셋째, 이데올로기 창출을 가져오는 지적인 추동력은 정치를 참된 생각에 근거하도록 하는 것으로부터 나온다. 18세기 말 의견과 신화, 관습과 미신으로부터 '참된 지식'을 구별하기 위해서 새로이 나타난 '생각에 관한 과학'을 지칭하기 위해서 '이데올로기' 개념이 발명되었다.[17] 그래서 '이데올로그들(ideologues)'은 위대한 사상과 관련하여 외형적으로 끊임없이 제기되었던 논쟁을 해결하려는 데 가장 헌신적이고 치열한 열망을 갖고 있었다.

고전적 자유주의자나 마르크스주의자와 같은 특정의 이데올로기 주창자들은 정치적 공동체가 어떻게 구성되고 어떻게 통치되어야 하는가를 둘러싸고 자신들이 보편적인 진리를 제공한다고 주장하였다. 전통적인 보수주의자나 현대 자유주의자들과 같은 이데올로기 주창자들은 보편적인 진리의 존재를 부인하지만 자신들이 보기에 다른 경쟁적 이데올로기 주창자들의 그것보다는 더 낮게 위대한 생각들에 대해 일관된 체계를 발전시키려고 한다. 아마도 정치에 대해 진실된 사상이 존재한다거나 존재할 수 있다는 것 또는 최소한 어떤 사상은 경쟁적인 다른 사상보다 확실히 더 우월하다는 것 이상으로 가장 위대한 '대사상'에 대해서는 19세기와 20세기 주요 이데올로기를 검토함으로써 평가할 수 있을 것이다.

---

17) Earnest Kennedy, *Destuitt de Tracy and the Origins of Ideology: A Philosophe in the Age of Revolution*(Philadelphia: American Philosophical Society, 1978) 참조. 이데올로기적 사고의 기원에 대해서는 이 책의 '이데올로기 역사' 절에서 다루게 될 것이다.

일부 이데올로기 연구자나 많은 보통의 시민들이 이데올로기에 대해서 갖고 있는 이해를 고려할 때, 이데올로기가 정치의 위대한 생각들을 연구하는 데 유용한 접근법을 제공한다든가 또는 이데올로기가 '정치적 진실'에 도달할 가능성을 고려함에 있어 어떤 기반을 제공한다는 주장은 터무니없는 것으로 보일 수도 있다. 이데올로기를 연구하는 어떤 학자는 이데올로기에 대해서 '부정적'이거나 '비판적'인 개념을 채택해야 한다고 주장한다. 이들 학자에게 있어 이데올로기는 특정의 이해관계에 대한 편향되고 왜곡된 개념이며, 그래서 정치적 진실과는 전혀 거리가 멀다.[18] 이렇게 부정적이거나 비판적으로 인식되는 이데올로기는 다음과 같이 바람직하지 않은 많은 특성들을 보유하고 있는 것으로 파악된다.[19]

1. 이데올로기는 사람들의 보다 보편적이고 공적인 이해관계보다는 사적인 이해관계를 반영하는 개념을 제공한다. 보다 특정적으로 이데올로기는 '지배계급의 도구'로서, 사회의 가장 강력한 구성원들에게 그 밖의 모든 사람들에 대한 지배를 유지해 나갈 수 있도록 허용해 주는 개념이다.
2. 이데올로기는 실재를 과장하며 그럼으로써 왜곡한다.
3. 이데올로기는 특정의 관행과 프로그램으로부터 누가 가장 이익을 보며 누가 가장 손해를 보는지를 속임으로써 사회정치적 세계가 실제로 어떻게 작동하는지를 감춘다.

---

18) 이데올로기에 대해 부정적이거나 비판적인 개념을 택하고 있는 사례로는 John B. Thompson, *Studies in the Theory of Ideology*(Cambridge, England: Polity Press, 1984)에 가장 잘 나타나고 있다.
19) 이데올로기의 부정적 특성들에 대한 확대된 일람표는 Robert Putnam, "Studying Elite Political Culture: The Case of Ideology," *American Political Science Review* 65(Sept. 1971), p. 655에 잘 나타나 있다. 이데올로기를 이와 같이 부정적인 특성이라는 관점에서 정의를 내리는 것의 단점에 대해서는, M. Seliger, *Ideology and Politics*(New York: Free Press, 1976), pp. 25-88 참조.

4. 이데올로기는 사람들의 희망을 뒷받침할 증거가 거의 없는 때에도 사람들이 작동하리라 기대를 하는 프로그램에 대해 그것을 정당화하는 단순한 합리화에 불과하다.
5. 이데올로기는 사람들로 하여금 성취할 수 없는 유토피아적 목표를 위해서 현재를 희생하도록 이끈다.
6. 이데올로기는 새로운 정보에 저항하는 폐쇄적이고 경직된 사고를 조장한다.
7. 이데올로기는 이성보다는 감정에 더 기반을 두고 있다.
8. 이데올로기는 어떤 '악한' 적대자의 동기나 힘에 대한 불합리한 공포나 편집광에 기반을 두고 있으며, 그 결과 a) 선한 '우리들'의 힘과 악한 '그들'의 힘을 대비시키는 단순한 평가나, b) '우리들'의 믿음과는 다른 믿음을 갖고 있는 사람들에 대한 박해, c) 그리고 '그들'과는 협상이나 타협을 하지 않는 혐오로 나아가게 된다.
9. 이데올로기는 어떤 원칙이나 행동을 교조적으로 주장하고 자신들의 진리에 순응할 것을 요구함으로써 도덕적이고 정치적인 절대주의를 주창한다.
10. 이데올로기는 기존의 정치적·사회적·경제적 제도와 이들 제도들이 제공하는 안정된 이득을 거부한다는 점에서 극단적이다.

이와 같은 부정적인 특성들이 이데올로기적 사고에 대한 강력한 비판을 구성하고 있지만, 모든 이데올로기가 이와 같은 특성을 보유하고 있는지는 불확실하다. 일부 이데올로기가 이와 같은 부정적 특성을 보인다는 단순한 이유로 이러한 특성들이 모든 이데올로기에 존재한다고 주장할 수는 없는 것이다.

우리들의 판단으로는 이데올로기를 사회적·경제적·정치적 생활에 대한 상호 연관된 신념과 가치의 체계인 것으로 단순하게 정의함으로써 이데올로기에 대한 연구를 시작하는 것이 더 낫다는 생각이다. 우리들은 우선 각각의 이데올로기 사상을 이해해야 한다고 생각하며 그리고 각각의 이데올로기 선구자들의 세계관이 무엇인지를 알아봄으로써 이들 이데올로기에 대한 우리의 이해가 높아질 것이라고 믿는다. 따라서 우리들은 각각의 이데올로기 주창자들의 생각을 반영하는 방식으로 다양한 이데올로기의 신념과 가치를 서술하고자 한다.

각각의 이데올로기 주창자들의 생각을 반영하는 방식으로 이데올로기를 묘사한다고 하여 이것이 곧 어떤 이데올로기든 비판 없이 긍정적으로 받아들여져야 한다는 것을 의미하지는 않는다. 이데올로기는 정치에 영향을 미치기 위해 개발되는 것이기 때문에 이들 이데올로기 주창자들은 정치이론가나 정치철학자들보다는 자신들의 주장의 진실성에 대해 덜 성찰적인 경향이 있다. 철학가들과 비교할 때 특정의 이데올로기를 주창하는 사람들인 것으로 정의되는 이데올로그들은 자신들의 생각의 기반이나 유효성에 대해 덜 관심을 갖는다. 지속적인 철학적 숙고보다는 사회화가 그들—우리들도—의 신념과 가치의 기반이 되는 경향이 있다. 우리들의 가족, 친구, 학교, 교회, 미디어들은 특정의 이데올로기의 유효성에 대해 깊이 생각하지 않은 채 그러한 이데올로기를 받아들이도록 유도하는 사회화 기구의 일부일 뿐이다. 이데올로그들은 자주 자신들의 세계관을 규정하는 원칙들을 받아들이고 주창하길 원하는가 하면 보다 적절한 원칙을 찾는 것을 보류하며 자신들의 원칙을 실행에 옮기는 일에 앞장선다.

이데올로기는 깊은 숙고의 결과가 아닌 생각들을 포함하고 있기 때문에 이데올로기에 대해 비판적인 개념을 갖고 있는 사람들은 우리들로 하여금 이데올로기의 유효성에 의문을 갖도록 촉구함으로써 다음과 같은 몇 가지 중요한 점을 지적하고 있다. 어떤 이데올로기는 특정의 계급적 이해관계를 감출 수 있고, 또 어떤 이데올로기는 편집증적인 세계관에 기반을 둘 수도 있다. 그런가 하면 어떤 이데올로기는 사람들로 하여금 유토피아적인 미래의 목표를 위해서 현실의 부당한 희생을 감내하도록 유도하고 조장할 수도 있다. 각각의 이데올로기의 주장에 대한 회의적 태도는 언제나 유용하며, 이데올로기 연구자들은 이데올로기의 부징적 특성들에 대해 경계를 늦추지 말아야 할 것이다. 그러나 대부분의 경우 우리는 각각의 이데올로기의 성과와 한계에 대해 간략한 결론을 제시하는 것으로 만족할 뿐, 각각의 이데올로기에 대한 평가는 계급적 토론이나 개인적 판단에 맡겨둘 것이다.

특정의 이데올로기를 제시하기 이전에 서론격인 이 장에서 언급해야 할 몇 가지 부가적인 사항이다.

첫째, 우리들은 이데올로기의 기원과 이데올로기 역사에 대한 간략한 개괄을 제시할 것이다.

둘째, 우리들은 이데올로기의 다양성이 시간이 지남에 따라 줄어들기는커녕 늘어나고 있다는 점에서 좋은 통치에 대한 어떤 진리를 발견한다는 이데올로기 최초의 의도는 실패한 것으로 결론짓는다. 그래서 우리는 다양한 이데올로기적 관점을 평가하기 위해서 이러한 다양성의 의미가 무엇인지를 탐구하게 될 것이다.

셋째, 우리들은 다양한 이데올로기를 묘사하기 위해서 하나의 모델 내지는 틀을 제시하고자 한다. 이 부분은 그것이 모든 이데올로기가 대면하고 있는 '거대한 쟁점들'을 제시하고 있다는 점에서 그리고 이데올로기가 어떻게 이와 같은 거대한 쟁점들에 대한 대답을 상호 연결시키고 있는가를 논의하고 있다는 점에서 중요하다. 간단히 얘기하면, 이 부분은 이데올로기를 정치와 사회생활의 거대한 의문들에 대해 대답을 제공하는 상호 연관된 신념과 가치의 체계로 파악하는 우리의 개념을 '살찌우게' 한다.

넷째, 우리들은 이데올로기의 기능과 중요성을 고려할 것이다. 간단한 요약을 통해 이데올로기의 특징이라든가 또는 정치이론과 정치의 거대한 생각을 이해하는 데서의 이데올로기의 역할에 대해서 간단하게 결론적인 언명을 제시하게 될 것이다.

II. 이데올로기의 역사

1797년 드 트라시(Destutt de Tracy, 1754~1836)가 이끄는 일단의 철학자들인 이데올로그들은 국가의 통치에 대한 참된 지식을 개발하고 전파하기 위해 프랑스연구소(Institute de France)를 창립하였다. 일반적으로 이데올로그들은 '보편이성'의 관점에서 프랑스와 다른 유럽 군주정의 구질서적 정책과 행태들을 지배해 왔던 전통적인 생각과 제도들을 비판적으로 검토하려고 하였고, 또 계몽운동의 지적인 지도자들과 1789년 이후 프랑스혁명의 정치지도자들에 의해 제안된 새롭고 보다 합리적인 형태의 통치 개념을 발전시키려고 하였다.

드 트라시와 이데올로그들은 정치사상사에서 주변적 인물들이다. 왜냐하면 그들은 16~7세기 유럽을 휩쓸었던 과학혁명 이래 지배적이었던 프로그램을 단순하게 지속시키는 데 머물렀기 때문이다. 코페르니쿠스, 갈릴레오, 뉴턴이 물질세계를 지배해 온 자연법칙을 발견했던 것처럼, 토마스 홉스, 존 로크, 아담 스미드 등 다른 사회이론가들은 사회와 경제, 정치를 지배하는 자연법을 제안하였다.

드 트라시와 이데올로그들은 이와 같이 떠오르는 정치과학에 대해 어떤 중요한 새로운 생각을 추가하지는 않았지만, 그들은 '이데올로기'라는 말을 주조해서 19세기와 20세기 초를 포괄하는 시대에 대해 자주 지칭하는 바와 같은 '이데올로기 시대'를 예고했다.[20]

드 트라시에게 있어서 'idea-logy'라는 말은 '개념과학'을 의미했다. 그래서 이데올로기의 과제는 사회·경제·정치적 생활에 대한 우리들의 생각의 원천과 기반을 발견하는 것이었다. 이데올로기의 과학은 르네 데카르트(Rene Descartes, 1596~1650), 홉스, 로크의 사회사상에서 채택되어 온 경험적 인식론을 승계했다. 예를 들면 『인간이해론』

---

20) 예를 들면, Henry Aiken, *The Age of Ideology: The Nineteenth Century Philosophers*(New York: George Braziller, 1957) 참조.

(*Essay on Human Understanding*)에서 로크는 인간은 태어날 때부터 어떤 개념을 갖고 있는 것이 아니며 개념은 구체적인 물질적 실재에 대한 인지와 경험으로부터 추출되는 것이라고 주장하였다.

이와 같은 인식론에 기반하여 드 트라시는 프랑스혁명 이전에 유럽을 지배해 왔던 이른바 왕권신수설과 같은 생각은 군주라든가 귀족, 성직자와 같은 특권계급의 특정한 경험과 편향된 인식에 기반을 두고 있는 것으로 파악하였다. 왕권신수설과 같은 생각은 인간의 보편적인 인식과 경험에 기반을 두고 있지 않기 때문에 그것은 보편적인 유효성이라든가 진리를 갖고 있지 않다. 이와 대조적으로 정치에 관한 새로운 과학의 개념은 모든 사람이 자신의 생명과 자유를 보호할 자연적 필요와 이러한 필요는 오늘날 자유주의적 민주정부인 것으로 간주되는 것을 요구한다는 보편적 인식에 기반을 두고 있다. 요약하면, 드 트라시는 이데올로기의 과학은 고전적 자유주의의 원칙이 진리임을 보여주는 것으로 보았다. 그러한 과학은 자의적인 권력에 기반을 둔 정부의 만행은 물론이고 좋은 정부의 참된 원칙에 대한 끊임없는 의견 불일치의 병폐를 종식시킬 것이었다.[21]

물론 참된 정치적 사상을 확립하려는 이데올로그들의 목표는 고대 그리스 정치철학의 태동으로 거슬러 올라갈 정도로 오래된 꿈이다. 드 트라시는 개념과학인 이데올로기가 다른 사람들이 실패를 했던 정치적 진리의 발견에 성공을 거둘 것으로 보았다. 그 이유는 18세기 영국과 프랑스를 중심으로 하여 유럽 전역에 걸쳐 옹호자들과 함께 시작된 계몽운동을 통해서 인간이해가 진보를 해 왔기 때문이었다. 계몽주의 철학자들은 인간을 무지와 미신으로부터 해방시키고 지구상

---

21) 드 트라시의 주장은 1817년 *Elements of Ideology*로 출간되었다. 이 책의 편역본은 John Morris (Detroit: Center for Public Health, 1973)에 의해 출간되었다. 이데올로기의 기원에 대해서는 H. M. Drucker, *The Political Uses of Ideology* (Londonz; Macmillan Press, 1974), pp. 3-12와 David McLellan, *Ideology* (Minneapolis: University of Minnesota Press, 1986), pp. 1-10을 참조.

에서 보다 완전한 삶으로 이끄는 진보를 촉진하려고 하였다. 홉스와 로크의 저술에 의존하면서 계몽주의 철학자들은 지식의 기반에 대한 이해 내지는 과학적 인식론을 통하여 우주의 본성에 대한 이론으로서 새로운 존재론, 인간본성에 대한 이론으로서 심리학, 사회의 기원과 특성에 대한 이론으로서 사회학이 발전할 것이며, 그 결과 진정한 정치적 원칙도 발견될 것이라고 믿었다.

　이와 같은 지적 작업의 결과 나타난 정치적 원칙은 고전적 자유주의라고 명명된다. 고전적 자유주의자들은 물리적 세계와 인간의 행동 그리고 사회생활이 신의 법칙이 아닌 자연법에 의해 지배되는 것으로 보았다. 인간행동은 행복추구와 고통회피라는 관점에서 설명될 수 있었다. 단순히 개인들의 집합체이자 이들 간의 상호작용인 것으로 파악되는 사회는 시장의 자연법에 의해 지배되는 것으로 보았다. 자신의 행복을 자유롭게 추구하는 사람은 상호 이득이 되는 경제적·정치적 교환관계로 들어간다. 사회적 진보는 자연적인 인간 상호작용의 결과이다. 왜냐하면 이와 같은 자유로운 교환을 통하여 각자는 보다 부유해 질 것이기 때문이다.

　고전적 자유주의자들에게 있어 이와 같은 사회법은 특정의 정치적 원칙을 의미했다. 자유시장에서의 공개경쟁이라는 경제체제로서 자본주의는 정부가 경제문제에 개입하지 않을 때 가장 잘 작동된다는 것이었다. 부는 자유교환 법칙에 의해 분배되며, 정부는 부를 재분배해서는 안 된다. 법은 민주적으로 선출된 대표자에 의해서 만들어져야 한다. 왜냐하면 선거상의 책임은 통치자들로 하여금 시민들에게 표를 교환하여 행복을 제공하도록 촉구할 것이기 때문이다. 그래서 제2장에서 체계적으로 설명을 하게 될 고전적 자유주의는 민주적 자본주의의 옹호자가 되었다.

　그러나 고전적 자유주의의 생각이 보편적으로 받아들여진 것은 아니었다. 오늘날 전통적 보수주의자들이라고 간주되는 사람들은 구질서에도 보존해 나가야 할 위대한 장점이 존재한다고 보았고 자유주의 이데올로기가 혁명적인 변화를 가져오지 않을까 두려워하였다. '전통적 보수주의의 대부'라고 할 수 있는 에드먼드 버크(Edmund Burke, 1729~1797)는 이성과 과학을 통해서 신이라든가 인간의 정신, 도덕의식과 같은 문제는 말할 것도 없고 사회의 복잡하고 전체적인 면모를 파악할 수 없다고 주장하였다.

버크는 국가의 통치와 관련해서는 고전적 자유주의가 제공하는 과학적인 지침보다는 전통적인 존재론과 심리학, 사회학이 더 유용하다고 생각했다. 마찬가지로 존 아담스(John Adams, 1735~1826)와 같은 미국의 보수주의자들은 자유주의 이데올로기를 "바보들의 과학이며, 그것은 매우 심오하고 난해하여 신비적인 과학이다… 그것은 정부를 물에 빠뜨려 갈아 앉게 하는 진부한 법칙이며 이론이고 기예이며 기술이다. 그리고 그것은 바보들의 학교에서나 가르치는"[22] 것이라며 거부하였다. 물론 전통적 보수주의자들은 자신들이 '이데올로기'를 보유하고 있다는 것을 부인한다. 그러나 그들은 신, 인간본성, 사회, 정부 권위에 대한 신념과 가치의 체계적인 틀을 갖고 있다. 제3장에서 설명하게 될 이들의 생각은 중세 시대로 거슬러 올라가며, 자본가들이 산업혁명을 거치면서 이전의 지배계급인 토지귀족을 대치하기까지 유럽을 지배하였다.

전통적 보수주의자들에 의한 '우파'로부터의 공격 이외에도 자유주의자들은 노동자와 가난한 사람들을 위해 보다 더 급진적인 목소리를 내었던 무정부주의자 등 다른 '좌파'로부터도 공격을 받았다.[23] 19세기 후반에 지배적이었던 **무정부주의 이데올로기**의 주된 생각에 따

---

22) 존 아담스의 *Discourse on Divila*(1813)의 난외의 각주로부터 인용. 이 각주는 Russel Kirk, ed., *The Portable Conservative Reader*(New York: Penguin, 1982), p.66에 전재되어 있다.
23) 정치적 명칭으로서 '좌파'라든가 '우파' 또는 '중도'라는 말의 사용은 혁명 기간 동안 프랑스를 통치했던 국민회의에서 보수파는 오른쪽, 중도파는 가운데 그리고 급진파는 왼쪽에 자리했던 의석배치로부터 연원한다.

르면, 정부, 공장, 교회, 학교 등 기존의 제도들은 개인의 자유를 불필요하게 제한하는 강제적 침탈이라는 것이다. 예를 들면, 정부는 인간본성에 내재하는 사회적이고 협동적인 특성을 타락시키며 조화로운 자연적 사회를 훼손시킨다. 그래서 무정부주의자들은 이러한 제도들을 파괴하고 그 대신에 분권화되고 자발적인 협의체로 대치할 것을 요구하였다. 무정부주의의 생각은 제4장에서 보다 자세히 다루게 될 것이다.

자본주의와 대의민주주의에 대해 가장 신랄하게 비판한 사람은 자유주의 이데올로기에 대해 이중의 공격을 발전시킨 칼 마르크스(Karl Marx, 1818~1883)였다. 첫째, 그는 이데올로기의 과학이 잘못된 편견이라고 주장하였다. 인간의 조건은 상당한 정도로는 우리들의 생각에 의하여 직접 영향을 받지 않는다. 대신에 인간의 조건은 경제적 힘과 경제발전으로부터 도출되어 나오는 사회관계 내지는 계급관계에 의해 결정되는 것이다. 둘째, 마르크스는 자유주의를 효과적인 정부를 위한 진실된 원칙이라기보다는 산업자본가의 이해관계를 대변하는 선전이라고 간주했다. 그의 추종자들에게 마르크스는 이데올로기의 옹호자이기 보다는 정치경제에 관한 과학의 주창자로 여겨졌다. 이 과학은 자본주의경제의 결함과 자유민주주의의 부정한 속성을 분석하는 것이었다. 또한 이 과학은 경제적 변화가 어떻게 인간행동과 사회 그리고 정치에서 연관된 변화를 가져오는지를 보여주는 '역사의 법칙'을 발견하고자 하였고, 민주적 자본주의의 붕괴와 공산주의 사회의 궁극적인 도래를 예견하는 혁명이론을 제공하였다. 마르크스는 자신의 목표가 사회를 어떻게 통치할 것인가의 원칙을 포함하는 이데올로기의 개발에 있지 않다고 주장하였지만, 그의 생각은 마르크스주의의 이데올로기로서 특징지을 수 있는 일관된 정치적 신념과 가치의 체계를 제공하였다. 그의 이데올로기는 제5장에서 설명될 것이다.

마르크스주의는 19세기 말에 두 개의 중요한 분파로 분열된다. 하나는 나중에 살펴보게 될 민주사회주의이다. 다른 하나는 마르크스주의를 20세기에 가장 강력한 이데올로기의 하나로 자리잡도록 하면서 공산주의라 일길어지는 것으로 변형시켜 나간 볼셰비즘 내지는 레닌주의이다. 1917년 러시아혁명에서 레닌(Vladimir Ilyich Lenin, 1870~1924)의 지도하에 볼셰비키당이 권력을 장악했을 때, '공산주의'는 새로운 의미를 띠게 되었다. 그 이전에 '공산주의'는 막연한 미래의 이상을 뜻했다. 즉 그것은 마르크스주의 혁명 이후나 또는 무정부주의자들이 기존 정부를 해체한 이후에 자유주의적 정부를 대치하는 상당한 정도로 자유롭고 평등하며 협동적인 정부를 의미했다.

그러나 레닌은 스스로를 마르크스주의자라고 칭하면서 마르크스주의를 저항적인 이데올로기로부터 통치 이데올로기로 변형시켜 나가는 과정을 주도했다. 소련은 물론이고 나중에 동유럽과 중국, 쿠바, 기타 개발도상국에서 공산당은 전적으로 마르크스-레닌주의 이데올로기에 의존하면서 - 또는 각 나라마다 티토(Tito, 1892~1980)나 모택동(Mao, 1893~1976), 카스트로(Castro, 1926~), 다른 공산주의 지도자에 의해 제시된 마르크스-레닌주의의 수정에 의존하면서 - 통치를 했다. 이들 지도자들이 마르크스주의에 대해 제시한 중요한 수정은 공산주의가 저발전되고 산업화가 제대로 이루어지지 않는 사회에서 성립할 수 있다는 생각이었다.

혁명이 일어나기 전에 자본주의가 고도로 발전되어야 하며 이상적인 공산주의는 모든 사람의 물질적인 필요를 충족시킬 수 있는 만큼의 산업적 능력을 갖춘 풍요로운 사회에서나 가능할 수 있다는 마르크스의 주장에도 불구하고 공산당은 저발전된 사회에서 통치권을 획득했다. 그래서 공산주의 국가들은 국유기업에 대한 포괄적인 국가계획과 투자를 통해서 자국의 경제를 발전시켜 나가지 않으면 안 되었다. 이 과정에서 그들은 국민들에게 경제적 희생을 강요했고 반대를 탄압했다. 제6장에서 살펴보게 되겠지만, 공산주의 이데올로기는 그러한 희생과 정치적 억압을, 공산주의 이상을 달성하기 위한 잠정적이지만 필요한 조치로 정당화하였다.

이와 같은 계획경제가 최근에 흔들리기 시작하자 공산주의 정권과 이데올로기에 대한 지지는 쇠퇴하였다. 구소련과 동유럽에서 공산주의가 몰락하자 많은 분석가들은 '이데올로기의 종언'을 주창했다.[24] 이러한 주장이 의미하는 바는 20세기 후반 동안 자본주의와 공산주의 간의 주요한 이데올로기적 논쟁[25]은 끝났으며 자본주의가 승리를 거두었다는 것이다. 그러나 이러한 주장은 중국과 북한, 쿠바와 같은 곳에서 공산주의가 여전히 통치 이데올로기로서 지속적인 역할을 하고 있는 것을 간과하고 있다. 이러한 주장은 마르크스주의가 자본주의의 병폐에 대항하여 저항 이데올로기로서 지속적으로 중요한 역할을 하고 있는 것을 무시하고 있다. 이러한 주장은 자유시장경제를 보유하고 있는 사회에서 민주적 선거를 통해 권력경쟁을 하고 있는 사회민주주의 정당과 자유주의 정당 그리고 보수주의 정당 간에 존재하는 중요한 이데올로기적 차이를 전혀 고려하지 않고 있다. 그리고 이러한 주장은 신파시즘과 같이 다른 권위주의적 이데올로기의 지속적인 호소력에 대해서도 눈을 감고 있다.

20세기 전반기 동안 특히 독일과 이탈리아에서 **나치스와 파시스트**는 민주적 자본주의에 대해 강력한 도전을 제기했다. 경제적 자유와 정치적 평등을 강조하기보다 그들은 국가의 힘과 세계지배를 추구했고 국가의 힘은 히틀러(Adolf Hitler, 1889~1945) 총통이나 무솔리니(Benito Mussolini, 1883~1945) 총통에게 절대적 권위를 부여함으로써 성취되는 것이라고 생각했다. 독일의 나치즘과 이탈리아의 파시즘 사이에는 몇 가지 중요한 차이가 있음에도 불구하고 이 두 이데올로기는 모두

---

[24] 이러한 주장으로 가장 잘 알려진 것은 Francis Fukuyama, "The End of History?" *The National Interest* 16(summer 1989)이다. 이 책의 결론 부문에서 보게 되겠지만, '냉전의 종식'에 대한 후쿠야마나 다른 해설가들은 '이데올로기의 종언'을 주장한 가장 최근의 분석가들일 뿐이다.

[25] 이 논쟁의 이론적 쟁점에 대한 유익한 소개서로는 Tibor R. Machan, ed., *The Main Debate: Communism versus Capitalism*(New York: Random House, 1987) 참조.

자유주의의 개인주의와 공산주의의 평등주의를 거부했다. 국가가 구성원인 개인보다도 더 중요하고 실재하는 것이라고 믿었기 때문에 나치스와 파시스트는 전체주의적 국가를 옹호했다. 그들은 국가의 권위가 사회·경제·종교·가족생활의 모든 측면을 통제해야 하며 그리고 국가의 선은 국가의 목표를 달성하기 위해서 그의 신민들의 완전한 순종을 합법적으로 요구할 수 있는 절대적 지도자인 총통에 의해 직관적으로 성취될 것이라고 주장했다. 나치즘과 파시즘의 모든 측면은 제7장에서 다루게 될 것이다.

공산주의와 나치즘, 파시즘의 중요성에도 불구하고 20세기는 시민들이 경쟁적이고 공정하며 자유롭고 빈번한 선거를 통해서 정부관리를 통제하는 민주국가의 수적 증가로 특징되고 있다. 1900년 이전에는 민주적이라고 특징지을 수 있는 기준을 충족시킨 국가는 6개밖에 안 되었다. 그러나 1979년까지 이러한 기준을 충족한 국가의 수는 37개나 되었고, 1980년대와 1990년대는 더 많은 수의 민주국가의 출현을 보여주었다.[26] 민주화는 이데올로기에 대해 중요한 함의를 갖는다. 왜냐하면 경쟁적인 선거는 공직을 추구하는 정당들로 하여금 이데올로기를 이용하여 유권자를 끌어오도록 하는 유인을 제공하기 때문이다.

정당들은 많은 원칙을 표명하고 있지만, 20세기 서구 민주주의에서 우월성을 획득한 3개의 주요 이데올로기는 현대 자유주의와 민주사회주의 그리고 현대 보수주의이다.[27] 고전적 자유주의자나 마르크스주의자들과는 달리 이들 이데올로기의 주창자들은 보통 자신들의 원칙이 정치에 관한 참된 과학을 구성한다고 주장하지 않는다. 공산주의자나 파시스트와는 달리 이들 이데올로기의 주창자들은 반대자에 대해 너그럽다. 자신들의 정치적 원칙에 따라 통치하기 위해서는 민주

---

26) Robert Dahl, *Democracy and Its Critics*, pp. 234-239.
27) 유명한 영국의 정치이론가인 버나드 크릭(Bernard Crick)에 따르면, 이들 3가지 이데올로기는 다원적 민주주의의 '친구'들이다. Bernard Crick, *In Defence of Politics* (New York: Penguin Books, 1962) 참조.

적 선거에서 승리해야 한다는 것을 인정하면서 이들 현대 자유주의자들과 민주사회주의자들 그리고 현대 보수주의자들은 입헌정부와 대의민주주의에 대해 공통된 헌신을 보이고 있으며 이를 통해 다른 여러 가지 생각들에 대한 견해 차이를 대치하고 있다.

　현대 자유주의는 자유주의자들이 정부가 자유를 줄일 수 있을 뿐만 아니라 증진시킬 수도 있다는 것을 인식하기 시작하면서 고전적 자유주의로부터 발전해 나왔다. 고전적 자유주의자들은 자유시장 제도와 최소정부가 개인의 자유와 행복을 극대화할 것으로 가정하는 데 반해 현대 자유주의자들은 순수 자본주의의 많은 문제점들을 파헤치면서 모든 시민들에게 안정된 경제성장과 보다 평등한 경제적 기회를 제공해 주기 위해서는 강력한 국가가 필요하다고 주장한다. 게다가 현대 자유주의자들은 정치권력의 배분을 균등하게 하기 위해서 다양한 정치개혁을 추구하였으며 일반적으로는 고전적 자유주의자들이 생각한 것보다 더 확대된 정부권위의 활용을 통해 인종차별이라든가 성차별과 같은 다양한 사회문제를 해결하려고 하였다. 현대 자유주의는 제8장에서 논의될 것이다.

　민주사회주의자들은 종종 수정주의 마르크스주의자들이라고 간주된다. 현대 자유주의자들이 바라보는 것보다 더 급진적으로 자본주의를 비판하면서도 민주사회주의자들은 자본주의의 문제를 해결하기 위해서 혁명이 필요하다는 마르크스의 생각을 거부한다. 1880년대 초 독일의 수정주의자들과 영국의 페이비언(Fabian)들은 노동자와 가난한 사람들 사이에서 사회주의 사상의 광범한 호소력을 통해 사회주의 정당이 민주적 선거에서 이길 수 있고 정부권한을 활용하여 생산수단의 사적 소유로부터 발생하는 소외와 착취를 종식시킨다는 마르크스의 목표를 달성할 수 있다고 주장하였다. 민주사회주의자들은 또한 고임금이라든가 노동시간 감축, 노동환경의 개선, 보다 양호한 사회복지 프로그램 등 보다 긴급한 목표들에 강조점을 두고 있다. 간단히 말하면 그들은 저소득층의 고통을 개선하는 정부정책을 통하여 보다 평등하고 공동체적인 사회를 요구하는 이데올로기를 포용하고 있다. 민주사회주의에 대해서는 제9장에서 다루게 될 것이다.

　현대 자유주의자들이 좌파 쪽으로 쏠리고 있는 상황에서 고전적 자유주의의 원칙을 갖고 있는 사람들은 **현대 보수주의적** 견해를 구성하기 위해서 전통적인 보수주의 원칙을 보유하거나 '사회주의-공산주의의 위협'을 두려워하는 사람들과 불편한 동맹관계에 들어갔다. 고전적 자유주의자들로부터 개인주의와 개인적 권리가 정부에 의해 억제되고 있다는 생각을 차용하여 이들 보수주의자들은 시장에서의 자유교환의 복귀를 원하며 그렇기 때문에 경제 및 사회복지 영역에 대한 정부의 개입이 감축되어야 한다고 주장한다. 인간들 사이의 자연적 위계에 대한 전통적 보수주의의 신념에 의존함으로써 그들은 스스로를 통치한다는 대중들의 능력을 옹호하면서 현대 자유주의 내지는 사회주의적 '강한 정부'의 재분배 정책을 지지하는 평등주의에 대해 반대의 입장을 취하고 있다.

　일반적으로 현대 보수주의자들은 정부가 자유주의적이고 사회주의적 목표로의 진보를 달성할 수 있다는 데에 회의적이며, 오히려 모든 사회적·경제적 문제를 해결하려는 정부의 노력은 복잡 미묘한 사회구조를 긁어 부스럼을 내거나 아니면 끈을 풀어버리는 결과를 낳는 게 보통이라고 생각한다. 제10장에서 보게 되듯이, 현대 보수주의자들은 현대 자유주의나 민주사회주의에 의해 제기된 극단적으로 낙관적인 기대를 피하기 위해서는 인간본성과 사회적 가능성, 정부권력에 대한 보다 현실적인 평가가 필요하다고 본다.

　지난 200년 동안 많은 이데올로기가 출현하였으며, 두각을 나타내는 새로운 이데올로기들이 21세기에 점차 중요한 역할을 하게 되리라는 것은 명확해 보인다. 예를 들면 이슬람이나 유대 또는 기독교의 **근본주의**처럼 종교에 깊은 뿌리를 박고 있는 정치운동이 최근 광범한 지지를 이끌어내고 있다. 다른 생물이나 지구의 생태계와 관련하여 인간의 역할을 이해하는 데 있어서 급진적인 재적응을 주창하는 '녹색

당이 몇몇 서구 민주주의에서 나타났으며, 이러한 환경주의는 모든 나라의 정부에게 새로운 형태의 다양한 쟁점들을 제공하고 있다.

여성주의는 '남성과 여성 사이의 평등'이라는 생각뿐만 아니라 이러한 평등을 달성하기 위해서는 국가의 '공적' 조직체에서는 물론이고 가족과 같은 인간의 가장 '사적인' 조직에서도 정치변화가 일어나야 한다는 점에 커다란 강조점을 두고 있다. 이와 같은 이데올로기의 출현이 의미하는 바는 이데올로기라는 것이 끊임없이 생성, 변화, 소멸의 과정을 겪는다는 것이다. 제11장, 12장, 13장에서 우리들은 21세기에 가장 커다란 영향을 미치게 될 신생 이데올로기에 대해서 간략히 살펴보게 될 것이다.

III. 다양한 이데올로기를 평가하기

이데올로기 개념은 단순한 의견으로부터 정치적 진리를 구별해 내고 그럼으로써 의심할 바 없는 정치적 원칙을 위해서 철학적 기반을 제공한다는 개념과학을 발전시키기 위해서 드 트라시에 의해 창안되었지만, 이데올로기 역사를 간략히 살펴보면 드 트라시의 희망은 달성되지 못하였음을 알 수 있다. 정치적 신념과 가치의 체계와 관련하여 철학적·정치적 합의가 도출되기 보다는 오히려 다양한 정치 이데올로기가 출현하여, 각각의 이데올로기는 대안적 정치원칙에 대해 철학적 옹호를 제공하였는가 하면 경쟁적인 정치적 실천을 위해서 개념적 기반을 제공하였다.

정치적 진리를 도출해 내지 못하는 이데올로기 과학의 무능력은 이데올로기 연구에 대해 새로운 개념을 제기하였는데, 1929년 처음 출간된 칼 만하임(Karl Mannheim)의 『이데올로기와 유토피아』(Ideology and Utopia)에 의해 자세히 다루어진 개념이 그것이다. 드 트라시는 우리들의 생각의 원천에 대한 연구를 통해 어떤 생각이 보편적인 진리이고 유효성을 갖는지를 학자들이 결정할 수 있을 것이라고 믿었던 반면에, 만하임이 볼 때 그러한 연구를 통해서 알 수 있는 것은 모든 정치적 생각과 견해가 진리에 대한 부분적인 인식에 불과할 뿐이라는 것이다. 만하임이 볼 때 역사적·사회적 조건은 우리가 참된 정치적 원칙이라고 간주하는 것에 영향을 미친다. 예를 들면 19세기 미국의 자본가들의 사회적 위치가 그들로 하여금 고전적 자유주의를 받아들이도록 하는 데 영향을 미치는 것처럼, 18세기 영국 귀족의 사회적 위치는 그들로 하여금 전통적인 보수주의를 논쟁의 여지가 없는 것으로 생각하도록 한다.

만하임은 그 자신이 '지식사회학(Sociology of knowledge)'이라고 불렀던 이데올로기 연구가 대략적으로 보면 "사회적 관계가 실제로 생각에 영향을 미치는 방식에 대해 서술하고 구조적 분석을 가하는 경험적 탐구"[28]여야 한다고 제안하였다. 드 트라시와 달리 만하임은 이러한 탐구가 이데올로기 연구자로 하여금 아르키메데스(Archimedes)처럼 어떤 이데올로기적인 견해를 넘어서는 특권적 위치에서 순수하게 객관적인 지식을 얻을 수 있도록 할 것이라고 주장하지 않았다. 어떤 사람도 자신의 역사적·사회적 상황에서 벗어날 수 없기 때문에 경쟁적인 이데올로기의 궁극적 유효성을 판단할 수가 없다는 것이다.

이데올로기에 대한 이러한 접근은 진리를 각자에게 상대적인 것으로 파악하는 상대주의에 근접한 것이지만, 그렇다고 만하임이 모든 이데올로기가 다 똑같이 유효하다고 주장한 것은 아니었다. 오히려 그는 대안적인 이데올로기를 비교해 보면 '옳고 그름을 위한 기준이 존재한다'고 주장하였다. 예를 들면 그는 "경험적인 문제를 다룸에 있어서 거대한 포괄성과 유용성의 증거를 보이는 시각에 더 우월성을 부여해야 하며"[29] 그리고 정치의 실제 세계에서 자신들이 의도한 효과

---

28) Karl Mannheim, *Ideology and Utopia*(London: Routledge and Kegan, 1936), p. 239.
29) K. Mannheim, *Ideology and Utopia*, p. 254.

를 달성하는 데 가장 효과적인 생각에 대해 우월함을 인정해야 한다고 주장하였다. 대부분의 학자들은 경쟁적인 이데올로기를 평가함에 있어서 만하임의 기본적인 접근법을 인정한다.

이데올로기 연구가들은 이제 더 이상 "어느 이데올로기가 가장 유효한가?"를 묻지 않는다. 그 대신에 그들은 "다른 이데올로기와 비교하여 이데올로기를 어떻게 평가해야 하는가?"를 묻는다. 이러한 물음 간의 차이는 사소한 것 같아 보이지만, 이는 이데올로기에 대한 사고에서 근본적으로 다른 방식을 대표한다. 어떤 이데올로기가 가장 유효한가를 묻는 것은 어떤 이데올로기는 유효하지 않거나 진리일 수 없다는 것을 의미하며 그리고 각각의 이데올로기의 유효성을 결정하기 위해서 비교를 하게 될 어떤 객관적이고 비정치적인 기준이 존재한다는 것을 의미한다. 그러나 다양한 이데올로기를 평가할 수단이 무엇인가를 묻는 것은 모든 이데올로기는 그 나름의 장점과 결함을 갖고 있으며 어떤 이데올로기도 절대적으로 유효하거나 진리이지 않다는 것 그리고 다양한 이데올로기에 대한 우리들의 전반적인 평가는 상대주의라든가 허무주의의 문제를 회피하기 위해서 우리들이 해야 할 최선의 판단에 종속된다는 것을 인정하는 것이다.

그러나 다양한 이데올로기를 어떻게 평가할 것인가? 포괄성과 경험적 유용성 그리고 효과성과 같은 만하임의 기준은 이데올로기를 평가할 때 사용될 수 있는 유일한 기준인가? 우리들은 이러한 기준에 대해 확정적인 목록을 알지 못하며 그러한 일람표를 만들 수 있는 것인지에 대해서도 회의적이다. 왜냐하면 이데올로기를 평가하는 데는 새롭고 부가적인 요인을 고려해야 할 것이기 때문이다. 또한 우리들은 다양한 기준이 서열화되거나 가중치를 둘 수 있는 것인지에 대해서도 자신을 가질 수가 없다. 이러한 어려움을 고려할 때 다양한 이데올로기를 평가하는 것은 다양한 지적·정치적 기준을 채택하는 것이 될 것이다.

이데올로기의 지적인 매력을 평가하기 위해서 사용될 수 있는 기준으로는 다음과 같은 것들이 있다.

1. **포괄성**: 이데올로기가 일련의 광범한 정치·사회·경제적 근본 의문에 대해 유용한 대답을 추구하고 제시하고 있는가?
2. **일관성**: 이데올로기가 내적으로 일관된 명확한 개념들을 갖추고 있는가 아니면 내적인 모순을 보이고 있는가?
3. **경험적 유효성**: 이데올로기가 경험적으로 검증될 수 있는가? 혹은 경험적인 사실들이 이와 같은 일반화와 일치하는가?
4. **비판적 통찰력**: 이데올로기가 신화라든가 정치·경제·사회적 생활에 대한 잘못된 전통적 이해를 들추어냄으로써 우리들에게 정치과정이 실제로 어떻게 작동하는지 그리고 어떻게 하면 정치과정이 보다 이상적으로 작동할 수 있는 것인지에 대해 새로운 통찰을 제시해 주고 있는가?

다양한 이데올로기의 정치적 매력을 평가하기 위해서 사용될 수 있는 기준은 다음과 같다.

1. **역사적 영향**: 이데올로기가 긍정적인 방식이든 부정적인 방식이든 세계사의 진행과정과 다양한 정치제도의 발전에 대해 영향을 미치는가?
2. **공적인 호소력**: 이데올로기에 대한 지지가 광범하고 대대적인가 그리고 이데올로기의 원칙에 대한 지지자들의 헌신이 얼마나 철저하고 탄탄한가?
3. **정치적 이상과의 양립성**: 이데올로기가 자유, 정의, 민주주의와 같은 정치적 이상을 증진 또는 퇴보시키는가?
4. **윤리적 이상과의 양립성**: 이데올로기가 자기존중을 보장한다든가 개인적 창의와 도덕적 발전을 증진시키며 타인에 대한 경의를 제고시키는가 하면 신 또는 자연과 조화롭게 사는 것과 같은

윤리적 이상을 향상 또는 감퇴시키는가?

이러한 기준에 따라 다양한 이데올로기를 평가하는 것은 개인적 과제인 동시에 집단적 과제이다. 각자는 자신을 위해서 포괄성이라든가 일관성, 역사적 영향, 자신의 정치적·윤리적 이상과 이데올로기 간의 양립성을 판단할 수 있다. 그러나 이러한 판단은 다른 사람들과 함께 논의되고 검토되어야 한다. 중심적인 정치적 행위는 자신의 정치적 원칙이나 이데올로기를 공적으로 천명하고 옹호하는 것이다. 다른 사람에게 자신의 정치적 원칙이나 이데올로기를 받아들이도록 설득하여 성공을 거두는 것은 정치권력의 행사이다. 다른 사람을 자신의 이데올로기적 시각에로 전향시키는 것은 특정의 지지자나 정책입장을 지지하도록 설득하는 것보다 더 강력한 정치적 행동이다. 왜냐하면 이데올로기는 이를 수용하는 사람의 일련의 많은 행동에 영향을 미치기 때문이다.

그러나 다양한 이데올로기의 장점에 대해 다른 사람과 논쟁을 벌일 때는 자신의 입장을 강조하는 것뿐만 아니라 다른 사람의 주장에도 귀를 기울여야 한다. 다른 사람의 주장에 귀를 막는다는 것, 다시 말해서 다른 사람의 반대 주장으로부터 자신의 입장을 옹호하지도 못하면서 자신의 신념과 가치를 수정하려고 하지 않는 것은 부정적이고 경멸적인 의미에서 이데올로기적으로 되는 것이다.

IV. 다양한 이데올로기를 설명하는 틀

이데올로기를 평가하기 전에 우리는 이들 이데올로기의 원칙과 이러한 원칙들의 철학적·정치적 기반을 명확하게 이해할 필요가 있다. 이데올로기의 원칙들이 자주 다른 이데올로기와 비교하여 평가되고 분석되기 때문에 다양한 이데올로기를 설명하는 공통된 틀을 갖는 것은 특히 유용할 것이다.

〈그림 1-1〉은 그러한 틀을 제시하고 있다. 그것은 인간본성, 사회, 우주, 지식과 관련하여 자신들의 가정이 무엇인지를 문제 제기함으로써 각각의 이데올로기의 철학적 기반에 관심을 기울이고 있다. 그것은 각각의 이데올로기가 해결하고자 하는 사회적 문제와 각각의 이데올로기가 달성하고자 하는 목표가 무엇인지를 질문함으로써 다양한 정치적 원칙을 발생시키는 정치적 맥락 내지는 정치적 기반에 관심을 갖고 있다.

그것은 정치에 있어서 6개의 '영구적인 질문' 내지는 '거대한 쟁점'에 주목하면서 우리들로 하여금 이러한 쟁점들과 관련하여 다양한 이데올로기의 실질적인 정치적 원칙을 설명하도록 촉구하고 있다. 이 설명 틀에서 화살표는 이데올로기가 상호 연관된 원칙들의 조합이며 이러한 원칙들은 특정의 정치적·철학적 기반으로부터 도출되는 것임을 일깨워주고 있다. 또한 이 설명 틀은 이데올로기의 원칙들이 우

〈그림 1-1〉 이데올로기 설명 틀

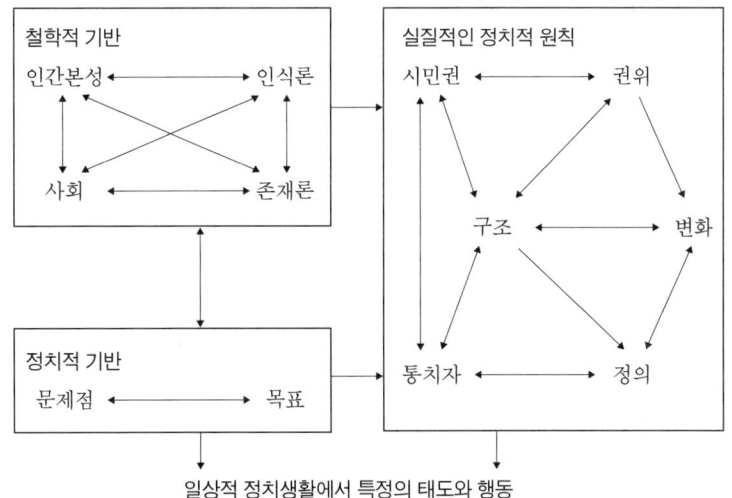

리가 지지하는 정치조직이나 지도자, 정책뿐만 아니라 우리가 취하는 정치적 행동에 영향을 미침으로써 일상적인 정치세계에 일정한 작용을 하고 있음을 밝혀 주고 있다.

1. 실질적인 정치적 원칙

〈그림 1-1〉에서 보여준 것처럼, 이데올로기는 6개의 주요 영역에서 영구적인 질문을 다루는 실질적인 정치적 원칙을 보유하고 있다.[30] 여기서 우리는 이러한 질문들을 간단히 언급하고 몇몇 이데올로기에 의해 제공되는 바와 같이 이들 질문들에 대한 대답의 범위를 알려줄 것이다.

1) 구조

공동체는 어떻게 조직되고 그것들은 어떻게 구조화되어야 하는가? 제도들은 집권적인 방식이나 분권적인 방식으로 어느 정도나 조직되어야 하는가? 제도화된 힘을 가진 사람들은 어느 정도로 그리고 어떤 방식으로 제한을 받아야 하는가?

아마도 사회의 구조와 관련된 가장 근본적인 질문은 공적인 제도나 사적인 제도와도 관련되어 있다. '국가주의적' 사회에서 정당과 정부는 인민을 조직하고 통제하는 데 지배적인 역할을 수행한다. 공산주의는 공산당에게 통제력을 부여한다. 국가사회주의는 나치당에게 그러한 힘을 부여했다. 이탈리아의 경우 파시즘은 이탈리아 국가에 그러한 힘을 부여했다. 전체주의란 이러한 제도들에게 사회에 대한 '총체적인 통제력'을 부여하는 것이 사회에 대대적으로 유익한 변형을 가져오고 또 보다 바람직한 방식으로 인간본성을 다듬거나 인간을 '개조'하는 데 필요하다고 주장하는 모든 이데올로기를 지칭한다.

---

30) 정치에 있어서 영구적인 질문에 대한 특히 유용한 논의로는 Tinder, *Political Thinking*과 Leslie Lipson, *The Great Issues of Politics*, 8th ed. (Englewood Cliffs, N. J.: Prentice-Hall, 1989) 참조.

'자유' 사회에서는 가족, 교회, 사기업과 같은 제도들이 공동체 생활을 구조화하는 데 더 많은 역할을 수행한다. 사회적 다원주의는 고전적 자유주의나 현대 자유주의는 물론이고 현대 보수주의와 민주사회주의에 중심적인 것으로서 이와 같은 '사적' 결사체가 국가통제로부터 상대적으로 자율적이고 자유로워야 한다는 신념을 지칭한다.

공적인 제도와 사적인 제도 모두 집권적인 방식이나 분권적인 방식으로 조직될 수 있다. 권위주의적인 구조적 장치하에서는 다양한 제도들의 지도자들이 이 제도의 다른 구성원들에 대해 지배적인 또는 아마도 무제한적인 권력을 행사한다. 그러나 민주적인 이데올로기들은 보통 권력의 분권화를 요구한다. 이들 이데올로기들은 지도자들에게 다른 지도자들과 권력을 공유하기를 바라며 또 보통의 시민들이 비효율적이고 부패한 지도자를 교체하는 권한을 포함하여 일정한 권한을 보유해야 한다고 주장한다.

2) 시민권

국가적 공동체나 다른 결사체의 시민은 누구여야 하는가? 시민의 권리와 책임은 무엇이고, 시민의 권리와 책임은 무엇이어야 하는가? 시민은 정치생활에 언제 어떻게 참여하며 그리고 언제 참여해야 하는가? 시민은 왜 권위에 순종해야 하며, 언제 불복종해야 하는가?

고전적 자유주의자들과 많은 친화성을 갖고 있는 현대의 자유지상주의자들은 자주 어떤 결사체에 가입하고자 하는 사람에게는 회원자격을 허용해 주어야 한다는 '열린 가입자격' 내지는 누구든지 자신이 원하는 대로 어떤 공동체나 국가의 시민이 될 수 있도록 해야 한다는 '제한 없는 이민'을 지지한다. 현대 자유주의자들은 한 국가의 현존 시민들을 위해서 이민을 제한할 수 있어야 한다고 주장하면서도 동시에 그들은 많고 다양한 수의 이민들을 환영하고 여성이나 소수종족의 경우처럼 과거에 이등시민으로서 다양한 형태로 부당한 대우를 받아 왔던 공동체의 구성원들에게 충분한 시민권을 부여해 주는 이른바 상대적으로 비배타적인 시민권 원칙을 옹호한다. 이와 대조적으로 나치즘처럼 인종적 내지는 이민배척의 신념을 보유하고 있는 이데올로기는 '인종적 내지는 종족적으로 순수한' 사람과 토착적인 문화적 특성을 영속시킬 사람에게만 시민권을 부여한다.

이데올로기마다 시민권에 수반하는 권리를 둘러싸고 입장이 크게 엇갈린다. 고전적 자유주의자들에 따르면 정치적 공동체는 생명, 자유, 재산과 같은 시민의 자연권을 보호해야만 한다. 그러나 현대 자유주의자나 민주사회주의자는 어린이는 교육권을 가지며, 나이 든 사람들은 연금권을 보유하며, 가난한 사람들은 영양과 주거의 권리를 부여 받으며, 모든 사람은 의료혜택을 누릴 자격이 있다는 등으로 시민권이 꾸준히 확장되어야 한다고 본다. 다른 이데올로기들은 시민의 권리에 대해 시민의 책임과 의무를 강조한다. 예를 들어 전통적 보수주의자들에 따르면, 지위의 높고 낮음에 관계없이 모든 시민은 자신들의 역할에 수반하는 관습적인 과제를 수행할 의무를 갖는다. 이에 반해 나치즘과 파시즘은 의무의 개념을 더욱 강조하면서 인간의 가장 고귀한 덕성은 정치지도자에 대한 시민의 완전한 순종을 통해서 발휘될 것으로 보았다.

3) 통치자

누가 통치하고 누가 통치해야 하는가? 통치자는 어떻게 선택되어야 하고, 그들은 어떤 방식으로 다른 사람에게 책임을 지는가?

몇몇 이데올로기들은 수호자주의(guardianship)를 옹호한다. 그들은 사회가 특별히 유능하고 덕성 있는 소수의 지도자들에 의해 가장 잘 통치될 것이라고 본다. 전통적 보수주의자들은 태어날 때부터 혹은 양육에 의해서 통치를 할 수 있도록 자격을 갖춘 사람들에 의한 자연적 귀족정을 주창하며 그래서 이러한 엘리트를 위협하는 많은 민주적 개혁을 거부한다. 마르크스주의자와 공산주의자들은 '프롤레타리아 독재' 내지는 노동계급의 진실된 이해관계를 이해하는 사람들로 구성된 지적인 전위대의 독재가 잠정적으로 필요하다고 주창하며, 파시스트와 나치스는 국가의 진실한 필요성을 이해하고 이러한 국가의 목표를 달성하기 위해서 국민을 동원해 내는 위대한 지도자의 능력을 믿는다.

이와 대조적으로 모든 사람은 자신의 이익과 공적인 이익을 이해할 수 있으며 그래서 정치권력은 모든 사람에게 동등하게 분배되어야 한다는 참여민주주의의 원칙은 상당한 정도로는 민주사회주의를 포함하여 민주주의 이데올로기와 연관되어 있다. 그러나 대부분의 이데올로기는 시민들이 자신의 통치자를 선택하고 정기적인 재선을 통해 책임을 지도록 하는 대의민주주의의 형태를 받아들이고 있다.

4) 권위

다양한 공동체를 통치하는 사람들, 특히 정부권위를 보유하고 있는 사람들의 합법적인 권한은 무엇이며 그들의 권한에 대한 제약은 무엇인가? 통치자들은 어떤 권위를 가져야 하는가? 경제를 규제하고 도덕성을 법제화하기 위해서 정부권위를 사용해야 하는가, 그리고 이들 영역에서 정부권위는 얼마나 광범하게 행사될 수 있는가?

어떤 이데올로기도 무정부주의만큼 권위에 비판적이지 않다. 무정부주의자들은 모든 권위가 그것이 정치적 통치자의 것이든, 재산소유자나 교사 또는 종교 지도자의 것이든 다 불법적이라고 믿는다. 이와 대조적으로 보다 권위주의적인 이데올로그들은 다양한 공동체를 통치하는 사람들의 권위는 공동체의 목표를 달성하기 위해서 필요한 것이라면 이러한 목표에 의문을 제기하는 사람들의 반대를 억압하는 것까지도 포함할 정도로 확대되어야 한다고 주장한다.

대부분의 다른 이데올로기들은 특정의 영역에서 정치적 권위의 제한된 적용을 지지한다. 예를 들면 고전적 자유주의자들은 정부권위가 특히 공동체의 다른 구성원들에 의해 생명, 자유, 재산이 침해를 받지 않도록 하는 것과 같이 시민들의 자연적 권리를 보호하기 위해서만 사용되어야 한다고 주장한다. 현대 자유주의자들은 경제생활에서 정부의 의미 있는 개입을 요구하는 반면, 현대 보수주의자들은 문제가 있는 생활방식이나 도덕적 선택을 제한하는 정부규제에 대해서 지지한다.

5) 정의

사회적 재화는 어떻게 분배되고 있으며 또 어떻게 분배되어야 하는가? 다양한 재화들은 어떤 기구에 의해, 어떤 절차와 기준으로 할당되고 있는가? 어떤 종류의 공공정책이 정당한가, 그리고 공공이익의 관점에서 보면 어떤 정책이 정당한가?

사회적 재화는 돈과 지위, 교육, 권력처럼 우리 모두가 원하지만 상대적으로 희소하고 다른 사람과의 협력을 통해서만 획득될 수 있는 것들이다. 몇몇 이데올로기가 이러한 재화의 평등한 분배를 요구한다는 일반적 인식은 잘못된 것이다. 마르크스는 공산주의 혁명을 통해서 단기적으로는 노동자계급이 자신의 노동의 충분한 가치 대신에 생존임금만을 받으면서 착취를 당하는 현존의 상황을 넘어서서 자신이 수행한 노동에 따라 수입이 분배가 이루어질 것으로 생각했다. 그는 보다 먼 미래에는 물질적인 재화가 필요에 기반하여 분배될 것으로 희망했지만, 그러나 그는 결코 노동이나 필요가 인간에게 꼭 같을 것으로 생각하지 않았으며 그래서 소득, 돈, 물질적 재화가 동등하게 분배되어야 한다고 보지 않았다. 그럼에도 불구하고 정의에 대한 마르크스의 개념은 예를 들어 정의에 대한 보수적 개념에 비해 더 많이 평등을 강조했다.

보수주의자들은 다양한 개인들이 각기 다른 자신의 능력과 덕성에 기반하여 사회에 대해 각기 다른 기여를 한다고 보았고 그래서 이렇게 불평등한 기여는 그에 비례하여 불평등한 보상을 받을 가치가 있는 것으로 생각했다. 민주사회주의자들과 현대 자유주의자들은 이 문제에 대해서 보다 중간적인 입장을 취하고 있는데, 즉 시장에 의해 야기된 부의 불평등을 인정하면서 동시에 교육이라든가 공공의료와 같이 어떤 재화의 보다 동등하고 공동체적인 제공을 추구하고 있다.

6) 변화

변화는 얼마나 필요하며 그리고 이러한 변화는 어떻게 달성될 수 있는가? 이러한 질문에 대한 대답은 이전의 질문들에 대한 대답에 크게 의존하는데, 현행 제도에 대한 신념과 좋은 사회에 대한 이상 간의 괴리가 크면 클수록 바람직한 변화도 커지게 된다. 전통적 보수주의와 같은 현상유지 이데올로기는 일반적으로 정치적 이상이 실현되어 왔고 그래서 변화가 필요하지 않다고 주장한다. 현대 자유주의와 같은 개혁적 이데올로기는 정책과 통치자, 구조에 있어서의 점진적이고 지속적인 변화에 의해 이상과 인식된 실천 사이의 괴리가 줄어들 수 있다고 주장한다. 마르크스주의와 같은 혁명적 이데올로기는 대대적인 정치·경제·사회·문화적 변혁을 통해서만이 이상과 인식된 실천 사이의 괴리가 없어질 수 있다고 주장한다.

2. 철학적 기반

각각의 이데올로기의 정치적 원칙은 특정의 철학적 기반에 근거를 두고 있다. 명시적이든 혹은 암묵적이든 각각의 이데올로기의 주창자들은 인간본성, 사회, 우주, 지식에 대해서 특정의 가정을 보유하고 있다.

1) 인간본성

인간의 일차적인 동기는 무엇인가? 인간은 자기이익을 추구하는가 아니면 공동체를 고려하는가? 인간의 능력은 무엇인가? 인간은 합리적인가? 인간은 어떤 방식으로 동등하고 혹은 불평등한가? 본질적인 인간본성은 존재하는가 아니면 인간은 무한히 개조될 수 있는가?[31]

---

31) 인간본성이 인간의 어떤 '본질적인 것'을 지칭하는 것으로 사용되는 경우, 인간이 무한정으로 개조가 가능하다는 생각은 어떠한 '인간본성'도 존재하지 않는다는 것을 뜻한다. 그럼에도 불구하고 우리는 '인간본성'이라는 이름

고전적 자유주의자들은 본질적인 인간본성이 존재한다고 주장한다. 즉, 인간은 선천적으로 그리고 동등하게 자기이익을 추구하며, 인간은 자신의 이성을 활용하여 행복을 극대화하고 고통을 극소화하려고 한다. 인간본성에 대한 이러한 개념을 전제로 하여 고전적 자유주의자들은 자본주의 사회와 제한정부하에서 개인의 자유를 강조하는 것이 정치적 원칙이 되어야 한다고 본다.

전통적 보수주의자들은 인간은 이성의 능력이라든가 다른 재능이나 덕성에 있어서 차이가 크며 이러한 인간의 타고난 특성은 개조하는 것이 쉽지 않다고 주장한다. 인간의 좋지 않은 본능은 전통적인 권위에 의해서 통제될 수는 있지만 정부권위가 인간을 보다 유토피아적인 이상적 인간상으로 개조할 수는 없다. 이와 대조적으로 마르크스주의자와 무정부주의자는 자본주의라든가 정부와 같은 사회적 제도들이 인간본성을 타락시켜 왔다고 주장한다. 이러한 제도들을 철폐하는 것이 이들의 정치적 원칙이 되고 있는데, 왜냐하면 그들은 제도의 철폐를 통해 인간본성에서 보다 사회적으로 능동적이고 협력적인 잠재력이 다시 나타날 수 있는 것으로 보기 때문이다.

2) 사회

사회의 기본적 요소는 무엇인가? 사회는 단순히 개인들의 집합체인가 아니면 사회는 선험적인 존재로서 사회를 구성하는 개인을 규정하는가? 사회의 특성을 이해하는 데 계급, 인종, 종족, 종교의 차이 또는 다른 형태의 집단적 차이에 대한 고려가 중요한가?

전통적 보수주의자들은 사회는 '유기체적 전체(Organic Wholes)'라고 가정한다. 사회는 개인보다 앞서서 존재하며 개인을 규정하는 데 도움을 주는 독특한 역사, 관습, 제도 그리고 일련의 위계적 역할을 보

으로 인간의 개조 가능성에 대한 다양한 이론들을 검토하는 것이 유용하다고 생각한다.

유하고 있다. 이러한 사회는 그 속에서 사는 사람들에게는 지고의 유산이기 때문에 정치적 원칙은 이러한 유산을 유지하는 데 중점을 두어야 한다. 이와 대조적으로 고전적 자유주의는 사회라는 것이 개인들의 이익을 증진시키기 위한 개인들 사이의 사회계약의 산물일 뿐이라고 가정한다. 고전적 자유주의자에게 있어 정치적 원칙은 사회를 구성하는 다양한 개인들의 행복을 위해서 봉사해야지 개인들을 넘어서는 사회의 이익을 위한 것이어서는 안 된다.

마르크스는 어떤 사회의 가장 근본적인 특성은 사회의 계급구조라고 강조하였고, 마르크스주의자와 공산주의자 그리고 민주사회주의자 모두 사회 내 계급구조의 특성으로부터 자신들의 기본적인 정치적 신념과 가치를 도출하였다. 현대 자유주의자들은 사회가 대립적인 계급적 이해에 의해 분열되고 있음을 인정하면서도 동시에 다양한 사회적 구분을 인정함으로써 계급구조를 덜 강조하고 있다. 현대 자유주의자들에게 있어 사회는 많은 범주의 개인과 집단에 의해 특징지어진다. 그래서 현대 자유주의자들이 옹호하는 정치적 원칙들은 다양한 집단적 이익을 가능한 한 광범위하게 화해시키는 데 중점을 둔다.

3) 존재론

세계는 어떻게 작동하는가? 궁극적인 실재는 무엇인가? '존재'는 근본적으로 물질적인가, 개념적인가, 아니면 영적인 것인가? 세계는 '생성'의 과정에 있는가, 그리고 세계에서 변화의 궁극적인 원인은 무엇인가?

고전적 자유주의자들이 보기에 우리는 물질세계에 살고 있다. 인간은 '운동하는 물질'이며, 그렇기 때문에 인간은 자연법에 따라 행동한다. 인간본성의 자기이익 추구적인 측면과 사회의 개인주의적 요인들을 인정하는 정치적 원칙에 따라 스스로를 통치함으로써 우리는 지속적으로 인간진보를 이루어 나간다. 마르크스주의자들도 우리가 자연법에 따라 드러나는 물질세계에 살고 있다고 생각한다.

그러나 자유주의자들은 자신의 이익을 추구하는 개인들에 의해서 역사적 진보가 결정된다고 믿는 데 반해 마르크스주의자들은 역사가 경제적으로 결정된다고 주장한다. 경제적 결핍과 착취의 세계에서 인간은 자신의 행복을 추구할 만큼 그렇게 실제적으로 자유롭지 않으며 오히려 자신의 물질적 필요에 힘써야 한다. 그래서 이와 같은 경제적 필요뿐만 아니라 우리의 경제적 필요를 충족시키기 위해서 채택하는 경제적 제도와 과정이 우리들의 정치적 원칙을 포함하여 우리들의 삶의 다른 측면에 결정적인 영향을 미친다.

자유주의자나 마르크스주의자와는 대조적으로 전통적 보수주의자나 현대 보수주의자는 우주에는 물질적인 세계 이상의 것이 존재한다고 믿는다. 신은 우리의 창조자이며, 인간과 사회에는 그 누구도 부인할 수 없는 영적인 측면이 존재한다. 보수주의자들에게는 영적이거나 종교적인 기반을 무시하고 어떤 세속적 이성의 틀에 따라 사회를 재창조하려고 시도하는 것은 순전히 바보같은 짓이다. 나치스와 파시스트들도 자유주의나 마르크스주의의 물질주의적 세계관을 거부한다. 그러나 이들은 역사가 신의 의지에 의해서 지도된다고 믿기 보다는 인간의지에 의해서 방향을 바꿀 수 있다고 생각한다. 대부분의 사람들은 강력한 의지와 비전을 결여하고 있기 때문에 특정의 지도자가 직관적으로 국가의 운명을 이끌어 나가야 한다. 그리하여 지도자의 의지를 실현하고 대중들로 하여금 이와 같은 지도자의 의지를 따르도록 함으로써 역사가 진전되어 나간다고 본다.

4) 인식론

정치의 실천과 이상에 대한 절대적인 인식이 가능한가? 정치에 대한 객관적이고 상호주관적인 진리가 존재한다면, 그러한 지식은 어떻게 획득되는가? 모든 지식이 주관적인 것이라면, 어떤 종류의 증거와 주장이 정치적 신념과 규범을 위한 가장 적절한 기반이 될 수 있는가?

이미 앞에서 지적한 바와 같이 이데올로그들은 통치의 참된 원칙을 발견하는 것이 가능하다고 믿었으며, 그러한 진리에 대한 이해로서 고전적 자유주의가 성립되었다. 고전적 자유주의자들에게는 정치제도와 정치적 실천 그리고 정책의 유효성을 판단하기 위한 궁극적인 기준은 효용성이었다. 즉, 최대다수의 최대행복을 달성하는 장치는 올바른 것으로 파악되었다. 그러나 전통적 보수주의자들은 공리주의(Utilitarianism)가 자유주의적 제도를 정당화할 수 있는지에 대해 의문을 제기한다. 이들 보수주의자들에게는 현행 제도가 공리주의적 계산으로는 부당하게 무시될 수 있는 잠재적인 이득을 갖고 있는 것으로 파악된다. 그래서 가장 좋은 정치적 원칙이나 실천을 알기 위해서 보수주의자들은 여러 세대에 걸친 집단적 지혜로서 전통에 의지해야 한다고 주장한다. 마르크스는 전적으로 다른 인식론적 접근을 취했다. 효용성이라든가 전통 또는 어떤 다른 기준에 비하여 자신의 원칙들이 바람직하다는 것을 보여주려고 하기 보다는 그는 공산주의 사회의 불가피성을 드러내려고 애썼다. 정치경제의 법칙들은 역사에 대한 과학적 연구를 통해서 알 수 있는 것이고, 이들 법칙의 적용을 통해서 알 수 있는 것은 특정의 경제적 조건이 무르익으면 공산주의 혁명이 일어날 것이라는 점이다.

마르크스는 역사에 대한 과학적 이해를 통해서 진리를 발견한 반면에 그의 공산주의 동료들은 자주 마르크스의 권위에 의존하거나 또는 마르크스에 대해서 주요 마르크스 이론가들이 제시한 해석에 의존함으로써 진리를 찾았다. 사회주의, 자유주의, 보수주의와 같은 오늘날의 민주적 이데올로기들은 절대 진리가 가능하지 않다고 생각하면서도 자신들의 원칙을 옹호하기 위해서 과학의 개념을 지지한다.

현대 자유주의자에게 있어 사회과학은 실험을 통해서 인간조건을 개선하려고 끊임없이 애쓰는 실용적인 사업이다. 민주사회주의자에게 사회과학은 특히 부와 권력의 분배에 있어서 불평등과 같이 자유주의 정부와 보수주의 정부에 의해서 만들어진 현존의 조건에 대해 증거를 제시하면서 서술하고 설명한다. 현대 보수주의자에게 사회과학은 경제적 조건을 평등하게 하지 못하는 사회주의 정책의 실패와 다른 사회적 문제들을 해결하지 못하는 자유주의 정책의 실패를 노정시켜 주는 '폭로적' 사업이다.

3. 정치적 기반

이데올로그들은 대안적인 심리학, 사회학, 존재론, 인식론에 의지해서 자신들의 정치적 원칙을 정당화하고 옹호하지만, 이데올로기는 단순한 지식체계는 아니다. 이데올로기는 추상적인 철학으로부터 나오는 것이 아니라 구체적인 정치·경제·사회적 문제들과 기대로부터 나온다. 그래서 우리는 우리들의 개념적 틀에서 이데올로기의 정치적 기반과 관련하여 각각의 이데올로기가 해결하려고 애쓰는 문제점과 목표라는 두 개의 범주를 추가하였다.

1) 문제점

이데올로기 주창자들은 자신들의 정치적 공동체가 직면하고 있는 가장 긴급한 정치·사회·경제적 문제점들을 무엇이라고 보았을까?

고전적 자유주의의 정치적 기반은 사회적 유동성을 막아왔던 정적인 사회구조라든가 또는 교회와 정부 그리고 절대군주제에 의해 경제활동에 부과되어 왔던 수많은 제약들과 같은 봉건적이고 중세적인 과거들에 대해서 유럽이 이것들을 폐기함에 따라 직면하게 되는 다양한 문제점들을 극복하는 데 두었다. 그에 이어 마르크스주의는 고전적 자유주의하에서 출현했던 자본주의 사회의 병폐에 대한 대응으로서 나타났다. 마르크스주의는 소수의 자본가에 의한 생산재산의 통제, 노동을 착취하는 자본가의 힘, 자본주의에 의해 생겨난 소외, 자본주의가 자신의 실질적인 필요를 얼마나 손상시키고 있는지를 알지 못하는 노동자들의 '허위의식'에 주목하였다.

나치즘과 파시즘은 자본주의의 병폐에 대한 다른 형태의 반응으로서 나타났다. 나치즘과 파시즘은 자유주의 사회에서의 과도한 개인주의, 모든 가치들의 물질적인 고려에 종속, 그리고 대부분의 사회 구성원들에게 있어서 소속감의 결여에 초점을 맞추었다. 현대 자유주의도 19세기 자유주의 사회의 문제점에 대한 대응으로서 나타났다. 현대 자유주의는 주기적으로 경제침체와 불황을 반복하는 경기순환이라든가 가난의 대물림 현상과 같은 광범한 '시장실패'에 대해 정부가 대응책을 모색하도록 촉구한다.

현대 보수주의자들이 볼 때 이러한 문제들을 해결하려고 의도했던 자유주의적 개혁은 그들이 해결하는 것보다 더 많은 문제를 초래하는 것으로 비쳐진다. 현대 보수주의자들은 과도한 정부 계획과 규제의 어려움, 사회를 위해서 최선이라고 자신들이 생각한 것을 사회에 부과하려고 애쓰는 지식인 및 관료 등 '신계급'의 등장, 시민에게서 특성과 덕성을 깎아내리는 문화적 '관용성' 등에 대해서 문제를 제기한다.

2) 목표

각각의 이데올로기에게 가장 중요한 것으로 설정되는 정치·사회·경제적 목표는 무엇인가?

각각의 이데올로기 주창자들은 수많은 목표들을 달성하려고 애쓰며, 상상할 수 있는 거의 모든 인간적 목표들을 추구한다. 어떤 이데올로기들은 전체적으로 사회의 특성과 민족적 실체에 초점을 맞추기도 한다. 나치즘의 일차적 목표는 아리안계 게르만 민족의 발전과 확장 그리고 지배를 달성하는 것이었는 데 반해 이탈리아 파시즘의 목표는 현대 이탈리아를 위해서 로마제국의 영광을 회복시키는 데 있었다.

보수주의자들도 집단적 목표를 강조하는데, 전통적 보수주의자들은 사회질서를 유지하는 것이 중요함을 강조하는 데 반해 현대 보수주의자들은 군사적 우월성을 유지하는 것이 중요하다고 본다. 이와 같은 집단적 성향과 대조적으로 고전적 자유주의와 현대 자유주의 그리고 무정부주의는 개인주의적 목표를 강조한다. 그들은 개인의 다양한 자유와 권리를 보호·보존하려고 하며 개인들이 자신의 다양한 삶의 계획을 추구할 수 있는 조건을 마련해 주는 데 강조점을 둔다. 다양한 유형의 사람들 사이에서 평등을 확보하는 데 초점을 맞추고 있는 이데올로기도 있다. 예를 들면 마르크스주의자와 사회민주주의자는 계급차이를 줄이고자 하며, 많은 여성주의자들은 남녀 차이를 줄이는 데 관심을 둔다.

이 책의 다른 장에서 우리는 먼저 각각의 이데올로기의 정치적 기반을 살펴보는 것으로 각각의 이데올로기에 대한 보다 상세한 논의를 시작하게 될 것이다. 각각의 이데올로기가 관심을 갖고 있는 문제점과 달성하려고 하는 목표들을 이해하는 것은 각각의 이데올로기에 대한 중요한 서론을 제공해 줄 것이다. 왜냐하면 이데올로기는 일차적으로 정치적 구성물이기 때문이다. 이데올로기의 목적은 현존 세계에 영향을 미치고 많은 경우는 그럼으로써 변화시키고자 하는 데 있다. 고전적 자유주의나 마르크스주의와 같은 오래된 이데올로기를 논의할 때 우리는 정치적 기반에 이어 철학적 기반을 다루게 될 것이다.

왜냐하면 이들 이데올로기의 창시자들은 자아의식적으로 철학적이었으며 그래서 이들은 자신의 정치적 원칙을 잘 다듬어진 철학적 숙고에 토대를 두고자 하였다.

그러나 민주적이고 다원적인 사회에서 더 많은 영향을 미치고 있는 신생 이데올로기를 논의할 때는 정치적 기반에 대한 논의에 이어 실질적인 정치적 원칙들을 설명하게 될 것이다. 이들 이데올로기의 철학적 원칙은 논의의 후반부에 제시될 터인데, 왜냐하면 이 경우 철학적 가정들은 이들 이데올로기의 발전에 덜 영향을 미쳤기 때문이다. 현대 자유주의자와 민주사회주의자 그리고 현대 보수주의자들은 대개의 경우 유권자들이 철학적 문제에 대해서 제대로 훈련을 받지 못한 민주적 사회를 통치함에 있어서 정치적 지지를 극대화할 수 있을 것이라고 보는 실질적인 정치적 원칙을 발전시키는 데 초점을 맞추고 있다. 이들 이데올로기에 있어 철학적 숙고는 특정의 정치적 원칙의 기반으로 작용하고 있는 이른바 인간본성과 사회에 대한 가정이나 존재론 또는 인식론을 추론하고자 하는 정치철학가나 정치이론가들의 긴급 사항이 되고 있다.

각각의 이데올로기의 정치적 기반과 철학적 기반 그리고 실질적인 정치적 원칙을 제시하는 순서에서 다양한 변이가 있듯이 이들 세 가지 범주 내의 각각의 구성 개념들을 제시하는 순서도 몇 가지로 다양하게 나타날 것이다. 이렇게 순서를 다르게 제시하는 이유는 각각의 철학적 가정과 정치적 원칙에 따라 다양한 이데올로기가 산출되기 때문이며 그래서 각각의 범주 내에서 각 구성 개념들의 상대적 중요성도 각각의 이데올로기마다 다르기 때문이다. 예를 들면 점진적인 방식으로 정치변화를 일으키는 것은 민주사회주의의 중심적인 창설 원칙이다. 민주사회주의를 이해하기 위해서는 다른 실질적인 정치적 원칙을 논의하기 이전에 변화와 관련된 원칙을 제시하는 것이 중요하다. 그러나 고전적 자유주의와 현대 자유주의인 경우 변화에 대한 숙고는 권위라든가 정의, 통치자 등과 같은 다른 실질적인 정치적 원칙들이 실현되는 정도에 따라 달라진다. 그렇기 때문에 이러한 이데올로기들인 경우 변화의 원칙을 숙고함으로써 실질적인 정치적 원칙에 대한 우리들의 논의를 시작하는 것이 아니라 그에 따라 결론을 내리는 것이 더 좋다.

4. 상호관계와 응용

이데올로기의 정치적 기반과 철학적 기반 그리고 기본적인 정치적 원칙에 대한 설명을 넘어서서 〈그림 1-1〉에서 나타난 설명 틀은 모든 이데올로기에는 상호 연관된 신념과 가치가 포함되어 있음을 시사해 주고 있다. 각각의 개인들은 〈그림 1-1〉에서 보여준 대로 12개의 범주에 포함되어 있는 모든 질문에 대해 각자의 생각을 가질 수 있지만, 만약 그들의 생각이 고도로 상호 연관되어 있지 않다면 그들은 이데올로기를 보유하고 있다고 말할 수 없다.

두 사람이 다음과 같은 신념을 가지고 있다고 가정해 보라. 이들의 가장 중요한 정치적 목표는 개인의 자유를 극대화하는 것이다. 이들은 사회의 가장 커다란 문제로서 정부 행위가 자유에 대한 심각한 장애라는 데에 견해를 같이한다. 그 결과 이들은 정부의 권위가 제한되어야 한다는 원칙에 쉽게 동의한다. 그러나 이들이 정의에 대해서는 다른 원칙을 갖고 있다고 가정해 보라. 첫 번째 사람은 자유시장체제에서 발생하는 소득의 불평등에 대해서 전혀 불만이 없다. 그는 시장에서의 자유교환을 허용함으로써 그리고 정부는 모든 사람으로 하여금 자기가 원하는 대로 사고팔고 거래하고 일하고 투자할 수 있는 권리를 단지 보장만 해준다면 정의가 가장 확보될 것으로 생각한다. 이 사람의 목표, 문제점에 대한 인식, 정부권위와 정의에 대한 원칙이 일관성을 띠고 있기 때문에 첫 번째 사람의 생각은 최소한 여기까지는 이데올로기적이다.

이와 대조적으로 두 번째 사람은 자유시장체제에서 발생하는 소득의 불평등에 대해서 불만스러워한다고 가정해 보자. 그는 소득이 보다 평등해질 때에만 정의가 확보될 수 있다고 생각하며 정부는 이러한 평등을 달성하기 위해서 소득을 재분배해야 한다고 주장한다. 자유를 위협할 수 없도록 하기 위해서 정부권위를 제한해야 한다는 원칙과 보다 많은 경제적 평등을 달성하기 위해서 정부권위가 강화되어야 한다는 원칙은 서로 모순되어 보인다. 논리적으로 일관된 신념체계를 갖지 않음으로써 두 번째 사람은 정의상 이데올로기를 보유하지 못한다.

이러한 사례가 꾸며낸 것이라든가 또는 이와 같이 내적으로 모순적인 가치를 갖고 있는 사람은 소수에 불과하다고 결론짓기 전에 먼저 많은 미국인들이 정부로부터 보다 많은 서비스를 요구하면서도 세금은 적게 내려고 한다는 사실을 생각해 보라. 그리고 지금까지 우리의 사례는 4개의 쟁점에 대해서만 각자의 생각과 그에 대한 간단한 반응만을 보여 준 것이라는 점도 생각해 보라. 12개의 쟁점 모두에 대해 보다 복잡한 반응이 주어짐에 따라 일련의 신념과 가치체계에 대해 내적으로 일관된 반응을 가지는 것이 점점 어렵게 된다. 미국 시민의 신념체계를 연구하는 정치학자는 소수의 사람만이 일관된 신념체계를 보유하고 있으며 그들 소수만이 미국인들의 "이데올로기적 무지"에 대해 불평을 하고 있음을 알게 될 것이다.[32]

그러나 이전의 사례가 이데올로기적이 되기 위해서 광범한 쟁점에 대한 정치적 생각이 사전에 정해진 방식으로 상호 관련되어야 한다는 잘못된 이해로 연결되어져서는 안 된다. 계속해서 우리들이 볼 때 이데올로기적으로 명백한 사람의 신념과 가치를 검토해 보자.

제한정부와 시장에 기반한 소득분배를 요구하는 원칙 이외에도 첫 번째 사람은 '강한 민주주의'에 대해서도 의구심을 갖고 있다. 그는 시민에게 너무 많은 권력을 부여하는 것은 잘못된 것일 수 있다고 주장한다. 왜냐하면 대부분의 시민들은 정부권력을 이용하여 시장에 기반을 둔 소득분배를 무효화하려고 할 것이기 때문이다. 그는 가난한 사람이나 노동자계급, 대개의 경우 저임금에 놓여 있는 중간층들이 자신들에게 이득을 가져다주는 다양한 정부프로그램을 원하면서도 부자에게 매우 진보적인 세금을 매김으로써 이러한 정부프로그램에 뒤따르는 비용은 회피하려고 할까봐 우려를 한다. '너무 많은 민주주의'에 대한 그의 우려가 자신의 다른 신념과 일치하기 때문에 그가 일관성 있는 이데올로기를 갖고 있지 않다고 주장할 근거는 없다. 실제로 우리는 그를 아주 전형적인 현대 보수주의자라고 주장할 수 있다.

지금 두 번째 사람이 제한된 정부권위라든가 시장에 기반한 정의에 대해, 첫 번째 사람과 같은 신념을 공유하면서도 큰 정부와 재분배에 대한 요구가 보통의 시민으로부터 오는 것이 아니라 자유주의적 지식인과 관료들로부터 오는 것이라고 생각한다고 가정해 보자. 두 번째

---

32) Donald Kinder, "Diversity and Complexity in American Public Opinion," in *Political Science: The State of the Discipline,* edited by Ada Finifter (Washington D.C.: American Political Science Association, 1983), pp. 391-401.

사람은 대부분의 시민들이 큰 정부와 소득재분배에 대한 자신의 혐오와 같은 입장을 취하고 있다고 생각하면서 보다 민중적이고 민주적인 정치과정을 발전시킴으로써 시민들의 힘을 강화시키는 것은 자유주의적 복지국가를 뒤흔드는 중요 요인이 될 것으로 믿는다. 통치자나 민주주의에 관한 두 번째 사람의 원칙은 전형적인 현대 보수주의자들과 다르지만 그 역시 일관된 입장을 취하고 있다. 시민에게 얼마 만큼의 힘을 부여해 줄 것인가의 문제는 보수주의 내부에서 해결이 안 된 쟁점이지만, 아마도 두 번째 사람 역시 현대 보수주의자라고 볼 것이다. 그는 다른 유형의 보수주의자로서 예를 들면 "신우익"[33)]의 입장이다. 각 경우마다 그들이 일관된 이데올로기를 갖고 있음을 부인할 논리적 근거는 없다.

  이 사례와 이로부터 도출할 수 있는 결론은 이데올로기가 흔히 생각하고 있는 것처럼 그렇게 경직되어 있지 않으며 우리들의 설명 틀로부터 제시할 수 있는 각각의 이데올로기에 대한 설명이 그렇게 폐쇄적이거나 정태적이지 않다는 것을 보여주는 데 도움이 될 것이다. 실제 세계에서는 다음의 장들에서 설명되고 있는 것과 같은 이데올로기 사례는 거의 없다. 철학자들이나 정치가들과 같이 어떤 이데올로기적 전통에 많은 기여를 한 사람들도 특정의 쟁점에 대해서는 각각의 이데올로기의 특별한 특징과는 거리가 먼 생각을 갖고 있다. 대부분의 사람들은 자신의 생각을 어떤 이데올로기에 대한 설명에 맞추려고 애쓰지 않는다. 오히려 사람들은 일련의 쟁점들에 걸쳐 일관된 신념과 가치라고 생각하는 바를 지켜나간다. 그래서 상대적으로 유사한 신념과 가치를 보유하고 있는 사람들은 그들의 동료나 적대자들 또는

---

33) 많은 평론가들에 따르면 신우익의 민중주의는 자신들과 현대 보수주의자 간의 적대를 지나치게 불러일으킴으로써 이들 간의 이데올로기적 차이를 부각시키고 있다고 한다. Alan Crawford, *Thunder on the Right* (New York: Pantheon, 1980) 그리고 *Kevin Phillips, Post-Conservative America* (New York: Vintage, 1983) 참조.

단순히 신념체계만을 이해하고자 하는 사람들에 의해 특정의 이데올로기 진영에 속하는 것으로 간주된다. 다른 말로 얘기하면 살아있는 이데올로기는 고정되고 엄격히 통제된 경계를 갖고 있지 않다.

어떤 이데올로기 진영에 속하기 위해서 자신의 생각과 관련하여 리트머스 시험을 통과할 필요는 없다. 오히려 이데올로기는 정치적이기 때문에 이데올로기 운동의 지도자들은 자신들의 이데올로기에 동조하는 사람들의 수를 늘리고자 원하며 자신의 신념과 '충분히 유사한' 사람들을 환영한다. 이러한 포섭의 문제로 인해 이데올로기 간의 논쟁이 발생하는가 하면 이데올로기 내부에서 지배적인 신념에 대한 수정이 일어나며 때때로는 이데올로기적 분열이 초래되기도 한다.

논리적으로 상호 연관된 신념과 가치의 체계를 포함하는 것 말고도 〈그림 1-1〉을 통해 우리는 이데올로기에 대한 또 하나의 규정 요인을 추론할 수 있다. 즉, 이데올로기의 정치적 원칙들은 구체적인 정치적 일상생활 속에서 사람들의 태도와 행동을 지도한다는 것이 그것이다. 예를 들면, 자유주의자들은 개인의 권리를 강하게 신봉하기 때문에 범죄 용의자의 권리가 보호되어야 한다고 생각한다. 아마도 그는 로스앤젤레스 경찰이 로드니 킹(Rodney King: 백인경찰에게서 구타를 받은 흑인 운전기사; 역자 주)을 다루는 것을 보고 경악을 금치 못할 것이다.

이와 대조적으로 보수주의자들은 사회안정의 필요를 강하게 공감하기 때문에 아마도 안정과 안전을 제공하는 경찰의 역할을 높이 평가하면서 힘들고 위험한 일을 하게 되는 경찰에 대해 멀리서나마 기꺼이 경의를 표하려고 한다. 아마도 그들은 로드니 킹 사건에서 자유주의자들에 비해 로스앤젤레스 경찰에게 보다 더 많은 성원을 보낼 것이다. 요약하면, 사람들이 얼마나 이데올로기적으로 되는가는 그들이 상호연관된 원칙들을 보유하고 있는가에 의존할 뿐만 아니라 그들이 자신들의 정책선호라든가 구체적인 참여 행동 그리고 특정의 정치 지도자들에 대한 지지를 얼마나 자신들의 원칙들에 기반을 두고 있는가에 의존한다.[34]

이데올로그들의 구체적인 태도와 행동은 그들의 원칙들에 의해 영향을 받지만 그렇다고 그들의 원칙들이 그러한 태도와 행동을 결정한다고 믿는 것은 잘못이다. 낙태 문제에 대한 현대 보수주의자들의 태도를 상기해 보라. 그들에 따르면 정치공동체의 사회적 안정과 장기적 활력은 시민들이 어떤 근본적인 가치를 공유하는가에 달려 있으며, 그래서 그러한 신념은 사람들로 하여금 정부가 도덕적인 쟁점에 대해 특정의 입장을 조장하는 합법적인 역할을 할 수 있는 것으로 본다.

만약 보수주의자들이 연방정부가 낙태를 제한해야 한다고 믿는다면, 이것이 의미하는 바는 보수주의자들은 도덕을 규제함에 있어 정부의 합법적인 역할에 대한 자신들의 원칙으로부터 낙태에 대한 반대를 끄집어낸다는 것을 뜻한다. 그러나 이 문제에 대한 보수주의자들의 생각이 순전히 연역적인지는 확실하지 않다. 첫째, 보수주의자들은 연방정부가 주정부에 대해 너무 권한이 강하다고 여기며, 그래서 이러한 원칙의 적용이 의미하는 바는 유산 문제와 같은 것은 주정부 수준에서 결정되어야 한다는 것이다. 두 보수주의자들은 동일한 원칙을 보유하면서도 정부가 도덕을 규제해야 한다는 원칙에 우선순위를 둘 것인가 아니면 연방정부의 역할이 줄어들어야 한다는 원칙에 우선순위를 둘 것인가에 따라 달라지겠지만, 연방정부의 낙태규제와 관련해서는 정반대의 정책입장을 취할 수 있다. 요약하면 다른 이데올로기의 원칙처럼 보수주의자들의 원칙들도 구체적인 현안에 대해 대립적인 지침을 제공함으로써 결국은 이러한 원칙들이 정책 선호를 결정하지 못하는 결과를 가져올 수 있다.[35]

---

34) Mark Peffley and Jon Hurwitz, "A Hierarchical Model of Attitude Constraint," *American Journal of Political Science* 29(1985), pp. 871-890.
35) 대립적인 원칙들이 이데올로기의 영향을 어떻게 제한하는가에 대한 포괄적인 논의로는, Paul Schumaker, *Conflict Pluralism: Democratic Performance, and Community Power*(Laweence: University Press of Kansas, 1991), pp. 130-134 참조.

둘째, 강력하게 이데올로기적 입장을 취하고 있는 사람일지라도 그 사람의 행동과 태도가 순전히 이데올로기의 원칙들에 의해서만 결정되는 것은 아니다. 두말할 필요도 없이 낙태에 대한 사람들의 태도는 임신의 다양한 단계에서 태아의 지위를 충분한 인격체로서 바라보는 신념에 의해 영향을 받지만, 이러한 신념들이 어떤 정치적 이데올로기에서 중심적인 내용을 구성하는 것은 아니다. 물론 낙태에 대한 사람들의 태도는 이데올로기와는 아주 동떨어진 개인적인 다양한 상황들, 예를 들면 그들이 원하지 않은 임신을 하였는지의 여부라든가 교회신자인가의 여부 또는 부모나 배우자의 태도 등에 의해서도 달라질 수 있다. 그래서 이데올로기의 원칙들이 일상 세계에서의 태도와 행동을 결정한다고 보기 보다는 이데올로기 원칙들과 구체적인 행동 및 태도들은 복잡하고 교호적으로 상호작용을 한다고 말하는 것이 보다 정확할 것이다. 예를 들면, 낙태에 대한 사람들의 태도는 도덕을 규제하는 데 있어 정부의 적절한 역할에 대한 이데올로기적 입장보다 선행하며 더 근본적일 수도 있다. 현명한 정치사상가들은 구체적인 사례를 통해 자신들의 원칙을 끊임없이 재검토해 나간다.

V. 이데올로기의 기능

이데올로기는 정치에 대한 사람들의 생각을 형성하는 데 중요한 역할을 한다. 대부분의 경우 이데올로기를 연구하는 사람들은 특정의 이데올로기를 수용함으로써 개인과 집단, 공동체를 위해 봉사하게 되는 기능에 초점을 맞춘다. 이 절에서 우리는 그러한 기능들의 특성을 논의하게 될 것이다. 그러나 이 외에도 우리는 다른 이데올로기에 대한 비교연구를 통해 개인과 집단들이 단순히 특정의 이데올로기를 받아들임으로써 정치사상을 보다 세련되고 성숙된 것으로 발전시켜 나갈 수 있다는 것을 제안하게 될 것이다.

특정의 이데올로기는 심리적·사회적·정치적 목적을 위해서 수용되고 원용된다. 일단 이데올로기가 수용되면 그것은 개인은 물론이고 정치적 행동을 동원하려고 하는 집단 그리고 전체 정치체제를 위해서 중요한 기능들을 수행한다.

이데올로기는 개인의 정체성을 규정하는 데도 도움이 된다. "내가 누구인가?"에 대한 대답의 하나는 "나는 정치세계가 자유주의나 보수주의 또는 어떤 다른 이데올로기에 의해 규정된 대로 움직인다고 믿는 사람이다" 라든지 또는 "나는 자유주의자나 보수주의자 또는 어떤 다른 이데올로기 주창자들의 이상을 옹호하는 사람이다"고 대답함으로써 주어질 수 있다. 많은 사람들은 이데올로그라는 것에 함축되어 있는 부정적인 인식 때문에 자신을 이데올로기적 표식으로 규정하는 것에 대해 탐탁하지 않게 생각하지만, 우리가 어떤 정치적 신념과 이상을 수용하고 옹호하지 않는다면 각자의 개인적 정체성은 불완전하게 된다. 실제로 정치의 커다란 쟁점들에 대한 우리들의 생각이 보다 발전되어 나가고, 우리들의 정치적 원칙들이 보다 포괄적으로 되어 나가며, 이러한 원칙들 사이에서 보다 논리적인 일관성을 획득하고, 그리고 이러한 원칙들이 전제하고 있는 철학적 가정들을 보다 더 잘 알게 됨에 따라 우리들의 정체성은 보다 더 명확하게 다듬어질 것이다.

이 외에도 이데올로기는 개인들을 위해서 몇 가지 기능을 수행한다. 첫째, 이데올로기는 사회와 경제 그리고 정부가 어떻게 작동하고 있는가를 기술하고 설명해 주는 개념 및 가설들을 제공해 줌으로써 사람들로 하여금 정치생활을 지향하도록 도움을 준다. 그리고 이데올로기는 어떤 쟁점이 중요하고 현안에 대해 어떤 입장이 옹호되어야 하는지에 대해 지침을 제시함으로써 사람들로 하여금 사회·경제·정치적 제도와 쟁점들을 평가할 수 있도록 도와주는 정치적 이상을 제공해 준다.[36] 둘째, 이데올로기는 각 개인에게 인간적인 문제와 사

---

36) 아마도 루이 알튀세(Louis Althusser)는 사람들이 생각하는 바를 이데올로기

회적인 문제의 근원이 무엇인지를 밝혀줌으로써 정서적인 긴장을 풀어주는 등 정신을 정화시키는 영향을 가져다 줄 수 있다. 예를 들면, 이데올로기는 나치즘인 경우 유태인, 마르크스주의인 경우에는 자본가, 그리고 현대보수주의에게는 '신계급'과 같은 상징적인 적을 만들어 낸다. 이러한 적들을 문제의 원천으로 삼음으로써 개인들은 자신의 실패와 결함을 넘어서서 바라보도록 한다.[37] 셋째, 이데올로기는 개인들의 사기를 지탱해 준다. 예를 들면, 기회균등과 사회·경제적 상향 이동의 가능성에 대한 자유주의적 이상은 의심할 바 없이 많은 중소기업가들에게 만약 자유기업 체제에서 자신들이 열심히 일하고 생산성을 높일 수 있다면 '성공을 거둘 수 있다'는 믿음을 가져다 준다. 그리고 마르크스주의 이상은 소련과 중국의 많은 시민들로 하여금 자신들의 희생을 통해 그리 멀지 않은 미래에 유토피아적인 공산주의 사회가 도래할 것이라는 희망을 갖고서 여러 가지의 단기적인 고난을 견디어 내도록 할 수 있었다.[38]

이데올로기는 사회 집단이나 계급을 한데 묶는 일종의 '사회적 접착제'로 작용함으로써 집단행동을 통해서 사람을 결집시키는 중요한 기능을 한다. 이데올로기가 사회적 재화를 추구함에 있어서 집단성을 조직하고 집단 구성원들 간의 결속을 지탱해 나가는 데 도움을 주는 방식에는 여러 가지가 있다. 첫째, 이데올로기는 집단의 구성원 모두에게 짐이 되는 특정의 긴장이나 문제들이 무엇인지를 밝혀줌으로써 집단행동의 기반을 제공해 준다. 이데올로기는 집단의 지속적인 노력

가 어떻게 규정하는지에 대해 주목한 가장 최근의 학자이다. Louis Althusser, "Ideology and Ideological State Apparatuses," in *Lenin and Pholosophy* (London: Monthly Review Press, 1972) 그리고 Louis Althusser, *Essay in Ideology* (London: Verso Press, 1984) 참조.

37) 에릭 보에젤린(Eric Voegelin) 등이 지적한 바와 같이 이러한 기능은 정신을 정화시키는 것이라기 보다는 정신병리학적인 것일 수도 있다.
38) 물론 이러한 신념은 최소한 부분적으로는 잘못된 것이었고 그래서 역기능적으로 작용하였다.

을 통해서만 정정이 가능한 '세계의 치명적인 문제점'이 무엇인지를 규명해 준다. 둘째, 이데올로기는 집단행동의 기반으로서 공통적인 목적이 무엇인지 그리고 이러한 목적을 달성하기 위한 전략은 무엇인지를 확정 시켜준다. 셋째, 이데올로기는 사회집단들 사이에 의사소통과 합의를 용이하게 하는 공통의 언어를 제공해 준다. 넷째, 이데올로기는 보다 더 큰 공동체에 대한 집단의 요구를 정당화하거나 합법화하는 기반을 제공해 주며, 그럼으로써 집단 구성원들로 하여금 자신들의 목표가 집단의 이익에 기여할 뿐만 아니라 경제적 번영, 정의, 민주주의 등을 얻기 위해서 공동체 내 모든 사람들의 공통된 열망을 반영하고 있음을 믿도록 만든다.

마지막으로 이데올로기는 개인과 집단뿐만 아니라 전체로서 공동체를 위해서 중요한 기능을 수행한다. 특정의 이데올로기 원칙들이 사회 전체에 걸쳐 광범하게 공유될 때 그러한 원칙들은 그 사회의 **정치문화**를 규정한다. 예를 들면, 개인주의의 중요성, 자의적인 권력으로부터의 자유, 기회균등으로서의 평등을 옹호하는 자유주의적 원칙들은 미국의 정치문화를 지배하고 있는 것 같아 보인다.[39] 이와 대조적으로 국민적 결속과 계급을 넘어선 사회적 협력 그리고 자애로운 가부장주의를 강조하는 보수주의 원칙들은 일본의 문화를 지배하고 있는 것 같다.[40]

사회에서 우위를 차지하고 있는 문화적 가치는 다음과 같은 몇 가지 중요한 기능을 수행한다. 첫째, 문화적 가치는 제도개혁과 공공정책의 일반적인 방향과 외부 경계를 결정해 주는 광범한 나침반을 제공해 준다. 집단의 요구나 정책결정자의 선도적 역할이 이러한 문화규범과 갈등을 빚을 경우 그것은 합법적이거나 또는 충분한 설득력을 갖는 것으로 간주되지 않는다. 그 결과 문화적으로 지배적인 이데올

---

39) Robert Bellah et al., *Habits of the Heart*(New York: Harper and Row, 1985).
40) Chie Nakane, *Japanese Society*(Berkeley: University of California Press, 1970).

로기 원칙들은 공동체의 정치적 실천에 의미 있는 연속성과 안정을 가져다준다. 둘째, 이러한 원칙들은 현존하는 제도나 또는 이들 제도에서 높은 직위를 차지하고 있는 당국자들을 정당화시켜 준다. 그래서 자유주의적 정치전통에 대한 대다수 미국인들의 수용[41]은 민주적 정치제도에 대한 지지를 강화시켜 줄 뿐만 아니라 설사 국민들이 특정의 입법·행정·사법부의 특정 행위에 대해 불만을 갖고 있다고 하더라도 정당하게 선출되거나 임명된 관리들이 권위를 행사할 권한을 갖고 있다는 믿음을 확인시켜 준다. 마지막으로 문화적으로 지배적인 이데올로기 원칙들은 그 사회의 사람들로 하여금 이데올로기적 전통에 의해서 확립된 규범들을 훼손시키는 조건들에 대해서 그것을 평가하고 비판할 수 있도록 하는 기준을 제공해 준다. 자유주의적 정치전통에 대한 대다수 미국인들의 수용은 차별을 받고 있는 소수종족이라든가 여성, 기타 집단을 위해서 그에 관련된 장벽을 비판적으로 평가함으로써 기회균등에 대한 광범한 지지를 제공해 주었다. 요약하면, 문화적으로 지배적인 이데올로기적 원칙들은 사회·정치적 실천에 대한 내적인 비판의 근거를 제공해 준다. 이데올로기적 원칙들은 사람들로 하여금 다른 이데올로기적 내지는 문화적 전통의 외부적 기준이나 이상에 의해서 뿐만 아니라 사회가 자신들의 것으로 수용하고 있는 기준이나 이상에 비추어서 사회·정치적 실천을 검토하도록 촉구한다.

  이데올로기는 개인들로 하여금 자신들뿐만 아니라 자신들의 정치·사회·경제 세계를 이해하도록 하는 데도 도움을 준다. 이데올로기는 비슷한 문제에 직면하고 있거나 또는 비슷한 목표를 정치적으로 조직하는 사람들을 동원하는 데 용이하다. 또한 이데올로기는 현존 제도를 합법화시킨다든가 아니면 적절한 공공정책에 지침을 제공하며 그리고

---

41) Louis Hartz, *The Liberal Tradition in America*(New York: Harcourt, Brace, and World, 1955)

문화적으로 지배적인 이데올로기 원칙들을 거슬리는 실천에 대해 비판적인 평가를 할 수 있도록 하는 방향으로 정치문화의 발전에 기여한다. 특정의 이데올로기는 개인과 집단 그리고 공동체를 위해서 이러한 기능을 수행하는 반면에 경쟁적인 이데올로기에 대한 비교분석은 개인과 공동체로 하여금 더 좋은 정치적 생각을 발전시키는 데 도움을 줄 수 있다. 우리들은 다양한 이데올로기의 대립적인 논점들이 보다 세련되고 유효한 생각을 발전시켜 나가는 데 어떻게 도움을 줄 수 있는지를 간단히 논의함으로써 이 절의 결론에 대신하려고 한다.

첫째, 우리들은 정치생활을 둘러싸고 다양한 이데올로기들에 의해서 제시되는 서술과 설명들이 정치에 대해 보다 좋은 경험적 이론을 발전시키는 데 기여할 수 있다고 믿는다. 예를 들면, 마르크스주의 이데올로기는 권력이 생산수단을 소유하고 있으면서 정치적 직위는 거의 보유하지 않는 자본가들과 같은 '지배계급'에 집중된다고 주장한다. 이와 대조적으로 자유주의 이데올로기는 권력이 사회 내 많은 개인과 집단에게 분산되어 있으며 가장 강력한 사람은 보통의 시민들에게 반응하며 책임을 지는 정부관리라고 주장한다. 이들 경쟁적인 이데올로기의 정체성이 무엇인가로부터 "누가 통치하는가?" 또는 "실제로 누가 지배하는가?"와 같은 중요한 탐구 주제가 나온다.[42] 일부 순수과학주의자들은 과학적 탐구가 이데올로기적 문제들로 인해 조금이라도 영향을 받아서는 안 된다고 주장하지만, 우리들은 이데올로기에 대한 분석을 통해 정치학에서의 탐구가 사소한 문제들로부터 벗어나서 권력의 배분과 같은 보다 큰 문제는 물론이고 이들 이데올로기에 의해서 제시되는 경쟁적인 '가설'들에 대한 과학적인 분석에도 관심을 갖게 될 것으로 본다.

---

42) 이러한 문제들에 대한 자유주의와 마르크스주의의 분석으로는, Robert Dahl, *Who Governs?* (New Haven: Yale University Press, 1961)와 G. William Domhoff, *Who Really Rules?* (Santa Monica, Calif.: Goodyear Publishing, 1978) 참조.

다른 말로 얘기하면, 이데올로기에 의해 제공되는 서술이나 설명의 유효성은 의문시될 수 있고 또 의문시되어야 할 뿐만 아니라 적정한 과학적 분석에 종속될 수 있고 또 종속되어야 한다. 물론 연구자가 채택하는 수단이나 자신의 가설을 위해서 연구자가 제시하는 증거에 대해 이데올로기적 개입이 영향을 미칠 수 있기 때문에 과학적 탐구라고 해서 모두 다 올바른 것은 아니다. 그러나 과학은 경쟁적인 수단이나 증거가 엄격한 검증과 재탐구에 종속되도록 함으로써 장기적으로는 처음에 이데올로기에 의해 제시되는 것보다 더 좋은 생각으로 나아가는 누적적인 작업이다. 결론적인 장에서 우리들은 '이데올로기를 넘어서는' 것이 어떻게 정치생활에 대한 더 좋은 서술과 설명을 발전시키는 데로 연결될 수 있는지를 살펴보기 위해서 다양한 이데올로기의 사상들을 비교함으로써 끄집어 낼 수 있는 다른 경쟁적인 가설들을 포함하여 '누가 통치할 것인가?' 와 같은 문제에 대한 자유주의와 마르크스주의 반응을 재조명하게 될 것이다.

더 좋은 서술과 설명을 용이하게 한다는 것 말고도 이데올로기에 대한 비교분석은 보다 많은 정보와 보다 많은 생각을 담은 정치적 이상이나 정치적 원칙을 발전시키는 데 도움을 준다. 만약 우리가 어떤 이데올로기도 '진리' 이지 않으며 모든 이데올로기는 우리들의 관심을 받을 만하다는 가정으로부터 시작한다면, 다양한 이데올로기에 대한 비교연구는 여기서 더 좋은 형태의 정치공동체에 대한 탐구로서 이해되는 바의 정치철학에 대해 유용한 서론이 될 수 있다. 경쟁적인 이데올로기 연구는 우리들이 이미 갖고 있는 원칙이나 이상을 면밀히 재검토하도록 하는가 하면 대안적인 이상의 유효성을 생각해 보도록 하고 나아가 더 좋은 이상을 위한 철학적 탐구에 관심을 갖도록 촉구한다.

예를 들면, 당신이 정부는 경제생활에 관여해서는 안된다는 '자유방임' 원칙을 고수하고 있다고 가정해 보라. 이데올로기 연구를 통해 이러한 원칙이 자유방임을 현대 보수주의와 동일한 것으로 생각해 온 사람에게는 놀라운 것으로서 고전적 자유주의의 중심적 생각임을 알게 될 것이다. 당신은 또한 자유방임의 원칙이 특정의 존재론적·심리학적·사회학적·인식론적 가정에 기반하고 있음을 알게 될 것이다. 아마도 여러분은 사회라는 것이 다른 사람과의 상호작용을 통해서 자신의 이익을 추구하는 개인들의 시장일 뿐이라는 생각과 같은 몇몇 가정들이 부적절하거나 별로 마음에 들지 않아서 결국에는 자유방임에 대한 기존의 옹호를 재검토까지 하게 되는 자신을 발견할 수도 있다.

이데올로기 연구를 통해서 당신은 또한 자유방임의 원칙이 부의 광범한 불평등을 합법적인 것으로 간주하는 정의의 원칙과 같은 다른 고전적 자유주의의 원칙들과 논리적으로 연결되어 있음도 알게 될 것이다. 만약 당신이 시장에 의해서 야기되는 부의 불평등과 같은 정의 문제에 대해 의문을 표시할 경우는 곧 자유방임에 대한 당신의 원칙에 대해서도 의문을 표하게 될 것이다. 이데올로기 연구를 통해 여러분은 다양한 방식으로 경제활동을 규제하는 강한 국가의 원칙과 같이 자유방임에 적대적인 원칙을 대면하게 될 것이다. 아마도 다른 이데올로기가 강한 국가를 요구하게 되는 이유를 통해 당신은 자유방임의 한계를 인식하게 되고 그래서 국가와 경제 간의 적정한 관계와 관련하여 다른 원칙을 추구하게 될 것이다.

여기서 우리들이 주장하고자 하는 바가 자유방임을 거부하자는 것이 아니다. 이데올로기 연구는 강한 국가라는 정치적 원칙을 주장하는 사람들에게도 발견과 재검토 그리고 아마도 재정식화의 비슷한 과정을 거치도록 요구할 것이다. 그래서 우리들이 주장하는 바는 다음과 같다. 즉, 이데올로기에 대한 진지한 분석을 통해 우리들의 생각을 이데올로기적 전통 내에 위치시키며, 우리들의 원칙의 밑바탕에 깔려 있는 아마도 의문스런 철학적 가정을 다시 생각해 보고, 우리들의 정치적 원칙들 가운데 일부는 우리들이 거부할 수도 있는 다른 정치적 원칙들과 어떻게 논리적으로 연결되는지를 살펴보며, 그리고 우리들의 생각을 다른 이데올로기의 경쟁적인 생각과 비교한다는 것이 그것이다.

아마도 당신의 정치적 생각에 대한 이와 같은 재검토는 이러한 생각들을 재확인해 주는가 하면 특정의 이데올로기적 정체성에 대해 확신에 찬 주장을 할 수 있도록 해 줄 것이다. 이러한 재검토는 새로운 원칙의 채택은 물론이고 새로이 발견된 정치적 정체성을 주장하는 데도 도움이 될 것이다. 이러한 재검토는 당신이 오랫동안 고수해 왔던 생각 가운데 일부를 재확인하는가 하면 일부는 버리거나 새로운 생각으로 대치되며 또 어떤 생각은 당신의 머리 속에서 미해결의 것으로 남아 있는 다소 복잡한 결과를 가져올 수도 있다. 그러한 재검토는 당신의 생각이 다양한 이데올로기적 전통들 사이의 어느 지점에 위치해 있다든가 아니면 당신의 생각은 우리가 논의해 온 이데올로기적 전통과는 아주 동떨어진 것이라는 생각을 하도록 할 수도 있다.

우리들이 정치에 대해 진실로 사려 깊은 연구자라면 자신의 생각을 위해서는 최종의 이데올로기적인 휴식지점을 거부할 것이라고 생각한다. 우리들은 사회·경제·정치적 조건이 변화하든가 또는 이들 생각들의 기반과 함의에 대한 새로운 이해가 보다 명확해짐에 따라 자신의 생각도 변화할 수 있음을 알게 될 것이다. 우리들은 정치적 문제들을 평가함에 있어서 더 많은 복잡함이 존재함을 인정하게 될 것이다. 예를 들면, 어떤 사람들은 경쟁적이고 일관성이 결여되어 있는 것 같아 보이는 정의의 원칙을 수용함으로써 결국은 특정의 평등주의적 원칙은 특정의 사례와 생활영역에서만 적합한 것인가 하면 특정의 비평등주의적 원칙은 다른 사례와 다른 생활영역에서 적절할 것이라는 점을 발견하게 될 것이다.[43]

우리들은 이와 같은 변화, 발견, 복잡성이야말로 사람들이 자신들

---

43) Jennifer Hochschild, *What's Fair?* (Cambridge: Harvard University Press, 1981) 그리고 Michael Walzer, *Spheres of Justice* (New York: Basic Books, 1983) 참조.

의 정치·사회·경제적 생활을 통치하기 위해서 더 좋은 생각과 원칙들을 꾸준히 추구하여 나갈 때 발생하게 되는 중요하고 지적으로 자극적인 과정의 일부분이라고 믿는다. 우리들은 정치 이데올로기 연구가 특정의 이데올로기적 원칙들에 대한 교조적인 수용이나 거부로 나아갈 필요는 없다고 생각한다. 오히려 우리들은 정치 이데올로기 연구를 통해서 정치철학의 본질이라고 할 수 있는 것으로서 보다 더 좋은 정치적 생각을 추구함에 있어 문을 활짝 열어두어야 한다고 본다.

VI. 요약과 결론

　이데올로기에 대한 비교연구는 정치에 대한 위대한 생각과 정치이론 그리고 정치철학에 대해 훌륭한 서설을 제공해 준다. 지난 200년 동안 도발적이고 호소력있는 다양한 형태의 이데올로기가 출현하였다. 그 가운데 어떤 이데올로기는 혐오스럽고 심지어는 사람을 죽이기까지 했다. 정의, 시민, 권위 등과 같은 개념을 중심으로 이들 이데올로기들에 대한 설명을 조직함으로써 정치에 대한 경쟁적인 위대한 생각들을 분석하고 평가할 수 있다.
　다음의 장들은 우리들이 희망하는 바와 같이 이러한 분석과 평가를 용이하게 하는 방식으로 각각의 이데올로기의 위대한 사상들을 설명해 줄 것이고, 그리고 정치공동체가 어떻게 통치되고 있는지와 어떻게 통치되어야 하는지에 대해 보다 명확하고 창조적인 생각을 할 수 있도록 개방적으로 문을 열어줄 것이다.
　이 장은 정치이론과 관련하여 정치이데올로기의 자리를 배정해 주고 있다. 이 장의 앞부분에서 우리는 정치이데올로기가 더 좋은 정치적 생각을 발전시키는 데 장애가 된다든가 아니면 정치이데올로기가 정치이론의 발전을 지체시킬 것임을 시사한다는 의미에서 '이데올로기의 비판적 개념'을 제시한 바 있다. 이데올로기가 정치적 사고에 부정적인 영향을 미칠 수 있음을 인정하면서도 우리들은 이데올로기가 순기능적일 수도 있다고 생각한다. 이데올로기의 부정적인 측면에 수반되는 경멸적인 특성들을 이미 목록화한 바 있기에, 여기서 우리는 모든 이데올로기의 특징이라고 할 수 있는 다소 긍정적인 특성들을 다음과 같이 목록으로 제시하고자 한다.

1. 이데올로기는 현존하는 사회·경제·정치적 조건들을 해석하고 오늘날의 맥락에서 문제점을 서술하고 설명해 준다.
2. 이데올로기는 분명하게 실현가능한 이상을 제시한다. 이데올로기 주창자들은 1세대 안에 성취될 수 있을 것이라고 주장하는 목표들을 언명한다.
3. 이데올로기는 이러한 목표들을 달성하기 위한 수단으로서 일련의 추상적인 원칙과 구체적인 행동들을 주장한다.
4. 이들 추상적인 원칙들은 정치의 대주제들을 다루면서 "정부권위의 사용이 언제 합법적인가?"라든가 "사회적 재화는 어떻게 분배되어야 하는가?" 또는 "누가 통치해야 하는가?"와 같은 질문들에 대해 해답을 제시한다.
5. 이데올로기 원칙들은 명시적이든 묵시적이든 특정의 철학적 기반을 보유하고 있다. 그리고 모든 이데올로기들은 인간본성과 사회, 우주, 지식의 원천에 대해 특정의 가정을 갖고 있다.
6. 이데올로기는 일관되고 체계적인 신념과 가치를 포함한다. 이데올로기의 철학적 기반과 정치적 원칙들은 논리적으로 상호 연관되어 있다.
7. 이데올로기는 자신의 철학적 기반을 제공하고 정치적 원칙들을 규정·옹호하는 자기 나름의 문학적 전통으로 정식화되고 표명된다. 따라서 각각의 이데올로기는 각자의 '성스러운 문학'을 갖고 있다.
8. 이데올로기의 철학적 기반은 복잡하며 일반 사람들이 잘 이해

하지 못하지만, 현안에 대한 분석이라든가 목표, 정치적 원칙들은 간단명료하게 제시될 수 있으며, 그렇기 때문에 일반 사람들 특히 이데올로기에 대해 잘 모르는 사람들에게도 쉽게 파악되곤 한다. 실제로 이데올로기의 중심적인 목표는 특정의 정치적 목적에 대해 광범한 지지를 끌어내는 데 있다.

9. 그럼에도 불구하고 이데올로기는 여전히 복잡하다. 왜냐하면 이데올로기는 인간생활에 대해 광범위하게 추상적인 쟁점들을 다루기 때문이다. 이와 같은 복잡성 때문에 이데올로기 진영 내에 의견 불일치와 논쟁이 제기되며, 이러한 논쟁의 해결은 이데올로기 내부에서 논점의 변형을 가져온다.

10. 이데올로기의 원칙들은 구체적인 정치생활에서 사람들의 태도와 행동에 영향을 미친다. 그러나 정치생활에서 사람들의 구체적인 경험 역시 자신들의 이데올로기 원칙들에 영향을 미칠 수 있으며 자신들의 추상적인 신념과 가치에서 부분적인 변화나 발전을 가져올 수 있다.

고전적 자유주의는 최초의 이데올로기이다. 그것의 기본적인 생각은 미국과 유럽의 제도와 문화에 깊이 뿌리를 내리고 있다. 고전적 자유주의의 생각들이 전 세계의 정치적 공동체들에 의해서 점진적으로 흡수되고 있다는 증거가 있다. 그럼에도 불구하고 이들 생각의 역사적·철학적 기반이라든가 이들과 논리적으로 연관되어 있는 보다 더 미묘한 정치적 원칙들이 항상 명확하게 이해되고 있는 것은 아니며 그래서 논쟁은 끊임없이 계속되고 있다. 이제 우리는 제일 먼저 고전적 자유주의의 생각들에 대해 살펴보기로 하자.

제2장

고전적 자유주의

자유주의적 가치를 신봉하고 자유주의적 정책을 지지하는 정치가들조차도 자신들이 "자유주의자(Liberals)"라고 불리는 것을 피하려고 할 정도로 자유주의는 어려움을 겪고 있다. 대부분의 시민들과 학생들은 자신들이 '자유주의적이라는 단어'와 일치하게 되는 것을 꺼려한다. 자유주의에 대한 이러한 부정적 인식은 분석을 요한다. 왜냐하면 자유주의 사상, 적어도 고전적 자유주의(Classical Liberalism) 사상은 미국의 정부구조와 문화에 깊이 스며들어 있기 때문이다. 자유주의가 200년 전에 최초의 이데올로기로 등장했을 때, 이 자유주의에는 오늘날 널리 받아들여지고 있는 많은 생각들이 들어 있었다.

고전적 자유주의자들은 개인들이 광범한 사회적·정치적·경제적 자유를 누려야 한다고 믿었다. 그들은 자연권이 모든 시민들에게 동등하게 분배되었지만, 그렇다고 재산과 부를 포함하여 많은 사회적 재화들이 불평등하게 분배되는 것이 부당한 것은 아니라고 주장하였다. 고전적 자유주의자들은 정부의 권한은 제한되어야 하고 나뉘어져야 하며 그리고 모든 시민들의 동의에 복종하기를 바랬다. 그들은 만약 정부가 그들의 권한을 남용하고 개인의 자유와 권리를 손상시킨다면 미국혁명과 같은 혁명은 정당화될 수 있다고 보았다.

많은 자유주의적 생각들은 1810년 스페인 의회에서 자유주의자들에 의해 '자유주의'라는 용어가 만들어지기 수백 년 전부터 존재하고 있었다. 고전적 자유주의가 어떻게 '하나의 조리 정연한 이데올로기'로서 생성되었는지를 이해하기 위해서, 우리들은 다음과 같은 발전을 검토하고자 한다. 첫째, 16세기와 17세기에 자유주의적 성향을 가졌던 사람들, 특히 영국인과 프랑스인들이 관심을 가졌던 문제들은 무엇인지를 규명하고자 한다.[1] 둘째, 18세기 주요 계몽운동 사상가들의 정치적 목표는 무엇인지를 간단히 살펴보게 될 것이다. 셋째, 고전적 자유주의의 철학적 가정은 무엇인지를 밝히고자 한다. 넷째, 민주주의가 점진적으로 발전해 가고 있는 사회에서 자본주의를 정당화하기 위해 나타났던 정치적 원칙들에 대해서 논의하게 될 것이다. 〈설명상자 2-1〉은 고전적 자유주의의 주요 사상가들과 그들의 주요 저작들을 모아놓은 것이다.

다음 장들에서 우리는 고전적 자유주의 사상들 가운데 일부는 현대 자유주의에 의해서 폐기되고 일부는 다른 정치적 이데올로기 논자들에 의해서 수용되고 있음을 알게 될 것이다. 실제로 자유지상론자들

---

[1] 이 장에서 우리가 남성이란 명사와 대명사를 사용하게 된 이유는 대부분의 고전적 자유주의자들이 남성 중심적인 사회에서의 기준으로 생각하고 글을 썼기 때문이다. 물론 일부 자유주의자들은 자유주의적 사상이 여성에게도 동등한 권리를 의미하는 것으로 이해했다. 자유주의 전통 내에서 남녀동등권을 옹호하는 두 개의 고전으로는 1702년에 출간된 메리 월스톤크라프트(Mary Wollestonecraft)의 『여성권 옹호』(A Vindication of the Rights of Women)와 1869년에 출간된 존 스튜어트 밀의 『여성의 복종』(The Subjection of Women)을 들 수 있다. 밀의 오래된 친구인 해리옷 테일러(Harriot Taylor)가 이 책을 출간하는 데 중요한 역할을 했지만, 그녀가 이 책의 공저자인지의 여부는 확인되지 않고 있다.

⟨설명상자 2-1⟩ 주요 고전적 자유주의자들과 그들의 주요 저작

존 로크(John Locke, 1632~1704)
　『관용에 관한 서한』(Letter Concerning Toleration, 1689)
　『정부계약론』(Two Treaties of Government, 1690)
　『인간이해론』(Essay on Human Understanding, 1690)

몽테스키외(Charles-Louis de Secondat, baron de Montesquieu, 1689~1755)
　『법의 정신』(The Spirit of Laws, 1750)

볼테르(Voltaire, Francois-Marie Arouet, 1694~1778)
　『철학서한』(Lettres Philosophiques, 1734)

아담 스미드(Adam Smith, 1723~1790)
　『국부론』(The Wealth of Nations, 1776)

제레미 벤담(Jeremy Bentham, 1748~1832)
　『정부론』(Fragment on Government, 1776)
　『도덕과 입법의 원칙 서설』(Introduction to Principles of Morals and Legislation, 1789)

토마스 페인(Thomas Paine, 1737~1809)
　『인간의 권리』(The Rights of Man, 1791)

제임스 메디슨(James Madison, 1751~1836)
　『연방주의론』(The Federalist Papers, 1787-1788: 존 제이 및 알렉산더 해밀톤과의 공저)

제임스 밀(James Mill, 1773~1836)
　『정부론』(Essay on Government, 1820)

존 스튜어트 밀(John Stuart Mill, 1806~1873)
　『정치경제의 원칙』(Principles of Political Economy, 1848)
　『자유론』(On Liberty, 1859)
　『대의정부론』(Considerations on Representative Government, 1861)
　『공리주의』(Utilitarianism, 1861)
　『여성의 복종』(The Subjection of Women, 1869, 해리엇 테일러와의 공저)

프리드리히 하이에크(Friedrich Hayek, 1899~1992)
　『예종(隸從)에의 길』(The Road to Serfdom, 1944)
　『자유의 헌법』(The Constitution of Liberty, 1960)

과 현대 보수주의자들은 종종 자신들이야말로 자유주의적 전통의 진정한 계승자이며 현대 자유주의자들이 더 이상 개인주의와 제한정부에 헌신하지 않고 있다는 주장을 펴고 있다. 지금으로서는 어떻든 고전적 자유주의가 19세기 서유럽 특히 영국과 프랑스 그리고 미국에서 지배적이었고 오늘날까지도 여전히 널리 수용되고 있는 신념과 가치들을 제시해 주고 있음을 인정하는 것이 중요하다. 그러나 현대 자유주의가 고전적 자유주의와 연관을 맺으면서도 별개의 이데올로기로 등장함에 따라 자유주의적 생각을 갖고 있다고 해도 자유주의자라고 간주되는 경우는 드물다.

I. 정치적 기반

1. 문제점

고전적 자유주의는 유럽이 봉건적이고 중세적인 과거를 청산하고 근대로 나아감에 따라 직면하게 되는 다양한 문제들에 대한 반응으로 서서히 나타났다. 특히 경제 기업가와 무역업자들, 보다 많은 정치적 권리와 자유를 주창하는 사람들 그리고 계몽운동의 지식인들은 유럽이 과거로부터 벗어나 진보적이고 과학적이며 산업화된 사회로 나아갈 것을 간절히 열망했다. 중세시대 유럽사회의 다음과 같은 몇몇 특징들은 상업활동과 정치적 자유 그리고 과학적 진보를 강조하는 근대사회의 발전에 장애가 되는 것으로 파악되었다.

첫 번째는 정적(靜的)인 사회구조의 문제였다. 중세 동안 사람들은 귀속적인(또는 고정된) 사회적 지위를 물려받았다. 사람들은 4개의 계급, 즉 성직자, 귀족, 부르주아지, 농노로 쉽게 구분되었다. 인구의 2~3퍼센트가 가톨릭 교회의 성직자를 구성하고 있었는데, 이들의 사회적 우월성과 특권은 중세 말 유럽에 나타났던 신분의회에서 제1신분으로 인정받았다는 점에서 명백하게 나타났다. 인구의 또 2퍼센트는 귀족 또는 지주였다. 중세 봉건사회에서 귀족들은 법과 질서를 유지하고 자신들의 종속민들에게 물질적인 복지를 제공하는 책임을 맡았다. 도시화와 동업조합을 통한 산업화가 진행되고 군주들이 정치권력을 중앙집중화함에 귀족들은 자신들의 경제적 기능의 많은 부분을 상실하였지만, 신분의회에서 제2신분으로 사회적·정치적 우월성을 유지해 나갔다. 대부분의 사람들은 평민이었다.

부르주아지로 불리게 된 일부 평민들은 새로 등장하는 중세 도시에서 상업에 종사하였다. 일정한 시간이 지나면서 이들 자유평민들은 신분의회에서 제3신분으로 대표를 보내는 것과 같은 어떤 권리들을 획득해 나갔다. 나머지 대부분의 평민들은 농민이나 농업노동자로 남아 있었다. 이들 농노들은 자유가 없고 정치적으로 대표되지도 않았으며 법과 관습에 의해 그들이 일하는 토지나 그들이 봉사하는 영주에게 속박되어 있었다.

사람들은 이처럼 다양한 사회계급으로 태어나서는 상층계급으로 옮겨갈 수 있는 기회를 거의 가질 수 없었다. 성직자와 귀족들은 특권을 누렸다. 프랑스에서는 18세기 말까지도 귀족들은 대부분의 세금을 면제받았고 정부와 종교적 직위에 대해 거의 독점적인 권리를 보유하고 있었다. 이러한 특권들에 대해 평민들은 커다란 불만을 가졌다. 귀속적인 신분체제는 새로이 출현하는 자본가들의 산업적 질서에서 부와 노동의 이동을 어렵게 만들었다. 자유주의자들은 더 많은 사회적 유동성을 원했는데, 이는 개인에게 그가 태어난 계급을 넘어서서 이동할 수 있는 기회를 제공하는 것이었다.

두 번째 관심을 가졌던 문제는 중세 말 가톨릭 교회와 많은 유럽 정부들(군주)에 의해 부과되는 경제활동에 대한 제약이었다. 경제활동, 특히 상품의 생산과 교환을 관리하는 규칙과 규제들로는 다음과 같다.

1. (빌려준 돈에 대해 어떤 이자를 받는) 고리대금업 금지
2. '정당한 가격' (또는 지방의 종교관리들이 제한된 이윤의 수준에서 상품

가격을 정하도록 하는 관행)의 확립
3. 광고 금지
4. 촛불 켜고 일하는 것 금지
5. 장인(匠人)이 고용하는 견습공 수에 대한 제한
6. 발명가로 하여금 자신의 발명으로 경쟁적 이익을 얻지 못하도록 발명에 대한 통제
7. 왕실독점과의 경쟁 금지

이러한 제한들 가운데 일부는 항상 엄격하게 적용된 것은 아니지만, 그러나 이러한 제한들은 자유시장의 창출에 무시 못할 장애로 작용했다. 고전적 자유주의자들은 시장에서의 자유에 대한 이러한 제약들을 공격하는 데 상인이나 장인들과 이해를 같이했다. 왜냐하면 이러한 제약들은 고전적 자유주의자들이 찬양해 마지않은 이른바 시장에서의 경쟁을 제한하는 것이었기 때문이다.

자유주의적 성향의 사람들이 관심을 가졌던 세 번째 문제는 정부의 범위와 권한에 관한 것이었다. 처음에 봉건사회는 분권화되어 있어서 경제발전을 방해했고, 그래서 상인계급들은 영국, 프랑스, 스페인에서 국민국가가 등장하여 권력이 이들 국가들의 군주에게 집중되는 것을 반가워했다. 이들 중앙집중화된 정부들은 무역업자들이 먼 시장으로 상품을 수송할 때 강도로부터의 안전을 확보해 주었으며, 복잡하고 다양한 지방적 규칙과 규제들을 공통된 법과 도량법 그리고 화폐로 바꿈으로써 경제거래를 용이하게 해 주었다.

그러나 16세기와 17세기 동안 이들 군주들의 권위가 증대함에 따라 **정치적 절대주의**의 문제들도 증가하기 시작했다. 왕들은 과거 제1신분(교회)과 제2신분(귀족)에 분산되어 있었던 권력을 자신을 위한 것으로 통합시켜 자신들을 법 위에 존재하도록 하였고, 일반 국민들의 개인적인 문제에 대해서도 감시와 강탈을 일삼았으며, (프랑스의 벽융단과 같은) 특정의 산업을 보호하고 새로이 떠오르고 있는 중간계급에 대해

세금과 억압적인 규제를 부과하였다. 프랑스의 루이 14세는 "짐이 국가다(L'etat c'est moi)"라고 선언하였지만, 계몽운동의 주요 철학자들은 루이 14세의 이러한 절대통치를 강탈적인 정부인 것으로 간주하였다. 자유주의자들은 이러한 정치적 전제통치와 중앙집중화된 권력의 남용을 막고자 하였다.

네 번째는 종교의 우월성과 그와 연관된 종교적 순응의 요구 문제였다. 중세는 사람들로 하여금 영적인 구원을 지향하도록 하는 가톨릭 교회의 지배로 특징지어진다. 기독교 교리를 실천하고 각자의 영혼을 구원하는 것이 우주에 대해 자연 그대로의 과학적인 설명을 얻는다든가 또는 경제적 상품을 생산하여 이윤을 얻는 등의 세속적인 관심보다 더 중요한 것으로 간주되었다. 16세기 동안 종교개혁은 종교적 신념이란 개인과 신 사이의 사적인 문제이며 성직자가 신의 의사를 설명하고 규정하는 특별한 권위를 갖고 있는 것이 아니라고 선언함으로써 가톨릭 교회의 지배에 도전하였다. 종교개혁은 '프로테스탄트 윤리'를 퍼뜨리는 데도 기여했다. 이 프로테스탄트 윤리는 열심히 일하고 생산성을 높이며 상품과 자본을 축적하는 것은 개인에게 사적인 즐거움을 가져다 주고 신의 드높은 영광을 드러내 보이며 이를 통해 정신적인 우수성을 확인시켜 주는 덕성이라고 주장했다.

프로테스탄티즘은 사람들을 다시 세속적인 생활로 향하도록 하는 데 도움을 주었지만, 종교적 불관용의 문제를 해결하지는 못했다. 종교적인 신념 때문이기도 하지만 또한 자신들의 정부에 대한 지지를 강화시키려는 열망 때문에 당시의 군주들은 백성들로 하여금 특정의 종교 교리를 받아들이도록 요구하였고 이단자들을 탄압하였다. 그 결과는 독일, 프랑스 그리고 영국에서(때로는 프로테스탄트와 가톨릭 사이의 그리고 때로는 프로테스탄트 종파들 사이에서) 일련의 시민전쟁으로 나타났다. 영국의 존 로크(John Locke, 1632~1704)와 같은 자유주의적 성향의 사람들은 종교적 관용과 **교회-국가의 분리**를 요구했다. 이들은 사회안정을 유지하는 이해관계와 관련하여 교회는 정신적인 구원에만 관여하고 국가는 자유와 재산과 같은 시민들의 세속적 관심에만 관여해야 한다고 주장하였다.

종교전쟁은 보다 근본적인 문제를 노정하였는데, 개인의 생명·재산과 같은 보다 기본적인 인권을 보호해야 할 필요성이 제기되었다. 토마스 홉스(Thomas Hobbes, 1588~1679)는 개인의 안전과 재산이 다른 사람들의 행동에 의해 위협을 받고 있다는 데 주목하였다. 사회적 무질서(또는 무정부상태)를 극복하고 개인들로 하여금 서로 해를 가하지 못하도록 하기 위해서 적정한 권리를 규정하고 보호해 줄 주권적 정부가 요구되었다.

그러나 토마스 페인(Thomas Paine, 1737~1809)은 억압적인 정부 그 자체가 개인의 권리에 대한 가장 큰 위협이라고 주장하였다. 개인의 자유를 확보하기 위해서 사회는 자의적이고 강탈적인 정부를 제한해야 한다고 보았다. 영국은 정부를 제한하는 데 성공을 거두었다고 보면서 존 스튜어트 밀(John Stuart Mill, 1806~1873)은 개인의 자유에 대한 가장 커다란 위협은 공공여론이라고 주장하였다. 밀에게 있어서 개인의 자유는 정부가 다수의 견해로부터 개인을 보호하고 옹호할 때 비로소 안전하게 확보될 수 있는 것이었다. 이러한 다양한 견해를 고려할 때 고전적 자유주의의 가장 커다란 문제는 개인의 권리를 침해하지 않으면서 동시에 개인의 권리를 안전하게 확보해 주는 정부를 구성하는 것이었다.

2. 목표

자유주의자들의 관심 사항에 대한 논의를 통해서 알 수 있는 것처럼, 고전적 자유주의자들은 개인 자유의 확대, 자본주의의 발전, 입헌 민주주의의 확립 그리고 인간행동과 사회생활에 대한 과학적 이해의 증진에 일차적인 관심을 가졌다. 고전적 자유주의자들은 자본주의와 입헌 정부를 중시 여겼지만 — 왜냐하면 대부분의 경우 이것들은 자유를 증진시킬 것이기 때문이다 — 자유주의의 일차적인 목표는 아마도 자유의 확보라고 볼 것이다. 18~19세기 동안 자유주의자들이 구상했던 새로운 정치과학은 개인의 권리와 자본주의 그리고 입헌 민주주의에 대해 지적인 기반을 제공함으로써 자유에 기여할 것으로 기대되었다.

고전적 자유주의자들은 과거에 서구의 사상을 지배해 왔던 고대나 기독교적인 또는 공화정적인 자유관과는 다른 독특한 자유관을 갖고 있었다. 고대 그리스에서 자유는 지혜, 용기 그리고 관용과 같은 고전적인 덕성을 획득하는 것과 관련되어 있었다. 기독교 세계에서 자유는 신의 의지를 이해하고 이를 행하는 것과 관련되었다. 공화제의 전통에서 자유는 정치참여와 시민적 덕성의 획득에 관한 것이었다. 자유주의자에게 있어 고대 그리스나 기독교 그리고 공화제의 덕성들은 유쾌하고 칭찬할 만한 감정일 수는 있지만, 그것들이 자유의 본질을 규정하는 것은 아니었다. 홉스가 "자신이 하고 싶은 것을 하는 데 방해받지 않고 자신의 힘이나 기지를 통해서 할 수 있는 사람을 자유로운 사람"이라고 선언했을 때, 그는 **자유주의적 자유 개념을 제시한 것**이었다.[2]

일반적으로 자유주의적 자유 개념은 다음과 같은 3가지를 강조한다. 첫째, 자유는 개인의 노력에 의해 획득되는 것이 아니라 태어날 때부터 모든 사람들에게 주어진다. 그것은 모든 사람의 자연권이다. 둘째, 자유의 가치는 각 개인으로 하여금 자신의 목적을 선택하고 추구할 수 있도록 하는 데 있다. 자유주의자들은 각 사람들이 행복을 원하는 것으로, 즉 각 사람은 즐거움을 극대화하고 고통을 최소화하길 원한다고 가정하지만, 또한 자유주의자들은 각 사람들이 각기 다른 방식으로 즐거움과 고통을 경험하기 때문에 행복에 대해서도 각기 다른 개념을 갖고 있다고 이해한다. 개인만이 그 자신에게 좋은 것이 무엇인지를 규정할 수 있고, 그래서 자유는 자기가 규정한 대로의 행복을

---

2) Thomas Hobbes, *Leviathan*(Indianapolis: Bobbs-Merrill Arts Library, 1958 〔1651〕), p.171.

추구할 권리와 관련이 있다.

　셋째, 자유주의자들은 모든 사람들이 자신의 행복을 추구할 동등할 권리를 갖고 태어났지만 그러한 자유는 제한될 수 있고 제한되어야 할 것으로 이해한다. 보다 일반적으로 자유주의자들은 완전한 자연권은 무질서 상태로 귀결될 것으로 본다. 사회의 일부분이 되기 위해서 사람들은 어떤 자유는 포기해야 한다. 자유가 어느 정도나 확대될 수 있는지에 대한 고전적 자유주의 개념은 존 스튜어트 밀에 의해서 다음과 같이 언명되고 있다: "자유라는 이름에 걸맞는 유일한 자유는 우리들이 다른 사람의 자유를 빼앗으려 한다거나 또는 자유를 얻으려는 그들의 노력을 방해하지 않는 한 우리들 자신의 방식으로 우리들이 좋아하는 것을 추구하는 자유이다."[3]

　이러한 정식화는 개인에게 자신이 원하는 대로 생각하고 숭배하며 개인적 영역 내에서 자신의 취향에 따라 행동할 수 있는 절대적 권리를 부여하려는 의도를 갖고 있는 것이었다. 그러나 절대적 자유는 개인이 다른 사람들과 만날 때 끝난다. 사람들은 마음대로 타인을 해칠 수 없고 다른 사람의 권리를 침해해서도 안 된다. 사람들은 자기 마음대로 다른 사람들과의 합의나 계약을 위반해서는 안 된다. 법의 목적은 개인의 자유에 대한 제한을 명백히 규정하는 것이고, 정부는 공공영역에서 개인의 자유를 제한하는 법을 제정하고 집행하기 위해서 존재한다.

　자본주의 또는 자유시장 원칙에 기반한 경제를 발전시키는 것은 두 번째 자유주의의 목표인데, 이는 개인의 자유를 증진시키는 목표와 연관되어 있는 목표이기도 하다. 자유주의자들이 추구한 중요한 자유들에는 다른 사람과 계약을 체결하는 자유, 사유재산을 획득하고 교환하고 보유하는 자유, 사람들이 확보할 수 있는 최고의 임금에 자신

---

3) John Stuart Mill, *On Liberty*, edited by Elizabeth Rapaport(Indianapolis: Hackett Publishing, 1978〔1859〕), p.12.

의 노동력을 팔 수 있는 자유, 가장 많은 이윤을 가져다 주리라 예상되는 분야에 자신의 자본을 투자할 수 있는 사유가 포함된다.

간단히 말해서 자유주의자들은 자유시장에서 거래하고 일하고 투자하고 생산하고 소비하는 자유를 원한다. 자유주의자들은 사람들이 물질적 풍요를 생산하려는 능력과 동기를 갖는 사회를 원한다. 그들은 경제적 진보, 즉 국부의 점진적인 증대를 원한다. 경제적 자유는 물질적 풍요를 생산하기 위한 중요한 전제조건으로 파악되는데, 그 이유는 경제적 자유를 통해 사람들은 자신들의 경제적 이익을 극대화시켜 나갈 것이기 때문이다. 경제적 자유를 통해 각 개개인은 경제적 번영을 증대시켜 나가며 전체로서 사회도 더욱 번창해 나간다. 자유주의자들에 따르면, 자본주의 경제는 또한 번창하는 국내상태를 만들어내는 그 이상의 것을 가져온다. 고전적 자유주의자들은 만약 각 나라들이 자본주의와 자유무역을 실행한다면 국제적 평온이 증대될 것이라고 주장했다. 최소한 국가들 간 전쟁의 경제적 원인은 제거될 것으로 보았다.

입헌민주주의를 발전시키는 것은 세 번째 자유주의적 목표인데, 이는 개인의 자유와 경제적 진보를 증진시키는 것과 관련이 있다. 17, 18, 19세기 동안 자유주의자들은 군주제와 귀족정을 입헌정부로 대치하고자 하였다. 군주정은 왕실에 권력을 집중시키며 이러한 권력을 개인의 자유를 제한하는가 하면 자유무역을 방해하는 중상주의적 경제정책을 추구하는 데 사용한다. 귀족정은 토지귀족들에게 권력을 집중시키는데, 이들은 자본가들의 자유를 자신들의 전통적인 특권에 대한 위협으로 간주한다. 이와 반대로 초기의 자유주의자들은 민주적 정부는 피치자의 동의를 얻기 위해서 개인의 권리와 경제적 자유를 보호해 줄 것이라고 주장하였다.

민주정부를 추구함에 있어 자유주의자들은 고대 그리스에 존재했거나 또는 장-자크 루소(Jean-Jacques Rousseau, 1712~1778)와 같은 급진주의자들이 옹호했던 고도로 참여적인 민주주의를 원하지 않았다. 대신에 자유주의자들은 시민들이 정기적인 선거에서 대표를 선출하는 것 이상으로 정부의 일에 적극적으로 참여하지 않지만 시민들의 권리를 보호해 주는 대의민주주의를 선호했다. 시민들은 자신들의 정치적 개입을 최소로 하는 만큼은 자본주의 사회에서 생산자이자 소비자로서 자신의 경제적 이익을 자유롭게 추구한다. 자유주의자들에게는 정부 지도자들이 선거에 출마해야 한다는 규정을 포함하여 입헌적 제한들은 민주적 정부가 개인의 권리를 침해하거나 자본주의 경제에 개입하는 것을 방지하기 위한 수단인 것으로 간주된다.

가장 일반적으로 고전적 자유주의자들은 이러한 목표들을 확인해 주는 정치과학을 발전시키려고 노력해 왔다. 전통적인 신념, 종교적인 교의, 형이상학적인 사색은 개인의 자유에 대한 불필요한 제한과 고리타분한 경제적 관행 그리고 정치적 절대주의의 정당화에 기여해 왔다는 것이다. 자유주의자들은 이러한 '사고의 우상들'을 제거하고 정치적·사회적·경제적 사고를 자연세계에 대한 최소한의 가정으로부터 도출된 합리적인 추론에 기반을 두기를 희망했다. 정치에 대한 자유주의적 과학을 이해하기 위해서 우리는 그 철학적인 기반, 다시 말해서 궁극적인 실체(존재론), 인간본성, 사회성격, 지식 자체에 대한 가정들이 무엇인지를 살펴보아야 할 것이다.

II. 철학적 기반

1. 존재론

중세 유럽에서는 일반적으로 궁극에 있어서는 신이 실체를 구성한다고 가정되었다. 신이 세계를 창조했고, 인간 역사의 과정을 결정하리라고 보았다. 세계가 어떻게 작동하는가에 대한 이러한 가정들은 명백히 종교적 권위, 특히 신의 의지와 신성한 법칙을 알고 있다고 주장하는 가톨릭 교회의 지도자들에게 힘을 실어 주었다. 존 로크와 같은 많은 고전적 자유주의자들은 신의 존재를 조금도 의심치 않는 독실한 기독교도들이었지만, 자유주의의 창시자들은 종종 **자연신교**(deism)—신이 우주와 우주법칙을 창조했지만 여기에 더 이상 어떠한 영향력도 발휘하지 않는다는 생각—를 신봉했다. 자연신교의 가정에 따르면, 신은 정확한 법칙들에 따라 움직이는 세계, 즉 기계적이고 수학적인 규칙성을 가진 세계를 창조했다. 질서가 잘 잡혀 있고 완전한 세계를 창조하고 나서 신은 '물러나 앉았다.' 자연신교 교도들은 신이 자신이 창조하고 작동시킨 완벽한 자연질서를 바꿀 것이라는 생각은 어리석은 것이라고 주장하면서 신이 능동적으로 세상에 개입한다는 중세의 가정을 거부한다.

자연신교는 자유주의의 중요한 가정을 이루고 있는데, 왜냐하면 이를 통해 자유주의자들은 완전히 자연주의적인 맥락에서 세계를 바라볼 수 있기 때문이다. 자연을 관찰하고 신이 창조해 낸 규칙성과 질서를 발견하기 위해서 과학이 이용될 수 있는 것이었다. 만약 신의 법칙이 자연에 그대로 반영되어 있다면 그리고 만약 신이 자연법의 작동을 제외하고는 우주에 대해 자신의 주권을 행사하지 않는다면, 정치생활에서 종교적 권위와 교리가 제거될 수 있는 것이었다. 예를 들면, 자연신교는 왕의 성스러운 권리, 다시 말해서 군주의 권력은 신이 하사한 것으로 정당한 것이라는 생각을 무효화시켰다.

신이 창조했지만 더 이상 통제하지 않는 물질세계를 이해하기 위해서 자유주의자들은 '자연상태'—즉, 문화적·사회적·정치적으로 아무 것도 존재하지 않는다고 가상한 상태—이론을 발전시켰다. 신, 덕성, 정의, 인간의 잠재력에 대한 개념 등 이러한 문화적 유산이 존재하지 않을 때의 세계를 상정해 보라. 사회 제도(교회, 학교, 심지어는 가족까지)가 존재하지 않는 세계를 상정해 보라. 정치 제도(군대, 경찰, 법원, 여타의 시민적 권위)가 존재하지 않는 사회를 상정해 보라. 만약 우리가 문화적 전제개념이나 사회적·정치적 제도들이 존재하지 않는 세계를 상정한다면, 무엇이 남겠는가?

자유주의의 창시자들은 아무 것도 없는 자연상태에서 존재하는 것은 운동하는 물질뿐이라고 믿었다. 이들의 **존재론적 유물론**(ontological materialism)의 교리에 따르면, 세계는 운동 중에 있는 물질적 대상들로 구성되어 있고, 그래서 인과관계의 자연법칙에 따라 변화에 종속된다. 철학자들은 종종 물질적인 세계보다 더 위대한 궁극적 실체의 존재, 예를 들면 플라톤의 형식, 아리스토텔레스의 목적론적 인과, 기독교의 성령을 믿었는데 반해, 자유주의자들은 그러한 궁극적인 실체들이라는 것이 단지 형이상학적인 사색에 불과한 것으로 보았다. 이러한 형이상학적 사색 때문에 인간은 물질세계가 우리에게 드러내 보여주고 있는 명백한 실체를 이해하는 데 방해받고 있다는 것이다.

형이상학적 개념들을 버림으로써 역사는 자연과정으로 이해된다. 그래서 자유주의자들은 생명의 진화는 자연적 선택 과정에 의해 설명될 수 있다는 찰스 다윈(Charles Darwin, 1809~1882)의 이론을 받아들였다. 또한 인간의 역사도 신의 의지의 결과라기 보다는 자연적인 인간의 동기와 능력의 결과로 이해될 수 있다. 그래서 19세기의 많은 자유주의자들은 인간진화는 무제한적인 인간경쟁의 힘이 작용한 결과라고 보는 허버트 스펜서(Herbert Spencer, 1820~1903)의 이론을 수용하였다. 스펜서에 따르면, 인간진보는 '적자생존,' 즉 환경에 가장 잘 적응하는 사람은 번영하고 번창하며 약하고 적응하지 못하는 사람들은 사라질 것을 요구한다는 것이다.

물질세계와 역사에 대한 과학적이고 자연적인 이해를 방해하는 종교적이고 형이상학적인 개념들을 제거함으로써 자연상태 이론은 자유주의의 생성에 중요한 역할을 하였다. 그러나 더욱 중요한 것은 자연상태 이론이 인간본성과 시민사회에 대한 자유주의적 이해를 증진시켰다는 점이다.

2. 인간본성

고전적 자유주의자들은 여타의 자연과 마찬가지로 인간도 본질적으로 '운동하는 물질'이라고 가정한다. 물질적 존재로서 인간은 존재론적으로 서로가 떨어져 있다. 그들은 어떤 종류의 영적인 통일을 결여한 채 육체적으로 분리되어 있는 존재들이다. 인간은 또한 심리적으로도 서로가 떨어져 있다. 그들은 일차적으로 자신들의 생명을 유지하고 자신들의 행복을 추구하는 데 관심을 갖는다. 간단히 말해, 자연상태에서 인간은 이기적이다. 그들의 일차적인 동기는 가능한 한 즐거움은 많고 고통은 적게 하는 것이다. 맥퍼슨(C.B.Macpherson)에 따르면, 자유주의적 '인간형'은 "효용을 극대화하는 사람"이다.[4] 자유주의자들은 인간의 이기심을 도덕적인 사악함의 징표인 것으로 간주하지 않는다.

반대로 자유주의자들은 인간역사에서 비인간적인 만행들 가운데 전쟁의 학살과 같은 것들은 오히려 만약 사람들이 자신의 생명보전과 행복에 보다 많은 관심을 기울인다면 회피될 수 있는 것으로 믿는다. 그러나 자유주의자들도 무절제하게 자기이익을 추구하는 것은 사회적으로 문제가 된다고 생각한다. 인간에게 다른 사람의 이익보다 자기 이익을 앞세우는 성향이 있다는 것은 곧 개인의 행복추구에 있어 제한이 뒤따라야 한다는 것을 뜻한다. 그리고 사회 내 다른 사람들에게도 이익이 되는 방식으로 자기이익을 추구하도록 하는 정치·경제 제도들을 강구해야 한다고 본다.

인간은 자신들의 효용을 극대화하는 데 도움을 주는 다양한 특성들을 갖고 있다. 물론 인간은 자신의 육체를 갖고 있다. 육체를 통해 인간은 노동을 하고 생존에 필요한 식량과 같은 상품들을 자연으로부터 얻어낸다. 그리고 육체적인 노동을 통해 인간은 자연을 변화시킬 수 있고, 그럼으로써 기본적인(면화로부터 옷감을 짜고 목재로 집을 짓는 것과 같은) 필수품과(다이아몬드나 금과 같은 광물로 값비싼 장신구를 세공하는 것

---

4) C.B.Macpherson, *The Life and Times of Liberal Democracy* (New York: Oxford University Press, 1977), p.24.

과 같은) 즐거움을 확보한다.

　인간은 또한 보고 듣는 것과 같은 감각을 갖고 있어 이를 통해 외부 세계를 파악한다. 로크에 따르면, 우리들의 감각은 환경으로부터 감각적인 경험을 받아들인다. 이러한 지각들을 통해 외부세계가 우리의 머리에 각인되는데, 그에 따라 우리는 이러한 인식들을(백지- tabula rasa-위에) 기록하고, 이러한 인식들을 분류하여 서로 서로를 연관시키고, 개념을 만들어 내고, 이들 개념들 간의 관계를 확립하며, 세계에 대한 추상적인 이론적 지식을 도출해 낸다. 이처럼 인간은 **도구적 이성**, 즉 지각에 기초하여 유용한 생각을 끄집어내고 이러한 지각들에 대한 성찰에 이르는 정신적 능력을 부여받고 있다. 이성에 대한 자유주의적 개념의 구체적이면서도 세속적인 사례로는 다음을 들 수 있다.

　혼자인 개인은 자신의 위에서 때때로 요동치는 것을 감지하는데, 시간이 지나면서 그는 이것을 배고픈 것으로 분류하고 고통과 연관시킨다. 그는 또한 빨간색의 수분이 많고 비슷하게 생긴 물체가 들에서 많이 자라고 있다는 것을 감지하게 되는데, 그는 이것을 딸기라고 분류하며 이것이 맛 좋고 배고픔을 없애 주기도 한다는 것을 알게 된다. 이렇게 이성의 적용을 통해 개인은 딸기를 따서 먹는 것이 배고픈 고통을 줄이고 즐겁게 맛보는 기분을 가져다 준다는 유용한 일반화에 도달하게 된다.[5]

　인간 이성에 대한 이러한 자유주의적인 개념은 이전의 대부분의 이성 개념과는 다르다. 예를 들면, 고대 그리스 사상에서 이성은 궁극적인 지식을 산출해 낼 수 있는 것으로 생각되었다. 이성을 통해 인간은 모든 인간을 위한 선과 악이 무엇인지를 알 수 있다는 것이다. '올바른 이성'은 인간으로 하여금 인생의 적절한 목표 내지는 목적을 알 수 있도록 해 줄 것이라고 보았다. 그러나 자유주의 사상에서 인간 이성

---

[5] 도구적 이성에 대한 논의로는, Thomas Spragens, *The Irony of Liberal Reason*(Chicago: University of Chicago Press, 1981) 참조.

은 궁극적인 지식을 가져다 줄 수 없다. 그것은 우리에게 효과적인 지식만을 제공해 줄 뿐이다. 이성을 통해 가 사람은 즐거움을 얻고 고통을 피하는 수단이 무엇인지를 알 수 있다. 이성은 개인들에게 자신들의 목적을 달성할 수 있는 효과적이고 효율적인 수단을 알려준다. 그러나 이성은 인간에게 그들의 목적이 좋은 것인지 아니면 나쁜 것인지를 얘기해 줄 수 없다. 간단히 말해서, 고대 그리스 사람들은 이성을 보다 높은 수준의 선과 악에 대한 지식을 얻기 위해서 인간의 욕구와 욕망을 제한하거나 극복하는 인간 능력인 것으로 파악했던 반면, 자유주의자들은 인간 이성을 인간의 욕구와 욕망—개인이 인식할 수 있는 유일한 선이다—을 달성하는 데 도움을 주는 자원인 것으로 이해했다.

고전적 자유주의자들은 인간이 어떤 측면에서는 평등하고 다른 측면에서는 불평등하다고 믿었다. 그들은 **존재의 평등**(eguality of being)을 받아들인다. 모든 사람은 꼭 같이 인간이며, (최소한 자연상태에서는) '운동하는 물질'이고, 똑같이 고립적인 조건에서 존재하며, 근본적으로 이기적이고, 각자의 행복은 꼭 같이 중요하다. '존재의 평등'이란 각자가 모두 자신의 생명, 자유, 행복이 어떤 다른 사람의 생명, 자유, 행복만큼 중요하다고 정당하게 주장할 수 있다는 것을 의미하다. 임마뉴엘 칸트(Immanuel Kant, 1724~1805)의 '범주적 명령(categorical imperative)'은 존재의 평등에 관한 자유주의적 사상에 도덕적 표현을 제공해 주었다. 아무도 다른 사람을 자신의 행복을 위한 수단으로 간주해서는 안 된다는 것이다. 아무도 자신의 복지를 위해서 다른 사람의 생명, 자유, 행복을 희생시키는 것을 정당화할 수 없다. 각자는 모든 사람에게 꼭같이 적용되는 규칙에 따라 행동해야 한다는 것이다.

존재의 평등을 시인하는 것 이 외에도 자유주의자들은 사람들이 또한 어떤 평등한 최소한의 능력을 갖고 있다고 믿었다. 예를 들어 홉스가 지적한 것처럼, 모든 사람은 똑같이 다른 사람에게 신체적인 위해를 가할 수 있다. 그리고 인간의 합리성에 대한 로크의 이해가 의미하는 바와 같이 모든 사람은 근본적으로 배우는 능력에 있어 동등한데, 왜냐하면 배운다는 것은 궁극적으로는 모든 사람에게 열려있는 경험에 근거하고 있기 때문이다.

그럼에도 불구하고 자유주의자들이 인간을 평등하다고 보았다는 주장은 너무 지나치게 단순화한 것이다. 자유주의자들은 인간이 서로 다른 목표와 서로 다른 행복관을 갖고 있다고 이해한다. 그들은 사람들이 다른 육체적·정신적 능력을 갖고 있고 이러한 재능을 사용하는 데도 다른 성향을 갖고 있다고 본다. 예를 들면, 아담 스미스(Adam Smith, 1723~1790)는 사회적 장치 특히 개인들이 특정의 활동에서 전문성을 갖게 되는 노동분업은 인간 능력에 있어서의 차이를 더욱 조장할 것이며, 따라서 경제적·정치적 원칙을 만들어낼 때 이러한 점을 고려에 넣어야 한다고 주장하였다.

또 하나의 예로서 존 스튜어트 밀은 사람들이 자신들의 지적인 능력을 개발하는 정도가 같지 않은 것으로 이해했다. 실제로 사람들이 지적인 정치적 판단을 하는 능력에 있어서 차이가 있다고 보았기 때문에 밀은 '1인 1표'의 민주적 이상을 거부하고 교육을 많이 받는 사람에게 정치권력을 더 많이 주는 복수투표제를 지지했다. 이러한 예들은 고전적 자유주의자들이 인간의 육체적·정신적 능력들이 동등하지도 않고 고정된 것도 아니라고 생각하였음을 예시해 주고 있다. 인간능력에 있어서의 차이는 항상 자유주의자들이 염두에 두고 있었던 문제이다. 실제로 자유주의가 성숙되어감에 따라 자유주의 옹호자들은 자유주의(그리고 민주주의) 사회가 각 개인들에게 가능한 한 충분히 자신의 능력과 재능을 개발할 수 있도록 비옥한 토양을 제공해 주고 있다고 생각했지만, 그러나 개인들의 발전 수준은 어쩔 수 없이 각 개인에 따라 다르게 나타날 수밖에 없다고 보았다.

3. 사회

고전적 자유주의자들에게 있어 사회는 자연상태에서 발생하는 고독과 무질서, 불편들을 회피하기 위해 단합한 개인들 사이의 동의로부터 나온다. 자유주의자들은 인간이 많은 유형의 사회에서 서로에게 속박되어 있다는 것을 인정한다. 이러한 사회들 가운데 가장 기본적인 것이 "남녀 사이의 자발적인 계약"에 기초하고 있는 부부사회이다.[6] 이러한 사회 가운데 가장 포괄적인 것이 정치사회 내지는 시민사회인데, 이러한 사회는 "자신들의 재산을 안전하게 즐길 수 있고 그 사회의 것이 아닌 어떤 것에 대해서도 안전을 확보함으로써 서로들 간에 편안하고 안전하며 평화로운 삶을 누릴 수 있도록 해 주는 공동체에 참여하고 통합하기 위해서" 개인들이 자연상태에서 향유하는 자유를 제한하기로 합의한 **사회계약**에 기초하고 있다.[7]

정치사회에 대한 이러한 자유주의적 개념에는 다음과 같은 몇 가지 중요한 특징들이 있다. 첫째, 자연상태에서는 사회가 존재하지 않지만, 사회는 자연과정을 통하여 자연상태로부터 등장한다. 홉스는 자연상태를 '전쟁상태'로 보았다. 그는 자연상태에서 인간은 같은 것을 원하지만 이것을 모두가 향유할 수 없기 때문에 항구적인 갈등을 유발하게 되는 것으로 이해했다. 이러한 상태에서 인간은 "지속적인 공포와 폭력적인 죽음의 위험 속에서 살게 될 것이며, 인간의 삶은 고독하고 가난하며 불결하고 야만적이고 단명으로 끝나게 될 것이다."[8]

이러한 상태에서 벗어나고 평화와 안전이라는 목표를 달성하기 위해서 합리적인 사람들은 자연스럽게 다음과 같은 결론에 도달하게 될 것이었다. 즉, 그들은 다른 사람들과 함께 각자가 다른 사람의 생명, 자유, 재산을 침해하지 않기로 동의하는 협약 내지는 사회계약을 체결해야 한다는 것이다. 이러한 동의에 따라 그리고 이러한 동의를 강

---

6) John Locke, *The Second Treaties of Government* (New York: Mentor, 1960 〔1690〕), p.362.
7) Locke, *The Second Treaties*, p.375.
8) Hobbes, *Leviathan*, p.100.

제하는 주권적 권력을 선정한 결과 국가 또는 시민사회가 출현하게 된다.

로크는 홉스보다는 덜 갈등적인 맥락에서 자연상태를 바라보았지만, 그도 사람들이 그러한 동의를 하고 그럼으로써 시민사회를 형성함에 따라 자연상태에서 벗어나고자 할 것으로 보았다. 로크는 자연상태에서 개인들은 "어떤 사람도 다른 사람의 생명, 자유, 재산을 해쳐서는 안 된다"는 중요한 자연법을 이해하게 된다고 주장했다.[9]

그럼에도 불구하고 그는 어떤 사람들은 이러한 자연법을 위반할 것이기 때문에 피해를 입은 측에게 자신을 방어하고 위반자를 처벌할 권리를 주어야 한다고 생각했다. 자연법은 처벌의 정도가 침해에 적정한 것이어야 하고 침해를 저지할 만큼이면 충분한 것으로 규정하고 있지만, 침해를 받은 당사자는 이러한 문제에 대해 불편부당(不偏不黨)한 판결자가 되기 어렵다. 그들은 자신들의 이익에 편파적일 수 있고 위반자에 대해서 앙심을 품을 수도 있다. 이처럼 자연상태에서는 훼손된 권리를 판결해 주는 불편부당한 권한이 존재하지 않기 때문에 '불편하다.' 자연상태의 이러한 불편함을 극복하기 위해서 사람들은 자신들의 권리를 침해한 사람들에게 처벌을 가하는 권한을 "공공에 양도"할 수 있다.[10] 사람들이 이러한 제도적 장치에 동의할 때, 시민사회가 창출된다. 요약하면, 정치사회는 자연상태에서의 불안이나 불편을 회피하고자 원하기 때문에 등장한다는 것이다.

둘째, 이렇게 자연과정을 통해 확립된 사회는 사회를 구성하는 개인과 그들의 상호작용의 총합인 것으로 가장 잘 파악될 수 있다. 고대와 중세의 세계는 사회를 구성하는 개인들을 넘어서는 존재와 속성을 사회에 부여해 주었던 데 반해, 자유주의자들은 그와 같이 '부풀려진' 사회 개념을 거부했다. 사회는 신에 위해서 창조된 실체가 아니라

---

9) Locke, *The Second Treaties*, p.311.
10) Locke, *The Second Treaties*, p.367.

> **〈설명상자 2-2〉 가부장적 가족과 국가에 대한 자유주의적 비판**
>
> 『정부계약론』(The Second Treaties of Government)에서 로크는 정부 모델로서 가족에 의존하는 것은 잘못된 것이라고 주장했다. 로크는 『가부장정치: 왕의 자연권』(Patriarcha: or the Natural Power of Kings, 1680)의 저자인 로버트 필머(Robert Filmer)와 같은 절대주의 사상가들을 공격했다.
>
> 필머는 군주는 그 나라의 아버지이며 사회의 구성원은 자식들이라고 주장했다. 이들 자식들과 그들의 어머니는 그들의 아버지인 군주에게 복종해야 한다는 것이다. 로크는 가족이 남자와 여자 사이의 자발적인 동의에 기초하고 있다고 선언함으로써 가부장적 가족의 전통적인 규범들을 비판했고 이혼을 허용할 수 있는 것으로 제안했다. 로크는 또한 당시의 영국인들이 왕에게 신세지고 있는 것을 그대로 자기들의 아버지에게도 신세지고 있기 때문에 존경은 하지만 의심의 여지가 없이 순종해야 하는 것은 아니라고 주장함으로써 정치적 권위의 이러한 '가족모델'을 비판했다.
>
> 로크의 동시대 사람들은 그의 주장이 개인주의와 행복 그리고 책임에 대한 점증하는 당시의 이해와 일치했기 때문에 로크의 주장을 받아들였다. 로렌스 스톤(Lawrence Stone)이 자신의 저서인 『1500~1800년대 영국의 가족, 성, 그리고 결혼』(The Family, Sex, and Marriage: In England 1500~1800)에서 지적한 것처럼, 1550년 이전의 결혼은 가족의 이해관계에 의해 지배되었다. 자식들은 그의 부모의 지시에 따라 결혼하였다. 1550년 이후에 부모들의 선택에 대해 자식들이 거부권을 행사할 수 있는 관행이 나타났다. 1650년까지 부모들은 자기 자식들의 선택에 대해 단 하나의—그것마저 왕왕 효과가 없는—거부권만을 갖고 있었다. 이러한 발전들은 개인주의가 점차 중요성을 띠어가고 있다는 징표이다.
>
> 필머는 자신의 비유를 위해서 구태의연한 모델에 의존하고 있었다. 로크는 가족에 대한 필머의 묘사나 정치적 권위에 대한 그의 분석을 받아들이지 않았던 사람들의 대변자였다. 고전적 자유주의자들에게 있어 권위는 '성숙된' 영국인들의 합의를 요하는 것이었다.

는 것이다. 그것은 인간에 의해 창조된 것이었다. 사회가 개인을 규정하고 정체성을 제공해 주는 것이 아니다. 오히려 개인이 사회를 규정하고 정체성을 부여해 주는 것이었다. 요약하면, 고전적 자유주의자들이 볼 때 사회란 종종 서로간에 상호작용을 하면서 그리고 다른 사람들의 권리를 존중할 필요에 의해서만 제한을 받으면서 자신들의 이익을 추구하는 개인들로 구성되어 있는 시장이었다.

셋째, 이와 같은 개인주의적 사회관(individual image of society)은 고전적 자유주의자들이 전체로서의 사회에 대한 어떤 고려보다도 개인의 권리와 필요를 더 앞세운다는 것을 뜻한다. 고대와 중세 세계에서 개인들은 사회의 요구에 양보해야 하는 것으로 생각되었다. 반대로 자유주의자들은 사회가 개인들에 대해 어떤 요구를 할 수 없다고 가정했다. 예를 들면 사회는 개인에 대해 사회의 선을 위해서 생명을 요구한다든가 또는 좋은 환경을 위해서 천연자원을 개발하는 것을 자제해 주도록 요구할 수가 없다는 것이다. 실제로 자유주의적 사회관은 개인에 대한 어떤 사회적 요구도 사회 내의 다른 개인의 필요라는 맥락에서 제시되는 것이지 사회 자체를 위한 것이 아니라고 본다. 만약 사회 내 최대 다수의 최대 행복이 군대에 징집되는 것과 같은 방식으로 개인들이 행동하도록 강제함으로써 확보될 수 있는 것이라면, 개인의 권리에 대한 그러한 침해는 정당화될 수 있는 것이었다. 그러나 개인이 단지 '국가'의 필요에 봉사하기 위한 목적만을 위해서 자신들의 의지에 반해 무엇을 하도록 강제될 수는 없는 것이다. 왜냐하면 그러한 경우 국가는 그 국가구성원들의 필요를 넘어서서 자신의 필요를 갖는 새로운 실체로 파악될 것이기 때문이다.

마지막으로 자유주의 사회가 창조되었다고 해도 그것은 이들 사회의 제도들에 대해서 거의 아무런 언명도 주지 않는다. 로크에게 있어서는 다수지배가 사회의 존재로 인해 제시되는 유일한 제도적 장치이다. 각각의 정치사회는 갈등을 평화적으로 해결하기 위해 제공되는 법을 만들고 관리하고 집행하는 제도를 확립해야 한다. 각각의 정치사회는 이러한 기능들을 수행할 특정의 정부에게 권위를 부여해 주어야 하며, 그리고 만약 특정의 정부가 권력을 남용하면 그 정부는 사회에 의해 해체될 수 있다. 사회의 구성원들이 어떤 종류의 정부에게 권위를 부여해 줄 것인가를 놓고 의견이 일치하지 않을때 그리고 정부가 해체되어야 할 때, 이러한 사회적 결정들은 사회 구성원의 다수결에 의해 이루어져야 할 것이다.

요약하면, 고전적 자유주의자들은 '약한' 사회 개념을 갖고 있다. 사회는 자신들의 경제적 이익을 증진시키기 위해서 때때로 서로간에 상호 작용하는 개인들의 집합에 불과하다. 그래서 정치사회는 이들 구성원들의 속성을 넘어서는 새로운 속성을 갖지 않는다. 정치사회는 자신의 구성원들에 대한 요구의 맥락에서 제한을 받고 있다. 정치사회의 주요 기능은 개별 구성원들의 안전을 확보해 주는 정부에 대해 권위를 부여하는 것이다.

4. 인식론

고전적 자유주의자들은 전통이나 종교에 의해 제시된 행동양식이 '좋은 삶'을 규정한다고 보지 않는다. 그들은 현행의 제도적 장치가 좋은 사회를 달성하는 데 도움이 되는지에 대해서도 회의적이다. 전통적으로 제시된 행동양식과 제도적 장치들이 객관적으로 타당한 것이라기보다는 단순히 편견이거나 하나의 견해일 뿐이라고 생각한다. 그러나 고전적 자유주의자들도 행복한 삶이나 선한 사회 또는 좋은 국가에 관한 객관적 진실에 도달하는 것이 불가능한 것이라고 보지는 않는다. 그들은 정치과학의 가능성, 다시 말해서 프랑스 수학자이자 철학가인 르네 데카르트(Rene Descartes, 1596~1650) 방법론에 뿌리를 두고 있는 과학의 가능성을 믿는다.[11]

데카르트 방법론은 자명하여 확실하고 틀림없는 생각을 제외하고는 모든 가정들의 진실성을 의심하는 것이다. 자명한 생각들은 이들로부터 추론되거나 연역되는 보다 복잡한 생각들의 건축자재를 형성한다. 정치에 대한 궁극적인 지식은 행복한 삶, 좋은 사회 그리고 좋은 국가

---

11) 자유주의가 데카르트에게 얼마나 많은 덕을 보고 있는가에 대한 탁월한 논의로는, Benjamin Barber, *Strong Democray* (Berkeley: University of California Press, 1984), pp.46-66 참조.

와 연관되기 때문에 데카르트적 자유주의자들은 좋은 것에 대한 명백하고 확실한 개념으로부터 시작해야 한다. 그러나 개인들의 목표와 능력, 환경의 차이를 고려할 때 모든 사람에게 좋은 것은 무엇인가에 대한 가정들은 거의 자명한 것으로 간주되지 않는다. 각 사람은 자신을 위해서 좋은 것에 대한 자기 나름의 개념을 규정해야 한다.

각 개인에게 있어 좋은 것은 **공리주의적인** 분석을 통해서 알 수 있다는 것이다. 자유주의자들이 좋은것과 관련하여 기본적으로 갖고 있는 명백하고 확실한 생각은 개인에게 즐거움을 가져다 주는 것은 무엇이든 좋은 것이고, 고통을 가져다 주는 것은 무엇이든 나쁜 것이라고 보는 것이다. 각 개인에게 좋은 것은 그에게 '효용'—즐거운 기분에서 고통스런 기분을 공제한 것으로 정의되는—을 제공하는 것이 된다.

좋은 것을 알기 위한 기반으로서 공리주의(utilitarianism)는 다음과 같이 두 가지 의미를 함축하고 있다. 첫째, 개인만이 그 자신의 즐거움과 고통을 경험할 수 있기 때문에 개인만이 자기에게 좋은 것이 무엇인지를 알 수 있다. 이 때문에 자유주의자들은 다양한 개인들이 생각하고 있는 행복한 삶에 대한 다양한 개념들을 관용할 것을 촉구했고, 정부나 또는 어떤 다른 권위가 선한 삶이나 사악한 삶에 관한 특정의 개념들을 옹호하거나 부과함에 있어 어떤 합법적인 역할을 갖고 있다는 것을 받아들이지 않았다. 둘째, 개인만이 그 자신의 좋은 것을 알 수 있기 때문에 각 개인은 자신이 적합하다고 생각한 대로 자기에게 좋은 것을 추구할 권리를 갖고 있다. 초기 자유주의자들에게 있어 생명, 자유 그리고 행복추구의 **자연권**은 각 개인만이 자기에게 좋은 것이 무엇인지를 알고 있다는 자명한 진리로부터 즉각적으로 추론되어 나온 것이었다. 그리고 이러한 추론을 확대함으로써 적어도 초기 자유주의자들에게 있어서는 이러한 자연권을 보장하고 극대화시켜 주는 사회적·정치적 장치들은 좋은 것이었다.

그러나 자연권 이론은 자유주의 인식론의 본질적인 부분으로서 오래동안 자리를 차지하지 못했다. 데이비드 흄(David Hume, 1711~1776)

은 인간의 마음은 그가 본 것만을 알 수 있고 모든 개인들의 인식은 독특하다고 주장하였다. 그래서 사람들은 자연 그 자체가 아니라 자연에 대한 자신들의 인식만을 알 수 있을 뿐이다. 자연에 대한 보편적인 이해가 존재할 수 없기 때문에 자연이 규정한 대로의 인간의 권리(또는 의무)를 보편적으로 이해할 수 없다. 그래서 자유주의자들은 제레미 벤담(Jeremy Bentham, 1748~1832)과 존 스튜어트 밀의 저작에서 나타난 보다 복잡하고 정교한 형태의 공리주의로 눈을 돌리게 되었다.

벤담의 주요한 기여는 정부정책과 법률이 얼마나 좋은가를 분석하는 방법으로서 공리주의를 발전시켰다는 점이다. 앞에서 살펴보았던 것처럼, 초기 로크의 공리주의는 개인만이 자기 자신의 좋은 것을 알 수 있고 정부는 다른 사람의 권리를 보호하기 위해서 필요한 만큼만 개인의 권리를 침해할 수 있다는 생각을 가졌다. 이러한 공식화는 좋은 정부의 일반적인 최소주의적 경향을 지지하지만, 특정의 법이나 정책이 공공이익, 다시 말해서 최대다수의 최대행복과 합치하는지를 확인해 주지 않는다. 산업화가 진행되어 나감에 따라 자유주의자들은 경제영역에 대한 정부의 불간섭 정책이(모든 사람으로 하여금 최대한의 경제적 자유를 누리도록 함으로써 결과적으로) 부자의 특권을 보호해 주고 가난한 사람을 불리하게 한다는 것을 발견하게 되었다.

예를 들면, 만약 정부가 공공학교를 제공하지 못한다면, 부자들은 자신들의 경제적 자유와 자원을 이용하여 자신들의 아들이나 딸을 위해 사교육(그리고 그러한 교육에 수반하는 경제적 이득까지)을 살 수 있지만, 가난한 사람들은 사교육비를 댈 수 없기 때문에 그들의 제한된 경제적 자유를 자기 자식들을 일터로 보내는 데 사용할 수밖에 없다. 여기에 관련된 개인들의 당면한 관점에서 볼 때 부자들의 효용성은 사교육을 구입함으로써 충족되는 것이고, 가난한 사람들의 효용은 자기 자식들을 일터로 보냄으로써 충족되는 것이 된다. 그러나 벤담과 같은 개혁적 성향의 자유주의자들에게는 적어도 정부가 공공학교를 제공하는 것이 공익에 가장 잘 들어맞는 것이라고 파악되었다.

벤담은 공공이익이 사회를 구성하는 개인들과 동떨어져 존재하는 것이라고 주장하지는 않았다. 대신에 공공이익은 단지 사회 내 개인들의 효용의 총합에 불과한 것이었다. 우리들의 예에서 보면 정부는 공공학교를 제공하는 것으로부터 끄집어 낼 수 있는 개인들의 즐거움과 고통을 산정해야 한다. 만약 공공학교가 개인에게 갖다 주는 효용의 총합이 공공학교가 제공되지 않을 경우 발생하는 효용의 총합보다 더 많다면, 그 공공학교는 좋은 공공정책이라고 볼 것이다. 전체의 효용을 계산하는 것은 복잡하다. 각 개인들의 즐거움과 고통에 대해서 각기 다른 민감성이나 감도를 측정해야 하는 것처럼 각자에게 주어진 즐거움과 고통이 어느 정도 크고, 지속적이며, 확실한가와 같은 요인들이 측정되어야 할 것이다. 공공정책이 공적으로 좋은 것인가를 결정하는 이와 같은 **공리적 계산법**이 복잡하기 때문에 벤담은 "모든 도덕적인 판단 또는 모든 입법적 내지는 사법적 작용 이전에 이러한 과정이 엄밀하게 추구되어야 하는 것으로 기대해서는 안 된다"고 주장했다.[12] 법과 정책을 입안할 때 모든 시민들의 즐거움과 고통을 염두에 두어야 할 것이라고 생각하면서, 벤담은 정부가 개인에게 부담이 되는 법을 점차적으로 제거해 나가고 대부분의 시민들의 물질적 행복을 꾸준히 증가시킬 수 있는 법을 제정함으로써 스스로를 개혁해 나갈 것이라고 믿었다.

벤담의 공리주의적 방법을 지지하면서도 존 스튜어트 밀은 이에 대해 근본적인 수정을 가했다. 본질적으로 밀은 즐거움에 대한 벤담의 개념이 지나치게 감각적이고 물질적이라고 보았다. 벤담에게는 맥주를 마시는 것이, 만약 그것이 개인에게 즐거운 기분을 제공한다면, 좋은 책을 읽는 것보다 더 많은 효용을 가져다 줄 수 있는 것이었다. 이러한 가능성을 바로잡기 위하여 밀은 어떤 즐거움, 특히 지적인 즐거

---

12) Jeremy Bentham, *An Introduction to the Principles of Morals and Legislation*, edited by Wilfred Harrison(Oxford: Basil Blackwell, 1967〔1789〕), p.153.

움은 다른 즐거움보다 객관적으로 우월하다고 주장하였다. 즉, "만족한 돼지보다는 불만족스런 인간이 되는 것이 더 좋고, 만족한 바보 보다 불만족한 소크라테스가 되는 것이 더 낫다"는 것이다.[13] 밀은 보다 지적이고 영적이며 이상적인 사회를 정당화하고 또 이러한 사회를 장려하는 정부정책을 정당화하기 위하여 다음과 같은 3가지 방식으로 공리주의를 수정했다.

첫째, 그는 즐거움 사이에는 객관적으로 질적인 차이가 존재하며, 지적인 활동은 즐거움의 가치를 증진시킨다고 주장했다. 둘째, 좋은 행복한 삶의 목표는 즉각적으로 기분좋은 감각보다는 기분좋게 생존하는 것이라고 주장했다. 만약 즉각적으로 기분좋은 느낌을 얻는 것이 미래에 중요한 손실을 초래할 가능성이 크다면, 그러한 즉각적인 즐거움의 가치는 깎아내려야 한다. 셋째, 그는 만약 개인들이 자신들의 즉각적인 행복을 극대화하기 보다 공공선에 이바지한다면 그들은 보다 기분좋은 생존을 확보하는 것이라고 보았다. 예를 들어, 만약 사람들이 사회의 다른 사람들의 교육과 보건·복지를 중대시키기 위해서 세금을 내도록 요청받을 때, 장기적으로 보면 세금을 내는 고통으로부터 야기된 효용의 손실은 궁극적으로 세금을 내는 데 따른 직접적인 결과로 더 좋은 사회에 살게 됨으로 해서 보상을 받을 수 있다. 간단히 말해서 밀은 **계몽된 자기이익**(enlightened self-interest)을 주장했다. 행복한 삶이란 개인들이 전 생애에 걸쳐 자신들의 지적이고 영적인 즐거움을 극대화하고 고통을 극소화하는 삶이며, 사람들이 다른 사람들과 마찬가지로 만족해 하는 사회에서 사는 즐거움을 인정하는 삶이다. 좋은 국가란 사회 내의 모든 개인들을 위해 그처럼 행복한 삶을 자극하는 법과 정책을 가진 국가이다.

공공정책에 대한 분석에 벤담의 공리적 계산과 특히 밀의 '계몽된' 수정안을 적용함으로써 자유주의자들은 당연히 시민들의 삶을 개선

---

[13] John Stuart Mill, *Utilitarianism* (New York: Bobbs-Merrill, 1957〔1861〕), p.14.

하려는 적극적인 정부 활동을 지지하게 되었다. 그러나 적극적이고 강력한 정부는 현대 자유주의의 특징이다. 19세기 대부분의 기간을 통해 고전적 자유주의자들은 제한정부를 지지했다. 벤담과 다소 덜 하지만 존 스튜어트 밀을 포함하여 대부분의 자유주의자들은 공리주의적인 고려가 대략적으로 개인들에게 안전을 제공해 주는 데 권위가 한정되어 있는 정부를 정당화시켜 준다고 믿었다.

III. 실질적인 정치적 원칙

1. 권위

개인들은 자연상태에서 자신들의 행복을 추구할 무제한적인 자연권을 갖고 있지만, 고전적 자유주의자들은 개인들이 안전을 확보하기 위해서 절대적인 자유를 포기하도록 강요를 받고 시민사회에 들어가는 것으로 이해한다. 시민사회 구성원들에게 가장 중요한 문제는 생명, 자유, 재산에 대한 우리들의 권리를 다른 사람들에 의해 침해받지 않도록 보장해 주는 수단은 무엇인가 하는 것이다. 존 로크와 다른 고전적 자유주의자들은 정부가 자연상태의 불안과 불편에 대한 적절한 교정책이라고 가정했다. 정부권위는 개인의 권리를 보호하는 법을 만들고 이러한 법들을 관리하고 집행하기 위해서 사용되어야 한다는 것이다.

자유주의자들이 왜 정부가 이러한 역할을 수행해야 하는 것으로 가정했는지를 이해하기 위해서 이 문제에 대한 현대 자유지상론자들의 반응을 살펴보는 것이 도움이 될 것이다. **자유지상론자들은 많은 점에서 로크의 자유주의 전통을 진정으로 계승하고 있지만, 정부가 자연상태의 불편함에 대한 적절한 교정책이라는 것을 쉽게 수긍하지 않는다. 로버트 노직(Robert Nosick)과 같은 자유지상론자들은 사회의 치안을 유지하고 사회 내 개인들 간의 갈등을 판결하는 정부를 만들기 전

에 개인들의 자유를 확보하기 위해서 보다 자발적인 장치들을 찾아보는 것이 더 바람직하다고 주장한다.[14]

자연상태 다시 말해서 정부가 없는 세계에서 안전은, 안전을 추구하는 개인 '고객들'과 '보호대행인'이라고 부를 수 있는 그러한 안전 '공여자들'의 전적으로 자발적인 활동을 통해서 제공될 수 있는 것이었다. 고객의 돈을 받고서 아마도 핑커톤(pinkertons)이나 마피아 같은 보호대행인들은 다른 사람들이 고객의 권리를 침해하지 못하도록 막고 고객의 권리를 해친 사람을 찾아내어 처벌하고 권리가 훼손된 고객을 위하여 가해자로부터 정당한 보상을 받아내는 등 일종의 '경찰'과 같은 보호를 제공할 수 있다. 초기에는 이와 같은 많은 보호대행인들이 생기지만, 시간이 지남에 따라 안전을 제공하는 논리는 우세한 보호기관의 존재를 인정하는 데로 나아가게 된다.

물론 사람들은 누가 누구의 권리를 침해했는지에 대해 견해를 달리할 수 있지만, 모든 사람들은 갈등에 관한 자신의 견해를 모든 당사자들에게 부과할 수 있는 능력을 갖고 있는 가장 강력한 보호기관에 의해 보호되기를 원할 것이다. 간단히 말해서, 자연상태에서 사람들이 전적으로 자유롭고 자발적인 방식으로 안전에 관한 자신의 관심을 추구함에 따라 그들은 논리적으로 '최소' 국가에 유사한 조직을 만들고 이를 지지하게 된다는 것이다. 사람들은 우세한 보호기관에게 사회의 구성원들을 보호하고 이들간의 갈등을 해소해 주는 거의 무경합적인 권한을 부여하게 될 것이다.

그러나 우세한 보호기관은 다음과 같은 두 가지 이유 때문에 정부가 아니다. 첫째, 보호하고 판결하고 보상까지 해 주는 우세한 보호기관의 능력은 그의 힘에 기초한 것이지 그의 합법적인 권위에 기초한 것이 아니다. 사람들이 정부가 합법성 내지는 통치할 도덕적 권리를 갖

---

14) Robert Nosick, *Anarchy, State, and Utopia*(New York: Basic Books, 1974), pp. 10-28.

고 있다고 믿을 때 비로소 정부가 존재하는 데 반해 우세한 보호기관은 자신의 우월한 강제력과 물리력에 의해서 지배한다. 둘째, 우세한 보호기관은 단지 자기들에게 돈을 지불하는 고객들에게만 봉사한다. 우세한 보호대행인이 지배하는 영토 내에 살고 있는 개인들은 이 우세한 보호기관에게 붙잡혀서 처벌될 수는 있지만 그로부터 보호를 받을 수 있으리라 기대할 수는 없다. 안전을 제공함에 있어서 엄격하게 자발적인 장치들이 갖고 있는 이러한 결함 때문에 자유지상론자들은 정부가 자연상태의 불편함을 적절하게 고쳐주리라는 로크의 가정을 받아들이고 있다. 자유주의자들에게 있어 우세한 보호기관은 합법성을 확보하고 자신의 영토내의 모든 사람에게 봉사할 때 정부가 된다.

> ### 〈설명상자 2-3〉 자유지상주의(Libertarianism)
>
> 고전적 자유주의의 이념은 많은 현대 이데올로기에 부분적으로 통합되어 왔지만, 아마도 자유지상주의에 가장 강력한 영향을 미치고 있을 것이다. 미국의 자유지상론자들은 자신들의 사상의 기원을 존 로크, 토마스 페인, 허버트 스펜서와 같은 고전적 자유주의자들에게 두고 있다. 그들은 또한 소설가이자 철학자인 아인 랜드(Ayn Rand, 1905~1982)―랜드의 저작으로는, 『근원』(The Fountainhead, 1943), 『마음대로 하라고 어깨를 으쓱한 아틀라스』(Atlas Shrugged, 1957), 『이기심의 덕성』(The Virtue of Selfishness, 1961), 그리고 『자본주의: 알려져 있지 않은 이상』(Capitalism: The Unknown Ideal)을 들 수 있다―와 프리드리히 하이에크와 밀턴 프리드먼과 같은 주목할 만한 자유시장 경제학자들의 영향을 받고 있다. 1974년에 출간된 로버트 노직의 『무정부, 국가, 그리고 유토피아』(Anarchy, State, and Utopia)는 자유지상주의가 학문적으로 상당한 주목을 받도록 하는 데 도움을 주었다. 10장에서 살펴보게 되듯이 자유지상론자들의 생각은 현대 보수주의의 일부분을 형성하고 있지만, 순수 자유지상론자들은 '국가중심적 보수주의자'이나 공화당과 동맹을 맺음으로써 자신들의 이데올로기가 희석되는 것을 달가워하지 않는다. 이들 자유지상론자들은 자신들의 정당을 만들었고, 최근의 선거에서 이들이 내세운 대통령 후보가 1~2%의 득표를 거두기도 했다.
>
> 자유지상론자들은 엄격하고 아마도 귀에 거슬리기도 할 정도로 개인주의를 강조한다. 각 개인은 독특하다. 각 개인은 침해되어서는 안 될 권리, 특히 재산권을 보유하고 있다. 각 개인은 자기 자신의 생명과 자신의 선택에 책임이 있다.

각 사람은 자립적이어야 하고 어떤 다른 사람이나 제도에 안전이나 지원을 기대해서는 안 된다. 개인주의에 대한 이러한 강조로 인해 자유지상론자들은 모든 재화에 있어 자유시장을 옹호한다. 개인들은 자신의 행동에 책임이 있기 때문에 마약이라든가 음란물, 매춘, 기타의 '해악들'에 대해 국가가 부과한 어떤 제약도 철회되어야 한다고 본다.

공교육에 대한 자유주의자들의 지지와 공립학교제도에 대한 자유지상론자들의 반대에서 예시되고 있는 것처럼, 자유지상론자들은 고전적 자유주의자들보다 더 반국가적인 성향을 띠고 있다. 고전적 자유주의자들은 사람들의 권리를 보호하는 것 이상의 것은 하지 않는 제한정부를 원하지만 그러한 정부를 훨씬 우호적인 시각으로 바라본다. 즉, 공화제와 민주적 선거를 통해 정부가 인민의 대리자가 되도록 보장할 수 있다는 것이다. 자유지상론자들도 정부권위가 인권을 보호하는 데 한정되기를 바라지만, 공화제와 민주적 선거를 통해 정부를 길들이거나 통제할 수 있다는 확신을 갖고 있지 않다. 정부권위는 다음과 같은 두 가지 이유에서 항상 자신들의 권력을 남용한다고 본다. 하나는 정부권위들은 자기이익에 관심을 갖고 있고 타락하기 쉽기 때문이며, 다른 하나는 정부권위들이 '사회정의'를 확보하고 공익에 봉사하려는 이타적인 의도를 갖고 있다고 보는 것은 기본적으로 잘못된 것이라는 이유 때문이다.

예를 들어 자유지상론자들의 주장에 따르면, 현대 자유주의자들은 가난한 사람들에 대한 동정 때문에 복지국가―이는 누진세 형태와 재산에 대한 불법적인 점유를 통해 재정을 확보하며, 가난한 사람들이 자립을 할 수 있는 기회를 가로막는다―를 발전시키고자 하고 있다는 것이다. 또 다른 예로써 자유지상론자들은 미국의 관리들이 '국가안보'에 대한 맹목 때문에 베트남전에 개입하게 되었다―실제로는 이들 관리들이 많은 젊은이들로 하여금 자신들의 이해관계에 도움이 되지도 않고 오히려 자신들의 도덕적 신념을 손상시키거나 하는 전쟁에 참여하도록 함으로써 이들 젊은이들의 권리를 훼손시켰음에도 불구하고―고 주장한다.

자유지상론자들은 개인주의와 '이기심의 덕성'을 강조함으로 해서 그들의 사상은 도덕이 결여된 이데올로기라는 비난을 받아 왔다. 이에 대해 자유지상론자들은 도덕을 이타주의와 혼동해서는 안 된다고 반박하고 있다. 아인 랜드의 '객관주의적' 철학에 따르면, 현행의 도덕적 쇠퇴는 도덕과 이타주의를 동일시하는 현대적 경향에 그 원인이 있다는 것이다. 인간은 진정으로 타인을 위해서 자신을 희생할 준비가 되어 있지 않기 때문에, 자유지상론자들은 이타적 도덕성이란 입에 발린 호의에 불과하며 실제 그것을 실천하는 것은 바보스러운 것이라고 결론짓고 있다. 쓸데없는 이타적 도덕성과 대조적으로 자유지상론자들은 정말로 도덕적인 사람은 단지 다른 사람들의 권리를 존중할 뿐이며, 자신의 삶을 개선시켜주는 덕성을 추구하고, 다른 사람들이 자신처럼 비슷하게 자립적으로 되는 것을 가로막는 것은 아무 것도 하지 않는 사람이라고 주장한다.

어떤 기관이 정부로서의 합법성을 획득하게 되는 것은 시민사회의 구성원들이 다수결로 그 기관을 세우고 두 번째 사회계약을 통해 권위를 부여해 줄 때이다. 첫 번째 사회계약이 시민사회를 형성하기 위해 자연상태에서 개인들 사이에 체결되는 것이라면, 두 번째 사회계약은 시민사회와 지정된 정부와의 사이에 체결되는 것이다. 이러한 계약을 통해 정부는 계약에서 지정된 방식으로 안전을 확보하기 위해서 자신의 권한을 행사할 수 있는 합법적인 권위를—그리고 정부가 자신의 권한 범위 내에서 행동하는 한 시민들로 하여금 정부권위에 복종하도록 요구할 수 있는—부여받는다. 우세한 보호기관의 권력은 개인 고객들과의 일련의 계약을 통해 도출되는 것이기 때문에 합법성을 결여하고 있지만, 정부권위는 사회계약을 통해 도출되기 때문에 합법적이라는 것이 중요한 논점이다.

우세한 보호기관은 그것이 사회 내 모든 사람들에게 서비스를 제공할 때에만 정부의 영역 내에 들어갈 수 있다. 정부의 보호서비스에 돈을 지불하지 못하는 사람들을 포함하여 사회 내 모든 사람들의 비용을 감당하기 위해서 정부는 (온건하게)재분배적이 된다. 정부는 가난한 사람에게 안전을 제공할 비용을 감당하기 위해서 사회의 보다 부유한 사람들로부터 필요한 재원을 거두는 조세구조를 채택한다. 그러나 모든 사람에게 똑같은 안전을 제공하는 것이 정부 재분배의 한도이다.

그래서 고전적 자유주의자들은 **제한정부**(limited government)를 지지한다. 대부분의 고전적 자유주의자들은 정부권위가 다음과 같은 기능만을 수행하기 위해서 사용되어야 한다고 생각했다.

1. 국가방위의 제공, 즉 다른 사회의 사람들이나 다른 정부로부터의 침입위협으로부터 개인을 안전하게 보호해 주는 것
2. 개인으로 하여금 사적인 약속과 경제 계약을 이행하도록 요구하는 민법의 제정과 집행

3. 사회 내 모든 사람들의 생명, 자유, 재산을 잠재적인 침해자로 부터 보호하는 형법의 제정
4. 사적 계약이나 형법의 위반을 막기 위해서 충분한 규칙성과 엄정성을 갖고 민·형법 위반자를 처벌하는 것
5. 기업과 공공의 안전을 위해서 필요하지만 자유기업을 통해서는 제공될 수가 없는 공교육과 기타 공익사업―도로, 운하, 상·하수도 등―을 제공하는 것

최소국가의 권위가 이러한 기능들을 수행하는 데 제한되어 있다고 하여, 그래서 고전적 자유주의자들이 약한 국가를 원하는 것으로 가정하는 것은 잘못이다.[15] 볼테르(Voltaire, 1694~1778), 몽테스키외(Montesquieu, 1689~1755), 칸트 같은 자유주의자들은 중앙정부가 개인의 자유를 제한할 수 있는 종교적 다수나 지방의 유지 같은 사회세력 보다 더 강해야 한다고 보았다. 미국 헌법을 옹호하는 유명한 『연방주의자 10번』(Federalist No.10)에서 제임스 메디슨(James Madison, 1751~1836)은 중앙정부가 종종 지방을 지배하는 분파들의 전제적 행동으로부터 시민들을 보호할 수 있을 만큼 충분히 강해야 한다고 주장했다.

19세기와 20세기 초 광대한 제국을 통치했던 영국 정부의 능력에서 예시되었듯이, 자유주의 원칙에 기초한 정부는 막강함을 입증해 보였다. 실제로 자유주의자들은 특정의 기능을 수행하는 데 권위를 제한하고 있는 정부가 대규모의 국가적 목표를 추구함에 있어 시민의 협력과 개인적인 부의 기여를 가장 잘 확보할 수 있을 것이라고 생각했다. 간단히 말해서 고전적 자유주의자들은 권위가 특정의 기능에 제한되어 있는 정부, 그래서 이러한 기능들을 효과적으로 수행하기 위해서 필요한 권력을 갖고 있는 정부를 원했다.

---

15) Stephen Holmes, "The Liberal Idea," *The American Prospect* 7(fall 1991), pp.84-85.

정부가 전제적인 방법으로 행동하는 것을 막기 위해서 고전적 자유주의자들은 정부권위가 다음과 같은 방식으로 사용되어서는 안 된다고 강조하였다.

1. 사상과 표현의 자유를 제한하는 것
2. 이기적인 행동을 제한하는 것—이러한 이기적인 행동들이 설사 그러한 행동을 하는 개인에게 해가 되고 사회 대부분의 사람들에 의해서 부도덕한 것으로 간주된다고 해도
3. 계약을 이행하도록 하는 것을 넘어서서 경제활동을 규제하는 것
4. 소득과 부를 재분배하는 것—기본적인 공공안전과 공공사업, 공교육을 제공하기 위해서 필요한 최소한의 것을 제외하고

고전적 자유주의에서 중심적인 것은 어떠한 정부도 자신들의 시민들에게 "견해를 제시하거나" 또는 "그들이 따라야 할 어떤 이념이나 주장도 결정해서는" 안 된다는 것이다.[16] 종교적인 신념이 대부분의 시민들에게 아무리 공격적이라고 하더라도 그리고 정치적 견해가 정부관리들에 대해 아무리 비판적이라고 해도, 정부는 그러한 종교적 신념을 제한하거나 억압하고 정치적 견해를 억눌러서는 안 된다. 초기 자유주의자들은 개인만이 자신에게 좋은 것이 무엇인지를 알 수 있다는 생각으로부터 사상과 토론의 자유를 자연권으로 간주하였던 반면, 임마뉴엘 칸트나 존 스튜어트 밀은 양심, 연설, 언론의 자유에 대한 정부의 불간섭을 공리적으로 옹호하는 논리를 제공하였다. 칸트에 따르면, 정부는 언론의 자유를 억압해서는 안 되는데, 그 이유는 그렇게 함으로써 정부는 효과적인 통치에 필요로 하는 생생한 정보를 놓치게 될 것이기 때문이다.

밀에 따르면, 정부(그리고 일반적으로 사회)는 가장 유해한 사상을 포

---

16) Mill, *On Liberty*, p.15.

함하여 모든 사상을 감수해야 하는데, 왜냐하면 관용은 인간진보와 진리의 발견을 용이하게 하기 때문이다. 정부가 억압하고 싶어하는 견해들은 진리일 수도 있고 또는 부분적으로 진리일 수도 있는데, 만약 그러한 견해들이 잘못된 것이라 할지라도 그러한 견해들을 억압함으로 해서 사람들은 "오류와의 대조를 통해서 나타날 수 있는 진리에 대한 보다 명확한 인식과 보다 생생한 느낌을" 빼앗기게 된다.[17] 나아가 밀에 따르면, "이단에 대한 두려움으로 인해 정신적인 발달은 억제되고 이성은 겁을 먹게 된다."[18] 사상과 표현의 자유를 행사하는 데 대한 정부의 관용적인 불간섭 정책만이 인간진보를 가져오는 지적인 실험을 허용한다는 것이다.

밀과 같은 고전적 자유주의들은 개인들이 자신의 신념에 따라 행동하도록—이러한 행동이 다른 사람들을 해치지 않는 한계 내에서이기는 하지만—허용되어야 한다고 주장한다. 즉, 정부는 개인들이 다른 사람들을 해치지 않도록 제한해야 하지만, 개인들의 이기적인 행동에 개입해서는 안 된다. 자유주의자들은 인간의 삶을 다음과 같이 두 개의 영역으로 나눈다. 사적인 영역은 어떤 사람의 행동이 자기 자신 이외에는 그 누구의 이해관계에도 영향을 미치지 않는 그러한 삶의 일부분과 관련이 있다. 이 영역에서는 "행동하고 그 결과를 감수할 법적이고 사회적으로 완벽한 자유가 존재한다."[19] 공적인 영역은 어떤 사람의 행위가 다른 사람을 해칠 수 있고 또 사회와 제도를 보호하기 위해서 개인에게 어떤 행위가 요구되는 그러한 삶의 일부분과 관련이 있다.

대부분의 경우 삶의 공적 영역과 사적 영역은 각기 다르고 구분되어 있다. 자유주의 정부는 개인의 행동이 명백하게 공적인 영역으로 들어갈 때만 합법적으로 개인에게 개입하고 제한을 할 수 있다. 지배적

---

17) Mill, *On Liberty*, p.16.
18) Mill, *On Liberty*, p.32.
19) Mill, *On Liberty*, pp.73-74.

인 종교적·도덕적 감정 때문에 정부는 종종 춤이라든가 공공경기 같은 '사적인 유희들'을 규제하고, '발효된 음료(술)'의 소비를 금지하고, 안식일 때 가게나 공공시설을 문닫게 하고, 일부다처와 같은 결혼 관행을 규제하도록 촉구된다. 밀에 따르면, "사회와 정부의 지나치게 신앙심이 깊은 사람들에게는 자기 자신들의 일이나 잘하도록 하라고 해야 한다"는 것이다.[20]

물론 정부는 오랫동안 비도덕적이거나(고리대금업과 같은) 또는 공익에 위배된다고 간주된(외국상품을 구입하는 것과 같은) 경제활동을 규제해 왔다. 그러나 고전적 자유주의자들은 자유 상거래—이윤에 제한을 가한다든지, 외국상품에 대해 관세를 매기는 것, 그리고 제조업자들에게 생산기준을 강요하는 것과 같은—에 대한 일체의 제한을 반대했다. 그 이유는 사회가 경제적으로 생산적이고 부유하게 될 수 있는 가장 좋은 방법은 사람들로 하여금 자신들의 사적인 이익을 추구하도록 허용하는 것이라고 보았기 때문이다. 정부의 상거래 제한에 대한 자유주의의 반대에 동참했던 사람들로는 버나드 맨드빌(Bernard Mandeville, 1670~1733), 프랑스의 '중농주의자'—프랑수아 케네(Francois Quesnay, 1694~1774)와 자크 튜에고(Jacques Tuegot) 같은—, 그리고 아담 스미드를 들 수 있다. 맨드빌은 『벌들의 우화』(The Fable of the Bees)를 썼는데, 이는 개혁가들이 한 떼의 벌들로 하여금 자신들의 이익을 위해

---

20) Mill, On Liberty, p.85. 정부권위가 도덕을 법제화하는 데 사용되어서는 안 된다는 고전적 자유주의자들의 신념에도 불구하고, 이들 자유주의자들이 도덕이나 또는 시민들의 덕성을 증진시키는 데 무관심하다는 것은 아니다. 그들은 자유주의 제도가 잘 기능하도록 하기 위해서 시민들이 금욕, 예의, 근면, 진실성 같은 덕성을 보여주어야 한다고 믿었다. 그러나 그들은 사적인 시민으로서의 역할에 따른 개명된 개인들이나 또는 정부가 아닌 교회와 같은 비정부기구들이 그러한 덕성을 증진시켜 나가야 할 것으로 보았다. William Galston, "Liberalism and Public Morality," pp.129-150 in Liberals on Liberalism, edited by Alfonso J. Damico(Totowa, NJ: Rowman and Littlefield, 1986) 참조.

서가 아니라 다른 벌들의 이익을 위해서 일하도록 한 것이 얼마나 비침한 결과를 가져왔는가를 보어주는 일화이다.

이 얘기는 벌들이 탐욕에 의해 동기 유발되었을 때인 개혁 이전이 더 부유했다는 것을 전해주고 있다. 정치경제에 대한 최초의 체계적인 학파인 중농주의자들은 자유기업(또는 정부의 규제가 없는 경제)의 생산성을 보여주는 경제이론을 만들었고, '하는 대로 내버려 두라'(Laissez faire, laissez passer)는 기치를 내걸었다. 가장 영향력 있는 스코틀랜드의 도덕철학자이자 경제학자인 아담 스미드는 사람들이 정부규제의 제한을 받지 않고 자신들의 경제적 이익을 추구하도록 허용될 때 '보이지 않는 손'이 사회적 조화를 가져오고 모든 사람들의 상황을 개선해 줄 것이라고 주장했다. 고전적 자유주의 경제이론의 경전이라 할 수 있는 『국부론』(The Wealth of Nations, 1776)에서 스미드는 상업, 농업, 제조업에 대한 수많은 국가간섭을 성토했다.

마지막으로 고전적 자유주의자들은 개인의 재산권에 대한 모든 정부간섭을 반대했다. 그들은 정부가 가난한 사람들의 필요를 충당하기 위해서 부유한 사람들의 재산을 취한다든가 그들에게 중과세를 매김으로써 부를 재분배해야 한다는 생각을 거부했다. 국가권력에 대한 제한을 목록화하면서, 로크는 "최고 권력도 어떤 사람으로부터 그의 동의가 없이 그의 재산의 일부를 취할 수는 없다"고 언명했다.[21] 중농주의자들과 아담 스미드도 만약 사람들이 거대한 부를 축적하는 것이 허용된다면 전체 사회가 더 기업에 그러한 부를 재투자할 것이라고 주장했다. 다른 사람들로부터 좋은 명성을 얻기 위해서 부유한 사람들은 또한 자선사업에도 기여할 것이라고 보았다. 그래서 부의 불평등한 축적을 허용함으로써 고전적 자유주의자들은 궁극적으로는 가난한 사람들의 상태도―현대 자유주의자들이 얘기하는 여택 경제('餘澤經濟', 'trickle-down' economy) 과정을 통해서―나아질 것이라고 보았다.

---

21) Locke, *Second Treaties*, p.406.

사회진화론자들은 정부의 재분배정책에 대해 훨씬 더 경직된 입장을 취했다. 예를 들어 허버트 스펜서는 사회진보는 개인들 간의 경쟁에 의존하며 가난한 사람들의 고통을 완화시키려는 노력은 인류로부터 약자와 부적합자를 제거하는 자연과정에 개입하는 것으로 보았다. 그래서 스펜서는 정부가 경제적 어려움을 줄이기 위해서 '구빈법(救貧法)'을 제정해야 한다는 생각에 반대했다. 정부는 "자선사업을 관리하고…식량가격을 조정하고…어린이들에게 예방접종을 맞추고…또는 소규모의 거주지에 물이 공급되도록 주의하는" 등을 해서는 안 된다는 것이다.[22]

요약하면, 고전적 자유주의자들은 정부는 경쟁적 시장으로부터 결과한 경제자원의 불평등한 분배에 개입하기 위해서 아무 것도 해서는 안 된다고 주장하였다. 정부는 모든 사람들이 공평하고 자유롭게 경쟁하도록 보장만 해야 한다. 정부가 부를 재분배해서는 안 된다는 원칙은 정부역할의 어떠한 증대도 개인자유의 감소로 귀결될 것이라는 고전적 자유주의의 보다 기본적인 이념과 일치하는 것이다.

2. 정의

탁월한 자유주의적 문헌의 하나인 미국의 독립선언은 다음과 같이 언명하고 있다. 즉, "모든 인간은 평등하게 창조되었으며, 그들은 창조주로부터 어떤 양도할 수 없는 권리들을 부여받고 있는데, 이들 가운데 생명, 자유 그리고 행복추구가 있다." 그래서 어떤 사람들은 고전적 자유주의자들도 정의에 대해 평등주의적 원칙을 갖고 있는 것으로 보는 경우가 있지만, 그러한 가정은 크게 잘못된 것이다. 고전적 자유주의자들은 단지 협의적으로만 평등주의적이다. 형식적으로는 이

---

22) Herbert Spencer, *The Man Versus The State*(Caldwell, Idaho: Caxton Press, 1940〔1892〕), pp.79-120. 그리고 Spencer, "The Survival of the Fittest," in Herbert Spencer, *Social Statics*(New York: D. Appleton, 1851)도 참조.

들은 모든 사람들이 생명, 자유, 재산에 대한 동등한 권리를 갖고 있다고 주장하지만, 이와 같이 형식적으로 평등한 권리는 개인들이 경제적 자원이나 교육, 사회적 위신, 또는 정치권력과 같은 여타의 사회적 재화들을 동등한 양으로 향유한다는 것을 의미하지 않는다.

자유주의 이데올로기에 따르면, 존 로크의 **노동가치설**(Labour theory of value)은 형식적으로 동등한 권리가 어떻게 경제자원을 불평등하지만 정당하게 분배하는지를 예시해 주고 있다는 것이다. 로크에 따르면, 지구와 이 세상의 물질적 자원은 인간들에게 공통으로 소유하도록 주어졌다. 동시에 각 개인은 자기 자신의 육체와 정신을 동등하게 소유한다. 그래서 모든 사람들은 자기가 원하는 대로 자신의 육체와 정신을 사용할―예를 들면 노동을 할―동일한 자유를 향유한다. 자신의 노동과 자연을 혼합시킴으로써 개인들은 이전에 존재하지 않았던 가치들을 창출한다. 예를 들면, 나무는 어떤 사람이 그 나무를 베어다가 목재를 만들고 그 다음에 이 목재로 집을 지을 때 그 가치가 더 증대된다.[23]

노동을 통해 가치를 창출함으로써 개인은 자신의 노동을 가한 자연의 그 부분들에 대해서 재산권을 갖는다. 그래서 각 사람은 자신의 노동을 통해 자연에 가치를 부여할 동등한 기회를 갖고 있기 때문에 동등한 재산권을 갖고 있지만, 또한 사람들은 자신들이 소비한 노동의 양과 질에서 차이가 있기 때문에 사유재산의 양도 다르게 보유할 수 있다. 로크는 사람들이 자연으로부터 추출하고 그럼으로써 자신의 노동을 통해 소유할 수 있는 재산의 양에 대해 두 가지 단서조항을 제시하였다. 즉, 1)다른 사람을 위해서도 충분히 남겨놓아야 한다는 것과, 2)자연으로부터 추출한 재화가 썩지 않도록 해야 한다는 것이 그것이다. 그러나 로크는 만약 사람들이 자신의 노동의 과실을 보장받는다

---

[23] 로크는 물질적 재화의 가치 중 약 99%는 그 재화에 투입된 노동으로부터 온다고 주장했다. *Second Treatise*, p.338 참조.

면 그들은 보다 열심히 일할 것이고 다른 사람에게도 유용한 상품을 증대시켜 나갈 것이라고 가정했다. 그는 화폐의 발명으로 인해 사람들은 자신들이 소중히 여기는 상품들을 보다 내구적인 형태의 부로 교환할 수 있게 되었다는 것도 인식하고 있었다. 간단히 말하면, 로크의 노동가치설은 형식적으로 평등한 권리를 보유하고 있는 개인들 사이에 부가 불평등하게 분배되는 것을 정당화해 주었다.

18~19세기 동안 경제이론이 로크의 기반으로부터 발전해 나감에 따라 고전적 자유주의자들은 시장정의(market justice)라는 보다 일반적인 원칙을 수용해 나갔다. 즉, 사람들은 시장에서의 자신들의 기여에 따라 보상을 받아야 한다는 것이다. 고전적 자유주의자들은 화폐나 상품과 같은 경제적 재화들은 분배되어야 할 가장 중요한 사회적 재화이며, 경제적 재화들은 정부와 같은 어떤 다른 기관에 의하기보다

〈설명상자 2-4〉 재산, 재능 그리고 자유

로크와 많은 고전적 자유주의자들에게 있어서 재산은 화폐나 유형의 상품 이상의 것을 의미했다. 어떤 사람의 재산에는 그 사람의 재능, 능력, 생각이 포함되었다. 그래서 어떤 사람의 재산을 다른 사람으로부터 보호한다는 것에는 이와 같은 무형의 재산을 표현할 수 있는 힘도 포함되었다.

고전적 자유주의자들은 자유언론과 자유출판의 권리들처럼 표현의 다양한 자유를 요구함으로써 자신들의 무형의 재산을 보호하고자 하였다. 그들은 시민의 입을 막으려는 정부의 경향이나 시도에 대해 헌법상의 제한을 가하고자 하였으며, 정부에게는 예를 들어 교회와 같은 다른 조직들이 언론이나 다른 형태의 의사소통에 대해 권위를 행사하지 못하게 하도록 해 줄 것을 요구하였다.

19세기에 고전적 자유주의자들은 생각의 보호 문제를 둘러싸고 논쟁을 벌였다. 어떤 사람들은 창조적인 개인들 생각의 가치를 보호하기 위해서 정부가 특허권을 발행해야 한다고 주장하였다. 다른 사람들은 특허가 불공정한 독점을 가져올 것으로 보았다. 19세기 말까지 서구 산업국가들은 상당히 포괄적인 특허체계를 정립시켰고, 이에 따라 개인들의 생각에 대한 시장도 조성되었다.

고전적 자유주의자들에게 있어서 생명, 자유, 재산에 대한 요구에는 개인들의 능력과 생각을 표현할 수 있는 자유에 대한 요구도 포함되어 있었다. 개인의 행복추구는 재산에 대한 이와 같은 확대된 이해에 따라 달라질 수 있는 것이었다.

는 자유시장의 작동을 통해서 분배되어야 하고, 또 시장은 자신의 고유한 법칙에 따라 보상을 할당할 것이라고 믿었다. 시장의 몇몇 법칙들은 다음과 같이 경제적 보상의 분배를 결정한다는 것이다.

첫째, 개인의 자유로운 선택은 상품과 노동의 가치와 그리하여 가격에 영향을 미친다. 사람들은 다른 사람들이 가장 많이 요구하는 노동의 형태에 대해 높은 임금을 지불하려고 할 것이다.

둘째, 상품이나 서비스의 희소성이 가격에 영향을 미친다. 사람들은 공급이 부족한 노동의 형태에 대해 높은 임금을 지불하려고 할 것이다.

셋째, 만약 노동자들이 이기적이고 도구적으로 합리적이며 경제적 유동성을 보유하고 있다면—즉, 시장으로의 진입에 대해 어떤 인위적인 장벽도 존재하지 않는다면—그들은 임금이 높고 공급이 부족한 영역으로 옮겨갈 것이다. **수요공급의 법칙**(Laws of supply and demand)은 공정한 가격과 임금의 균형을 가져올 것이다. 예를 들면, 변호사가 교사보다 상당히 많은 수입을 벌어들인다면, 학생들은 법대로 몰려들 것이고, 이는 변호사의 공급을 증가시켜 그들 사이의 경쟁을 강화시킬 것이며, 그 결과 그들의 수입은 줄어들게 될 것이다.

넷째, 만약 투자자들이 이기적이고 도구적으로 합리적이며 경제적인 유동성을 보유하고 있다면, 그들은 그들의 자본을 경제손실을 겪는 생산영역에서 이득의 기회가 있다고 생각되는 생산영역—즉, 수요는 높을 것으로 예상되지만 그에 비해 현재 생산은 적게 이루어지고 있는 영역—으로 옮겨갈 것이다. 예를 들어, 만약 자동차 수요가 줄어들어 자동차 산업에 투자를 한 사람들의 이득이 줄어든다면, 이들 투자자들은 태양열 에너지 같은 보다 더 좋은 투자기회를 찾아나설 것이다. 만약 그들이 태양열 에너지의 현재 생산이 소비자의 수요를 만족시키기에는 부족하다는 것을 정확히 예측한다면, 이 영역으로 옮김으로써 그들의 투자는 막대한 이득을 거둘 수 있을 것이다. 수요가 많은 상품의 공급을 증대시킴으로써 투자자들은 경제적으로 생산적이

되고, 시장에서의 이들의 이러한 기여는 이들의 이득을 정당화시켜 준다. 간단히 말해서, 시장 법칙은 다른 사람들의 수요는 많은데 양은 부족한 상품의 공급을 증가시키는 그러한 시장의 영역에 노동을 제공하고 자본을 투자하는 사람들에게 보상을 해준다. 사람들이 수요가 많은 상품을 공급하는 데 기여한 정도만큼 상응하게 보상을 받을 때 시장정의가 확보된다는 것이다.[24]

로버트 노직(Robert Nozick)의 **자격이론**(entilement theory)은 최근 시장 정의의 자유주의적 원칙을 명확히하고 확장시켰다.[25] 노직에 따르면, 부의 분배를 사람들이 시장에 얼마나 기여하는가에 기초하여 정당화 할 것인지 아닌지를 물을 필요가 없다. 현행의 부의 분배를 가져온 역사과정에 부당한 점이 없다면, 그 분배는 정당하다는 것이다. 예를 들어 상속 문제를 살펴보자. 시장정의의 원칙을 그대로 적용하면 어떤 사람들이 상당한 상속재산을 얻는다는 것은 부당한 것으로 간주된다. 왜냐하면 그 사람들은 시장에 어떤 기여함도 없이 부자가 되고 있기 때문이다. 그러나 고전적 자유주의자들은 항상 사람들이 다른 사람들에게 자신들의 재산을 넘겨줄 권리를 갖고 있다고 보았다. 노직의 자

---

24) 시장정의에 대한 더 많은 논의를 위해서는, Robert Kuenne, *Economic Justice in American Society*(Princeton: Princeton University Press, 1993), pp.30-32 참조. 고전적 자유주의자들은 자유시장이 소득과 부를 분배하는 최선의 과정을 제공해 준다고 믿지만, 그 결과로 나타난 분배가 '정당하다' 고 주장하는 것은 보통 자제한다. 예를 들어 프리드리히 하이에크는 정의 개념은 사람들이 상품을 생산하고 분배할 때 경쟁하고 협력하는 과정을 관리하는 올바른 행위 법칙들에 대해서만 관련시켜야 한다고 주장한다. 하이에크에 따르면, 자유시장으로부터 결과하는 분배를 평가하기 위해서 '경제정의' 니 '사회정의' 니 하는 개념을 만드는 것은 '순진한 생각' 을 반영하고 있다는 것이다. 왜냐하면 시장은 사람들에게 그들의 '정당한 몫' 을 제공하는 것과는 다른 유익한 목적─예를 들면 사회적으로 바람직한 방법으로 인간행동을 지도하는 것과 같은─을 위하는 데 기여하기 때문이다. F.A.Hayek, *Law, Legislation, and Liberty, Vol.2: The Mirage of Social Justice*(London: Routledge, 1982) 참조.
25) Nozick, *Anarchy, State, and Utopia*, pp.149-182.

격이론은 이러한 상속이 완전히 정당화된다고 주장한다. 그는 상속된 부는 다른 사람들의 권리를 조금도 침해하지 않는 정당한 역사과정으로부터 연원하는 것으로 보았다.

자격이론은 또한 불평등한 부는 어떤 식의 개인들 간 자유교환으로부터도 정당하게 도출될 수 없는 것으로 이해했다. 이 점을 밝히기 위해서 노직은 그의 유명한 윌트 체임벌린(Wilt Chamberlain)의 예를 제시하였다. 이 예에서 사회의 모든 사람들이 꼭 같은 소득을 갖고 있는 것으로 출발하면서, 윌트를 제외하고는 모든 사람들이 윌트가 바구니에 공을 채우는 것을 바라보는 즐거움의 대가로 자발적으로 25센트의 경기장 입장료를 지불하는 상황을 상정해 보라. 이와 같은 자발적인 교환을 통해 윌트는 거부가 되고 그 밖의 모든 사람들은 조금 가난하게 된다. 노직은 이러한 불평등을 피하려면 정부가 "합의된 성인들 간의 자본주의적 행동들을 금지" 해야 할 것이라고 주장한다.[26] 간단히 말해서, 만약 사람들에게 그들이 원하는 대로 상품과 서비스를 교환할 자유를 부여한다면, 그 결과는 경제적 재화의 공정한 분배가 아니라 부당한 분배로 나타날 것이다. 고전적 자유주의자들이나 노직과 같은 현대 자유주의자들 모두 불평등, 심지어는 커다란 불평등까지도 정당하다고 주장한다. 왜냐하면 그것들은 개인들에게 그들이 원하는 대로 노동하고 투자하고 교환할 수 있는 자유를 부여한 데 따른 불가피한 결과이기 때문이다.

3. 구조

고전적 자유주의자들은 정부가 시민들의 안전을 제공해 줄 만큼 충분히 강하기를 바라면서도 시민들의 생명, 자유, 재산권을 침해하는 것은 원하지 않는다. 고전적 자유주의자들은 정부가 경제적 분쟁을 판정하고 산업사회가 필요로 하는 도로, 항만과 같은 기본적인 하부

---

26) Nozick, *Anarchy, State, and Utopia*, p.163.

구조를 제공해 주기를 바라면서도 경제를 규제하거나 부를 재분배하는 것은 원치 않는다. 그래서 자유주의자들은 정부가 권력을 남용하지 않으면서 필요한 기능을 수행할 수 있도록 정부를 어떻게 조직할 것인가 하는 문제를 해결해야 한다. 이러한 문제를 해결하는 방편으로는 정부에 대해 입헌적 제한을 확립한다든가 정부권력 간에 균형이 이루어지도록 하는 것 그리고 정치적 책임을 지게 하는 것 등이 있다.[27]

고전적 자유주의자들에 따르면, 정부는 정부와 시민 사이의 사회계약에 의해서 성립된다. 이러한 계약의 중심적인 부분은 정부의 운영과 관련하여 특정의 성문화된 규칙을 포함하는 헌법이다. 정관이 기업이나 교회 또는 학술단체와 같은 많은 조직들의 활동을 조직하고 규제하는 것처럼 헌법은 정부의 활동을 조직하고 제한한다. 헌법의 이러한 역할은 다음과 같이 4가지로 나타난다.

첫째, 헌법은 정부가 무엇을 하고 무엇을 해서는 안 되는 일반적 조건을 규정한다. 예를 들면 미국헌법은 중앙정부가 세금을 거둬들이고 화폐를 주조하며 전쟁을 선포할 수 있다고 규정한다. 그러나 중앙정부가 국가종교를 선포할 수 없다. 그리고 국민들이 총기를 보유할 수 있는 권리나 또는 권리장전에 명시된 다른 권리들을 침해해서는 안 된다. 둘째, 헌법은 대통령, 의회, 연방법원 등과 같이 공인된 정책을 법제화하고 집행하기 위한 구조를 확립한다. 셋째, 헌법은 정부직위에 어떻게 인력을 임용하고 그러한 직위를 맡고 있는 사람들을 어떻게 해임시키는가 하는 것을 규정한다. 넷째, 헌법은 헌법을 수정하는 특별 절차를 규정한다. 예를 들면 미국 헌법 제5조는 제안된 헌법수정

---

27) 이 절에서 우리는 자유주의 이상만이 아니라 공화주의 이상으로부터 영향을 많이 받고 있는 미국의 정부구조에 초점을 맞추게 될 것이다. 대부분의 영국 자유주의자들은 자유주의적 이상을 실현함에 있어서 현존하는 의회제도를 폐기할 것이 없다고 생각한다. 그러나 정부의 권력남용을 막는 데는 의회제도보다는 입헌주의와 권력분립이 더 효과적인 것 같아 보인다.

안이 효력을 발휘하기 위해서는 4분의 3으로부터 인준을 받아야 할 것을 요구하고 있다.

고전적 자유주의자들은 이러한 헌법적 규정이 정부의 권력남용을 막는 중요한 장치라고 생각하면서도 정부로 하여금 헌법적 제한을 지키도록 어떻게 보장할 것인가라는 문제에 직면하고 있다. 미국에서는 법원으로 하여금 입법 및 행정 행위를 위헌이라고 선언할 수 있도록 하는 사법적 심사의 관행이 헌법상의 제한을 강화시킬 수 있지만, 일반적으로 정부는 정당성을 상실하게 될까봐 두려워서 헌법상의 제한을 준수하는 경향이 있다. 만약 정부가 헌법상의 제한을 무시한다면, 시민들은 이를 사회계약을 위반한 것이라고 생각하고 그래서 정부의 통치를 받겠다는 동의를 철회할 수 있다.

많은 자유주의적 헌법들은 정부권력을 제한하는 수단으로써 **권력분립**과 같은 특정 조직상의 장치를 규정하고 있다. 다양한 기구들에게로 정부권력을 나눈다는 생각은 고대에도 있었지만—플라톤의 『법』과 아리스토텔레스의 『정치학』에서 '혼합정부'가 옹호되고 있다—프랑스 정치철학자인 몽테스키외는 이러한 신조를 정부를 제한하고 개인의 자유를 보존해 주는 장치로서 전환시킨 학자로 평가받고 있다. 입법, 행정, 사법권을 분리하여 다른 기관이 맡도록 해야 한다고 주장함으로써, 이와 같은 다른 기관들 내의 직책을 다른 이해관계나 다른 시각을 가진 다른 사람에 의해 맡도록 함으로써, 그리고 각각의 기관에게 다른 기관의 관리들에 의해 권력을 침탈당하는 것을 거부할 수 있도록 장치를 제공해 줌으로써, 모든 정부관리들의 권력은 제한받거나 견제를 받는다.

독립적인 사법부는 입법자와 행정관들이 정치재판을 통해 자신들의 정치적 반대자들을 억압할 수 없도록 보증하는 위상을 강하게 부여받는다. 법의 통과를 다른 이해관계를 대표하는 두 개의 입법부에 의해서 하도록 요구하는 **양원제 입법부**는 대중적으로 선출된 입법부가 개인의 자유를 침해하거나 부당하게 경제를 규제하고 부를 재분배하도록 법제화하는 능력을 제한받도록 하기 위해서 권장되고 있다. 그리고 권력을 전국적, 광역단체적, 기초단체적 정부에게로 분배하는 연방주의는 정부권위를 분할하는 또 하나의 정치적 장치로서 촉구되고 있다.

 책임성의 장치를 마련하는 것도 정부권력의 남용을 방지하는 또 하나의 자유주의적 수단이다. 이러한 책임성의 두드러진 사례는 군대를 문민(文民)이 통제하는 자유주의적 관행이다. 대통령이 군통수권자의 역할을 맡도록 함으로써 그리고 의회에게 전쟁선포권을 부여함으로써 미국의 자유주의적 창설자들은 군대권력을 제한하고 시민의 권리를 보호하고 안전하게 하기 위해서 필요할 때만 군대권력을 사용할 수 있도록 하길 원했다.

 책임성을 제공하는 보다 일반적인 방법은 정부관리로 하여금 재선에 출마할 수 있도록 하는 것이다. 매디슨에 따르면, "인민에게 의존하도록 하는 것은 권력분립보다도 더 중요하게 정부에 대한 일차적인 통제"를 확보하는 것이다. 고전적 자유주의자들은 선거를 "인민의 의지" 다시 말해서 정부가 적극적으로 해야 할 것이 무엇인지를 제시해 주는 수단으로서 생각하지 않았다. 그들은 선거가 정부로 하여금 대다수 시민들의 견해에 반응을 보이도록 강요할 수 있는 수단으로 역할하기를 기대하지도 않았다. 왜냐하면 대다수 시민들은 "지폐, 부채 탕감, 재산의 균등한 분할, 또는 어떤 다른 부적절하고 짖궂은 프로젝트 등을 요망"[28]할 것이기 때문이다.

 실제로 선거란 시민들에게 자신들의 불평거리들을 관리들에게 청원하고 잘못한 행동에 대해 관리들을 처벌할 수 있는 기회를 주도록 하는 데 그 취지가 있었다. 그래서 자유주의의 창설자들은 시민들로 하여금 단순하게 공중의 정서를 공공정책으로 전환시키는 데에 머무는 대표자들을 그대로 자리 차지하도록 하는 데 선거를 활용하는 것을 방지하면서 동시에 자신들의 권력을 남용하는 관리들을 교체시킬

---

[28] James Madison, "Number Ten," in *The Federalist Papers,* compiled and edited by Isaac Ktamnick (New York: Penguin, 1987〔1788〕), p.128.

수 있도록 허용하는 다양한 형태의 제도적 장치들을 창안해 냈다. (미국의 선거인단과 같은) 간접적인 선거방식과 (미국 상원의 경우처럼) 대표의 교차적인 임기제는 선거가 대다수의 정서에 반응하는 결과로 끝나게 될 가능성을 줄이기 위한 전형적인 수단이다. (연방판사와 같은) 어떤 관리들에게는 종신직을 제공하고 또 입법부의 정책을 뒤집을 수도 있는 권한을 부여함으로써 선거는 공중에 대한 책임성을 제공하는 기능으로 제한되었다.

4. 통치자

고전적 자유주의자들에 따르면, 민주적 선거는 책임성을 제공하는 것일 뿐만 아니라 승자에게 자신의 임기동안 통치를 하도록 권한을 부여해 준다. 민주적 선거에서 승리함으로써 대표는 사회의 다른 구성원들이 소유하는 것보다 더 많은 통치권 내지는 합법적 힘을 향유한다. 대의민주주의(representative democracy)를 지지함으로써 자유주의자들은 입법부나 (대통령과 같은) 직선의 행정권의 손에 모든 정치권력이 집중되는 것을 원하지 않았다. 그들은 시민과 비선출적인 전문가들도 권력배분의 몫을 갖도록 하고자 하였다. 그러나 자유주의자들은 항상 대표자들의 선취적인 위상을 전제조건으로 삼았다.

자유주의자에게 있어 대표자들의 권력은 그들의 입법 능력에 있다. 이러한 입법 능력에 있어 대표자들은 단순히 지배적인 여론에 따라 쟁점을 결정하는 '훈령받은 대행자'에 머물러서는 안 된다. 또한 대표자들은 사회의 공공선에 대한 자신의 독자적인 판단에 근거하여 쟁점을 결정하는 '수탁자'이어서도 안 된다. 대신에 자유주의자들은 대표자들이 전문가의 권고, 공공의 논의와 토론, 다양한 이해당사자들 간의 타협에 기초하여 정책쟁점을 결정하여 주길 바라고 있다. 자유주의자들은 효율적이고 공정한 정책이 나오기 위해서는 모든 합법적인 이해관계가 정책결정과정에서 대표되어야 할 것으로 보고 있다. 그래서 자유주의자들은 대의의 문제에 대해서 깊은 관심을 표명해 왔다.

자유주의자들이 적어도 오늘날의 기준에 따르면 항상 적절한 대의를 요구한 것은 아니었다. 정부의 역할은 재산을 보호하는 데 있는 것으로 보았기 때문에 초기 자유주의자들은 재산 보유자들만이 정부에 대해 합법적인 이해관계를 갖고 있다고 생각했다. 그래서 존 로크는 재산 소유자들만이 정부에 대표되어야 할 것이라 주장했고, 대부분의 초기 자유주의자들은 선출직을 원하는 사람에 대해 재산으로 자격을 제한해야 한다고 주창했다. 그러나 19세기에 자유주의가 성숙되어감에 따라 자유주의자들은 점차 정부관리의 대표성에 관심을 기울이게 되었다.

예를 들어 『대의정부론』을 통해 존 스튜어트 밀은 모든 사람의 권리와 이익을 확보하기 위해서는 모든 사람이 정부에 대표되는 것이 중요하다는 견해를 피력했다. 다수지배가 소수에 대해 아무런 대표도 내주지 않을 수 있음을 염두에 두면서 밀은 비례대표(proportional representation)를 옹호했다. 밀은 지리적인 구역으로부터 다수가 대표를 선출하도록 하기보다는 각각의 이익이 총득표의 비율에 따라 대표되도록 하는 틀이 필요하다고 보았다.

비례대표에 대한 밀의 옹호가 고전적 자유주의의 중심적 내용이 되지는 않았지만, 이는 선출된 공직자의 대표성 확보에 대한 자유주의적 관심을 반영하고 있었다. 대부분의 자유주의자들은 참정권을 확대함으로써 대표성을 증대시켜 나가려고 하였다. 예를 들어 벤담은 대의정부가 모든 시민의 효용을 극대화시킬 것이며 시민 스스로가 자기 자신의 행복이 무엇인지를 가장 잘 판단할 수 있는 사람이라고 생각했다. 그래서 벤담은 (말년에 이르러) 보편적인 참정권이야말로 모든 이익의 표현과 대표를 보장하는 최적의 수단인 것으로 여겼다.

벤담의 절친한 친구이자 존 스튜어트 밀의 부친인 제임스 밀(James Mill, 1773~1836)은 '1인 1표'가 정부의 권력남용으로부터 모든 시민을 보호하고 모든 이익이 대표될 수 있도록 보장하는 최선의 수단이라고 주장하였다. 그러면서도 그는 어떤 사람들은 정보가 너무 불충분하거나 합리적이지 못해서 현명하게 투표권을 행사하지 못할 것을 우려하여 '성인남성의 참정권' — 이는 여성과 40세 이하의 남성 그리고 인구의 1/3의 가난한 사람들에게는 참정권을 허용하지 않는(그래서 과소대표 되도록 하는) 것이었다 — 을 주창하였다. 또한 그는 교육을 많이 받은 사람에게 복수투표권을 부여하는 가중투표제(weighted voting)를 선호했다. 그래서 고전적 자유주의자들은 선출직 관리 사이에 보다 많은 대표가 이루어지는 것을 원하면서도 이로 인해 혹 부유한(그렇지만 소수인) 계급보다는 가난한 사람과 노동자들이 더 많은 수로 대표되는 것을 두려워한 나머지 엄밀한 대표 내지는 비례대표를 강조하는 입장을 취했다. 그들은 입법자가 인구통계학이나 국민의 이익을 반영하여 '계급입법' — 부유한 사람의 재산을 빼앗고 경제적 재화를 가난한 사람들에게 재분배하고 그래서 자본주의를 붕괴시키는 — 을 하게 되지 않을까 우려를 하였다.

대의민주주의를 지지함으로써 고전적 자유주의자들은 고대 유럽의 정권들에서 보다는 훨씬 광범한 권력분배를 추구했지만, 그들은 항상 모든 시민들에게 직접적이고 균등한 권력을 부여하는 대중민주주의를 요구하는 수준까지 나아가지는 못했다. 그들은 정치권력이 피치자의 동의로부터 나오며 그래서 만약 정치권력이 남용된다면 시민에게 되돌려질 수 있는 것으로 보았다는 의미에서 인민주권(popular sovereignty)을 옹호하였다. 그러나 그들은 시민이 직접 정책결정에 참여하는 것을 원하지 않았고 ('구조'의 절에서 논의되었듯이) 대중적 다수가 자신들의 의지를 정책결정과정에 부과하지 못하도록 제약하는 방식으로 선거를 구조화하려고 하였다.

'다수의 횡포'라는 개념은 토크빌(Alexis de Tocqueville, 1805~1859)의 『미국의 민주주의』라는 책에서 가장 잘 피력되었듯이 자유주의적 전통의 중심을 이루고 있다. 자유주의자들은 재산을 소유하고 양심의 자유를 누리고 사적 영역에서 자유롭게 행동할 수 있는 소수자의 권리가 시민의 무제한적인 다수지배에 의해 쉽게 훼손되지 않을까 하는 우려를 한다. 제임스 메디슨은 선거결과에 대한 소수자의 순응을 확보하기 위해서 소수자의 권리가 보장되어야 할 것으로 보았다. 만약 선거가 다수자로 하여금 소수자의 권리를 제약하는 법을 만들도록 허용한다면, 수가 적은 소수자들은 선거에서 질 때마다 폭력에 의존하게 될 것이다. 그래서 보편적인 안정과 평화를 제공하기 위해서 고전적 자유주의자들은 다수의 지배가 소수의 권리에 양보해야 한다고 주장한다.

대중영합주의에 대한 자유주의자들의 혐오는 존 스튜어트 밀의 '숙련민주주의론(skilled democracy)'—정치권력의 분배와 관련된 3단계 틀—에서 생생하게 보여주고 있다. 꼭대기에는 공리주의적 분석에 근거하여 법을 만들어야 하는 비선출직 전문가인 통치엘리트가 자리한다. 중간의 위치에는 통치엘리트들의 제안을 받아들이거나 거부하면서 이들을 감시하는 선출직 대표들이 자리할 것이다. 밑바닥에는 만약 어떤 대표든 그가 시민들의 권리를 훼손하는 제안을 받아들일 경우 선거과정을 통해 그러한 대표를 갈아치우는 방법으로 다시 이들 대표들의 결정을 감독하는 일반 시민들이 자리한다. 요약하면 젊은 시절의 존 스튜어트 밀과 같은 자유주의자들은 시민을 직접적인 통치권력으로부터 두 단계나 멀어지게 하려고 애썼다.

5. 시민권

대부분의 고전적 자유주의자들은 정부에의 직접 참여를 제한하는 것이 시민에게는 이득이 되지 손실이 아니라고 생각한다. 그들의 원래 목표는 시민들의 권리를 보호하고 또 제한된 정도이기는 하지만 시민들이 정부에 광범하게 개입하지 않더라도 그들의 요구에 반응을 하는 정부를 만들어내는 것이었다. 경제적 생산과 소비에 시민들의 에너지를 쓰도록 하는 방향으로 삶의 사적 영역을 확대해 나가길 희망하면서 그리고 개인적인 이해관계를 충족시키는 여타의 수단들을 확대해 나가길 바라면서 자유주의자들은 공공영역에 대한 시민들의 참여와 의무를 줄이려고 하였다. 그들은 인민의 정부와 인민을 위한 정부를 원한 것이지 인민에 의한 정부를 원한 것은 아니었다.

자유주의 정부는 그 권위가 사회계약을 통해 각 시민의 동의로부터 나온다는 점에서 "인민의" 것이다. 자유주의 정부는 정부가 사회계약에 명시된 대로 각 시민의 생명과 자유 그리고 재산권을 보호해 주기 위해 존재한다는 점에서 "인민을 위하고" 있다. 그러나 자유주의 정부는 시민의 참여가 대표자를 선출하는 데 한정되어 있다는 점에서 볼 때 제한된 의미에서 "인민의" 것이다. 자유주의자들은 이러한 참여가 대표들이 시민권과 이익의 보호자로서 행동하도록 보장하는 데 충분한 것으로 생각하였다.

제임스 밀은 모든 사람들처럼 대표자들도 자신의 사리사욕을 추구하는 것은 자연스러운 것으로 이해했다. 대표자들로 하여금 재선에 출마하도록 하게 되면 자신의 권력을 다시 보유하는 것을 일차적인 관심사로 여기는 대표자들은 자신이 책임을 지고 있는 시민들의 권리와 이익에 일치하는 방향으로 정책결정을 하게 될 것으로 보았다. 시민들이 해야 할 일은 대표자들의 정책을 감시하고 대표자들이 시민들의 권익을 증대시키는가 아니면 훼손시키는가에 따라 투표를 하는 것이다. 정기적인 선거제도, 대표들의 행동에 대해 시민들에게 정보를 제공해 주는 자유로운 언론의 존재, 그리고 시민들이 자신들의 진정한 의견을 표현할 수 있도록 보장해 주는 비밀투표가 갖추어지게 되면 대표들은 이로써 충분히 시민권을 보호하고 시민의 이익에 반응할 것이라고 보았다.

그래서 고전적 자유주의자들은 두 가지 의미에서 시민권을 제한했다. 첫째, 그들은 시민권의 영역을 제한하려고 했다. 로크는 거주민의 재산 소유를 투표권을 위해 필요한 전제조건이라고 생각했고, 제임스 밀은 여성, 가난한 사람, 젊은 사람들을 참정권자의 대열에서 배제시키고자 했으며, 존 스튜어트 밀은 복지수혜자와 문맹자들에게 참정권을 부여하지 않으려고 하였다. 둘째, 고전적 자유주의자들은 시민들의 정부참여를 정기적인 대표선출에서 투표권을 행사하는 데 한정하는 것으로 만족해 하였다.

시민참여에 대한 이러한 제한에도 불구하고 고전적 자유주의자들은 자유주의 사회의 모든 사람은 정부의 법을 지켜야 한다고 주장한다. 투표권을 박탈한 사람들일지라도 법을 준수해야 하는데, 그 이유는 그들도 정부로부터 혜택을 받고 있기 때문이고 또 그들 역시 최소한 암묵적으로라도 자신들의 정부에 순종하겠다는 동의를 표했기 때문이다. 자유주의 정부의 역할을 논의할 때 우리들은 이들 정부가 모든 사람들을 위해 '야경꾼'이 되어야 하는 것으로, 다시 말해서 그들이 재산을 갖든 갖지 않든, 세금을 내든 안내든, 남성이든 여성이든, 또는 나이가 들었든 젊었든 관계없이 모든 사람들의 권리를 보호해야 하는 것으로 생각해 왔다. 그리고 로크의 제안처럼, 정부로부터 안전을 제공받는 모든 사람들은—정부의 통치하에 놓여있는 영토의 모든 주민들은—"그렇기 때문에 자신의 암묵적인 동의를 제공한 것이고 그러는 한 정부의 법에 순종할 의무가 있다."[29]

자유주의자에게 있어 사회계약은 모든 주민들과 정부 간의 암묵적인 동의이며 모든 주민들이 의무를 지게 하는 동의이다. 그러나 복종의 의무는 그렇게 부담되는 것은 아니다. 왜냐하면 자유주의 정부의 법은 모든 사람의 권리를 제한하기 위해서 필요한 범위에 한정되기 때문이다. 만약 정부의 법이 제한적이고 공정하다면 시민들은 정부에 순종하기 위해서 자기 자신을 위한 행동을 자제하거나 자신의 양심을 더럽힐 필요가 없을 것이다.

만약 정부가 자신의 합법적인 권력을 남용하거나 또는 불공정한 법을 만든다면 어떻게 될 것인가? 고전적 자유주의자에게 따르면 자신들의 정부가 부당하게 행동한다고 믿는 시민에게 세 가지 주요 선택이 있다. 첫째, 대부분의 시민들이 자신들과 같은 생각을 하고 있으며

---

29) Locke, *Second Treaties*, p. 392.

그래서 새로운 대표자들이 위법적인 것을 고쳐주리라 희망하면서 부당한 법을 제정한 대표들에게 반대표를 던지는 것이다. 둘째, 시민들이 그러한 관할권으로부터 떠나는 것이다. 이는 정부가 자신들의 권리를 침해하고 있다고 생각하지만 자신들의 견해가 항상 소수에 머물 것이라고 보는 사람들이 주로 선택하는 대안이다. 셋째, 시민들의 다수가 "오랫동안 권력남용"[30]을 견디어 왔다고 본다면, 그들은 모든 시민들의 다수결에 의하여 정부를 해체하고 자신들의 권리를 보다 잘 보호해 줄 다른 정부를 창출하는 것이다.

6. 변화

시민들이 자신들의 정부를 해체할 수 있다는 생각은 자유주의가 혁명적인 이데올로기임을 보여주기도 하지만, 여기에는 오해의 소지가 있다. 어떤 특정의 조건하에서 자유주의자들은 현존하는 정치체제를 전복시키려고 하지만, 어떤 다른 조건하에서는 개혁이나 현상유지 그리고 심지어는 반동적인 변화를 요구하기도 한다. 변화에 대한 자유주의자들의 일반적인 태도는 그들이 경제적, 지적 그리고 도덕적인 진보를 원한다는 것이다. 그러한 진보가 가능할 수 있는 조건을 제공하지 못하는 정부는 해체되거나 개혁되어야 한다. 당연히 그러한 진보의 조건을 제공하는 정부는 지지되어야 한다.

자유주의자들은 자본주의를 통해서 경제적 진보가 일어난다고 본다. 개인에게 재산권과 경제적 자유가 주어진다면, 그들은 자신들의 경제적 복지를 극대화하려고 할 것이고 전체적으로 경제는 보다 생산적이 될 것이며 국가는 더욱더 부유하게 될 것이다. 정부는 경제적 자유를 확보해 주고 재산권을 보호하며 계약의 의무를 지키도록 하고 시장에 대한 간섭을 자제함으로써 경제적 진보를 가장 용이하게 할 수 있다.

---

30) Locke, *Second Treaties*, p. 463.

자유주의자들은 사람들이 종교적 교조주의와 정치적 절대주의로부터 해방되고 과학적인 추론을 통해 지식을 추구할 때 지적인 진보가 일어난다고 본다. 콩도르세(Marquis de Condorcet, 1743~1794)에 따르면, 전체 역사를 통해 나타났지만 특히 계몽운동을 통해 두드러졌던 과학적 이해의 증대는 기술진보와 산업 및 농업 생산력의 증대, 의료혁신, 그리고 시민들의 물질적인 복지의 전반적인 증진을 가져온다. 더욱이 어린이 교육이나 상품 생산에서 보다 효과적인 수단 등을 포함하여 사회조직과 문화적 가능성의 새로운 원칙들이 계속하여 발견되고 이것들이 인류의 축적된 유산의 일부분이 되며, 그럼으로써 각 세대들은 그 이전 세대 보다 지적으로 더욱 진보를 이루게 된다. 그래서 콩도르세와 같은 자유주의자들은 인간 생활을 개선하는 데 유용한 지식을 발견할 수 있도록 지적인 자유가 허용되고 또 새로운 '진리들'이 모든 시민에게 자유로이 전달되는 '개방된 사회'를 달성하는 데 초점을

〈설명상자 2-5〉 개혁과 진보

'개혁'(다시 만든다)이라는 말이 반드시 진보와 연관되는 것은 아니다. 고전주의 전통과 중세 시대에서 '개혁한다는 것'은 원래의 상태로 되돌아가는 것이었다. 개혁이 필요한 것은 이 세상의 사물들이 시간이 지남에 따라 부패하고 타락할 것이기 때문이다. 그래서 개혁은 보존하고 깨끗이 하는 행위였다. 개혁에 대한 이러한 이해는 16세기까지 지속되었다. 예를 들어, 마틴 루터(Martin Luther)는 종교개혁을 교회를 새롭게 하거나 아니면 개선하려는 시도로 파악하기 보다는 가톨릭교회에 대한 자신의 도전을 성 아우구스틴(St. Augustine)의 가치로 되돌아가는 것으로 보았다.

17세기 초 영국의 청교도들은 '개혁'이라는 말을 보다 현대적인 정치적 의미로 사용하기 시작했다. 그들은 국가를 지칭하는 전통적이고 유기체적인 정치적 은유로서 '정치체'(body politic)를 거부하고 그 대신 '국가배'(ship of state)라는 은유를 썼다. 이 배는 수정되고 개선될 수 있는 것이었다. 왜냐하면 그 배는 신이 설계한 조직체가 아니라 인간의 창조물이기 때문이다. 이렇게 개혁은 개선과 진보의 개념과 연결되었다.

고전적 자유주의자들은 '국가배'의 은유를 받아들였으며 개혁을 진보와 연결시켰다. 정부와 사회는 지속적인 개선을 추구하는 실험 영역이 되었다.

맞추었다. 인류의 개선을 조장하는 정부의 역할은 최소한의 것이지만 중요하다. 정부는 지식인들이 과학적인 발견을 하고 이러한 발견에 대해 일반 대중들을 교육시키는 안전하고 안정된 맥락을 제공한다는 것이다.

자유주의자들은 또한 도덕적 진보가 가능하고 민주적 과정에 대한 시민들의 참여를 통해 조장될 수 있다고 믿는다. 존 스튜어트 밀에 따르면, 민주적 제도는 시민들을 공공의 영역으로 이끌고, 그들에게 공공의 쟁점에 대한 관심을 불러일으키며, 그들로 하여금 사회적 문제에 대해서 알 수 있도록 일깨워주고, 또 보다 유익하면서 보다 공정하게 정치적 판단을 하도록 이끌어 준다. 밀은 사람들에게 대표를 뽑을 권리를 부여하고 지방의 정치 영역에 참여할 수 있도록 허용하면 그들은 비합리적이고 무지하여 자기중심적인 개인들로부터 합리적이고 정보를 갖추고 공공의 정신을 보유한 시민으로 진보해 나갈 것이라고 보았다.

요약하면, 고전적 자유주의자들은 사회적 진보를 추구한다. 그들은 재산권과 경제적 자유를 보장함으로써 경제적 진보가 이루어질 것으로 본다. 그들은 과학적인 지식을 얻을 수 있도록 지적인 자유를 확보해 주면 지적인 진보가 가능한 것으로 파악한다. 그리고 그들은 기본적인 정치적 자유와 정치참여에의 기회를 제공함으로써 도덕적 진보가 확보될 것이라고 믿는다. 현존하는 정부를 존속시키고 개혁하고 또는 해체하는 것에 대한 자유주의자들의 태도는 사회적 진보의 조건을 확보하는 이들 정부의 능력에 따라 다르게 나타난다.

만약 정부가 지적·종교적·경제적·정치적 자유를 제한함으로써 사회적 진보를 제약한다면 **정치혁명**은 정당화된다. 존 로크는 만약 정부가 재산권이나 다른 자유를 침해한다면 그 정부는 해체될 수 있는 것이라고 보았다. 그래서 로크는 영국의 명예혁명을 지지했는데, 왜냐하면 그 혁명은 가톨릭의 군주정이 종교적 자유에 대해 부과했던 위협을 제거했기 때문이었다. 토마스 페인은 미국과 프랑스의 혁명을 옹호했는데, 그 이유는 기존의 정부가 정치적 자유와 민주적 대표를 적절히 제공하지 못했기 때문이다. 고전적 자유주의자들은 17~18세기의 가장 중요한 정치적 혁명들을 옹호했지만, 일반적으로 혁명에 대한 그들의 공언은 제한적이었다.

예를 들면, 로크는 정부를 해체할 수 있는 시민권에 대해 옹호를 하는 것이 반란을 부추기기보다는 혁명을 저지하는 수단인 것으로 파악했다. "입법자들이 우리들의 재산을 침해함으로써 우리들의 신임을 저버릴 때 새로운 입법에 의해서 새로이 우리들의 안전을 제공하도록 하는 인민의 이러한 권력은 반란을 막는 최상의 방지책이며 반란을 저지하는 최선의 수단이다."[31] 달리 얘기하면, 정부가 권력을 남용할 때 반란을 일으킬 수 있는 권리를 시민들이 보유하고 있음을 확인하고 또 억압적인 정부에 대해서 시민들이 저항할 것이라는 점을 인정함으로써 로크는 입법자들에게 정치혁명을 사전에 막을 수 있는 최선의 방책은 시민들의 권리를 억누르는 것이 아니라 안전하게 확보해 주는 데 있다는 점을 명확히 하고자 했다. 더욱이 페인과 같은 가장 급진적인 자유주의 이론가들조차도 억눌린 시민들이 어떻게 혁명을 선동해 나가야 하는가에 대해서는 입을 다물고 있다. 로크와 페인으로부터 나타나는 혁명적인 행동의 이미지는 사회의 모든 구성원들이 모여서 다수결에 의해 자신들의 정부를 지지할 것인가 아니면 제거할 것인가를 결정하는 것이다. 여기에는 바리케이드 같은 사람배치는 없다.

경제가 기본적으로 자본주의 원칙을 중심으로 조직되고 입헌민주주의가 존재하지만 법과 관행이 자유주의적 이상과는 어긋나게 되어 있다면, 자유주의자들은 **정치개혁**을 옹호한다. 19세기 초기와 중엽에 제레미 벤담과 제임스 밀은 영국의 법과 선거제도를 개혁하고자 희망했던 '철학적 급진주의자들'의 지적인 지도자들이었다. 벤담은 영국의 법을 성문화하고 합리화하는 데 중점을 두었다. 그는 전통적인 귀

---

31) Locke, *Second Treatise*, p.464.

족정의 특권을 확보해 주고 공리주의적인 원칙과 일치하지 않는 법 대신에 공리주의적인 원칙과 일치하는 법으로 대치시키고자 하였다.

경제학자인 데이빗 리카도와 법이론가인 존 오스틴을 포함하여 벤담주의자들은 형법과 교육, 공공건강, 외국무역 등의 영역에서 개혁을 촉구했다. 제임스 밀은 참정권의 범위와 선거의 빈도를 증대시킴으로써 선거제도를 개혁하는 데 관심을 두었다. 존 스튜어트 밀은 일반적으로 입법을 통한 개혁이 시민들의 자유를 증대시키고 평등화시킬 것이라고 주장했다. 정부의 역할이 인민의 권리를 보호하는 것을 넘어서서 삶을 보다 인간적인 것으로 만드는 조건을 만들어내는 데로 확대될 수 있고 또 정부가 시장경제에 의해서 창출된 부를 재분배할 수 있다고 주장함으로써 밀은 초기의 고전적 자유주의자들에게는 별로 탐탁하지 않게 여겼던 개혁을 옹호했고, 그럼으로써 자유주의 그 자체의 개혁을 위한 물꼬를 텄다. 19세기에서 20세기로 넘어감에 따라 자유주의자들은 최소정부와 시장정의라는 초기의 원칙과는 상치되는 수많은 경제적·정치적 개혁들을 옹호했으며, '복지국가 자유주의(welfare-state liberalism)'라는 또 하나의 다른 이데올로기로서 현대 자유주의가 태동하였다.

'복지국가 자유주의자'들이 어린이노동이라든가 산업의 독점적 관행과 관련한 수많은 경제적 제재들을 제시함에 따라 그리고 사회주의자들이 다양한 복지정책을 옹호하고 노동조합의 권한을 확대해 주는 입법을 주장함에 따라 고전적 자유주의자들은 이러한 경제개혁들을 반대하는 '보수주의자'로 간주되었다. 최소정부와 시장정의라는 고전적 자유주의자들의 원칙들이 규제를 받지 않는 자본주의 경제의 지속을 정당화하기 위해서 이용되었기 때문에 고전적 자유주의는 20세기 전반기 동안 유럽의 대부분과 미국에서 현상유지의 이데올로기가 되어 버렸다.

물론 오늘날 대부분의 산업사회는 포괄적으로 경제를 규제하고 복지정책을 통하여 부를 재분배하는 정부를 갖고 있다. 그들은 고전적 자유주의자들에게 그렇게 중요했던 '재산권'에 대해 제약을 가하는 '복지권'을 만들어 냈다. 아마도 오늘날 가장 두드러진 사회운동의 하나는 스스로를 '보수주의자'라고 칭하는 고전적 자유주의자들과 그리고 경제규제 완화와 복지국가의 해체를 주창하는 자유지상주의자들로 구성되어 있다. 복지권을 제거하고 고전적 자유주의의 원칙에 부응하는 정치경제로 되돌아가려고 애쓰기 때문에 이 운동은 반동적 변화를 주창하고 있는 것으로 보는 게 적합하다. 그러나 이에 대해 고전적 자유주의자들은 초기의 자유주의적 원칙으로 돌아가는 것만이 경제를 활성화시키고 개인의 지적 에너지를 분출시키며 정치적 권리를 확보해 주는 경제적·지적·정치적 자유의 환경을 조성하고 그럼으로써 인류의 진보를 증진시킬 수 있는 것이라고 대답한다.

IV. 요약과 결론

고전적 자유주의는 최초의 체계적인 이데올로기이다. 이는 미국과 서유럽뿐만 아니라 동유럽과 구소련의 공화국들에서도 강력한 영향을 미치고 있다. 고전적 자유주의자들은 이렇게 자유주의가 지속적으로 영향을 미칠 수 있는 이유는 자유주의가 적절한 철학적 가정에 기반하여 보편적으로 유용한 정치경제의 원칙을 제공하는 정치과학을 창출하였기 때문이라고 본다. 인간은 효용을 극대화하려고 하며 사회란 단순히 자기 이익을 추구하는 개인들의 집합체일 뿐이라는 자연세계를 전제로 하여 고전적 자유주의자들은 어떤 정치제도가 선(善)한 것인지를 평가할 수 있는 '객관적인' 기준을 연역해 내었다. 즉 이들 정치제도들은 시민의 자연권을 얼마나 보호하는가? 이들 정치제도들은 최대다수의 최대행복을 어느 정도나 제공하는가?

자연권을 보호하기 위해서는 최소정부가 요청되며, 경제적 효용을 극대화하기 위해서는 자본주의가 필요하다. 입헌정부와 대의민주제는 정부의 권력을 제한하고 시민의 권익을 보호해 준다. 자신의 에너지를 사적인 관심 내지는 많은 경우 경제적 관심으로 돌리기 위해서 시민들은 자신들의 대표를 정기적으로 선출하는 데만 참여하고 최소 정부의 법을 준수하기만 하면 된다. 각 개인들로 하여금 자신들이 적합하다고 보는 그대로의 행복을 추구하도록 허용하면 인류의 진보가 확보될 수 있다는 것인데, 이는 자유로운 사회와 자본주의 경제 그리고 입헌민주주의에서 가능하다고 본다.

고전적 자유주의자들의 원칙들은 이러한 원칙들을 수용했던 북미와 유럽의 많은 국가들에게 여러 가지의 사회적·경제적·정치적 이득을 가져다 주었다. 사회적 이동성의 기회를 제공하는 사회가 고정된 사회적 지위에 기반을 둔 사회를 대치했다. 대부분의 경우 종교적 불관용과 종교전쟁은 사라졌다. 절대주의 정부는 입헌민주주의에 자리를 양보했다. 언론과 출판의 자유와 같은 정치적 자유들은 광범하게 허용되었다. 자본주의는 막대한 물질적 부를 가져다 주었다. 그리고 개인들은 자신들의 원하는 바에 따라 생각하고 행동하고 살아가는 포괄적인 사적인 영역을 보장받았다.

그러나 우리가 다음 장에서 대안적인 이데올로기들을 살펴볼 때 알게 되겠지만, 고전적 자유주의에 문제점이 없는 것은 아니다. 아마도 자유주의의 철학적 가정들은 부적절하지 않은가 싶다. 물질적인 세계만이 유일한 세계인가? 그리고 신의 존재를 믿는 것은 어떤 정치적 함의를 지니는 것일까? 인간은 단지 효용을 극대화하는 존재에 불과한 것일까 아니면 인간의 정신에는 보다 고상한 어떤 것이 존재하는 것일까? 사회는 단지 개인들의 집합체일 뿐인가 아니면 사회는 개인들보다 앞서서 존재하며 모든 사람들에게 사회적 역할과 의무를 부과하는 것일까? 사람들은 정말로 자연권을 갖고 있는 것일까? 공리주의는 정치적 실천이나 정책의 성과를 평가하는 데 적절한 지침이 될 수 있는 것일까?

이러한 질문들에 대한 자유주의자들의 가정들이 거부될 때, 자유주의 원칙들에 대한 수많은 비판이 제기된다. 아마도 정부는 개인의 권리를 보장하는 그 이상의 것을 해야 한다. 아마도 정부는 도덕성과 경제를 규제해야 할 지도 모른다. 아마도 시장정의는 시장에서 패배한 사람들에게는 공정하지 못한 것 같아 보인다. 아마도 제한적이고 권력이 분리된 정부는 공공선을 확보하는 데 있어 정치적 권위의 능력을 저해할 수 있다. 아마도 대의민주주의는 강력한 국민적 리더십을 제공하지 못하고 또 시민들에게 정부에 대한 보다 많은 참여의 기회를 제공하지 못한다. 그리고 아마도 자유주의 원칙들은 시민들이 공공생활에서 적극적인 역할을 하지 않고 보다 많은 사회적 책임을 다하지 않더라도 눈을 감아 주었다.

고전적 자유주의자들이 자신들의 철학적 가정과 정치적 원칙에 한계가 있음을 인정하지 않는 교조적 이론가로 변했다고는 하지만, 기본적으로 자유주의는 관용적이고 개방적인 정치적 이념이다. 그래서 진정한 자유주의자들은 지속적으로 내부적인 논쟁에 참여해 왔고 점차 확대해 나가는 자신들의 정치적 차이를 수용하기 위해서 다양한 '자유주의들'을 발전시켜 왔다.[32]

---

32) 예를 들면, John Gray, *Liberalisms: Essays in Political Philosophy* (London: Routledge: 1989) 참조.

제3장

전통적 보수주의

전통적 보수주의(traditional conservatism)는 19세기와 그 이후의 유럽에서 태동했던 자유주의적 사상과 때로는 급진적 사상에 반대하여 관습적인 생활방식을 보존하고자 했던 사람들에 의해서 정식화된 정치적 견해이다. 전통적 보수주의자들은 개인주의에 대한 자유주의자들의 옹호가 잘못된 것이라고 생각한다. 왜냐하면 개인주의는 가족과 교회, 동업자 집단, 지방 공동체와 같은 전통적인 사회적 단위들을 훼손시키기 때문이다. 그들은 자본주의 경제의 성장이 개인들로 하여금 공공을 고려한 행동보다는 사적인 이익을 추구하도록 할 것이며 또 혁신과 경쟁을 조장함으로써 사회적 질서를 교란시킬 것으로 보았다.

전통적 보수주의자들의 입장에서 보면 사회안정을 위해서나 또는 사회를 공공선으로 인도하기 위해서 군주와 지방귀족, 종교 지도자에게 강력한 정치적·종교적 권위가 주어지는 것이 필요했다. 보다 일반적으로 그들은 정치적 자유주의자들의 과학적 이론이나 급진주의자들의 유토피아적 사상보다는 사회의 전통과 관습이 개인적 행동이나 사회적·정치적 행동에 대한 보다 신중한 지침으로 유용할 것으로 믿었다.

중세와 1700년대 말 사이에 대부분의 유럽 사람들은 개인의 권리보다는 사회적 유대가 더 중요하고 사회는 자연적 지도자(natural leader)에 의해 통치되어야 하며 전통은 존중되어야 할 것으로 가정했다. 그러나 근대로 넘어가면서 이러한 생각들은 일련의 발전에 의해서 도전을 받기 시작하였다. 특히 15세기와 16세기 프랑스에서 르네상스는 지적이고 미적인 창의성과 인본주의를 강조하였다. 그것은 정치적 권위에 대한 전통적 생각에 의문을 제기하면서 개인주의의 가능성을 이끌어 내는 계기가 되었다.

16세기 동안 가톨릭 교회의 독점을 깨뜨린 종교적 변혁 운동인 프로테스탄트 개혁은 종교적 권위에 대한 저항을 제기했고 개인주의와 평등 그리고 정부에의 참여에 대해 새로운 이해를 대변했다. 1550년과 1650년 사이 영국과 서유럽에서 발생했던 과학혁명은 사회적 세계와 물리적 세계 모두에 대해 보다 자연적인 이해를 제시했고, 인간은 경험적인 탐구와 합리적인 연역에 기반하여 세계를 알고 통제하며 변화시킬 수 있다고 제안했다.

18세기 동안 프랑스에서 꽃 피웠던 철학운동인 계몽운동(Enlightment)은 전통적이고 종교적인 신념에 대해 합리성을 제약하는 것으로 적대시했으며 개인을 지식의 원천이자 탐구의 단위로서 중심에 위치시켰다. 산업혁명은 경제적 자유, 특히 종교나 정부 또는 관습상의 규제에 의해 제약을 받지 않는 방식으로 무역을 할 자유가 필요함을 제기했다. 전통에 대한 이러한 공격들은 이러한 발전들로 인해 불안정과 무질서를 두려워하는 '보수주의자'들로부터 비난을 야기했다. 그러나 이러한 보수주의자들의 비난과 충동이 완성된 이데올로기로 출현하는 데는 결정적인 계기가 필요했다.

프랑스혁명이 이러한 결정적 계기를 제공해 주었다. 1789년 루이 16

세의 절대왕정이 무너지고 국민의회가 〈인간과 시민의 권리선언〉(Declaration of the Rights of Man and of the Citizen)을 통해서 새로운 질서의 원칙을 확립했다. 1791년까지 신헌법은 입헌군주제를 도입했고 시민권을 세금을 내는 유산자에게로 확대했다. 1792~93년 기간 동안 급진적 정치가들은 군주제를 폐지하고 왕과 왕후를 처형했다. 프랑스 공화국이 탄생했다. 이론적으로 이 정부는 다수결을 통해서 알 수 있는 국민의지에 기반하여 통치를 하는 것이었고, 정부의 합리적인 원칙을 위하여 모든 전통을 폐기하였다. 그러나 이 정부에 대한 저항으로 인해 입헌정부는 정지되고 그 대신에 임시정부가 세워졌다. 이 임시정부는 혁명의 반대자들을 억압하고 '덕성의 공화국'—여기서는 대중교육이 윤리적인 시민을 만들어 낸다—을 건설하기 위해서 '공포의 통치'를 감행했다.

프랑스혁명의 가장 극적인 사건들과 국면들은 1795년 혁명의 주요 지도자들 가운데 한 사람인 로베스피에르(Robespierre)가 처형될 때까지 진행되었다. 그러나 프랑스에서의 이러한 사건들과 혁명적 사건들이 유럽의 다른 지역에서도 발생할 지 모른다는 위협은 일련의 반혁명적 원칙들로 집약된 전통적 보수주의를 태동시킬 만큼 충분한 것이었다. 실제로 1790년까지 전통적 보수주의의 기본적인 생각은 에드먼드 버크(Edmund Burke, 1729~1797)—그는 30년간 영국의회에서 의원으로 활약했다—라는 보수주의 사상의 중심적이고 주도적인 인물인 아일랜드 출신의 지식인에 의해 『프랑스혁명 고찰』(Reflections on the Revolution in France)에서 집대성되었다.

19세기와 20세기 동안 전통적 보수주의자들은 정치학과 경제학에서의 몇 가지 새로운 발전들을 수용했다. 그들은 선출직 관리 수를 증가시키고 참정권을 확대시키는 등의 민주화의 어떤 측면은 받아들였지만, 그들은 결코 강력한 정치적 권위의 필요성을 잊지 않았다. 그들은 자본주의의 어떤 측면들을 인정했지만 고전적 자유주의자들처럼 자본주의에 대해 호의적이지 않았다. 왜냐하면 그들은 개인들의 경제적 자유가 선한 사회에 대해 도덕적 위험을 제기할까 봐 두려워했기 때문이다. 19세기와 20세기의 급격한 사회적·경제적·정치적 변화를 거부함으로써 전통적 보수주의자들은 이와 같은 변화의 사태에 대항하여 세계를 보호하고자 하였다. 다른 많은 경우에서 그렇듯이 보호가 불가능하게 될 때면 전통적 보수주의자들은 사회의 근대화 속도를 줄이고자 하였다.

20세기에는 전통적 보수주의자라고 자처하는 사람의 수는 줄어들었다. 그러나 이러한 사상의 많은 부분은 인간의 합리성과 개인주의가 오늘날의 세계에서 부당하게 찬양되고 있는 반면 전통적인 가치와 덕성들이 부당하게 소홀히 취급되고 있다고 믿는 사람들에 의해 지속

〈설명상자 3-1〉 전통적 보수주의자들과 그들의 주요 저작

에드먼드 버크(Edmund Burke, 1729~1797)
　『프랑스혁명 고찰』(Reflections on the Revolution in France, 1790)
　『신휘그로부터 구휘그로의 호소』(An Appeal from the New to the Old Whigs, 1791)

조셉 드 마이스트르(Joseph de Maistre, 1753~1821)
　『프랑스론』(Considerations on France, 1797)

헨리 아담스(Henry Adams, 1838~1918)
　『미국사』(History of the United States of America, 1889)
　『민주주의: 미국의 새로운 것』(Democracy: An American Novel, 1880)

에밀 뒤르켐(Emile Durkheim, 1858~1917)
　『자살론』(Suicide, 1897)

호세 오르테가 이 가셋(José Ortega Y Gasset, 1883~1955)
　『대중의 반란』(The Revolt of the Masses, 1930)

미카엘 옥샷(Michael Oakeshott, 1901~1990)
　『정치에서의 합리주의와 기타 논문들』(Rationalism in Politics and Other Essays, 1962)

러셀 컥(Russell Kirk, 1918~)
　『보수주의자를 위한 강령』(A Program for Conservatives, 1954)

적으로 수용되고 있다. 상당한 정도로 전통적 보수주의자들의 사상은 현대 보수주의자들에 의해서 표명되고 있다. 그러나 전통적 보수주의와 현대 보수주의는 다른 이데올로기로 취급될 만큼 많은 차이를 보이고 있다. 전통적 보수주의는 오늘날의 '보수주의자'라고 자처하는 대부분의 사람들의 견지로는 부적절하게 포착되고 있는 중요한 정치적 통찰과 흥미있는 시각을 지속적으로 제공해 주고 있다.

I. 정치적 기반

1. 문제점

가장 일반적으로 전통적 보수주의자들은 자유주의적이고 급진적인 혁신을 두려워했다. 변화에 저항하고 오래되고 관습적인 관례들에 집착하는 인간의 성향은 새로운 것이 아니고 특별히 현대적인 것도 아니다. 전통적인 관행에 경의를 표하면서 변화에 대해 비판적인 자세를 취하는 것은 유럽에서는 오랫동안 일반화되어 있었다. 르네상스와 종교개혁, 과학혁명, 계몽운동은 모두 적대자들을 갖고 있었다. 그러나 프랑스혁명은 '전형적인' 보수주의적 반응 이상의 것을 가져왔다. 프랑스혁명은 구질서에 대한 가장 급진적인 공격을 철저한 냉혹함과 결합시켰기 때문에 프랑스혁명은 보수적 논평가들로 하여금 혁명에 대한 비판에 초점을 맞추도록 하였고, 또 이러한 자신들의 생각들을 전통적인 보수주의 이데올로기의 기반으로 작용하게 될 보다 일관된 사상으로 정립해 나가도록 자극을 주었다.

에드먼드 버크는 자신의 책 『프랑스혁명 고찰』에서 혁명에 대한 전통적 보수주의자들의 반응을 요약했다. 버크에게 있어 프랑스혁명은 정치를 추상적인 권리에 기반을 두는가 하면 계몽운동의 합리성 개념에 따라 정치개혁을 추진하고 또 확립된 권위를 거부하는 데 따른 위험스런 결과를 노정한 것으로 비추었다. 프랑스혁명의 맥락에서 이러한 3가지 중심적 문제들을 검토하면 고전적 보수주의자들이 공유하고 있는 수많은 관련된 관심들이 무엇인지를 알 수 있다.

자유(Liberté), 평등(Egalité), 박애(Fraternité)라는 프랑스혁명의 기조는 모든 프랑스인에게 **추상적 권리**를 부여하는 자유주의적이고 계몽주의적인 사상으로부터 연유한다. 인권선언은 "자유, 재산, 안전, 억압에 대한 저항"과 같은 추상적인 것을 시민권에 포함시켰다. 이러한 추상적인 권리들은 호소력있게 들리지만, 그것들이 실제로 무엇을 뜻하는지는 명확하지 않다. 모든 사람은 자기가 원하는 것을 할 수 있는 무제한의 자유를 갖고 있는가? 어떤 사람이 재산을 소유할 권리를 갖고 있다면, 그것은 다른 사람들은 그 재산에 대한 권리를 갖고 있지 않다는 것을 뜻하는가? 만약 다른 사람들이 어떤 사람의 권리나 재산을 침해할 수 있는 무제한의 자유나 허가증을 갖고 있다면, 그 사람은 안전을 느낄 수 있을 것인가?

평등에 대한 추상적인 권리는 더욱 혼란스럽게 했다. 모든 시민들이 자의적인 구금으로부터의 자유나 언론의 자유를 동등하게 갖고 있다고 하더라도, 이것이 모든 사람은 완전하게 정치적·사회적·경제적으로 평등해야 한다는 것을 의미하는가? 정치적 권력은 현자와 바보 또는 덕성을 갖춘 사람과 타락한 사람들 사이에 동등하게 할당되어야 하는가? 경제적 부는 근면한 사람과 게으른 사람 사이에 균등하게 분배되어야 하는가?

버크는 평등이라든가 박애와 같은 추상적인 권리에 대한 요구가 각 나라마다 각기 다른 권리의 역사적 발전을 무시하는 것이라고 보았다. 각각의 국민적 정치공동체는 장기간에 걸쳐 권리와 의무에 대한 그 나름의 독특한 차이를 발전시켜 왔다. 권리는 보편적인 것이 아니다. 그것은 역사적으로 특정의 집단과 특정의 사건들 속에 근거를 두고 있다. 버크는 추상적인 권리에 대한 자유주의적이고 급진적인 요구가 권리의 역사적 발전을 무시하고 있을 뿐만 아니라 시간의 검증을 통과한 구조와 관행에 대해 부당하게 간섭을 하고 있다고 주장했다.

또한 프랑스혁명에서 자유, 평등, 박애에 대한 요구는 프랑스의 전통적인 집단과 결사체에 대한 공격으로 나타났다. 프랑스혁명은 귀족, 교회, 동업자집단에 대해 추상적인 권리를 제약하는 것으로 간주하였다. 전통적인 보수주의자들은 이러한 제도들이 사람들을 결속시키며 행동을 온건하게 만들고 책임을 분산시킨다고 주장했다. 이러한 제도들이 없다면 시민들은 다른 사람들에 대한 자신들의 의무를 잊어버릴 것이고 또 사회가 적절히 기능하도록 하기 위해서 다양한 시민들이 떠맡아야 할 다양한 역할을 소홀히 할 것으로 보았다.

버크는 프랑스에서 테러가 시작되기 전에 전통적인 결사체가 부재한 가운데 추상적인 권리를 추구하게 되면 이들 추상적인 권리들이 실제로 구현되지 않은 채 폭력을 유발할 것으로 경고했다. 전통적인 집단은 사회적·정치적 권력의 남용으로부터 개인을 보호하는 완충 역할을 한다. 이들 중재적인 제도들은 개인의 행동을 온건하게 하기 위해서 뿐만 아니라 국가권력으로부터 시민을 보호하기 위해서도 유지되어야만 한다.

평등과 같은 추상적인 권리에 대한 요구는 토지와 화폐의 재분배에 대한 요구를 조장하는 데 기여할 수 있다. 전통적 보수주의자들은 혁명기간 동안 교회와 귀족이 소유하고 있는 토지를 재분배하는 것은 곧 전통적인 집단과 전통적인 위계에 대한 공격인 것으로 바라보았다. 전통적인 보수주의자들은 토지가 몇몇 소수의 귀족 가문에 의해 장기간 보유되는 것에 대해 반대하지 않았다. 귀족의 재산권은 가문과 토지를 한데 묶어 놓았고 토지에 대한 존중과 애정을 가져다 주었다.

토지는 단순한 상품이 아니었다. 그것은 시장에서 설정된 어떤 가격보다도 더 높은 가치를 갖고 있었다. 부분적으로는 이러한 이유 때문에 전통적 보수주의자들은 시장가격과 자본주의 관행을 지지하는 데 주저하였다. 자본주의 국가에서 토지는 사고파는 상품이며, 그것도 때로는 단순히 미래의 이익을 위해서 사고파는 상품이다. 토지ㅡ토지를 한 번도 본적이 없는 소유자가 그 자리에 있든 없든 관계없이 사고파는 토지―에 대한 투기는 전통적 보수주의자들이 토지와 소유주 사이에 존재하리라 믿었던 거의 성스러운 관계를 단절시키는 것이었다.

전통적 보수주의자들은 또한 부의 분배에 대한 사회주의적 주장을 거부한다. 왜냐하면 재분배 역시 사회에서 개발되어 왔던 자연적인 위계를 공격하는 것이기 때문이다. 개인 재산은 보호되어야 하는데, 그 이유는 사적 소유가 자연적이고 추상적인 권리이기 때문이 아니라 재산의 보호가 사회안정을 가져오기 때문이다. 부의 불평등은 수긍할 만한 것이다. 전통적 보수주의자들에 따르면 불평등은 '귀족 의무(Noblesse Oblige)' 교리에 의해 덜 고통스러운 것이 될 수 있다.

엘리트들은 스스로 깨우친 동정심과 의무감으로부터 자선의 기예(技藝)를 실천해야 한다. 전통적인 집단을 통해서 그리고 그들과 함께 하면서 엘리트들은 상대적으로 더 불행한 사람들을 돌볼 의무가 있다. 전통적인 보수주의자들이 재분배에 대한 사회주의적 근거를 거부하고 있지만, 그들은 자본주의 경제에서의 엘리트의 무책임과 극단적인 경제적 불평등에 대해서도 탐탁치 않게 생각한다. 자본주의 경제에서 모든 사람들은 다른 사람들과의 '자유로운' 교환을 통해서 얻어질 수 있는 만큼의 재산을 소유할 수 있는 법적인 권리를 갖는다. 그러나 자본주의 경제에서 이러한 모든 사람의 '형식적이고 추상적인 평등'은 매우 불평등한 결과를 낳는다.

전통적 보수주의자들이 볼 때 바람직하지 않은 결과로서는 부당한 빈곤, 과도한 사회적 이동성, 사회적으로 책임이 없는 엘리트 등이 포함된다. 그러나 이러한 문제점들에 대한 처방은 가난한 사람들에게 추상적인 복지권을 제공하는 것이 아니다. 그 대신에 전통적 보수주의자들은 엘리트들에게서 '귀족의 의무' 개념에 포함되어 있는 것과 같은 가난한 사람들에 대한 책임감을 불러일으키고자 한다. 자본주의가 엘리트들에게서 조악(粗惡)한 개인주의를 조장함으로써 그들의 책임감을 훼방할 때 전통적 보수주의 정치가들은 가난한 사람들에게 어떤 혜택을 제공하기 위해서 때로는 별로 탐탁하게 여기지 않으면서도 정부를 활용하고자 한다. 그러나 이러한 혜택들은 물질적인 필요에 대한 시민들의 추상적인 추상적 권리에 근거를 두고 있는 것이 아니라 혁명적인 사회적 운동을 막고 사회안정을 도모하고자 하는 의도에 따른 것이다.

전통적인 보수주의자들은 추상적인 권리를 구현하는 데 따른 결과에 대해 불편해 한다. 자본주의는 추상적인 개인의 경제적 자유와 평등에 기반을 두고 있다. 이러한 권리들은 책임감 없는 엘리트들을 양산하며 사회 내 모든 사람들의 자기이익 추구를 조장한다. 전통적 보수주의자들에게는 자기이익 추구야말로 정말 문제이다. 왜냐하면 사람들이 사회와 공동체에 미치는 결과에 대해 아무런 고려 없이 이익을 추구하기 때문이다. 자기이익을 추구하는 개인들은 사회적 책임을 소홀히 하는 경향이 있으며 자신들을 공동체와 결합시키는 사회적 유대를 포기하는 성향이 있다. 물론 전통적 보수주의자들은 자본주의 경제를 사회주의 경제로 대치하길 원하지는 않는다.

오히려 그들은 각기 다른 지방마다 토지귀족과 농노, 도시의 신흥 수공업자와 무역업자들(부르주아지), 그리고 기타 사회 내 부문들에 대해 각기 다른 경제적 권리를 부여하고 각기 다른 책임을 맡도록 하는 봉건경제(feudal economy)를 선호한다. 전통적 보수주의자들에 따르면, 이러한 경제는 자기이익 추구의 행동보다는 공공지향적인 행동을 조장하기 때문에 사회적 질서를 가져올 것으로 보았다. 자본주의의 경제적 권리는 혁신과 경쟁, 이윤창출과 사회적 이동성을 가져올 수 있지만, 그러한 권리의 결과 사회의 전통적 기반이 무너지고 냉혹하고 비참한 변화가 야기되며 개인들은 봉건경제 내에서의 전통적이고 안전한 위치로부터 떨어져 나가게 된다.

전통적 보수주의자들이 보기에 추상적 권리에 기반한 정치는 역사적 이해를 대가로 치르면서, 중개적인 제도를 비용으로 하여 그리고 사회를 한 데 묶는 유대를 훼손시키면서 개인주의를 조장한다.

전통적 보수주의가 제기하는 두 번째 문제점은 사회적·정치적 개혁을 위한 지침으로서 계몽주의의 합리성이 제시되는 데에서 비롯된다.[1] 앞 절에서 보았듯이 고전적 자유주의자들은 합리적인 개인들이 자신들의 즐거움을 최대화하고 고통을 최소화함으로써 자신들의 이익에 가장 잘 기여하는 일련의 행동들을 발견하기 위해서 내부로 향할 것으로 보았다. 그래서 그들은 합리적인 사회가 사회 내 최대다수의 최대행복에 가장 잘 부합하는 정치개혁들을 발견할 것이라고 믿었다. 전통적 보수주의자들은 순수이성이 개인의 선택과 정치적 변화에 대한 지침으로서 작용할 수 있다고 보는 이러한 계몽주의의 주장을 거부한다.

물론 버크는 사람들이 자신들의 이성적 능력을 활용해야 한다고 생각하면서도 또한 그는 인간의 이성이 오랫동안 지속되어 온 습관이나 인간의 감정 또는 사회적 관례로부터 야기된 편견에 의해 정보가 제공되는가 하면 영향을 받고 왜곡되기도 한다고 보았다. 버크에 따르면 모든 사람은 이성의 순수한 사용을 허용하지 않는 습관과 감정 그리고 관례의 산물이다. 인간은 홀로 고립된 가운데 사유하는 존재가 아니라는 것이다. 우리들은 육체를 갖고 있고, 열정을 갖고 있으며, 역사를 갖고 있고, 우리들의 세계를 형성하는 사회적 유대를 갖고 있다. 우리들은 완전한 이성이 요구하는 바대로 모든 정보를 다 제공하지 못하는 세계에서 행동해야 한다. 버크가 보건대 우리들의 생각에서 편견의 불가피한 역할은 계몽주의 철학자들이 상정하는 것처럼 그렇게 해로운 것만은 아니다. 오히려 편견은 가치정향과 적절한 시각을 제공함으로써 이성을 보좌한다.

인간이 단순히 사유하는 존재가 아닌 것처럼 사회도 쉽게 바꾸거나 고치고 또 개선할 수 있는 고안물이 아니다. 전통적 보수주의자에게 있어 사회는 유기체적인 실체로서 가장 잘 이해된다. 전통적 보수주

---

1) Edmund Burke, *Reflections on the Revolution in France* (New York: Liberal Arts Library Press, 1955〔1790〕), pp. 99-100.

의자들은 사회에 대해 '국가배(the ship of state)'라든가 '정교한 회중시계'와 같은 고전적 자유주의자들의 규정보다는 '정치체(body politic)'에 대해서 얘기하길 더 좋아한다. 고전적 자유주의자들의 개념은 사회가 잘 훈련을 받은 기술자에 의해 개선될 수 있다는 것을 시사하고 있다. 사회를 개선하는 것은 가능하고 필요할 지도 모른다. 그러나 전통적 보수주의자들에게 있어 그러한 개선은 서서히 그리고 주의깊게 이루어져야 한다. 정치체에 대해 아무렇게나 손을 대는 것은 불편한 상황보다도 더 안 좋은 것으로 판명되는 의도치 않은 결과를 가져올 가능성이 크다. 프랑스 혁명가들이 개혁에 접근할 때 가졌던 확신은 버크에게는 위험한 오만으로 비춰졌다. 정치체는 인간이 통달할 수가 없는 복잡한 유기체이다. 무모한 개입은 거의 항상 반생산적일 가능성이 많으며 정치체의 붕괴로 이어지기 쉽다. 사회개혁은 기계를 수선하는 것이라기보다는 살아있는 실체에 대한 주의깊은 보살핌으로 비유될 수 있다.

전통적 보수주의자들에게 있어 세 번째 문제점은 전통적 권위, 특히 정부와 교회의 권위를 거부하는 문제와 관련되어 있다. 자신의 저서인 『프랑스혁명 고찰』에서 버크는 국민의회를 구성했던 사람들의 성분에 대해 불안감을 표시했다. 대부분의 경우 그들은 무명의 사람들이었고 재능도 없으며 뚜렷한 덕성도 없는 사람들이었다. 가장 중요하게는 "그들 가운데 누구에게서도 공직에서의 실제적인 경험을 발견할 수 없었다. 기껏해야 이론적인 사람들뿐이었다."[2] 버크에게 있어 통치는 실제적인 지혜와 '신중'이 요구되는 것이었다.

경험과 역사적인 지식을 가진 사람만이 올바른 정치적 판단을 할 수 있다. 신중을 단순한 이론이나 수학적 정식화로 환원시켜서는 안된다. 올바른 판단과 지혜 그리고 덕성을 가진 사람들이 자연적 귀족정을 구성한다. 이러한 사람들을 공직으로부터 멀리하도록 하고 정치

---

2) Burke, *Reflections on the Revolution in France*, p. 46.

적 권위를 사회 내에서 다양한 이해관계를 대표하는 사람들에게 맡기거나 또는 추상적인 원칙과 권리에 기반하여 최선의 행동 방향을 잘 알고 있다고 주장하는 자유주의적 이론가들에게 위탁하는 것은 사려 분별이 없는 것이다.

또한 전통적 보수주의자들에게는 종교적 권위를 깎아내리는 것도 신중하지 못한 것이다. 버크처럼 열렬한 영국 국교도인 전통적 보수주의자들은 프랑스 혁명 기간 동안 가톨릭 교회에 대한 공격을 불안하게 바라보았다. 전통적 보수주의자들은 **국가종교**를 중요한 사회적 제도인 것으로 옹호하였다.[3] 단일 종교의 권위는 사회적 조화를 옹호하고 공통의 종교적 관행들을 확립하며 도덕성을 강화함으로써 국가를 지탱시켜 준다. 전통적 보수주의자들은 종교적 자유라든가 종교와 국가의 분리를 요구하는 것을 사회적 타락으로 나아가는 위험스런 행보인 것으로 간주하였다.[4]

2. 목표

사회적 · 정치적 문제점에 대한 전통적 보수주의자들의 견해를 고려하면, 그들이 추구하는 유일한 목표는 현재상태의 보호와 중세 시대의 '좋았던 옛시절'에 대한 갈망인 것 같아 보인다. 확실히 전통적 보수주의자들의 문헌들을 보면 중세 시대에 대한 향수가 많은 것이

---

3) Burke, *Reflections on the Revolution in France*, pp. 102-120.
4) 20세기에 전통적 보수주의자들은 종교적 관용이라든가 종교와 국가 간의 분리에 대해서는 어느 정도 수긍한다. 그러나 사회제도로서의 종교의 역할에 대해서는 대부분의 전통적 보수주의자들이 옹호를 한다. 다만 20세기 전통적 보수주의자들의 종교관은 경건한 신앙심으로부터 열렬한 무신론에 이르기까지 다양하다. 물론 대부분의 전통적 보수주의자들의 견해는 더 협애한 범위로 한정되어 있는데, 종교적 제도에 대한 공적인 연계를 옹호하는 것에서부터 종교에 대한 공적인 무관심까지가 그것이다. 전통적 보수주의자들의 다양한 종교관에 대해서는, Robert Nisbet, *Conservatism: Dream and Reality* (Minneapolis: University of Minnesota Press, 1986), pp. 68-74 참조.

사실이다.[5]

 그러나 현재상태에 대한 이러한 강조는 전통과 관례에 대한 깊은 존중을 계발하기 위한 수단인 것으로 이해되어야 한다. 전통이란 이전 세대로부터 이어져 온 지식의 산물이다. 전통은 공통된 관행과 이해의 사회적 유대를 제공한다. 관례도 이와 유사한 사회적 유대를 가져다 주며 삶에 있어서 예측 가능한 리듬을 제공해 준다.

 17~18세기 동안 이러한 전통과 관례들은 과학적인 사고와 자유주의적인 혁신 그리고 급진적인 열망에 의해서 위협을 받아 왔다. 전통적 보수주의자들은 이러한 이해들이 당 시대의 검증을 거치면서 전통적인 관행 속에 구현되어 있는 사회적 지혜와 필적할 수 있는 것인지에 대해 의문을 제기한다. 전통과 관례에 대한 존중을 회복함으로써 전통적 보수주의자들은 개인과 공동체에게 오랜 세월에 걸친 지혜를 제공해 주고 모든 형태의(때로는 순식간에 지나가 버리는) 과학적인 이론이나 급진적인 신념 때문에 발생하는 고민거리들을 줄이고자 애쓴다.

 전통에 대한 존중을 회복하는 데 강조점을 두고 있음에도 불구하고 전통적 보수주의자들은 단순히 복고의 입장을 취하는 것은 아니다. 그들은 때로는 역사상의 사회에서 달성되지 않았고 전통적인 삶의 방식에서 반영된 적도 없었던 수많은 목표들을 표명해 왔다.

 첫째, 전통적 보수주의자들은 질서정연하고 평화로운 공동체를 추구해 왔다. 행동의 규칙과 법은 명확해야 하며 현행 사회의 신념을 반영해야 한다. 법이 공공을 선도해서는 안 되고 그에 따라야 한다. 통치는 "특정의 것이고 제한된 행위이어야 한다…그래서 사람들이 자신의 선택을 추구할 수 있도록 하면서 좌절은 최소한에 머물도록"[6]해야 한다. 정부는 집단들 간의 반목과 갈등을 줄이는 데 특별한 주의를 기울

---

5) Nisbet, *Conservatism*, pp. 2-11 참조.
6) Michael Oakeshott, "On Being Conservative," in Michael Oakeshott, *Rationalism in Politics and Other Essays* (New York: Basic Books, 1962), p. 184 참조.

여야 한다. 정부는 사회를 완전하게 하는 데 관심을 기울이기보다는 걱정을 줄이고 갈등을 최소화하는 데 중점을 두어야 한다. 정부는 유토피아의 꿈이나 거대이론에서 벗어나야 하며 의식이나 확립된 관례에 기반하면서 정치에 대한 상식적 접근에서 지도력을 발휘해야 한다.

둘째, 전통적 보수주의자들은 사회 내 다양한 자발적인 조직체들을 보호하고 발전시켜 나가길 원한다. 자발적 조직체들은 한때 무역조합이라든가 상인결사체, 지방의 교구, 대가족 등 구질서의 완충적 제도들에 의해 수행되어 왔던 많은 기능들을 담당한다. 교회, 공동체집단, 자선단체, 학교 등 자발적인 조직체들은 지역 내의 친숙한 사람들과의 교감을 통해서 개인에게는 안식처를 제공해 주며 사회에게는 부속물을 제공해 준다. 자발적 결사체들은 시민들에게 사회생활을 상기시켜 주며 협소하고 자기중심적인 시각에서 벗어나도록 하는가 하면 그들로 하여금 보다 우호적인 환경에서 자신들의 사회적 의무와 책임을 실천할 수 있도록 기회를 제공해 준다. 또한 자발적 결사체들은 사생활에 정부가 개입할 필요성을 줄임으로써 그리고 만약 자발적 결사체가 없었다면 자원이 없는 사람들에게 정부가 행사하게 될 권력을 감소시킴으로써 정부와 국민들 간의 관계를 중재하기도 한다.

셋째, 전통적 보수주의자들은 개인들의 특성과 장점을 개발하고 함양시키길 원한다. 그들은 강력한 시민적 책임을 통해서 시민들의 발전을 추구한다. 그들은 이러한 시민적 책임을 자본주의 경제에서 자기이익 추구를 견제하기 위해 필요한 것으로 간주한다. 개인들은 자신과 다른 사람들 간의 관계를 알아야 하며 또 다양한 지방의 결사체들 내에서 협력적으로 행동함으로써 사회적 연대를 실현할 필요가 있다. 전통적 보수주의자들은 개인의 장점들을 증진시키고자 하는데, 이는 그것이 사회의 향상에 기여할 뿐만 아니라 개인의 장점들이 자본주의나 사회주의에 의해서 위협을 받고 있기 때문이다. 그래서 개인의 장점들은 강화되어야 한다는 것이다. 자본주의는 이러한 장점들을 시장이 나아가는 방향으로 줄여나가려고 하는가 하면 사회주의는 보통 사람들을 찬양함으로써 이러한 장점을 위협한다.[7] 고상한 문화가 대중에게로 낮춰져서는 안 된다. 오히려 재능이 있는 개인들이 문화의 꼭대기로 상향 이동해야 한다.

넷째, 전통적 보수주의자들은 개인들로 하여금 비도구적인 행동에 관여하도록 촉구한다. 미카엘 옥샷은 현대인들이 너무나 자주 자신들의 행동을 보상과 이익 또는 포상을 가져다 주는 행동에 한정하고 있다고 주장한다.[8] 미래의 이익에 관심을 두지 않으면서 스스로를 즐기는 행동과 관계에서 보수적 기질이 개발되고 인간의 행복이 가장 잘 표현될 수 있다는 것이다. 우애란 확실히 미래의 이익 전망에 대한 고려가 친구의 즐거움에 영향을 미쳐서는 안 되는 관계 가운데 하나이다. 오락 행위도 행동의 '성공'에 관심을 갖지 않을 때 즐거움을 가져다 줄 수 있다. 비도구적 행동을 통해서 사람들은 가까운 사람들로부터 즐거움을 도출할 수 있고 전통적 보수주의자들이 바라마지 않는 협력적 시민의식을 개발해 나갈 수 있다.

이러한 목표들을 증진시켜 나감에 있어 전통적 보수주의자들은 사회적 협동의 중요성을 주장해 왔다. 그들은 정치와 과학, 경제, 종교에서의 과도한 개인주의에 대해 반대의 입장을 고수한다. 그들은 정부가 평등한 개인들 사이에서 이루어진 '단순한 계약'의 산물이라고 가정하는 개혁적 견해에 반대하여 정치적 공동체 입장을 옹호하고자 한다. 그들은 과학이 사회적 쟁점을 분석하는 데 있어 적절한 단위로서 개인에 초점을 맞춤으로써 세계에 대해 새로이 그리고 더 잘 이해할 수 있도록 해 줄 것이라고 믿고 있는 사람들의 입장에서 보면 의문시되는 사회적 전통에 대해 강한 애착을 갖는다.

그들은 사람들에게 개인적 성취의 도구로서 경제적 생산성이라든가 부의 축적 이상의 것이 삶에 존재한다는 것을 상기시켜 주려고 한다.

---

7) Jose Ortega y Gasset, *The Revolt of the Masses* (New York: W. W. Norton, 1957〔1930〕) 참조.
8) Oakeshott, "On Being Conservative," pp. 175-178.

⟨설명상자 3-2⟩ 공동체주의

때로는 '탐욕의 시대'라고 불리우기도 하는 1980년대 동안 몇몇 미국의 지식인들과 행동가들은 새로운 공동철학의 발전을 촉구하기 위해서 '공동체주의(communitarianism)'라는 단어를 만들어 냈다. 공동체주의자들의 입장에서 보면 오늘날의 미국인들은 자기이익 중심적인 개인에게 너무 많은 강조를 두고 있으며, 개인적 이익의 총합 이상의 어떤 것으로 이해되는 공동체의 삶과 공공선에 대해서는 충분하게 관심을 기울이지 않고 있다. 공동체주의자들의 입장에서 보면 미국인들은 개인의 권리를 지나치게 강조하고 결속력있는 공동체를 위해서 필요로 하는 의무들을 부적절하게 방치하고 있다. 정치적·경제적 개인주의를 비판하고 공동체의 가치를 옹호함으로써 전통적 보수주의자들은 공동체주의적 시각의 기반을 쌓는 데 일익을 담당했다.

많은 이데올로기들은 공동체주의의 요소들을 갖고 있다. 그러나 스스로를 공동체주의자로 자처하는 학자들은 일반적으로 다음과 같은 두 개의 그룹으로 나눌 수 있다. '좌파 공동체주의자'라고 불리우는 보다 오래된 그룹은 자유주의적 개인주의가 공공선을 증진시키지 못하고 경제적 불평등 문제를 무시할 뿐만 아니라 개인이 공동체적 삶 속에서 배태되는 방식을 소홀히 한다고 비판을 가한다. 미카엘 산델(Michael J. Sandel), 찰스 테일러(Charles Taylor), 알라스다이르 매킨타이어(Alasdair MacIntyre) 같은 이들 공동체주의자들은, 개인이 자유롭게 자신의 선을 규정해야 하고 정부는 다양한 선 개념과 관련하여 중립적이어야 한다고 보는 자유주의자들의 주장은 개인의 도덕적 발전과 사회진보를 훼방할 것이라고 파악하였다.

이들 공동체주의자들의 입장에서 보면 공공선을 개인적 이익의 총합과 같은 것으로 파악하는 자유주의적 개념은 '너무나 취약'하다. 그들은 사회를 개선시키려는 정부의 노력에 중요한 지침을 제공하기 위해서는 '선'에 대한 보다 광범한 사회적 이해가 필요하다고 역설한다. 그들은 국가와 개인 모두 자본주의에 의해 야기된 불평등을 줄이는 의무를 포함하여 공통의 의무를 보유하고 있는 것으로 본다. 좌파 공동체주의자들은 공동체보다 개인이 더 우선하며 개인의 선이 사회계약보다 우선하는 것으로 파악하는 자유주의적 시각은 개인적 기회나 선택 또는 자기이해가 공동체와 현존하는 사회적 가치에 의해 구성되는 방식을 간과하고 있다고 믿는다. 개인이 스스로 자기결정한다고 주장함으로써 자유주의자들은 개인이 공동체의 사회적 관계에서 배태되는 방식을 간과한다는 것이다. 자유주의적 개인주의의 최대 위험은 그것이 건전한 정치적 공동체의 생존을 위해서 필요로 하는 가치들, 특히 의무와 열정, 희생 등의 가치에 대한 헌신을 소홀히 한다는 데 있다.

스스로를 공동체주의자라고 자처하는 다른 현대적 그룹은 경제적 불평등이라든가 개인의 배태성(embeddedness)에 대해 관심을 갖지 않는다. 아미타이

> 에치오니(Amitai Etzioni), 다니엘 벨(Daniel Bell)과 같은 이들 '우파 공동체주의자들'은 공동체에 대한 가장 심각한 자유주의적 위험은 개인의 법적 권리의 증대라고 주장한다. 유명한 사회학자이자 우파 공동체주의의 창설자 가운데 한 사람인 에치오니는 개인의 시민적 자유의 보호가 공동체의 권리를 위협하고 있다고 생각한다. 미국시민자유연맹(ACLU: American Civil Liberties Union)과 같은 단체는 공동체의 안전에 대한 고려가 없이 개인의 권리, 특히 피고인의 권리를 보호한다. 우파 공동체주의자들의 입장에서 보면 개인의 권리는 공동체에 어떤 영향을 미칠 것인가를 고려하여 재검토할 필요가 있다. 시민들은 특히 공공질서를 유지하기 위해서 사회적 의무가 개인의 권리 못지 않게 중요하다는 것을 이해해야만 한다는 것이다.

그리고 그들은 종교라는 것이 전적으로 개인적이고 사적인 문제라고 보는 현대적 주장에 대해 기성종교를 옹호한다. 그들은 과도한 개인주의는 반목과 갈등을 가져와 질서가 잘 잡히고 평화스런 공동체를 위협할 것으로 본다. 그래서 그들은 사회가 개인보다 더 중요하다고 보며, 공동체에 대한 개인의 책임을 증진시키는 방식으로 사회가 질서 잡혀야 한다고 주장한다. 완충적 제도의 창출과 유지는 추상적이 아니라 구체적인 방식으로 개인을 사회에 접목시키며, 그럼으로써 '뿌리내린 개인주의(rooted individualism)'를 제공해 준다. 이러한 뿌리내린 개인주의를 통해 시민은 자신들보다 더 큰 무엇인가에 대한 귀속감을 갖게 되며 즉각적인 자기이익보다 더 중요한 무엇인가에 대해 책임감을 갖게 된다.

II. 철학적 기반

1. 존재론

전통적 보수주의자들은 두 개의 전혀 다른 존재론을 제시해 왔다. 일반적으로 19세기 전통적 보수주의자들이 견지하고 있는 첫 번째 견해는 '존재의 거대한 사슬(Great Chain of Being)'이 존재한다는 것이다.

이러한 연쇄망의 꼭대기에는 신이 위치해 있으며, 신은 실체를 창조하지만 결정을 도맡아 하지는 않는다. 이러한 연쇄망에서 보다 하위에 위치해 있는 인간은 신의 의지를 단지 불완전하게 파악할 수 있을 뿐이다. 신과 인간 사이에서 인간의 불완전한 지식을 개선하도록 돕는 것은 사회이다. 사회는 장기간에 걸친 시행착오를 통해 발전되어 온 인간지식의 집단적 보고(寶庫)로서 통찰력을 제공한다. 이러한 사회적 지식은 그 이전 세대의 모든 통찰력을 결합하기 때문에 어떤 개인이나 집단의 통찰력보다 우월하다.

또한 이러한 사회적 지식은 어떤 개인이나 집단보다도 자만이나 격정, 어리석음과 같은 인간의 재앙에 덜 빠지는 경향이 있다. 사회적 지식은 신의 의지에 완벽하게 부합하지는 않지만 어떤 개인에게 유용한 지식이나 통찰력보다 훨씬 더 신의 의지에 가깝다. 이것이 전통적 보수주의자들이 인간행동을 위한 최선의 지침으로서 전통과 관례에 의존하는 이유이다.

존재의 거대한 존재망이라는 개념에는 사회내 모든 구성원들의 연결성이라는 생각이 담겨 있다. 이러한 연결성은 모든 살아있는 사람들 사이에만 있는 것이 아니라 죽은 사람과 살아있는 사람 그리고 앞으로 태어날 사람들 사이의 연결성을 포함한다. 살아있는 사람은 죽은 사람과 연결되어 있는데, 왜냐하면 죽은 사람은 살아있는 사람들에게 그들의 사회적 지식을 계승해 주고 있기 때문이다. 살아있는 사람과 죽은 사람 모두 미래의 시민들에 대한 의무를 갖고 있다. 왜냐하면 그들도 살아있는 사회의 진행중인 역사의 일부분이기 때문이다.

20세기 일부 전통적인 보수주의자들이 견지하고 있으며 미카엘 옥샷이 가장 강력하게 표명하고 있는 두 번째 존재론의 견해는 보수주의가 존재론과 관련을 맺을 필요가 없다는 것이다. 이러한 견해에 따르면 보수주의는 철학적 기반에 의존하지 않으며, 자신의 주장을 지지하기 위해서 신이나 종교를 언급할 필요도 없다. 보수주의는 사물을 있는 그대로 즐기는 성향이며 통치는 제한된 행동이어야 한다는

신념이다.[9]

  종교적 믿음은 도덕성을 제고할 수 있으며, 종교 조직은 사회 내 완충집단으로서 유용할 수 있다. 그러나 보수적 성향이나 신념이 어떤 존재론적 주장에 근거해야 할 필요는 없다는 것이다.

  이러한 두 견해 간의 차이에도 불구하고 그들은 인간의 지식이 제한되어 있고 항상 편견에 의해 영향을 받으며 언제든 격정에 의해 왜곡되기 쉽다는 기본적인 전제를 공유하고 있다. 두 입장 모두 궁극적인 실체는 결코 파악될 수 없으며 단지 어렴풋하게만 인식될 뿐이라는 견해를 갖고 있다.

2. 인간본성

  전통적 보수주의자들은 인간본성에 대한 고전적 자유주의자들의 견해를 받아들이지 않는다. 전통적 보수주의자들에게 있어 인간은 단순히 즐거움을 추구하고 고통을 회피하려는 동기에 의해 움직이는 물질적 존재가 아니다. 오히려 인간은 서로간에 유대를 맺고 존재의 거대한 연쇄망을 통해 신과 연결되는 정신적 존재이다. 인간은 정신적인 고려와 원칙, 권리와 의무, 사회에서 개발되어 온 정서에 의해서 동기를 부여받는다. 자기이익은 인간이 하는 선택을 설명할 수 없을 뿐만 아니라 공동체 내에서 현명한 선택을 위한 지침으로 역할을 할 수도 없다. 인간의 분별력은 전통과 관습을 통해 선택을 구조화하는 질서정연한 사회에서 각자가 체득한 경험에 의해 지도되어야 한다.

  전통적 보수주의자들에 따르면, 인간본성은 근본적으로 선하지도 않지만 악하지도 않다. 모든 인간은 선을 행할 수 있는 잠재력을 보유하고 있지만, 또한 악을 행하는 성향이 선을 행하는 성향을 쉽게 넘어설 수 있다. 자기이익이 조장될 때 그리고 인간이 질서정연한 사회의 전통이나 관례로부터 지침을 받지 않고 이성에 기댈 때 악을 행하는

---

9) Oakeshott, "On Being Conservative," pp. 182-184.

성향이 증대된다. 질서정연한 사회에서도 인간은 악행에 빠지기 쉽고 인간적 약점에 쉽게 넘어간다. 그러나 질서정연한 사회는 모두가 공공선에 대한 기여를 하는가 하면 모든 사람이 공동체에 통합되어 있다고 느끼도록 함으로써 상당히 선한 생활방식을 인간에게 제시해 준다. 사회는 완전한 인간을 만들어 낼 수는 없지만, 악을 행하는 성향을 줄이고 시민들 간의 유대가 증대되도록 하는 환경을 제공할 수는 있다.

앞의 존재론에서 지적한 것처럼, 전통적 보수주의자들은 인간의 이성과 합리성이 제한되어 있다고 믿는다. 인간은 자신의 최대 이익이 무엇인지를 잘 알 수 없다. 이성의 사용은 항상 인간의 격정과 부속물에 의해 영향을 받는다. 인간의 이성은 결코 순수하지 않으며 항상 편향되어 있다. 왜냐하면 인간의 이성은 감정이나 습관과 혼합되어 있기 때문이다. 인간의 이성은 항상 제한되어 있다. 왜냐하면 각각의 사회만이 아니라 세계는 너무나 복잡하고 상호연결되어 있어서 어떤 사람도 이를 충분히 인지할 수가 없기 때문이다.

그러나 인간의 이성이 제한되어 있다고 하여 전통적 보수주의자들이 이성의 사용을 포기하는 것은 아니다. 이성은 주의깊게 그리고 관련된 사안의 세세한 부분에 충분히 유의하면서 사용되어야 한다. 특정 사안에 대한 연구로부터 일반화를 끄집어 내는 것은 가능하다. 그러나 전통적 보수주의자들은 거대 이론이나 거창한 분석틀에 대해 회의적이다. 그들은 '정치과학(science of politics)'이나 '인간과학(science of man)'이 가능하다고 믿지 않는다. 그들은 사회적 행동이나 인간행태가 수학적으로 설명될 수 있다고 보지 않는다. 그래서 이성을 가장 잘 활용하는 것은 경험에 의지하여 상식적으로 접근하는 것이고 또 구체적이고 특정적인 것에 초점을 맞추는 것이다. 고전적 자유주의자들의 공리주의적 계산이나 사회주의자들의 유토피아적 계획, 그 어느 것도 인간 이성의 한계라든가 인간 동기의 복잡성을 고려에 놓지 않고 있다는 것이다.

개개인에게 유용한 이성의 한계는 인간 자율성의 잠재력을 제한한다. 각각의 개인이 어떻게 살 것인가에 대한 자기 자신의 진리의 원천이 되어야 한다고 보는 자유주의적 개념은 인간의 조건을 잘못 이해하고 있다는 것이다. 인간은 관습과 전통, 안정을 제공함으로써 자신들의 상식을 증진시키고 자신들의 행동을 정립하기 위해서 사회를 필요로 한다. 인간의 목표는 사회적으로 규정되어야 한다. 그래야 개인은 사회 내에서의 자신의 위치라든가 존재의 거대한 연쇄망에서의 역할 그리고 자신의 존재의 의미 등을 인지할 수 있다.

전통적 보수주의자들은 자유주의가 고립된 개인주의를 조장한다고 주장한다. 관례의 고리와 전통적 권위의 안정으로부터 '해방된' 가운데 자유주의적 사회의 개인들은 개인의 즐거움을 추구할 수는 있지만 존재의 의미를 발견할 수가 없다고 본다. 자유주의적 사회는 아무런 역할도 없고 친구도 없으며 목적도 없이 소외된 자아를 낳는다. 에밀 뒤르켐(Emile Durkheim)은 자아의 소외를 '아노미(anomie)'라고 불렀으며, 자신의 저서인 『자살론』에서 유럽에서 전통적 권위의 붕괴와 개인주의의 대두에 따라 자살의 발생빈도가 증가하였다고 주장했다.[10]

고립된 개인주의를 치유하려면 인간의 평등이라는 추상적인 주장으로는 안 된다. 전통적 보수주의자들은 재능과 능력에 있어서 사람들마다 각기 다르다고 주장한다. 질서정연한 사회는 시민들의 각기 다른 특징에 기반하여 사회적 역할을 담당하도록 함으로써 사람들 사이에 존재하는 이와 같은 구체적인 차이를 활용해 나간다. 다양한 시민이나 집단들이 각각의 역할이나 특권, 책임을 다양하게 차별화하여 나갈 때 사회는 가장 잘 작동한다. 각각의 개인은 사회에 대해 각기 다르지만 중요한 기여를 해 나간다. 모든 사람들이 각기 다른 과제를 맡고 있으면서도 사회의 선을 위하여 함께 일할 때 시민들은 보다 크고 보다 의미 있는 실재에 귀속되어 있다는 느낌을 갖게 된다는 것이다.

---

10) Emile Durkheim, *Suicide: A Study in Sociology*, edited by George Simpson (New York: The Free Press, 1966〔1897〕), esp. pp. 241-360.

3. 사회

1790년까지 자유주의 사상가들은 사회가 단순히 인간이 만든 것이라는 생각을 발전시켜 왔다. 앞 장에서 본 것처럼, 고전적 자유주의자들은 일단의 개인들이 시민사회의 이득을 누리기 위해서 어떤 자연적 권리들을 양도하는 사회계약을 맺음으로써 사회가 태동한 것이라고 믿었다. 그리고 그들은 사회는 단순하게 사회를 구성하고 있는 개인들의 총합이라고 생각했다.

사회에 대한 이러한 개념은 사회에 대해 그 이전의 중세적 개념을 표명한 버크에 의해서 거부되었다. 사회는 불만을 가진 개인들에 의해 해체될 수 있는 계약 이상의 것이었다. 사회는 부분들의 총합 이상의 것이었다. 『프랑스혁명 고찰』 가운데 그 유명한 '사회는 영원한 계약'이라는 장에서 버크는 다음과 같이 선언했다.

> 사회는 사실 계약이다. 단순히 부차적인 이익을 목적으로 한 하위 계약은 기분 내키면 해약할 수 있다. 그러나 국가는 약간의 순간적인 이익을 위해서 고추나 커피, 무명천, 담배, 기타 부차적인 관심품목의 거래에서 체결되었다가 당사자들이 마음대로 해약할 수도 있는 협동적 계약에 불과한 것으로 간주되어서는 안 된다. 그것은 상당한 경의로서 준수되어야 한다. 왜냐하면 그것은 순간적이고 사라져버리는 성질을 가진 동물적 존재에게나 통용되는 것에서의 파트너십이 아니기 때문이다. 그것은 모든 과학에서의 파트너십이며, 모든 예술에서의 파트너십이고, 각각의 덕성과 모든 완전성을 갖춘 파트너십이다. 이러한 파트너십의 목표들은 여러 세대에 걸쳐서 획득될 수 없기 때문에 그것은 살아있는 사람들과 죽은 사람들 그리고 앞으로 태어날 사람들 사이의 파트너십이 된다. 각각의 특별한 국가의 계약은 단지 영속적인 사회의 태고적 계약 가운데 한 조항일 뿐이다. 이러한 계약은 각각 지정된 장소에서 모든 물질적 그리고 도덕적 특성을 가진 불가침의 서약에 의해 보증된 부동의 협정에 따라 가시적 세계와

불가시적 세계를 연결짓고 하위의 특성과 고위의 특성을 연결짓는다.[11]

사회는 하나의 계약일 뿐만 아니라 과거와 미래를 보유하고 있는 살아있는 실체이다. 사회는 성장하고 변화하며 성숙한다. 전통적 보수주의자들은 사회에 대해 자유주의자들이 사용하는 기계론적인 은유를 거부하며 '정치체'와 같은 유기체적 은유를 선호한다.

유기체적 사회관(organic conception of society)은 전통적 보수주의자들의 사상에서 중심을 이룬다. 유기체적 사회는 필연적으로 위계적이고 고도로 상호의존적이다. 유기체가 다른 신체조직보다 더 중요한 어떤 기관을 갖고 있는 것처럼, 정치체는 사회에서 다른 사람이나 집단보다 더 중요한 사람과 집단을 갖는다. 사회의 모든 구성원들이 정치체의 건강에 기여하지만, 인간 능력의 불평등한 배분을 고려할 때 어떤 사람의 기여는 다른 사람의 기여보다 더 중요하다. 그래서 사회는 계급에 기반을 두고 있다. 18세기 전통적 보수주의자들은 중세 사회를 지배했던 계급구분을 지속시켜 나가고자 했다.

중세사회는 도시 부르주아지, 토지에서 일하는 농민이나 농노, 대두하고 있는 자본주의 경제의 공장에서 일하는 노동자들보다는 왕과 토지귀족, 성직자들에게 더 많은 특권과 책임을 부여한다. 전통적 보수주의자들 사이에서 봉건적 계급구조에 대한 애착은 사라지고 있지만, 계급구분이 중요하다는 생각은 여전히 존속하고 있다. 의사와 판사, 정치가들은 농민이나 배관공, 굴뚝청소업자보다 중요하다. 그러나 건강한 사회를 위해서는 농민이나 배관공들도 중요하며, 그들의 기여도 역시 인정을 받아야 한다. 모든 사람은 각자 역할을 갖고 있으며 이를 양심적으로 수행할 의무를 보유하고 있다.

사회를 고도로 복잡하고 상호의존적인 조직으로 파악하는 견해는

---

11) Burke, *Reflections on the Revolution in France*, p. 110.

개인의 선택이 일반적으로 파급효과나 사회적 결과를 거의 갖지 않는다고 보는 고전적 자유주의에 반대된다. 전통적 보수주의자들은 사회 내 모든 구성원들 간의 상호연결성이 많은 개인적 선택들을 사회적으로 중요하도록 만든다고 주장한다. 모든 사람들은 자신의 특별한 역할을 수행해야 하며, 자신과 사회 모두를 위해서 불건전한 선택으로부터 보호되어야 한다. 역할과 책임을 재규정하려는 시도는 정치체의 자연적 조화를 파괴할 수 있고 의도치 않은 비참한 결과로 이어질 수 있다.

사회개혁가들은 사회 내의 복잡한 상호의존관계를 무시함으로써 기대했던 것과는 전혀 다른 결과를 낳을 수 있다. 인간신체에 대한 의학적 치료처럼 정치체의 사소한 병을 치료하려다가 오히려 외과의사가 전혀 예기치 않았던 질병이나 심각한 손상을 초래할 수 있다. 그래서 전통적 보수주의자들은 사회 내 역할과 구조에 대한 모든 개입을 경계한다. 지금 실행되고 있는 제도적 장치를 만들어내기 위해서 긴 세월에 걸쳐 이러한 역할과 구조가 개발된 것이기 때문에 이러한 것들을 가볍게 다루어서는 안 된다. 앞에서 지적된 것처럼 사회는 어떤 한 사람이나 집단의 통찰을 넘어서는 사회적 지식의 보고이다.

사회의 구성원들은 사회개혁가들로부터 뿐만 아니라 스스로부터도 보호되어야 한다. 버크가 지적한 것처럼 사회는 가치와 완전성을 증진시켜 나갈 의무를 갖고 있다. 개인과 집단은 특히 자기이익과 격정에 의해 움직이게 되면 잘못된 선택을 할 수 있다. 그래서 사회는 잘못된 구성원들을 그 스스로부터 보호할 의무가 있다. 사회는 개인의 의지가 통제되어야 할 것과 그들의 격정이 순화되도록 할 것을 요구한다는 것이다.[12]

사회 내에 중재적 제도를 창출하고 유지하는 것은 성질과 격정이 순화되도록 하는 방법 가운데 하나이다. 교회와 자발적 단체, 이웃집

---

12) Burke, *Reflections on the Revolution in France*, p. 68.

단, 가족은 다른 사람들과는 직접적이고 구체적인 연결을 제공하고 국가와는 간접적인 연결을 제공하는 조직체이다. 지방적 조직에서 사람은 나른 사람을 위한 행동과 다른 사람과의 행동을 자세히 그리고 완전하게 볼 수 있다. 그러한 집단들은 사회에 대한 국가개입의 필요를 최소화하며 이들 집단의 구성원들에게 귀속감을 제공한다. 사회에서 중재적 집단의 중요성에 대한 이러한 강조는 전통적 보수주의자들이 소중히 여기는 유기체적 사회 역시도 다양한 개인과 계급뿐만 아니라 다양한 결사체가 중요한 역할을 하는 다원사회임을 명확히 해 주고 있다.

중재적 제도들은 사람들에게 사회와의 다차원적이고 다양한 연결을 제공해 준다. 그것은 자유주의적 개인주의와 연관된 아노미의 위험에 대항하는 보호책이다. 20세기 전통적 보수주의자들은 자유주의적 아노미가 확대되면 파시즘에 매우 취약할 수 있는 대중들이 양산된다고 주장한다.[13] 민족의 영광에 근거를 두고 있으면서 공동체의 '강한' 개념을 제공하는 파시즘은 방향감각을 상실하고 삶의 의미를 찾지 못한 사람들에게 호소력을 갖는다는 것이다.

그러나 이와 같이 민족의 영광에 대한 파시스트적 호소는 전통적 보수주의자들이 옹호하는 다원적인 유기체적 사회보다는 단원적인 유기체적 사회를 상정한다. 파시스트 사회에서 모든 사람들은 자신들의 일상적인 삶을 살아가는 많고 다양한 특정의 제도나 집단과 동일시하는 전통적 보수주의 사회와는 반대로 민족적 지도자나 민족적 목적과 동일시된다. 전통적 보수주의자에게 있어 중재적 제도들은 사람과 사회를 연결시켜 주는 중요한 수단이다. 이들 제도들은 자유주의의 고립된 개인주의와 파시즘의 위험스런 국수주의적 호소로부터 사

---

13) Nisbet, *Conservatism*, pp. 35-38 참조. 이러한 분석은 Hannah Arendt, *The Origins of Totalitarianism*(New York and London: Harcourt, Brace, Jovanovich, 1951)의 통찰에 근거하고 있다. 그러나 한나 아렌트는 전통적 보수주의자가 아니다.

람들을 보호해 준다.

　전통적 보수주의자들은 유기체적 사회를 추구함에 있어 개인의 자유를 부정하지 않는다. 그들은 개인은 사회에 뿌리를 내려야 하며 자유는 사회의 구성원들에 의해 수행되는 다양한 역할과 함께 권리와 책임의 제한 내에서 행사되어야 한다고 주장한다. 그래서 사회는 개인에 앞서며, 사회를 유지해 나가기 위해서 개인의 이기주의는 제한되어야 한다고 본다.

4. 인식론

　앞에서 지적한 것처럼, 전통적 보수주의자들은 합리적인 탐구에 의해서 진리에 도달할 수 있다는 생각을 거부한다. 사회에 대한 논의에서 암시된 것처럼, 적절한 사상과 행동에 대한 최선의 지침은 특정의 사회 내에서 개발되어 온 전통과 관례에 의존하는 것이다. 관례에 대한 의존이 필요한 이유는 신앙이나 이성 모두 진리에 대한 지침으로 부적절하기 때문이다. 신앙이 불충분한 이유는 신이 곧 진리라고 하더라도 신의 지식과 의지를 인간이 즉각적으로 판별할 수 없기 때문이다. 초기 계몽주의자들에 의해 발전되어 나온 과학도 부적절하기는 마찬가지다. 왜냐하면 과학은 인과성에 대한 비현실적인 주장에 의존하고 있는가 하면 격정이나 편견, 습관의 힘을 과소평가하고 있기 때문이다.

　고도로 복잡한 유기체적 사회라는 전통적 보수주의자들의 견해를 고려하면 전통적 보수주의자들이 인과관계에 대한 인간의 이해가 제한되어 있다고 보는 것은 별로 놀라운 일이 아니다. 사회의 한 부분에서의 사소한 변화도 유기체를 통해서 거대하고 예기치 않은 변화를 가져올 수 있다. 물론 계몽주의 철학자들도 유기체의 복잡성이 인과적 이해를 제한한다는 것을 인정하지만 그래도 과학에 의해 점점 체계화되는 지식을 통해서 인과적 연쇄나 원격의 결과들이 이해될 수 있다고 주장한다.

계몽주의적 낙관주의에 대한 전통적 보수주의자들의 반론은 아담 스미드와 같은 경제적 자유주의자들뿐만 아니라 보수주의자들에게도 영향을 미쳤던 데이비드 흄(David Hume, 1711~1776)의 통찰을 통해서 발전되어 왔다(〈설명상자 3-3〉 스코틀랜드 계몽주의 참조). 흄은 이 세상의 사물들을 '알' 수 없다고 주장했다. 그 대신 우리들은 이 세상의 사물들에 대한 우리들의 관념을 알 수 있을 뿐이다.

예를 들어 B가 A에 의해서 초래되었다고 주장할 때 우리가 실제로 주장하고 있는 것은 B에 대한 우리의 생각이 A에 대한 우리의 생각과 연결되었다거나 결합되었다는 것이다. 우리들은 세계에 대해 알 수 없기 때문에 인과적 관계가 실제로 존재한다고 주장할 수도 없다. 우리들의 경험을 통하여 규칙적으로 발생하는 우리들의 관념들 사이에 연관이 있다는 것을 알지만, 이러한 연결은 우리의 관념들 사이의 것이지 인과적인 것으로 가정할 수가 없다.

사물에 대해서 우리가 제시하는 연결은 실제로는 우리의 마음에서 하는 연관이지 반드시 외부세계에 대한 설명인 것은 아니다. 우리들은 우리의 마음 속에 실제로 결합된 관념이 존재할때면 마치 원인과 결과가 존재하는 것처럼 말한다. 우리들은 관념을 결합시키는 습관을 갖고 있다. 이것은 습관이지 이성에 의한 외부세계로의 통찰이 아니다. 사실 관념을 결합시키는 이러한 습관은 경험과 관습의 산물이며, 우리들의 관념은 항상 편견이나 관습, 습관, 격정으로부터 영향을 받는다.

그래서 이성만이 진리에 대한 유일한 지침이 아니다. 우리들은 우리들 사회의 관습과 전통, 관례에 의존해야 한다. 진리의 탐구는 우리들의 경험과 역사인식, 그리고 각각의 특정 쟁점에 대한 상식적 접근에 의존해야 한다. 그래서 계몽주의 개혁가들의 거대이론은 잘못된 것이며, 특정의 사회에서 축적되어 온 지식들을 소홀히 하고 있다고 본다.

〈설명상자 3-3〉 스코틀랜드 계몽학파

18세기 '스코틀랜드 계몽주의' 라 불리우는 학파가 출현하여 고전적 자유주의와 전통적 보수주의를 위해 중요한 기반을 제공하였다. 이러한 지적인 운동의 한 분파인 스코틀랜드 사상가들은 다양한 관심을 갖고 있었지만, 그들 모두는 데이비드 흄이 자신들의 학자적 탐구에 가장 중심적인 영향을 주는 사람임을 인정하였다. 아담 퍼거슨(Adam Ferguson, 1723~1816), 토마스 레이드(Thomas Reid, 1710~1796), 아담 스미드(Adam Smith, 1723~1790) 등 많은 사람들은 서로 의견이 일치하지 않는 점에 대해서도 흄으로부터 도움을 받고 있다는 것을 인정했다. 흄은 경험과학을 추구함으로써 스코틀랜드 계몽주의의 흐름에 영향을 주었지만, 흄은 사회에서의 인간에 대한 연구를 할 때 경험과학은 이성과 열정 모두를 고려해야 한다고 주장하였다.

스코틀랜드 계몽학파의 인간과학은 열정과 감정 그리고 '도덕적 의식'을 포함함으로써 다른 계몽주의 운동이 경험하지 못한 보수주의적 개념들 몇 가지를 제공해 주었다. 이성이 제한되어 있고 '도덕적 의식'이 중요하다면, 습관이라든가 사회적 관습 또는 사회적 제도 등과 같이 영향을 주는 것들에 보다 많은 주의를 기울여야 한다. 습관, 관습, 제도들은 인간의 행동을 규정하고 이성을 제약한다.

인간이성의 한계, 각 사회 내의 관습과 전통의 중요성, 그리고 역사적 지식을 비축하는 데 있어서 제도의 역할 등에 대한 스코틀랜드 계몽학파의 견해는 전통적 보수주의자들이 견지해 온 신념에 몇 가지 이론적 기반을 제공해 주었다. 예를 들면 인간이성이 편향될 수 있다는 버크의 견해는 분명히 흄과 그의 동료 스코틀랜드 학파들의 분석으로부터 지원을 받으면서 확대될 수 있었다. 인간의 지식에 대한 자신들의 견해를 지지해 주는 철학적·이론적 근거를 추구함에 있어 전통적 보수주의자들은 스코틀랜드 계몽주의 시기 동안에 개발된, 특히 데이비드 흄의 『인간본성론』(A Treatise of Human Nature, 1739)에 의해서 개발된 생각으로부터 자주 도움을 받았다.

물론 스코틀랜드 계몽주의는 전통적 보수주의자들과는 너무나 다른 가정들과 목표들로부터 형성되었다. 전통적 보수주의자들과 달리 스코틀랜드 계몽주의 사상가들은 일반적으로 인간의 진보와 이러한 진보를 가능하게 도움을 주는 과학의 능력에 대해 낙관적이었다. 더욱이 그들은 사회에서의 인간과학이 가능하며 이러한 과학은 단순히 '사려깊은' 생각보다 훨씬 더 정밀하다고 생각하였다. 어떤 학자들은 이러한 과학이 완전히 수학적인 설명으로 환원될 수도 있을 것이라고 주장하였다. 그들은 이러한 인간과학은 추론하기보다는 연구해야 한다고 보았다. 거기에는 감정과 관습, 관례와 제도에 대한 이해가 포함되어야 했다. 이러한 것들이 포함되기 때문에 인간과학이 성립되지 않는 것이 아니라 오히려 보다 더 명확해진다는 것이다.

진보와 과학에 대한 이러한 믿음은 특히 전통적 보수주의에 대해 '대대적인

> 공격'을 가했던 아담 스미드의 저술에서 두드러지게 나타난다. 자기이익을 이성과 감정이 조합된 것으로 보았기 때문에 아담 스미드는 국가개입으로부터의 자유와 일반적으로는 인간의 권리에 대한 고전적 자유주의의 요구에서 중심 사상이 된 『국부론』(The Wealth of Nations, 1776)을 통해 경제이론을 발전시켜 나갈 수 있었다.

III. 실질적인 정치적 원칙

1. 권위

전통적 보수주의자들은 사회의 개선을 위해서 거대한 계획을 지속적으로 수행해 나가는 적극적인 정부를 거부한다. 또한 그들은 경제적 자유주의자들이 주창하는 정부권위의 제한적 역할에 대해서도 탐탁하게 여기지 않는다. 정치체의 머리격인 정부는 자신이 수행해야 할 역할을 보유하고 있다. 중세시대를 호의적으로 뒤돌아보면서 전통적 보수주의자들은 정부가 자신들의 권위를 활용하여 다음과 같은 6가지 기능을 수행해야 하는 것으로 파악하였다.

첫째, 정부는 개인과 집단들 간의 반목을 줄임으로써 사회 내에 조화를 증진시켜 나가야 한다. 정부는 경제적 자유주의자들이 즐겨 사용하는 은유로서 단순히 '심판관'이어서는 안 된다. 왜냐하면 심판관은 충돌이 일어나야 비로소 판정을 하기 때문이다. 정부는 사회 내 구성원들 사이에서 갈등과 충돌을 줄이는 데 적극적으로 임해야 한다. 정부는 사회통합을 증진시키기 위해서 구성원들을 설득하고 달래며 보상을 주고 처벌을 가하는 데 능동적이어야 한다. 좋은 정부는 마치 구성원들이 거대하고 다양한 오케스트라의 일부분인 것처럼 사회의 구성원들을 지휘해야 한다. 이처럼 '사회적 오케스트라'의 구성원들은 사회적 조화를 추구함에 있어 기꺼이 자기이익을 희생하고 정부에 대해 경의를 표시해야 한다.

둘째, 정부는 사회 내의 중재적 제도를 강화시킴으로써 사회적 조화를 증진시켜야 한다. 가장 중요한 중재적 제도 가운데 하나가 교회이다. 거의 예외없이 전통적 보수주의자들은 종교에 대한 정부의 지지를 반대하지 않으며 교회를 사회 내의 가장 중요한 제도 가운데 하나인 것으로 바라본다. 교회는 도덕성을 가르치고 가난한 사람들에게 베풀어 줌으로써, 그리고 사회 구성원들로 하여금 존재의 거대한 연쇄망에서 자신들의 위치를 상기시켜 줌으로써 사회에 기여한다. 자발적 집단들을 창출하고 유지하고 확장시키는 것은 진지하게 고려되고 주의깊게 실행되어야 할 정부의 중요한 책무 가운데 하나이다.

셋째, 정부는 전통적인 규범과 관례상의 권리들을 보호해야 한다. 보호되어야 하는 권리는 자연법으로부터 도출된 '추상적인 권리'가 아니다. 그것은 수 세기에 걸쳐 각각의 나라에 독특한 특정의 법적이고 제도적인 장치로부터 나온 권리이어야 한다. 각각의 개인과 집단은 존중되고 보호되어야 할 각각의 권리와 책임을 보유하고 있다. 엘리트들은 보호될 필요가 있는 권리를 더 많이 갖고 있을 수도 있다. 그러나 그들은 또한 그에 상응하는 책임을 져야 하며, 정부는 이러한 의무들이 제대로 수행되도록 해야 한다.

시장경제는 전통적인 규범과 관례상의 권리·의무에 대해 위협을 가한다. 왜냐하면 시장경제는 영주와 농노 사이의 유대를 깨고 이것을 사업주와 노동자 간의 계약으로 대체하기 때문이다. 노동자는 '누구에게 얽매이지 않고' 자신의 노동을 가장 비싸게 쳐주는 사람에게 팔겠지만, 고용계약에 명시된 대로 임금상의 연계에 의해 부과된 것을 제외하고는 노동자에게 어떤 의무도 느끼지 않는 고용주에게 자신이 속박되어 있다는 것을 알게 될 것이다. 전통적 보수주의자들의 입장에서 보면 시장경제에서 노동자에 대한 처우(處遇)는 곤혹스러운 것이다. 왜냐하면 시장경제는 스스로를 돌보아야 하는 사회를 궁색하게 반영하고 있기 때문이고, 또 시장경제는 노동자들을 사회에 대한 유기체적인 연관으로부터 단절시키기 때문이다. 그래서 전통적 보수주의자들은 시장경제를 지지하면서도 노동자들이 받는 처우 방식에 불만을 갖고 있으며 정치체를 결속시키는 안정된 사회적 역할들이 사라질까 봐 걱정을 한다.

그래서 정부의 네 번째 역할은 시장의 관행으로부터 야기되는 변화와 행동, 태도로부터 사회를 보호하는 것이다. 19세기까지 대부분의 전통적 보수주의자들은 계약의 역할이라든가 토지의 상품화와 같은 시장관행의 많은 생각과 결과들을 받아들였다. 그러나 보수주의자들은 경제에 대한 자유방임적 접근을 수용하지 않으며 시장경제를 통해 조장된 자기이익이나 무제한적 경쟁을 지지하지도 않는다. 전통적 보수주의자들은 시장경제가 극단적인 불평등과 노동자 착취를 낳는다면 시장에 개입해야 한다고 주장한다. 예를 들면 19세기 말 영국과 독일의 보수주의적 정치가들은 가난한 사람들을 지원하고 노동자들을 보호하는 입법을 지지했다.

영국 보수당의 수상인 벤자민 디즈렐리(Benjamin Disraeli, 1804~1881)는 노동자의 몇 가지 권리를 인정하는 쪽으로 노동법을 개정했고 공공주택과 공공보건 그리고 깨끗한 공기와 물을 제공하는 입법을 지지했다. 독일제국의 초대 수상으로서의 재임 동안 보수적 정치인이자 제국건설자였던 비스마르크(Otto von Bismarck, 1815~1898)는 노동자에 대한 장해보험과 노인연금 프로그램 그리고 모든 사람을 위한 의료혜택을 확립하였다. 이러한 정책들은 사회주의자들이 계급구분에 초점을 맞추면서 제기한 사회적 갈등을 줄이고 자본주의 발전에 의해 촉발된 사회적 동요를 완화하였다. 사회적 조화를 추구함에 있어 정부는 시장경제에서의 경쟁에 의해 야기된 갈등과 혼란을 통제해야 하는 것으로 파악되었다.

전통적 보수주의자들은 시장에서의 개인적 결정이 부도덕하고 사려분별없는 행동을 조장한다면 시장에 개입하려고 한다. 사회의 구성원들은 자기 마음대로 자신의 해악을 선택하거나 또는 그러한 해악에 빠지도록 수단을 제공할 수 있는 것은 아니다. 그래서 전통적 보수주의자들은 판매하고 구매하는 사람들이 항상 자신들의 욕구와 이익을 가장 잘 알 것이라는 주장을 받아들이지 않는다. 정부는 어떤 재화와 서비스가 공공에게 유용할 것인지를 결정하는 기능을 보유한다. 그래서 전통적 보수주의자들은 보통 정부 권위가 도박이라든가 매춘, 음란물, 술과 약품의 남용을 금지하는 데 사용되는 것이 정당하다고 믿는다.

다섯째, 정부는 공공도덕을 유지하고 육성하는 책임을 맡아야 한다. 자유거래와 자유언론의 권리는 공공도덕을 위해서 제한되어야 한다. 각각의 사회는 그 자신의 도덕적 원칙과 기준을 발전시켜 왔는데, 이러한 것들은 각각의 정부에 의해서 보호되어야 한다. 표현과 행동에 대한 규제는 적당하다. 왜냐하면 사회의 모든 구성원들은 더 커다란 전체인 사회에 책임을 져야 하기 때문이다. 그리고 개인의 선택은 자신에게만 영향을 미치는 것이 아니라 전체 사회에도 영향을 미치기 때문이다.

여섯째, 정부는 공공선을 달성해야 하며 이러한 노력에서 시민들 모두 자신들의 역할을 하도록 해야 한다. 특히 정부는 시장은 물론이고 시장에 의해 조장되는 자기이익이라든가 경쟁과 같은 자유주의적 가치를 허용해서는 안 된다. 왜냐하면 이는 이기적이고 자기중심적이며 너무 지나치게 경쟁적인 시민을 만들어 내기 때문이다. 사회 내 갈등을 줄이는가 하면 국민들을 한데 묶는 중재적 제도들을 육성하고 또 시장경제에 의해 야기된 혼란으로부터 사회를 보호하며 공공도덕을 보존함으로써, 정부는 공공선을 중대시킬 수 있고 나아가 개인의 이익을 넘어서서 공공선을 추구하는 시민들의 발전을 도모해 나갈 수 있다.

전통적 보수주의자들이 기대하는 정부는 거대하고 항상 개입적인 정부인 것 같다. 실제로 전통적 보수주의자들은 경제적 자유주의자들이 옹호하는 '심판관'이라든가 '야경경찰(night watchman)'과 같은 정부보다 더 적극적이고 가시적이며 권위적인 정부를 구상한다. 그러나 전통적 보수주의자들은 이러한 역할을 수행함에 있어 중재적인 기구의 지원에 크게 의존하며, 그래서 정부의 가시성은 사회의 많은 자발적 단체들에 의해서 가려진다. 정부의 개입도 사회의 어떤 변화든 조심스럽게 도입됨으로써 그리고 존재하는 현재의 상황을 보호하고 지키려는 접근방식으로 인해 줄어들게 될 것이다.

2. 정의

전통적 보수주의자들에게 있어 정의는 평등도 아니며 추상적인 권리에 기반을 둔 어떤 초월적인 주장도 아니다. 정의는 사회 내의 전통과 제도 그리고 관례를 통해 발전되어 온 권리와 의무를 강화시키는 것이다. 그렇기 때문에 정의는 각 사회마다 다르게 나타난다.

전통적 보수주의의 정의는 증대된 권리와 특권을 향유하는 사람들이 증대된 책임과 의무를 갖는 것이다. 권리와 의무는 상응한다. 이러한 권리와 의무의 구체적인 내용은 각 나라마다 다르다. 다음과 같은 두 개의 사례가 권리와 의무의 상응이라는 이러한 개념을 예시해 주고 있다.

첫 번째 예는 중세의 프랑스로부터 온다. 파리의 법은 극빈자나 여행 중의 농노가 밤에 다리 밑에서 잠을 자는 것은 허용하고 있다. 그러나 상황이 어떠하든 왕족이 다리 밑에서 잠을 자는 것은 불법이다. 왕족은 너무도 많은 특권을 보유하고 있기 때문에 이러한 피난처에서 가난한 사람들을 내쫓는 것은 부적절한 것이었다. 사회의 구성원들이 각기 다른 권리와 다른 역할을 가진 사회에서 정의는 각기 다른 사람들을 각자 다르게 취급할 때 실현된다.

두 번째는 20세기 영국에서의 예이다. 2차대전시 영국군의 장교는 거의가 엘리트들의 자식들이었다. 그들은 좋은 학교를 다녔고, 그들이 장교가 되었을 때 그들에게는 일반 병사들에게 주어지는 것보다 우월한 권리와 특권이 주어졌다. 이러한 권리와 특권에는 그에 상응하는 의무와 위험이 뒤따르는 것으로 이해되었다. 영국에 떨어져 폭발하지 않은 독일의 폭탄으로부터 신관을 뽑아내기 위해서 구성된

'폭탄분대'는 장교와 사병으로 구성되었다. 폭발하지 않은 폭탄이 발견되었을 때 장비를 수송하고 지역을 안전하게 하며 신관을 뽑기 위해서 폭탄을 노출시키는 것은 사병의 책임이다. 이러한 작업들이 완료되면 사병은 위험지대로부터 철수하며 폭탄의 신관을 제거하는 작업은 장교가 맡는다. 폭탄분대의 사망률은 매우 높았으며, 거의 많은 경우 장교들만이 사망했다. 장교들은 불평을 하지 않았으며 '덜 중요한' 사병들이 위험한 작업을 맡도록 하기 위해서 폭탄분대를 재구성하려고 하지도 않았다. 장교들은 사선(死線)에 자신들을 위치시킴으로써 '보다 많은 권리와 특권은 보다 많은 위험에 의해 상쇄되어야 한다'는 관례를 받아들였다.

19세기와 20세기의 전통적 보수주의자들은 사회에서의 재화의 공정한 분배에 대해서 서로 약간 다른 견해를 피력했다. 19세기의 견해를 반영하고 있는 버크는 정의의 귀속적 원칙(ascriptive principles of justice)을 주장했다.[14] 그는 재화가 각각의 사회에서 발전되어 나온 사람들 사이의 특정의 문화적 분화에 따라 인종과 성, 계급과 같은 그러한 특성에 기반하여 분배되어야 한다고 주장했다.

20세기의 전통적 보수주의자들은 재화의 분배는 사회 내 구성원들의 재능과 능력에 기반하여야 한다고 역설한다.[15] 예를 들면 지성이라든가 인내, 사리분별, 아름다움과 같은 덕성을 보유하고 있는 시민에게는 이러한 덕성을 보유하고 있지 않은 사람들보다 더 많은 몫의 재화가 주어져야 한다. 재화는 정신적·육체적·도덕적 덕성에 기반하여 제공되어야 한다는 것이다.

이러한 견해 차이에도 불구하고 그들은 유사함을 공유하고 있다. 두 입장 모두 재화의 동등한 분배를 거부한다. 그들 모두 고전적 자유주

---

14) 분배적 정의의 귀속적 규범에 대한 논의로는, Jennifer Hochschild, *What's Fair?* (Cambridge: Harvard University Press, 1981), pp. 70-75 참조.
15) Russel Kirk, *A Program for Conservatives* (Chicago: Henry Regnery, 1954), pp. 164-192.

의자들이 칭송해 마지 않는 공정한 분배의 "비정형화된(unpatterned)" 결과를 거부한다.[16] 고전적 자유주의자들은 재능과 행운이 시장경제에서의 재화분배에 영향을 미친다고 생각한다. 경제적 성공과 실패를 가져오는 재능과 행운의 결합에 대해서 미리 예상을 할 수가 없고, 그래서 바람직하다거나 또는 예상될 수 있는 어떤 최종의 공정한 분배유형은 존재하지 않는다.

전통적 보수주의자들 모두 정의의 바람직한 형태가 존재한다고 생각한다. 다만 그러한 유형은 각 나라마다 각기 다르다는 것이다. 이상적으로는 전통적 보수주의자들의 견해 두 가지 모두 일치될 수 있다. 왜냐하면 공정한 분배에 대한 버크의 귀속적 접근에서 얘기되는 자연적 위계는 재능과 능력에서의 차이에 상응하는 것이기 때문이다. 간단히 얘기하면 엘리트들은 각각의 위치에 맞게 태어나기도 하지만 또한 그들은 자신들의 재능에 의거하여 이러한 위치를 맡게될 자격을 보유한다는 것이다.

다시 한번 강조하건대 전통적 보수주의자들은 일반적으로 시장경제의 특징을 받아들이면서도 시장경제의 어떤 결과에 대해서는 탐탁치 않게 여긴다. 시장경제에서 나타나는 사회적 유동성과 비정형화된 결과는 전통적 보수주의자들이 주장하는 공정한 분배관에 전혀 부합되지 않는다. 전통적인 보수주의 사회가 제대로 작동하기 위해서 필요로 하는 자연적 위계가 분배로 인해 훼손되지 않도록 하기 위해서 정의는 정부의 개입을 요구할 수 있다.

3. 구조

전통적 보수주의자들이 선호하는 특정의 정부구조가 존재하는 것은 아니다. 각 사회는 자신들의 고유한 전통과 관례를 보유하고 있으

---

16) "정형화된" 분배와 "비정형화된" 분배에 대한 논의는 Robert Nozick, *Anarchy, State, and Utopia* (New York: Basic Books, 1974), esp. pp. 149-182를 참조.

며, 이러한 것들이 독특한 정부구조를 가져올 수 있다.

그럼에도 불구하고 일반적으로 전통적 보수주의자들은 '권위주의적'이거나 '민주적'인 구조보다는 '공화제적'인 구조를 지지해 왔다. 권위주의적인 구조는 국민으로부터 너무 멀리 떨어져 있으며, 민주적인 구조는 국민들에게 너무 가까이 다가가 있다. 권위주의적 구조는 통치하는 사람들의 필요에만 봉사할 뿐 사회의 요구에는 소홀히하는 정부를 만들어 낸다. 민주적 구조는 다수의 변덕과 격정에 휩쓸린다. 이러한 선동성은 안정을 훼손하며 정부로 하여금 공공선을 소홀히하도록 만든다. 그래서 전통적 보수주의자들은 다음과 같은 특징을 갖는 **공화제적 구조**(republican structures)를 선호한다.

첫째, 다원적 사회의 다양한 부문들의 이해관계가 균형과 조화를 이루고 그럼으로써 사회 내 어떤 분파도 부정하게 자신들의 이익을 추구할 수 없고 정치체 내에서 불필요한 갈등을 유발하지 않도록 하는 '혼합적인' 정부구조이어야 한다. 이러한 혼합체계에서 어떤 사람이나 계급이 주도를 할 수는 있지만, 사회 내 모든 구성원들은 도출된 정책이 전체로서 사회의 이익을 위한 것이 되도록 협력을 할 기회를 갖는다.

둘째, 공중(公衆)은 대표적으로 선거를 통해 지도자들이 책임감을 갖도록 하는 등 정부에 대해 일정한 역할을 보유하지만 이러한 공중의 역할은 제한적이다. 공중이 너무 많은 권력을 보유해서는 안 된다. 왜냐하면 권위는 통치의 재능을 갖고 있는 사람들에게 귀속되어야 하기 때문이다. 정부구조는 이러한 지도자를 선거구민들의 격정으로부터 보호해 주어야 한다.

20세기 전통적 보수주의자들은 미국의 제도를 더욱 민주적이게 하려는 시도를 좋아하지 않는다. 대법원의 결정에 대해 자주 불만을 제기하면서도 그들은 판사는 지명되는 것이지 선출되어서는 안 된다고 생각한다. 그들은 또한 상원의원의 선출 방식을 바꾼 17차 미국헌법 수정에 대해 비판적이다. 그들은 상원의원을 대중투표로 뽑는 새로운 방식보다는 주정부가 뽑는 옛날 방식을 더 선호한다. 대통령 선거에서도 선거인단과 같은 방식이 오히려 더 적합한 것으로 평가한다. 간접선거라든가 지명적 직위, 장기 재임과 같은 것 모두를 옹호하는 데, 그 이유는 이러한 장치들이 피치자들의 격정으로부터 공직자들을 보호해 주기 때문이다.

정부구조에 대한 이러한 견해를 고려할 때, 전통적 보수주의자들은 미국헌법 창시자들의 생각과 견해를 적극 수용하고 있는 것 같아 보인다. 그러나 전통적 보수주의자들은 미국헌법 창시자들이 정부의 권력-특히 도덕성과 관습적 규범들을 강화해 나가는 정부의 권력-을 극단적으로 제한하는 체제를 구축하고자 한 것으로 파악한다. 전통적 보수주의자들은 '자유주의적'인 창시자들이 구상했던 것보다 더 높은 수준의 능동적인 정부를 원했다. 게다가 버크 등 여러 사람들은 성문법을 불필요하고 달갑지 않은 것으로 간주했다. 왜냐하면 그들은 사회가 단순한 계약 이상의 것이라는 생각을 갖고 있었기 때문이다. 국가는 계약을 통해 만들어지는 것이 아니라 생생하게 살아 계승되어 온 전통이다. 버크가 영국의 헌법에 대해서 얘기하면서, 여기에 의회의 모든 칙령과 불문법 그리고 정치권력과 그 한계를 규정하는 비공식적 규칙과 전통들을 포함시켰다. 이런 관점에서 보면 헌법은 기록이 아니라 살아있는 일련의 관례들이다.

4. 통치자

역사적으로 전통적 보수주의자들은 군주제를 옹호했다. 그들은 의회의 우월성과 보다 민주적인 제도로 움직여 나가는 추세를 받아들였다. 그러나 그들은 왕과 엘리트 지배에 대한 향수를 보유하고 있다.

전통적 보수주의자들은 사회에는 **자연적 귀족정**(natural aristocracy)이 존재하며 고귀한 출생과 신분을 보유한 사람들이 지도자의 역할을 담당할 때 사회가 가장 잘 작동할 수 있다고 주장한다. 이들 '귀족들'만이 현명하게 통치할 수 있는 덕성과 재능 그리고 사리분별을 보유하고 있다.

사회의 대부분의 구성원들은 정치적 권위를 행사해서는 안 된다. 국민의 역할은 특히 권위가 전통을 공격하기 위해서 사용되는 경우처럼 권위의 부적절한 사용을 통제하는 것이다. 정부는 국민에 의한 것이 아니라 국민을 위한 것일 뿐이다. 버크의 지적에서 보듯이:

> …어떤 시대의 어떤 입법자도 다수의 손에 적극적인 권력을 가져다 주려고 하지 않는다. 왜냐하면 입법자는 어떤 통제나 규제도 그리고 지속적인 방침도 받아들이려고 하지 않기 때문이다. 국민은 권위에 대한 자연적인 통제이다. 그러나 권력을 행사하면서 동시에 통제하는 것은 모순적이고 불가능하다.[17]

국민은 격정적이고 일관되지 않으며 통치하기에 부적합하고 또 자연적인 귀족정이 존재하며 이러한 귀족정이 통치해야 한다는 생각은 버크의 유명한 **실질대표론**(virtual representation)의 기반이 되고 있다. 버크는 선출된 지도자가 자신의 선거구민들의 대리자 내지는 대행자이어야 하며 그래서 선거구민들의 선호에 반응을 보여야 한다는 자유주의적 주장을 거부했다. 그 대신에 버크는 선출된 통치자와 비선출직 통치자 모두가 사회의 장기적인 이익에 대해 의무를 가져야 한다고 주장했다. 그들은 선거구민들의 단기적인 격정에 반응하는 심부름꾼이 아니라 국가적 이해의 관리인이어야 한다. 실질대표론에 따르면 지도자는 국가적 이익의 수탁자이며 그들의 의무는 가부장적으로 그리고 사려깊게 통치하는 것이다. 그들은 공공선을 추구하기 때문에 분파적이고 격정적인 이익의 야단법석과 소동을 넘어서야 한다.

---

17) Edmund Burke, "An Appeal from the News to the Old Whigs," in *The Political Philosophy of Edmund Berke*, edited by Iain Hampshire-Monk (London: Longman, 1987〔1791〕), p. 242.

5. 시민권

사회 구성원들의 의무와 책임에 대한 전통적 보수주의자들의 강조는 고전적 자유주의자들이 주장하는 것보다 훨씬 덜 우편향적이면서 동시에 훨씬 더 수동적인 시민관으로 연결된다. 선량한 시민은 법을 준수하면서도 사회 내에서 자신의 특별한 역할을 받아들이는 전통주의자들이다.

어떤 사회든 시민참여의 수준은 각 사회의 전통과 관례에 의해 결정되는 것이지 추상적인 자연권에 호소함으로써 결정되는 어떤 것이 아니다. 선거의 전통을 갖고 있는 사회에서 시민투표는 완전하게 받아들일 수 있는 참여 수준이다. 만약 사회가 배심 의무와 같은 참여의 다른 대안을 제시한다면, 그것이 주어진 사회의 역사적 전통의 일부분인 한 이런 형태의 참여도 수용될 수 있다.

전통적 보수주의자들은 공공참여가 그 자체로 시민의 도덕적 발전을 가져온다는 주장을 받아들이지 않는다. 일부 민주주의 이론가들은 공공생활에 참여만 해도 시민은 의사결정 능력과 윤리적 판단을 개선해 나갈 수 있다고 주장한다. 이러한 이유로 민주주의 이론가들은 시민에게 점증하는 참여의 역할을 부여하도록 요구해 왔다. 전통적 보수주의자들은 이러한 주장을 잘해야 세상물정을 모르는 견해로 치부한다. 버크의 지적처럼:

> 모든 사람이 자신의 몫을 심사숙고하는 위원회에서 승리를 거둔 다수결 투표에서보다는 국가를 위한 일반적 위임하에서 행동하는 한 사람 또는 소수의 행동에서 마음으로 묵인하기가 훨씬 쉽다. 왜냐하면 다수결 투표에서 패배한 사람들은 이전의 경쟁을 거치면서 분노하고 상처를 입게 되며 확정적인 패배에 의해서 굴욕감을 느끼게 된다.[18]

---

18) Burke, "An Appeal from the News to the Old Whigs," p. 246.

버크는 어떤 나라에서는 시민들이 다수결 통치로 살아가는 것을 배웠음을 인정하면서도 이것은 점진적인 과정이며 또 반드시 모든 나라에 적합한 것은 아니라고 주장했다. 대부분의 시민들은 공공참여에 필요한 덕성과 능력 그리고 사리분별을 획득할 수 없으며, 많은 경우 시민들은 전국적인 선보다는 개인적 이익이나 지방적 관심사에 초점을 맞춘다. 만약 시민들이 단체행동에 참여할 필요를 느낀다면, 사회의 많은 자발적 집단을 통한 기회가 충분히 마련되어 있다.

대부분의 시민들은 정치에 참여할 의무가 별로 없다. 대신에 그들의 의무는 1)전통적으로 구성된 정부 제도를 받아들이고, 2)토지법을 준수하며, 3)자신의 능력을 최대한 발휘하여 자신에게 할당된 역할을 수행하는 것이다. 대부분의 시민에게서 행동 지침은 순종과 의무 그리고 근면이다. 물론 엘리트들은 이러한 의무뿐만 아니라 정치에 적극적으로 참여하고 공공 서비스를 수행해야 할 의무도 갖고 있다. 그들의 역할은 국가적 이익을 증진시키고 필요하다면 사회의 불쌍한 사람들에게 자비를 베푸는 것이다.

모든 시민으로부터의 순종은 정당화된다. 왜냐하면 모든 사람은 사회라는 더 크고 살아있는 실체의 부분이기 때문이다. 순종은 사회계약을 체결한 결과가 아니다. 사회계약적 시각은 시민들로 하여금 사회에 대한 충성과 순종을 의문시하도록 조장한다. 실제로 사회계약론에 따르면 동등한 권리가 부인될 경우 시민은 복종하지 않을 정당한 이유를 갖게 된다. 그러나 전통적 보수주의자들에게는 사회의 연대가 단순한 계약 이상의 것임을 기억해야 한다. 그래서 거의 항상 시민의 합법적 반응으로서의 시민불복종은 거부된다. 왜냐하면 전통적 보수주의자들은 이러한 불복종이 야기하게 될 사회적 안정의 상실을 두려워하기 때문이다.

불복종과 급진적 행동이 정당화되는 유일한 경우는 정치체제가 한 국가 내에서 발달되어 온 전통적 권리를 훼손할 때이다. 버크는 그것이 추상적인 주장에 근거했다는 이유로 프랑스혁명을 반대했다. 그러나 그는 미국에서 일어난 식민지 이주자들의 혁명은 지지했다. 왜냐하면 그들은 단지 그들의 전통적인 권리를 주장하고 있었기 때문이었다. 버크에 따르면, 식민지 이주자들은 영국 전통의 합법적인 계승자였으며 따라서 그들은 영국에 의해 그렇게 대우를 받아야 했다. 식민지 이주자들의 전통적인 권리를 영국이 존중하지 않았기 때문에 미국 혁명가들의 불복종과 반란 행위는 정당화되었다.[19]

6. 변화

전통적 보수주의자들은 자신들의 사회의 전통과 관행을 보존하길 원한다. 그러나 그들은 때로는 변화가 필요하며 국가는 사회변화를 준비해야 한다고 생각한다. 실제로 버크는 프랑스혁명에 대해 공격을 하면서 다음과 같이 주장했다.

> 변화의 수단을 갖추지 않은 국가는 보존의 수단을 갖추지 않은 것이다. 그러한 수단이 없다면 가장 경건하게 보존하고자 하는 헌법의 일부분을 상실할 위험이 있다.[20]

그렇지만 변화는 추상적인 권리나 사회에 대한 기계론적 개념에 기반해서는 안 된다. 변화는 수정보완이어야 한다. 사회가 타락하거나 새로운 환경에 직면하게 될 경우 그 사회는 전통의 경계 내에서 적합할 뿐만 아니라 여전히 건강한 이들 관례들 가운데 최선의 것들은 그대로 지켜나가는 그러한 변화를 추구해야 한다. 주의깊은 변화는 사회안정을 훼손시키지 않으면서 유기체적 진화(organic evolution)로 이어질 것이다. 사회의 모든 해악에 대해 적절하게 관심을 갖고 주의깊게

---

19) *Burke's Politics: Selected Writings and Speeches of Edmund Burke on Reform, Revolution and War,* edited by Ross J. Hoffman and Paul Levack (New York: Alfred A. Knopf, 1967), pp. 46-112.
20) Burke, *Reflections on the Revolution in France,* p. 24.

관리를 하면 급진적인 처방을 할 필요가 없어진다. 예방적 치료를 하는 정치체는 극단적인 응급처방을 사전에 방지한다.

변화에 대한 교정적 접근은 모든 병마다 즉각적인 치료를 받아야 하는 것을 의미하지 않는다. 사회와 같은 복잡한 유기체를 함부로 다루는 것은 항상 위험하다. 치료가 질병보다 더 악화되지 않도록 확실히 보장하기 위해서 사회에 대한 처방은 신중하게 이루어져야 하다. 전통적 보수주의자들은 개혁과 변화로 인해 현존하는 사회적 해악이 잠재적으로 더 위험한 사회적 해악에 의해 대체되는 경우가 많다고 주장한다.

전통적 보수주의자들은 변화와 관련하여 다음과 같은 3가지 원칙 내지는 선호를 피력하고 있다.

첫째, 어떻게 해서든 변화를 회피하려는 보수적 경향이 존재한다. 과거는 존중되어야 하고 전통은 지켜져야 한다. 변화는 어떤 것을 상실하는 대신 새로운 이득으로 상쇄되도록 보장하지 않으면서 그냥 익숙한 것을 잃어버리도록 할 우려가 많다. 전통적 보수주의자들은 혁신이라든가 새로운 것 또는 이상에 대한 현대적 집착을 달가워하지 않는다. 잘 확립된 관행, 여러 세대에 걸쳐 존중되어 온 관례, 익숙한 환경 등은 선한 삶을 살기 위해서 적절한 조건을 이루는 중요한 구성요소들이다.

둘째, 필요한 변화는 점진적으로 이루어져야 하며 특정의 제한된 문제를 해결하는 데 목표를 두어야 한다. 혁신이란 기계의 전면 교체라기 보다는 유기체의 성장과 유사하다. 변화는 항상 예기치 않은 비용과 결과를 가져올 수 있다. 그래서 변화는 점진적이고 제한적이어야 하며 그래야 변화가 잘못된 방향으로 나아가더라도 비용이 적게 들고 결과가 관리 가능하다.

셋째, 법의 변화는 공중의 이해와 견해에서의 변화를 반영한다. 전통적 보수주의자들은 공중의 인식을 변화시키거나 전통적 행위를 바꾸기 위해서 법을 사용하는 것을 반대한다. 법은 공공 규범을 만들려고 하기보다는 그것에 따르도록 해야 한다. 전통적 보수주의자들은 여성해방운동이나 일반적으로 '해방' 운동에 대해 공감하지 않는다. 그들은 이러한 운동들을 새로운 사회를 '추진' 해 나가기 위한 시도인 것으로 파악한다. 더욱이 전통적 보수주의자들이 원하는 유기체적이고 불평등한 사회에서는 문화와 차이가 요청된다는 것을 이러한 개혁가들은 이해하지 못한다고 본다.

IV. 요약과 결론

두말할 필요도 없이 20세기는 전통적 보수주의자들이 반기는 세상이 아니다. 이는 사회주의나 파시스트 이데올로기를 거부하는 사회에서도 마찬가지이다. 민주적 가치들은 더 많은 사회적 평등을 목표로 하여 다양한 개혁을 추구해 왔다. 더욱이 변화를 추구함에 있어서 민주주의자들은 이러한 변화를 제공하는 관료에게 점점 더 의존하고 있다. 관료들은 개인적 우월의 가능성을 무시하면서 모든 사람들을 똑같이 취급한다. 전쟁의 기술도 살상의 과학이 되고 있고, 그래서 윈스턴 처칠(Winston Churchill)의 지적처럼 "과거에는 잔인하고 장대했던 전쟁이 지금은 잔인하고 비열한 것이 되어 버렸다."

자본주의도 전통적 보수주의의 가치를 훼손하고 있다. 왜냐하면 자본주의는 혁신에 보상을 주고 사회적 이동성의 기회를 제공하기 때문이다. 자본주의는 세상에서 본질적 가치를 떼어내 버리는 공리주의적 시각과 공동체 생활을 뒤흔들어 놓는 이기주의를 조장한다.

자유주의는 문화적 규범을 변화시키기 위해서 고안된 법을 요구한다. 몇몇 자유주의 사회는 법과 법원의 지배를 강화함으로써 다수의 염원과 전통적인 규범에 대항하여 소수를 보호하고 있다. 전통적 보수주의자들에게는 당황스러울 정도로 미국에서는 법원이 전통적 관례를 무시하면서 공공 규범을 만드는 결정을 기꺼이 하려고 한다.

자신들의 가치에 대한 이러한 공격에도 불구하고 20세기 전통적 보수주의자들은 체계적인 정치적 의제를 설정하여 추진하려고 하기보다는 보수적 성향에 대한 개인적 선호를 옹호해 왔다. 보수적 성향에 대한 미카엘 옥샷의 다음과 같은 설명은 전통적 보수주의자와 다음 장에서 살펴보게 될 다른 이데올로기 간의 차이를 잘 드러내 보여주고 있다.

> 보수적 성향의 사람은 알려지지 않은 최선을 위해서 알려진 선을 쉽게 양보해서는 안 된다고 믿는다. 그는 위험하고 어려운 것을 좋아하지 않는다. 그는 모험적이지도 않다. 그는 해도(海圖)에 나타나 있지 않은 바다를 항해할 충동을 갖고 있지 않다. 그에게는 길을 잃거나 당혹해 하고 또 난파되거나 할 마법이 존재하지 않는다. 그가 만약 미지의 세계를 항해하도록 강제된다면, 그는 가는 길목마다 수심을 재면서 나아간다. 다른 사람들이 소심한 것으로 간주하는 것을 그는 합리적인 신중성으로 파악한다. 다른 사람들이 소극적인 것으로 해석하는 것을 그는 개발해야 할 것이라기보다는 향유해야 할 기질인 것으로 파악한다. 그는 조심스럽게 접근한다. 그는 절대적인 관점에서가 아니라 점진적인 맥락에서 자신의 승낙이나 반대를 표명하려고 한다. 그는 자신의 세계의 익숙한 특징들을 파괴시키려는 성향이라는 측면에서 상황을 바라본다.[21]

---

21) Oakeshott, "On Being Conservative," pp. 172-173.

제4장
무정부주의

 무정부주의자들은 오늘날 자주 무원칙한 테러리스트인 것으로 간주되고 있지만, 오히려 대부분의 무정부주의 옹호자들은 많은 원칙들을 보유하고 있어서 정의와 자유 그리고 비폭력을 철저하게 신봉하고 있는 소로(Henry David Thoreau), 톨스토이(Leo Tolstoy), 간디(Mohandas Gandhi) 등 많은 사람들을 끌어들이고 있다. 무정부주의의 중심적인 생각은 다음과 같다.

개인은 인간이 만든 법에 의해 제한을 받지 않으면서 자유롭게 사는 것이 가능하며, 단지 자연적인 제약만이 인간의 자유를 제약할 수 있을 뿐이다. 대부분의 현존하는 제도, 특히 정부는 인간의 자유를 억압한다. 그래서 이러한 제도들을 대체하는 것이 가장 긴급한 정치적 과제이다. 새로운 사회제도는 고도로 분권적이고 자발적이며 공동체적이어야 한다. 이러한 질서에서는 전통적인 권위나 사유재산으로부터 발생하는 부정의는 새로운 윤리에 의한 정의로 대체될 수 있을 것인데, 이 새로운 윤리의 정의는 개인들로 하여금 서로를 존엄과 경의로 대하도록 하고 서로의 필요에 관심을 갖도록 고취할 것이다.

'무정부주의(Anarchism)'라는 용어는 '지배자가 없음'을 뜻하는 그리스어 '아나코스(anarchos)'로부터 차용된 말이다. 그래서 무정부주의자들에 따르면, 인간은 어떤 지배자나 통치기구를 보유하지 않는 사회적 공동체에서 함께 살아가는 것이 가능하다는 것이다. 엠마 골드만(Emma Goldman, 1869~1940)은 무정부주의에 대해 다음과 같이 정의 내리고 있다.

> 무정부주의: 새로운 사회질서에 대한 철학으로서 인간이 만든 법에 의해 제한을 받지 않는 자유에 기반을 두고 있다. 모든 정부형태는 폭력에 의존하고 있으며 그렇기 때문에 나쁘고 해롭고 불필요하다는 이론.[1]

정치사상사에서 무정부주의는 많은 선각자들을 보유하고 있다.[2] 고대 그리스의 견유학파(犬儒學派, Cynics)들은 권위를 혐오했고 전통적인 정치제도를 철폐하라고 촉구했다. 르네상스의 철학자들은 개인과 자연적인 사회질서를 옹호했다. 일부 재침례교파를 포함하여 다양한 천년왕국 운동들은 지상의 권위를 거부하면서 공동체적 생활을 추구했다. 토마스 페인과 같은 일부 고전적 자유주의자들도 정부중심적 접근방식에 대해 무정부주의자들과 같은 혐오와 불신을 표명했다.

그러나 이러한 태도들이 일관되게 무정부주의 사상을 구성하지는

---

1) Emma Goldman, "Anarchism: What It Really Stands for," in *Anarchism and Other Essays*(New York: Dover Publications, 1969〔1911〕). 골드만은 무정부주의 운동에 가담했던 여성 가운데 가장 두드러진 인물이었다. Margaret S. Marsh, *Anarchist Women, 1870~1920*(Philadelphia: Temple University Press, 1981).
2) 무정부주의의 선각자들에 대한 논의로는, George Woodcock, *Anarchism: A History of Liberalism Ideas and Movements*(Cleveland: World Publishing, 1962), pp.37-59 참조.

않았다. 사람들은 개인의 자유를 옹호하고 정부를 불신하면서도 동시에 어떤 권위들은 사회질서를 유지하는 데 필요하다는 생각을 가질 수 있다. 그러나 무정부주의자들은 이러한 자세에서 벗어나 어떤 정부권위가 없어도 사회질서가 유지될 수 있다는 일관된 사상체계를 발전시켰다.

그럼에도 불구하고 무정부주의는 고전적 자유주의나 마르크스주의처럼 체계화된 사상이 아니다. 오히려 무정부의자들은 독단과 체계화된 이론을 거부하는 자유지상주의적인 태도를 취하고 있다. 그래서 윌리엄 고드윈(William Godwin, 1756~1836)과 막스 스터너(Max Stirner, 1806~1856)의 저술에서 나타나는 바와 같이 고도로 개인주의적 정향의 무정부주의와 미하일 바쿠닌(Mikhail Bakunin, 1814~1876)과 피터 크로포트킨(Peter Kropotkin, 1842~1921)의 저술과 같은 집단주의적 정향의 무정부주의가 있다.[3]

이 장에서 우리는 무정부주의자들 간의 이러한 차이를 넘어서서 통상 무정부주의자들인 것으로 간주되는 사람들이 공통으로 삼고 있는 가정과 원칙에 기반하여 일관된 무정부주의 일반이론을 제시하려고 한다.

---

3) 로버트 하울러(Robert Booth Howler, "The Anarchist Tradition of Political Thought," *Western Political Quartertly*, Dec. 1973, p.743)의 지적처럼, 대부분의 무정부주의 분석가들은 개인주의적 무정부주의자와 집단주의적 무정부주의자 간의 차이를 강조하고 있지만, 다양한 무정부주의자들을 구별하는 다른 분류 기준도 제시되고 있다. 예를 들면 제임스 졸(James Joll)은 자신의 저서 『무정부주의자』(*The Anarchists*, New York: Grosset and Dunlop, 1964)에서 종교적인 무정부주의자와 합리적인 무정부주의자 간의 중요한 차이를 강조하고 있다. 『무정부주의 옹호』(*In Defense of Anarchism*, New York: Harper and Row, 1970)라는 자신의 저술을 통해 로버트 월프(Robert Paul Wolff)는 (정부의 명령이 개인 자신의 도덕적 판단과 배치될 때 개인은 정부권위를 불복종해야 한다고 촉구하는) '철학적 무정부주의'(현존 제도의 파괴라는 목표 지향적인 행동을 강조하는)와 '정치적 무정부주의'를 구별하고 있다.

〈설명상자 4-1〉 무정부주의 주요 저술가들과 주요 저작들

윌리엄 고드윈(William Godwin, 1756~1836)
- 『정치적 정의에 관한 연구』(Enquiry Concerning Political Justice, 1793)

막스 스터너(Max Stirner〔Johann Kaspar Schmidt〕, 1806~1856)
- 『자아와 그 자신』(The Ego and His Own, 1843)

피에르 프루동(Pierre Proudhon, 1809~1865)
- 『'재산이란 무엇인가?' 혹은 권리와 정부의 원칙에 대한 탐구』('What Is Property?' Or an Inquiry into the Principles of Right and Government, 1840)
- 『19세기 혁명의 일반적 사상』(The General Idea of the Revolution in the Nineteenth Century, 1851)

알렉산더 헤르첸(Alexander Herzen, 1812~1870)
- 『다른 세계로부터』(From the Other Shore, 1850)

미하일 바쿠닌(Mikhail Bakunin, 1814~1876)
- 『국가주의와 무정부』(Statism and Anarchy, 1874)

앙리 데이비드 소로(Henry David Thoreau, 1817~1862)
- 『시민불복종 의무에 대하여』(On The Duty of Civil Disobedience, 1849)
- 『숲속의 생활』(Walden or Life in the Woods, 1854)

레오 톨스토이(Leo Tolstoy, 1828~1910)
- 『신의 왕국은 당신 안에 있다』(The Kingdom of God Is within You, 1905)

피터 크로포트킨(Peter Kropotkin, 1842~1921)
- 『빵의 정복』(Conquest of Bread, 1892)
- 『한 혁명가의 기억』(Memoirs of a Revolutionist, 1899)
- 『상호부조: 진화의 요인』(Mutual Aid: A Factor in Evolution, 1907)

엠마 골드만(Emma Goldman, 1869~1940)
- "무정부주의: 그것은 정말 무엇을 의미하는가" ("Anarchism: What IS Really Stands For," 1911)

폴 굿맨(Paul Goodman, 1911~)
- 『공동체론』(Communitas, 1960)

로버트 폴 월프(Robert Paul Wolff)
- 『무정부주의 옹호』(In Defense of Anarchism, 1970)

'무정부주의'라는 말은 근대정치사상에서 프랑스혁명 때 처음 나타났고, 프랑스혁명 시대의 과격공화주의자 자코뱅(Jacobin) 당원들에 의해 개발된 정부권위의 구조를 거부했던 그리고 가난한 사람들의 고통을 완화시킬 수 있는 수단으로서 민주적 정부보다는 공동체의 발전을 주창했던, 조직화되어 있지는 않지만 비슷한 생각을 갖고 있는 혁명가집단 과격파들의 특징을 경멸적으로 묘사하는 데 사용되었다. 이와 거의 비슷한 시기(1793년)에 무정부주의에 관한 최초의 중요한 논문이 발표되었는데, 고드윈(William Godwin)의 『정치적 정의에 관한 연구』(Enquiry Concerning Political Justice)가 그것이다.

그러나 고드윈은 스스로를 무정부주의자라고 생각하지 않았다. 그는 자신의 생각을 단순히 고전적 자유주의 사상의 논리적인 확장이거나 또는 급진화인 것으로 생각한 것 같다. 1840년에 이르러서야 비로소 '무정부주의'라는 말이 프루동(Pierre Proudhon, 1809~1865)에 의해 자랑스럽게 채택되었다. 프루동은 그리스 말 '아나코스'가 무질서를 옹호하지 않으면서도 권위를 비판하는 것이라고 보았다. 그에 따르면, "질서는 생물학적인 종류의 구분에서 상위의 류(類)이며, 정부는 하위의 종"[4]이라는 것인데, 이것이 의미하는 바는 사회질서란 정부권위와는 다른 방식에 의해 확보될 수 있는 것이며, 사실 정부권위는 아마도 질서를 유지하는 데 가장 비효율적이고 부당한 수단이라는 것이다.

그럼에도 불구하고 대부분의 프루동 추종자들은 스스로를 '상호부조론자'라고 부르는 것을 더 좋아했는데, 이는 질서라는 것이 정부권위에 의해서가 아니라 자유로운 개인들 간의 상호협력을 통해서 확보될 수 있는 것으로 보았기 때문이다. 1870년대에 이르러 '무정부주의'는 스스로를 마르크스주의자와 구별하고자 미하일 바쿠닌의 추종자들에 의해 공식으로 수용되었다. 19세기 말까지 무정부주의자들은

---

4) Proudhon, *The General Idea of the Revolution in the Nineteenth Century*, translated by John B. Robinson (New York: Haskell House Publishers, 1923 〔1851〕), p.129.

자유주의와 자본주의 제도 그리고 대의민주주의에 대항하는 혁명적 운동의 지도력을 둘러싸고 마르크스주의자들과 경쟁하였다. 20세기 동안 마르크스주의 사상이 무정부주의 사상보다 더 많은 영향력을 발휘했지만, 그럼에도 불구하고 무정부주의는 중요한 정치사상으로 자리잡고 있다.

역사적으로 무정부주의는 자주 활동적인 사회운동의 배후에서 이데올로기적 추동력을 제공해 왔다. 19세기 말 유럽 대륙에서 무정부주의는 노동자계급 사이에서 중요한 세력을 이루고 있었는데, 그때 무정부주의자들은 노동조합에 대해 임금인상과 노동조건 개선을 위한 투쟁을 넘어서서 궁극적으로 자본주의와 국가를 파괴하는 무기로서 '총파업'을 단행하도록 촉구했다. 20세기 초 미국에서는 〈세계산업노동자〉(the Industrial Workers of the World; Wobblies)들이 많은 무정부주의 사상을 채택했으며 광산노동자와 벌목꾼, 기타 미숙련 노동자들을 조직화하는 데 중요한 역할을 했다.[5]

러시아에서 무정부주의자들은 1917년 임시정부를 무너뜨리는 대중봉기에서 중요한 역할을 수행했고 볼셰비키에 의해서 수립된 '국가자본주의' 정부에 대해서 저항했다. 무정부주의자들은 1934~39년 동안 스페인내전에서 중요한 세력을 이루었고 수년간 상당수 스페인의 동부지역을 장악하기도 했다. 이탈리아와 독일에서 무정부주의자들은 파시즘과 나치즘에 대해 완강한 반대를 취했다. 바타유(Georges Bataille)와 같은 무정부주의자들은 프랑스의 대독지하저항운동에 가담했는데, 그들은 나치가 주창하는 '강고한' 국가관, 지도자와 위계질서 숭배 그리고 나약한 시민의 책임감에 대해 혐오를 표했다.

1960년대와 70년대 초 무정부주의 사상은 미국과 프랑스의 급진적인 '신좌파' 학생들 사이에서 널리 수용되었다. 1980년대와 90년대

---

[5] 미국의 급진주의는 마르크스주의자들보다는 무정부주의자들의 사상과 더 밀접하게 관련되어 있다. David de Leon, *The American Anarchist* (Baltimore: Johns Hopkins University Press, 1971) 참조.

〈설명상자 4-2〉 1960년대 미국대학의 신좌파 운동

1960년대와 70년대 초 많은 미국 내 대학의 지성적·정치적인 분위기의 상당 부분을 신좌파가 장악하였다. 그래서 많은 학생들이 신좌익을 수용하거나 그러한 운동에 가담했던 부모들과 교수들에 의해서 교육되고 있다. 신좌익이 광범한 사회운동이기는 하지만, 그 중심 조직은 민주사회학생(SDS: Students for a Democratic Society)이며 그 행동강령은 1962년 톰 하이든(Tom Hayden)에 의해 쓰여진「휴론항 선언」(Port Huron Statement)이다.

신좌파의 일부 생각들은 마르크스주의와 민주사회주의에서 빌려왔지만, 무정부주의 사상이 특히 커다란 영향을 미쳤다. 역사적 무정부주의자들이 초기에 그랬던 것처럼, 신좌파는 비판적 분석과 '부정적인 사고'를 강조했다. 그들은 자본주의와 군사주의 그리고 대의민주주의의 문제점을 밝혀내려고 하였다. 그들은 정치지도자, 경찰, 선생, 정당 등 모든 권위에 대해 그 정당성을 문제삼았다. 신좌파의 목표는 대체로 정의롭지 못하다고 생각되는 것들을 없애는 데 두고 있었다.

예를 들면, 로코 파렌티스(loco parentis: 대학이 학생들에 대해 통행금지를 부가하고 기숙사 생활을 규제하는 것과 같은 부모의 책임을 떠맡는) 관행을 제거하는 것, 인종적인 편견을 줄이거나 제거하는 것, 군대징집을 철폐하는 것, 그리고 월남전쟁을 종식시키는 것 등이 그것이다. 허버트 마르쿠제(Herbert Marcuse, 1898~1979)나 폴 굿맨(Paul Goodman, 1911~)과 같은 신좌파의 지식인 지도자들은 현대문화와 경제학 그리고 정부가 개인에 대해 "완전한 지배"를 행하고 있음을 무정부주의자들의 용어로 피력하였다.

신좌파는 학생들에게 "권위를 의문시하고" 구태의연한 사고를 비판하며 그리고 대안적인 생활방식과 사회적 장치를 실험해 보도록 촉구했다. 신좌파의 몇몇 지지자들은 판에 박힌 사회를 '내던지고' 스스로 보다 자연적이고 단순한 생활을 영위할 수 있는 농촌공동체를 건설하고자 하였다. 어떤 지지자들은 파괴적인 '직접행동' 전략을 주창했고, 일부는 폭력에 가담하기도 했다. 그러나 19세기 무정부주의자들이 그랬던 것처럼, 신좌파와 그 지지자들은 파괴나 폭력의 도덕적 정당성에 동의하지 않았고 많은 경우는 권력과 돈과 지위를 탐닉하는 사람들에 대해 보다 해방되고 평등한 공동체적 생활이 가능하다는 것을 단지 보여주고자 애썼던 히피족의 '세력화'에 더 중점을 두었다.

어떤 학자들은 신좌파가 그 성공 때문에 쇠퇴하게 되었다고 말한다. 대학이 대부분의 학생헌장을 없애고 군대징집과 월남전이 끝나자 신좌파는 자신들의 가장 돋보였던 쟁점들을 상실하게 되었다. 그러나 신좌파 운동과 연관된 '무정부주의적' 파괴와 폭력 전략이 많은 지지자들을 잃어버리고 결국은 신좌파 운동의 쇠퇴를 가져왔다고 생각하는 사람들도 많다.

동안 자유지상주의적인 사상은 개인주의적 정향의 무정부주의로부터 많은 도움을 받았다.[6] 일반적으로 정부에 대해 광범한 불만이 있을 때마다 그리고 문화적 가치가 무제한적인 개인주의와 자발적인 연합을 강조할 때 무정부주의의 원칙은 매력적이 된다.

무정부주의가 중요한 또 하나의 이유는 그것이 거의 모든 중요한 정치이론의 유용성에 도전을 할 뿐만 아니라 중요한 정치적 쟁점들과 관련하여 다른 이데올로기들이 제공하는 대답들에 대해서도 문제를 제기하기 때문이다. 정부권위의 적정한 기능은 무엇인가? 만약 모든 정부권위가 정당한 것이 아니라면 누가 지배해야 되는가? 만약 아무도 지배해서는 안 된다고 한다면 왜 시민들은 복종해야 하는가? 만약 우리가 모든 국가는 정당하지 않다고 보는 무정부주의의 중심적 생각을 거부한다고 하더라도 우리는 다음과 같은 질문을 할 수가 있다. 어떤 종류의 국가가 가장 최선의 것인가?

I. 정치적 기반

1. 문제점

무정부주의는 현대사회의 지배적인 제도와 문화적 가치에 대해 급진적인 비판을 제공하고 있다. 무정부주의자들은 사회문제가 자원의 결핍과 같은 자연적 제약이나 이기주의나 무지와 같은 인간적 약점 때문에 생긴다는 생각에 반대한다. 대신에 무정부주의자들은 사회문제가 인습적인 사회를 구성하고 있는 가치와 제도 때문에 발생하는 것으로 본다. 무정부주의자들은 이러한 제도와 가치들을 제거하고 이어 보다 더 나은, 다시 말해서 보다 더 자연스런 제도와 가치가 나타날

---

6) 예를 들면, Murray N. Rothbard, "Society without a State," in *Anarchism: Nomos XIX*, edited by J. Roland Pennock and John Chapman (New York: New York University Press, 1978) 참조.

수 있도록 하려고 애쓴다. 골드만에 따르면, 무정부주의는 "궁극적으로 토실토실한 과실을 맺을 수 있도록 단지 땅에서 잡초와 풀을 제거하는 것"이다.[7]

인습적인 제도들은 불필요하게 모든 사람들을 강제하고 지배한다. 종교는 개인이 스스로를 통치할 수 없어서 성스러운 권위에 복종해야 한다는 생각에 토대를 두고 있다. 신은 모든 것이고 그렇기 때문에 인간은 신의 의지에 복종해야 한다고 주장하면서 종교는 인간의 마음을 지배하고 인간의 영혼을 비굴하게 만들고 타락시킨다.[8] 학교는 젊은 사람들을 감금하고 있으며, 선생들은 학생들에 대한 "억압자이고 폭군이다."[9] 학생들을 창조적이고 비판적인, 그래서 자율적인 사고를 하도록 도와주기 보다는 학교는 기계적 암기를 강조하고 지배적인 문화적 가치와 규범에 따르도록 요구하며 현상을 받아들이도록 촉구한다.

학교는 인습적인 사회의 잘못된 것들을 우리들 마음에 심어놓기 때문에 사람들은 많은 것들을 잊어버려야 지혜롭게 될 수 있다.[10] 가정은 가부장적 권위의 제도이며 특히 여성 무정부주의자의 입장에서 보면 가정생활은 여성의 억압을 확대하며 여성으로 하여금 경제적 종속의 역할을 맡도록 강요한다.

자본주의하에서 대규모의 경제기업들이 출현하여 노동자들로 하여금 이러한 기업을 소유하고 관리하는 사람들에게 의존하도록 만들며, 그리하여 노동자의 착취를 용이하게 하고 그들을 로봇처럼 속박된 상태로 존재하도록 만든다. 더욱이(예를 들면 광고를 통하여) 사람들로 하여금 소비재를 원하도록 자극함으로써 자본가들은 사람들로 하여금

---

7) Goldman, *Anarchism and Other Essays*, p.50.
8) Goldman, *Anarchism and Other Essays*, p.53.
9) Bakunin, *The Political Philosophy of Bakunin: Scientific Anarchism*, compiled and edited by G. P. Maximoff (New York: Free Press of Glencoe, 1953), p.335.
10) William Godwin, *Enquiry Concerning Political Justice* (Middlesex, England: Penguin Claasics, 1985〔1793〕), pp. 612-618.

필요하지 않은데도 자신들이 원하는 상품을 구입하기 위해서 얼마 되지 않은 임금을 벌기 위해 오랜 시간 힘들고 불결한 노동을 하는 등 자신들의 노예상태를 받아들이도록 유도한다.

대부분의 무정부주의자들 생각에는 사적 재산의 소유가 자본주의 발전의 주요한 문제가 된다. 프루동에 따르면, "재산은 강탈이다."[11] 대부분의 무정부주의자들은 노동자들이 자신들의 노동의 산물을 소유하도록 허용하는 데 아무런 문제가 없다고 보고 있으면서도 또한 그러한 재산의 가치가 다른 사람들의 노동에 의해 부가될 때는 개인에 의한 재산축적을 거부한다. 무정부주의자들에 따르면, 대부분의 재산은 많은 노동자들의 기여를 통해서 가치가 주어지고 있고 그래서 그러한 재산은 사적 재산이기보다는 '사회적 재산'인 것으로 간주되어야 한다. 개인이 사회적 재산을 사적 재산으로 유용할 때, 그들은 어떤 권리의 도덕적 기반에 근거한 것이 아니라 자신들의 권력을 기반으로 하거나 다른 사람들에 대한 지배를 통해서 그렇게 하고 있다.

대부분의 무정부주의자들은 현존하는 종교적·교육적·사회적 그리고 경제적 제도들에 대해서 매우 비판적이며 정부나 국가에 대한 혐오에 있어 일치 단결되어 있다. 정부는 폭력과 억압의 도구이고 사람들로 하여금 자신들이 만들지도 않은 법을 지키도록 강요하며 인민의 참된 양심을 깎아 내리고 사람들로부터 자유를 빼앗아 간다. 정부는 도덕적 진보를 방해한다. 도덕적 책임감이란 관련된 모든 사람들에게 최상의 선을 가져오는 행동과정에 대한 자신들의 판단에 기초하여 개인들이 행동할 때 조장될 수 있는 것인데도 정부는 법에 기초하여 개인의 행동을 강제한다. 정부가 강권적 힘을 통해 강제하는 법은 일반적으로 어떤 사람의 다른 사람에 대한 지배를 옹호한다. 정부 권력은 재산을 소유하지 못하도록 거부당한 사람들로부터 불법적으로

---

11) Proudhon, "What is Property?" translated by B. R. Tucker(London: William Reeves, n.d. [1840]).

재산을 빼앗아 갖고 있는 사람들을 보호한다.

무정부주의사들에게 있어 정부의 억압적 기구로는 경찰, 법원, 감옥, 단두대 또는 국가가 인증한 처형도구 등이 있다.[12] 경찰은 항상 우리들의 생각과 행동을 감시한다. 법원은 사실은 부자가 자신들의 재산을 이용하여 시민들을 못살게 굴고 노예로 만들고 있는 데에도 불구하고 이들 부자들의 재산권을 침해했다는 죄명으로 무고한 사람들을 처형한다. 감옥과 단두대는 억압적 사회의 무고한 희생자들로부터 자유와 생명을 빼앗아 간다. 더욱이 정부는 전쟁의 수단이다. 군대의 강제력을 통해 어떤 정치공동체는 다른 정치공동체에 대해 지배력을 행사하려고 한다.

이러한 모든 인습적인 제도들에 공통된 문제점은 이들 제도들이 어떤 사람들에게 다른 사람들을 지배하도록 권력과 자원을 제공한다는 것이다. 권력의 불균등한 분배가 사회문제의 궁극적인 원인을 이루고 있는데, 왜냐하면 권력은 권력에 종속된 사람들을 노예화하고 격분케 하며 타락시키기 때문이다.[13] 어떤 사람이나 집단이 다른 사람이나 집단을 지배하도록 허용하는 모든 제도들은 자연스러운 것이 아닐 뿐만 아니라 정의롭지도 못하다.

인습적인 제도의 문제점에 초점을 맞추는 것말고도 무정부주의자들은 자유주의 사회의 전반적인 문화에 내재하여 있는 억압성에도 관심을 기울이고 있다. 의상의 패션, 음식의 요리, 예술품의 전시 등을 포함하여 상류 사회는 특히 인위적이다. 상류 사회의 겉치장은 여기에 참여하는 사람들에게는 허위적인 우월감을 가져다 주는가 하면 여기에 참여하지 못하는 사람들에게는 열등감을 초래한다. 법에 순종해야 하며 상향적인 사회재산의 축적과 행복한 삶을 동일시하는 자유주의적 가치는 개인을 옭아매어 꼼짝도 못하게 한다. 민주주의라든가

---

12) 단두대에 의한 공공처형을 보게 된 것이야말로 톨스토이의 무정부주의가 출현하는 데 결정적인 계기가 되었다. Woodcock, *Anarchism*, p. 224 참조.
13) Goldman, "Anarchism: What It Really Stands For," p.54.

평등과 같이 자유주의적 이상 가운데 가장 가치가 있는 것들마저도 사람들이 내적으로 느끼게 되는 감정이라든가 판단을 인위적으로 억압하는 외적이고 추상적인 처방에 불과할 뿐이다.

이러한 모든 제도들과 인습들은 진짜로 자연적이고 자유로운 개인들이 충분한 발전을 누리지 못하도록 노예화시키는 환경 내지는 "지배체제"를 만들어낸다. 사람들은 자연적인 삶의 과정보다는 인습적인 삶의 과정에 순응하도록 요구하는 제도의 인위적인 권력에 의해 노예로 전락하고 만다.

2. 목표

무정부주의자들은 미래의 유토피아를 위해 명확하게 규정된 청사진을 제시하지 않는다. 왜냐하면 무정부주의자들은 많은 형태의 유토피아를 구상하는 것이 가능하다고 보고 있고, 또 무정부주의자들은 일단 사람들이 자신들의 현재의 편견을 극복하고 나아가 자신들의 변화된 필요와 선호를 더 잘 알게 되면 그러한 때에 대안적인 유토피아의 장점을 보다 더 잘 판단할 수 있을 것으로 생각하기 때문이다.

무정부주의자들에 의하면, 지금 미래를 위해서 소모적인 계획을 채택하는 것은 인간을 노예로 만들 것이다. 만약 인간이 정말로 자유롭다면, 그는 미리 인지된 그 어떤 유토피아의 독단으로부터도 자유로와야 한다. 더욱이 무정부주의자들에게 있어 이상적인 사회는 고정된 청사진에 맞춰진 사회가 아니라 계속적인 변화의 과정에 있는 사회이다. 이상적인 사회는 자신에 대한 지속적인 비판에 의해 생동력을 갖추면서 변화해 나가는 사회이다. 그렇기 때문에 무정부주의자들의 목표는 광범하고 느슨하게 정의될 수밖에 없다.

알렉산더 헤르첸(Alexander Herzen, 1812~1870)에 따르면, 인간은 "다른 세계로 도약해 나가야 한다."[14] 우리들의 현행의 인습적인 존재의

---

14) Alexander Herzen, *From the Other Shore*, translated by Moura Budberg

세계는 인간의 자유를 부정하고 진정한 사회질서를 제공하지도 못하며 또 사람들로 하여금 잘못된 가치를 추구하도록 하는 억압적인 제도들로 가득차 있다. 우리가 뛰어 넘어가야 할 다른 세계는 개인의 자유를 허용하고 개인들간의 자연적인 협력에 기반하여 사회질서를 만들며 사람들로 하여금 단순하고 자연적인 생활방식을 추구하도록 촉구하는 세계이다.

무정부주의자들은 그 형태를 불문하고 자유를 소중히 여긴다. 실제로 무정부주의자들의 자유 개념은 너무나 광대하고 심오하여 일부 무정부주의자들은 현존하는 자유의 개념이 이 자유의 분야에서 자신들의 목표를 적절하게 표현하지 못하는 것으로 파악하고 있다. 예를 들어 막스 스터너(Max Stirner)는 '자기자신임(ownness)'이라는 말을 만들어 내어 무정부주의자들이 추구하는 급진적인 자유에 대해 논의하였다.[15]

스터너에 따르면 개인은 완전하게 자기 자신을 소유해야 하며 자신의 주변세계를 자신의 것으로 만들기 위해 자신의 모든 권력을 활용해야 한다는 것이다. 그러한 사람이야말로 진정한 자아이다. 그는 자기 자신의 진정한 필요를 알고 의식한다. 그가 원하는 것은 그 자신의 마음과 영혼에 의해서 내적으로 유발된 것이며, 외부의 어떤 힘도 그의 의지에 영향을 미칠 수 없다. 내적으로 규정된 자기 자신의 필요를 앎으로 해서 그는 자신이 활용할 수 있는 모든 자원을 사용하여 이러한 필요를 충족시켜 나간다.

'진정성(authenticity)'은 자기들이 추구하는 종류의 자유를 묘사하기 위해 무정부주의자들이 자주 사용하는 또 하나의 개념이다. 대부분의 사람들은 "아무 말도 하지 않은 자포자기의" 부자유스런 삶을 살고 있

(London: Weidenfeld and Nicolson, 1950). 이 책의 글들은 대개 1848~1849년에 쓰여졌지만, 이 책은 1850년에 독일어로 처음 출간되었다.

15) Max Stirner, *The Ego and His Own*, translated by S.T.Bylington (London: Jonathan Cape, 1921〔1843〕).

다고 생각하면서 데이비드 소로(Henry David Thoreau, 1817~1862)는 다음과 같이 촉구하였다. 즉, "모든 사람은 자기 자신의 삶에 주의를 기울여야 하며 또 자기 자신의 원래 모습으로 되도록 애써야 한다"는 것이다.[16] 이들 무정부주의자들에 따르면, 인습적인 사회의 요구를 무시하고 자신의 마음에서 우러 나오는 감정과 자신의 목소리에 충실하는 것이야말로 자유롭고 진정한 삶을 살아가는 데 필수적이라는 것이다.

다른 무정부주의자들은 자주 '자기자신임'이라든가 '진정성'과 같은 개념들을 반사회적인 것으로 간주하면서도 또한 다음과 같이 많은 형태로 광범한 개인의 자유를 추구한다.

첫째, 그들은 소극적인 자유 다시 말해서 고전적 자유주의자들이 자연상태에서 인간이 소유하고 있는 것으로 보았던 "방해로부터의 자유"를 추구한다. 무정부주의자들은 고전적 자유주의자들이 정부의 법에 순응하겠다고 동의함으로써 이러한 자연적 자유를 너무 쉽게 포기한 것으로 파악한다.

둘째, 무정부주의자들은 자신들이 하는 일의 형태, 자신들이 거주할 곳, 자신들이 추구하는 즐거움, 자신들이 교제를 나눌 사람을 "선택함에 있어 자유"를 원한다. "인간선택의 주권"[17]을 강조하면서 무정부주의자들은 당대 자유주의자들이 요구하는 "적극적인 자유"에 기대를 가졌다.

셋째, 무정부주의자들은 **도덕적 자율성**(moral autonomy)을 추구한다. 모든 사람들은 자신의 행위라든가 그것이 다른 사람에게 미치는 영향과 관련하여 합리적이고 적절한 윤리적 판단 능력을 보유하고 있다고

---

16) Thoreau, *Walden or Life in the Woods*(New York: Collier, 1962〔1854〕), p.230. 소로는 자주 정부의 제한된 역할의 필요성과 그것의 "불가피한 기능"을 받아들이는 입장을 취했기 때문에 그가 순수한 무정부주의자로 분류되는지는 논쟁의 여지가 있다. 그럼에도 불구하고 그는 진정성이라는 개념을 포함하여 무정부주의자들이 옹호하는 많은 원칙들을 표명하였다.

17) Woodcock, *Anarchism*, p.33.

보았기 때문에 무정부주의자들은 어떤 개인도 자신의 도덕적 법규를 개발하고 그것에 맞춰 자신의 도덕적 판단을 내릴 수 있는 능력을 정부 권위와 같은 어떤 상위의 권력에 양도해서는 안 된다고 주장했다. 무정부주의자들은 이러한 자유를 개인에게 제공하는 것이 사회질서를 흔들어 놓을지도 모른다는 우려를 거부했다. 무정부주의자들은 자유에 대해서는 자연적인 제약이 있음을 인정한다. 자연은 서로 자유롭고 평등한 관계를 맺으면서 살고 있는 사람들에게 다른 사람의 자유와 필요를 존중해야 한다고 가르친다. 그래서 무정부주의자들은 자신이 원하는 것이라면 무엇이든지 하는 완전한 자유 또는 특허를 요구하지 않는다. 개인의 선택은 서로 협동하면서 살고자 하는 사람들에게 자연이 부과하는 여러 가지 필수적인 제약들에 순응해야 한다고 본다.

그래서 무정부주의자들은 **자연적 공동체**(natural community)를 만들려고 애쓴다. 그들에 따르면 인습적인 공동체는 자유를 제한함으로써 사회질서를 유지하려고 하는 데 반해 자연적 공동체는 자유를 훼손함이 없이 사회질서를 유지해 나갈 수 있다는 것이다. 무정부주의자들이 보기에 전통적인 보수주의자들이 옹호하는 유기체적 공동체는 인습적인 권위와 전통의 지침에 따르도록 함으로써 개인의 자유를 부정한다. 또한 무정부주의자들은 고전적 자유주의자들이 주창하는 시민사회라는 것이 정부권위에 의해 안전이 제공되고 있다는 허황한 생각을 갖도록 하기 위해서 개인들에게 그들의 자유를 포기하도록 요구하는 가상의 사회계약에 기반을 두고 있는 것으로 파악한다. 이들 보수적 공동체와 자유적 공동체 모두 가짜일 뿐이다. 이들 공동체가 제공하는 안전은 실재적으로 의미가 없다. 왜냐하면 자신들의 제멋대로 된 행동이 발각되지 않을 것이라고 생각하면 이러한 정부의 권위와 법을 피해가려고 하는 개인들에게도 이러한 안전이 제공되기 때문이다.

정부에 의해 질서가 부과되는 공동체는 각종 범죄와 다툼으로 가득 차게 된다. 반면 제대로 된 질서는 개인들간의 결합이 진정한 상호성에 기반하여 이루어질 때 이들 개인들 사이에서 성립된다. 개인들이 자유롭게 서로간의 결합을 선택할 수 있을 때, 개인들이 서로의 자유와 필요를 존중하도록 동의를 할 때, 공동체와 사회질서가 암묵적인 사회계약보다는 일련의 지속적이고 쌍무적인 대면적 이해에 기반을 둘 때, 그때 비로소 개인들은 진정한 자연적 공동체 의식을 공유하게 될 것이며, 서로를 해치려고 하는 경향도 줄어들 것이다. 그리하여 무정부주의자들은 무질서와 혼돈을 추구하려고 하는 것이 아니라 오히려 인습적인 사회가 제공하는 것보다 훨씬 깊게 뿌리를 내리고 있으면서 보다 더 자연적인 공동체를 추구한다.

마지막으로 무정부주의자들은 인습적인 사회가 추구하는 것보다 더 단순하고 자연적인 생활방식을 옹호한다. 어떤 평자들은 무정부주의자들 간에는 "**원시성에 대한 숭배**(cult of the primitive)"가 있다고 지적한 바 있다.[18] 무정부주의자들은 자주 단순하고 자연적인 농촌 생활을 복잡하고 인습적인 도시 생활과 대비시킨다. 그들은 단순하고 평화롭게 사는 농민들을 높이 평가한다. 무정부주의자들은 많은 경우 물질적인 사치에 대해 가치를 두지 않는 금욕적인 태도를 갖추고 있다. 마르크스주의자들이 부의 불평등한 분배를 문제로 삼으면서도 일반적으로 모든 사람이 부에 접근할 수 있는 사회를 동경하고 있다면, 무정부주의자들은 부 또는 적어도 과도한 부가 모든 사람에게 문제인 것으로 간주한다. 부자들은 자신들의 사치스런 상태의 희생자이다. 왜냐하면 그들은 물질적인 재화와 이러한 재화를 유지해 나갈 필요에 의해 노예화되어 있기 때문이다.

소로는 자기 자신이 월든 호수(Walden Pond)에서 살기 위해서 선택한 단순하고 자연적인 생활을 통해 사치를 포기하는 무정부주의자들의 태도를 예시하고 있다. 소로에게 있어 개인은 불필요한 물질적 소유물이 없이도 살아갈 수 있을 때 가장 자유롭다. 프루동 역시도 상대

---

18) Woodcock, *Anarchism*, p.190.

적으로 가난하게 살고 자신의 최소한의 필요를 충족시키기만 하면 되는 게 아니냐는 주장을 폈다. 우리가 단순하게 살 때 비로소 우리는 우리들의 감각적인 즐거움과 욕구를 만족시키려는 굴레로부터 벗어나서 정신적인 삶을 영위할 수 있다.[19] 크로포트킨이 노동계급에게 더 많은 사치를 할 수 있도록 해야 한다고 주장할 때, 그는 보다 많은 물질적인 재화를 요구한 것이 아니라 예술과 과학 그리고 철학에 의해서 제공되는 기쁨을 보다 정신적으로 추구할 수 있도록 하는 여가선용을 요구한 것이다.

II. 철학적 기반

1. 존재론

고전적 자유주의자들처럼 무정부주의자들은 자연세계가 궁극적인 실재인 것으로 생각한다. 그러나 무정부주의자들은 자유주의자들이 자연세계를 잘못 이해하고 있다고 믿는다. 자유주의자들은 자연세계를 물질적인 실재와 동일한 것으로 간주하는 데 반해 무정부주의자들은 자연을 보다 광범한 맥락에서 바라본다. 신, 지구, 지구 위에서 살고 있는 동식물, 에너지, 사회생활, 단순한 가치, 이러한 것들이 모두 자연적인 것이며 그래서 실재의 중요한 측면을 이루고 있다.

대부분의 무정부주의자들의 존재론에서 신은 중요한 역할을 하지 않지만, 톨스토이와 같은 종교적 무정부주의자들에게 있어 신은 초자연적인 신이라기보다는 자연적인 신이다. 톨스토이의 신은 인간이나 자연의 외부에 존재하는 것이 아니라 살아있는 모든 생명체 내부에 존재한다. 이와 같은 **범신론(汎神論)**적인 신은 자연을 통제하거나 인간을 지배하지 않는다. 이러한 신은 사람과 사람 그리고 사람과 자연을

---

19) Woodcock, *Anarchism*, p. 28.

연결짓는 인간 내부의 중요한 자연적 힘이다. 이러한 자연적 힘이 의미하는 바는 각 개인의 의식은 보다 광범한 집단의식의 일부분일 뿐이라는 것이다.

지구와 지구 내에 존재하는 모든 생명은 단순한 물질이 아니라 물질과 에너지의 상호작용이며, 물질과 에너지는 열역학의 법칙과 같은 어떤 자연법을 따른다. 예를 들어 열역학의 법칙에 따르면, 물질과 에너지는 창조되거나 파괴되는 것이 아니라 단지 변형되는 것이며 모든 변형들은 "엔트로피(entropy)"라고 불리우는 과정에서 물질과 에너지를 소비한다. 자유주의자들에게 있어 자연은 무한정의 하사품이기 때문에 인간은 자연을 무한정으로 활용할 수 있다고 본다. 반면 무정부주의자들은 자연의 법칙이 인간에게 제약을 가하고 있는 것으로 이해한다. 인간은 물질적인 풍요를 가져오기 위해 에너지를 줄이는 기술을 개발함으로써 자연의 제한에 대해 도전할 수는 있다. 그러나 장기적으로 보면 제한된 자원과 에너지는 인간의 자연과의 투쟁에서 인간을 압도할 것임에 틀림없고 그래서 인간으로 하여금 자연법이 부과하는 제한 내에서 단순하게 살 것을 요구한다.

자연은 또한 사회적 생활을 제공한다. 인간은 완전히 고독한 동물이며 사회는 존재하지 않는 것으로 묘사되는 가공적인 자연상태를 제시함으로써 자유주의자들은 인간존재의 사회적 질(social gualities)과 자연적 사회의 가능성을 깎아 내렸다. 이에 반해 무정부주의자들에 따르면, 만약 우리가 인습적 사회의 밖이나 자연 속에 존재하는 인간을 눈여겨본다면 인간은 자신들의 이기만을 추구하는 원자화된 집단일 뿐만 아니라 기본적으로 사회적 존재라는 것이 확실하게 드러난다. 만약 우리가 자연적인 인간 상호작용을 바라보면 이들의 행동이 인습적인 권위와 제도에 의해 제약을 받지 않을 때 자연적 사회—본능적인 동료의식 때문에 개인들이 협력하고 상호부조하는 사회—가 존재한다는 것은 의심의 여지가 없다.[20]

일반적으로 무정부주의자들은 인간의 생각(가치와 신념)이 외부의 환경으로부터 추출되는 것으로 본다. 만약 아이디어가 자연적 환경으로부터 나오는 것이라면 그것은 자연적일 수 있지만, 만약 아이디어가 인습적 원천으로부터 나오는 것이라면 그것은 인위적인 것이다. 물질적인 진보는 그 자체로 바람직하다는 생각이나 정부 권위가 필요하다는 생각과 같은 많은 인간의 가치와 신념은 인습으로부터 나오는 것이며 인습적인 제도를 지배하고 있는 사람들의 이해관계에 뿌리를 두고 있다. 그러나 물질적인 사치에 물들지 않은 단순한 삶을 사는 것이 바람직하고 다른 사람의 자유를 존중해야 한다는 등의 다른 생각들은 자연적인 본능과 자연과정에 대한 이성적인 사고로부터 나온다. 인습적인 사고는 인위적인 권력관계의 단순한 반영에 불과하기 때문에 궁극적인 실재의 부분이 아니다. 반면 자연적인 사고는 물질적인 세계와 인습적인 사회의 밖에 존재하고 있고 또 역사 과정에 대해 독립적인 영향을 미치고 있기 때문에 궁극적인 실재의 독립적인 부분을 이룬다.

알렉산더 헤르첸에 따르면, "생명은 목적에 도달하려고 애쓰지 않고" 많은 가능성을 허용한다.[21] 역사 과정은 가뭄이나 질병과 같은 자연적 힘 또는 다른 동물들이나 사람들 서로에 대해 투쟁하는 데에서 보듯이 갈등으로 점철되어 있다. 이러한 투쟁의 결과는 자연법에 의해서 사전에 정해지는 것이 아니다. 적자생존이라는 허버트 스펜서(Herbert Spencer)의 견해와는 달리 무정부주의자들은 사회성이라든가 유대와 같은 특징들을 역사 투쟁에서 능동적인 자원이라고 주장한다. 다른 종족과의 생존을 위한 투쟁에서 인간이 살아남는 것은 인간이 강하기 때문이 아니라 예를 들면 서로에게 식량과 안전을 제공하고 또 서로 도와가면서 자손을 키워나가는 등 협력이나 상호부조를 실천해 왔기 때문이다.[22] 그러나 만약 사회적 협력이 시들해지면, 인간은

---

20) Peter Kropotkin, *Mutual Aid: A Factor in Evolution* (New York: New York University Press, 1972[1907]).
21) Herzen, *From the Other Shore*, p.107.

자연이나 다른 종족과의 투쟁에서 패배하게 될 것이다.

무정부주의자들도 인간들 사이의 투쟁을 인정한다. 그들은 물질적 축적과 사유재산에 대한 일부 사람들의 욕구가 인간 갈등의 원인을 이루고 있다고 생각한다. 이러한 부를 보호하기 위해서 부자들은 정부, 기업법인, 교회와 같은 지배 제도를 만들어 냈다. 그러나 이들 제도들은 인간에게 자연적으로 존재하는 자유와 사회성에 대한 갈망을 억누르고 공격한다. 각 사람들에게서 자유의 자연적인 분출은 억압받는 사람들로 하여금 지배에 대해서 투쟁하도록 하며, 그리고 사회성을 향한 분출은 인간으로 하여금 이들 억압자에 대해 집단적 행동을 결집하도록 만든다. 그래서 억압자와 피억압자 사이의 투쟁이 역사 과정을 특징짓는다. 주어진 투쟁에서 억압자와 피억압자 가운데 누가 이길 것인지는 확정되어 있지 않다. 그러나 자유에 대한 열망과 같은 자연적 사고는 힘이 있으며, 그래서 이러한 자연적 사고에 힘입어 피억압자들은 지배의 제도들을 파괴해 나갈 수 있다. 이러한 일이 발생할 때 파괴는 자연적이며 선한 것이다. 이러한 파괴를 통해 인간은 억압으로부터 자유로울 수 있으며 자연적인 사회적 본능이 만개하고 자연적 사회가 태동할 수 있다.

2. 인간 본성

무정부주의자들은 인간본성에 대한 자유주의자들의 많은 가정들을 받아들인다. 예를 들면 그들은 모든 사람들이 자유를 추구하며 이성의 능력을 갖고 있고 또 동등하게 존중과 위엄을 받을 만한 가치를 보유하고 있다고 생각한다. 그러나 그들은 인간이 자기 중심적으로 효용을 극대화하려 한다는 자유주의자들의 가정은 부적절한 것으로 간주한다.

일반적으로 무정부주의자들은 자연적 인간에게는 두 가지의 상반

---

22) Kropotkin, *Mutual Aid*, pp.81-82.

되는 충동이 공존하고 있는 것으로 파악한다. 예를 들어 헤르첸은 인간은 이기적이면서 동시에 사회적 동물이라고 주장한다. "만약 인간에게서 사회적 의식을 말살한다면 그는 미개한 성성이가 되어 버릴 것이다. 만약 인간에게서 이기심을 없애버린다면 그는 길들여진 원숭이가 될 것이다."[23]

골드만은 인간에게서 개인적 본능과 사회적 본능 두 가지를 다음과 같이 인식하고 있다. 즉, "하나는 개인적인 노력이라든가 또는 성장과 야망 그리고 자아실현을 추구하는 강력한 요인이고, 다른 하나는 이 못지 않게 같은 정도로 상호부조와 사회복지를 추구하는 강력한 요인"[24]이 그것이다. 간단히 말해서 인간은 개인의 목적을 위해서 다른 사람들을 복종시키려는 이기적인 충동과 함께 다른 사람들을 도와주려는 충동도 갖고 있다. 인간에게서 이기적인 충동만을 강조함으로써 자유주의자들은 자신의 행복과 복지가 다른 사람들의 행복과 복지와 긴밀히 연관되어 있다고 보는 인간의 자주 무의식적인 충동을 간과하고 있다. 피터 크로포트킨은 (다른 동물들을 포함하여) 인간 내의 이와 같은 보다 이타적인 충동을 가장 철저하게 파헤친 무정부주의자이다.[25] 이러한 충동을 **상호부조**(mutual aid)라고 지칭하면서 그는 이것이야말로 인간으로 하여금 다른 사람이 도움을 청하면 자동적으로 반응하도록 하게 하는 본능이라고 주장했다.[26] 다른 사람이 위험에 처해 있을 때 인간은 그를 도와주기 위해서 자주 자신의 복지가 손상되는 것을 감수한다. 다른 사람이 고생을 할 때 인간은 자주 그를 돕기 위해서 자

---

23) Herzen, *From the Other Shore*, pp.139-140.
24) Goldman, "Anarchism: What It Really Stands For," p.51.
25) Kropotkin, *Mutual Aid*, pp.194-251.
26) 다른 무정부주의자들은 크로포트킨의 상호부조 개념과 일치하는 인간의 이타심 개념을 사용한다. 예를 들면 프루동은 인간은 가난한 사람을 도와주는 것과 관련하여 내재적인 정의감을 보유하고 있다고 주장했다. 톨스토이는 인간은 기독교적인 사랑에 의해 동기유인을 받는다고 주장했다.

신의 즐거움의 일부를 희생한다.

　무정부주의자들은 인간에게는 이타적인 충동이 존재한다는 것을 인정하면서도 동시에 이러한 이타적 충동이 억압될 수도 있다고 본다. 우리가 극심한 가난과 같은 억압적인 조건이나 또는 정부나 자본주의와 같은 억압적인 제도들에 의해 지배를 받게 되면 반사회적 본능이 전면에 등장하게 된다. 인간은 자주 억압적인 조건하에 살기 때문에 인간본성의 이기적인 측면을 더 많이 보게 된다. 엠마 골드만이 의문을 표하고 있듯이, "인간의 본성이 협소한 공간에 가두어지고 또 일상적인 복종 속으로 들어가도록 강제된다면, 우리가 어떻게 인간의 잠재력에 대해서 얘기를 할 수 있겠는가?"[27)]

　상호부조의 본능에 대한 크로포트킨의 탐구는 인간의 이타심이 보다 자연적인 조건하에서 더 많이 나타난다는 것을 보여주고 있기 때문에 특히 중요하다. 크로포트킨에 따르면, 자연상태에 살고 있는 "미개인들"은 홉스가 묘사한 것과 같은 이기적인 공격자들이 아니다. 오히려 그들은 "각자가 모두를 위해서"라는 이념을 실천하려 한다. 역사가들은 커다란 곤란에 처할 때 미개한 부족들 사이에서 자주 발생하는 소동을 강조하는 데 반해 정상적인 시기에 그들 부족들 사이에서 존재하는 유대를 간과하는 경향이 있다. 중세 시대에 사람들은 분권화된 동업조합 내에서 서로를 형제자매로 지냈다.[28)]

　무정부주의자들에 따르면, 환경적인 조건이 인간의 특성들을 규정한다. 예를 들면 인간은 때때로 게으르고 비생산적인 것 같아 보이기도 하지만 이러한 특성들이 인간에게 내재하는 것은 아니며, 그보다는 열악한 작업환경을 제공하는 대규모의 자본주의 제도들 때문에 생긴 것이다. 이와는 달리 인간은 기분 좋은 환경에서 자유롭게 이루어지는 창조적인 일에서 만족을 느끼며 그 결과 사회적으로 유용한 생

---

27) Goldman, "Anarchism: What It Really Stands For," p.62.
28) Kropotkin, *Mutual Aid,* pp.83-193.

산물이 나오게 된다.[29] 인간은 또한 무지하고 비합리적인 것 같아 보이지만, 이러한 특성들도 반사회적인 환경에서 살기 때문에 생긴 것이다. 인간의 지적 능력은 협동적인 자연적 사회에서 살 때 강화된다. 왜냐하면 지성은 인간의 발명 중에서 가장 사회적인 언어에 의해서 전달되고 발전하며 동료 인간들의 축적된 경험을 통해 고양될 것이기 때문이다.

그래서 무정부주의자들은 인간의 순응성을 강조한다. 상황이 억압적이면 인간본성의 어두운 측면이 많이 나타날 것이다. 상황이 자연적이고 인간적이라면 상호부조를 하고 정의롭게 행동하는 인간본능이 더 많이 나타날 것이다. 이것이 의미하는 바는 인간이 자연적 조건 하에서 완전하게 될 수 있다는 것이 아니다. 그러나 만약 억압적인 조건이 극복된다면, 인간은 완전을 향하여 계속 전진해 나갈 수 있다. 인간의 좋지 않은 본능이 완전히 사라지지는 않겠지만 우리들의 더 좋은 본성들에 의해 압도당할 수는 있다.

3. 사회

무정부주의자들은 사회에 대한 전통적 보수주의자들의 유기체적인 개념을 거부한다. 유기체적인 사회가 그 속에서 살고 있는 개인보다 더 우선한다고 보기 보다는 무정부주의자들은 사회가 개인들의 상호작용으로부터 출현한다고 믿는다. 개인들이 그러한 사회의 전통들에 순응해야 한다고 보기 보다는 무정부주의자들은 개인들이 사회적 인습에 도전을 해야 하는 것으로 생각한다.

---

29) Woodcock, *Anarchism*, p.206. 마르크스주의자들과 같이 무정부주의자들도 인간은 일에서 자연적으로 즐거움을 찾는다고 보았던 찰스 푸리에(Charles Fourier)의 생각에 동의한다. 푸리에는 19세기 첫 반세기 동안 영향력 있는 "공상적 사회주의자"였다. 그의 생각은 Jonathan Beecher and Richard Bienvenu, *The Utopian Vision of Charles Fourier*(Boston: Beacon Press, 1971)에 잘 정리되어 있다.

사회에 대한 가정과 관련해서 무정부주의자들은 고전적 자유주의자들과 유사하다. 자유주의자들처럼 무정부주의자들은 사회가 서로 협동하고 서로 도와주는 개인들 간의 동의로부터 나온다고 믿는다. 그러나 자유주의자들과는 달리 무정부주의자들은 이러한 동의가 정부를 통해 안전을 제공하는, 이른바 정치사회를 출현시키는 사회계약을 구성한다고 보지 않는다.

이러한 정치사회는 각 개인들이 정부가 제공하는 겉치레 이득을 얻기 위해서 자신들의 자연적 자유를 양도했다는 신화에 근거하는 것이기 때문에 인위적이라는 것이다. 합리적인 개인으로 하여금 사회계약을 하도록 끌어들이기 위해서 자유주의자들은 인간의 자연적 조건을 무정부주의자들이 생각하는 것보다 훨씬 더 갈등적이고 적대적인 것으로 묘사했다. 만약 사람들이 자연적으로 사회적이고 제약을 받아서는 안 된다고 본다면, 안전을 확보하기 위해서 자신의 자유를 포기할 필요는 그만큼 덜 옹호될 것이다.

정치사회가 인위적인 반면 소규모의 자발적인 면대면 사회는 자연적이다. 실제로 인위적이고 중앙집중화된 정치사회가 제거된다면, 사람들은 분권화된 자연적 사회를 발전시키려고 하게 될 것이다. 헤르첸에 따르면, 자연적 사회를 묶어내는 접착제는 사람들이 서로를 도와주고 지원해 주어야 할 필요성이다. 각 사람은 그대로 놓아두면 누구를 사랑하고 누구와 사귀고 누구와 교제를 할 것인지를 발견하게 될 것이다.[30] 자연적 공동체 또는 자연적 사회는 지속적인 일련의 면대면 교제를 통해 개인이 서로 존중하고 도와주기로 동의하는 사회이다. 이러한 대면으로부터 개인의 의식 속으로 각인되는 상호성의 규범과 사회성의 관습이 나오게 된다. 이러한 규범과 이해들은 공통의 종교에 의해서 더욱 강화될 수 있으며, 레오 톨스토이가 꿈꾸었던 종교적인 무정부주의 사회로 나아갈 수 있다.

---

30) Herzen, *From the Other Shore*, p.139.

이것들은 또한 사회주의적 가치에 의해서도 고양될 수 있으며, 피터 크로포트킨이 그렸던 공산주의적 무정부주의 사회로 나아갈 수도 있다. 또는 이러한 규범과 이해라는 것은 다른 사람들도 똑같이 그들의 고독과 개인적 자유가 존중되어야 하는 자제력을 갖춘 개인이라고 생각하는 것—그럼으로써 막스 스터너가 생각했던 자기중심적 사회로 나아갈 수 있다—에 다름 아니다. 다른 말로 얘기하면 자연적 사회는 상호부조를 최대로 제공하는 견고한 유대나 또는 상호부조를 최소한으로 제공하는 탄탄한 개인주의를 드러내 보일 것인데, 이러한 차이는 자유롭게 이러한 사회를 구성하는 개인들의 특정의 규범과 관습에 의존한다.

요약하면 자연적 사회는 법과 정치적 권위에 의해 규제되는 인습적 사회 또는 시민사회와는 근본적으로 다르다. 인습적 사회는 강제에 의해서 질서를 유지하는 데 반해 자연적 사회는 상호성에 대한 공통의 이해나 공통의 이해관계에 의해 질서를 유지한다. 무정부주의자들은 사람들이 인습적 권위와 법이 부재한 가운데서도 자연적 사회를 지탱해 나갈 만큼 충분히 강력한—한편으로는 상호부조를 향한 인간의 본능적 성향을 통해서, 그리고 다른 한편으로는 사회성을 강화시키는 관습을 통해서—도덕적 충동을 보유하고 있다고 믿는다.

4. 인식론

19세기의 주요 다른 이데올로기에 비해 무정부주의의 인식론적 기반은 덜 개발되어 있고 덜 일관적이다. 우리는 앞 장에서 고전적 자유주의가 연역적인 데카르트적 과학에 기반을 두고 있다는 것을 보았고, 다음 장에서는 마르크스주의가 역사법칙과 정치경제에 관련한 귀납적 과학에 기반을 두고 있다는 것을 알게 될 것이다. 그러나 무정부주의는 그러한 '과학적' 기반을 갖고 있지 않다. 막시모프(G. P. Maximoff)가 『바쿠닌의 정치철학: 과학적 무정부주의』라는 책을 출간했을 때, 바쿠닌의 대표적인 한 추종자는 "과학적 무정부주의라는 것은 없다"[31]고 반박을 했다.

실제로 많은 무정부주의자들은 무정부주의 과학을 정립하는 것이 바람직하지 않다고 생각했다. 왜냐하면 과학이란 것은 모두가 고도로 권위적이고 압축된 지적 틀을 갖출 것이기 때문이다.[32] 무정부주의자들은 단 하나의 과학적 방식이나 독단적인 이론에 의해 제한을 받는 탐구나 이해의 방식을 거부한다. 어떤 무정부주의자들은 그것이 과학에 기반을 두었든 아니면 다른 인식론적 기반을 갖고 있든 진리라는 개념 자체를 받아들이지 않는다. 스터너에게 있어 어떤 진리에 대한 신념은 제한적일 수 있다는 것인데, 왜냐하면 그러한 신념은 개인을 그러한 '진리'에 하수인이 되도록 할 것이기 때문이다. 무정부주의자들은 어떤 외적인 지적 체계 내에 담겨진 사상을 믿기 보다는 자기 자신의 생각을 갖는 것을 더 선호한다.[33]

물론 전통적 보수주의자들도 정치과학이라는 것을 거부한다. 그러나 그들은 각 사회의 전통에는 통치를 위한 지침으로서 과학적 진리보다 더 우월한 집단적 지혜가 함축되어 있다고 믿는다. 이에 반해 무정부주의자들은 전통은 사회에서 우월한 힘을 보유하고 있는 사람들의 이해관계를 반영하고 있을 뿐이라고 주장하면서 좋은 사회와 좋은 국가에 대해 생각을 갖게 되는 기반으로서 그러한 전통의 유용성을 받아들이지 않는다.

무정부주의자들은 자신들의 정치적 원칙을 전통이나 과학에 기반을 두려고 하기 보다는 현존하는 제도들에 의해서 제한을 받지 않는 자연적 세계에서 사람들이 어떻게 살 수 있는가라는 통찰에 근거하여

---

31) Sam Dolgoff, *Bakunin on Authority* (New York: A. Knopf, 1972), p.ix.
32) 오늘날의 어떤 정치이론가들은 과학적이고 실증적인 탐구방식이 불필요하게 정치철학을 제한하고 있다는 주장을 하기도 한다. 예를 들면, Henry Kariel, "Creating Political Reality," *American Political Science Review* 64(Dec. 1970) 참조.
33) Stirner, *The Ego and His Own*.

자신들의 생각을 발전시키려 한다. 무정부주의자에게 있어 좋은 사회에 대한 진실은 자연의 지배에 대한 그들의 통찰에 근거를 두고 있다.

…자연을 재발견하는 작업은 매우 어려운 일이겠지만, 무정부주의자들은 그들의 희망에서 흔들리지 않았다. 그들은 다음과 같은 3가지의 자연에 대한 주장에 대해 자신들의 신념을 구축하고 있다. 즉 자연의 진실을 밝히는 것이 가능하다는 것, 자연은 선한 것이라는 것, 그리고 궁극적으로 모든 사람은 자연을 알고 따를 수 있다는 것.[34]

자연의 진실을 밝히려고 시도하면서 크로포트킨은 경험적 과학의 수단을 채택했다. 앞에서 암시된 것처럼 그의 과학적 탐구는 보다 자연적인 환경에서 상호부조를 향한 본능이 존재하고 있음을 입증해 주었다. 더욱이 크로포트킨은 "과학은 모든 사람들의 필요가 충족되고 조화를 이룰 수 있도록 하는 수단이 무엇인가를 고려하는 쪽으로 관심을 가져야 한다"[35]고 제안했다.

그러나 과학적 연구는 무정부주의자들의 어떤 가정들을 지지하면서 동시에 무정부주의자들의 목표에 기여할 수 있지만, 그러한 과학적 연구가 무정부주의를 과학적인 것으로 만들지는 않는다. 마르크스나 엥겔스의 '과학적 사회주의'와는 반대로 무정부주의자들은 자본주의 경제나 정부에 대해서 면밀하게 경험적 연구를 하지 않았고, 또 무정부주의의 도래를 예언하는 역사발전의 과학적 법칙을 제안하지도 않았다. 무정부주의자에게 있어서 자본주의와 정부의 결함은 명백한 것이었고, 그래서 무정부주의의 출현은 어떤 과학적인 이론의 예언보다는 인간의 의지와 행동에 더 의존하는 것이었다.

자연적 사회에서 사람이 서로에 대한 관계에서 어떻게 행동해야 하

---

34) Fowler, "The Anarchist Tradition," p.748.
35) Woodcock, *Anarchism*, p.204.

는가에 대한 원칙을 제공하려고 시도하면서 일반적으로 무정부주의자들은, 특히 고드윈은 이성의 역할을 강조했다. 고드윈은 자연은 도덕적 행동과 관련하여 항구적인 진실을 위한 기준을 할 것이라고 보았다. 예를 들면 자연은 모든 사람들에게 공공선을 산출하는 그러한 방법으로 행동하도록 명령한다는 것이다.

그는 또한 만약 사람들이 그들의 이성을 활용하여 심사숙고한다면 그들은 옳고 그른 행동 원칙들에 대해 쉽게 동의하게 될 것이라고 생각했다. 예를 들면 고드윈은 사람들이 합리적인 심사숙고를 하고 나면 물질적 재화가 그것들을 가짐으로 해서 가장 많은 이득을 누리는 사람에게 주어야 한다는 데에 동의할 것으로 보았다.[36] 그래서 무정부주의자들에게는 이성이 정의와 도덕성의 원칙을 제공하는 데 중요한 역할을 한다.

무정부주의자들이 과학과 합리성을 중시여기고 있음에도 불구하고 정부 권위가 없어도 질서 잡힌 사회가 가능하다는 신념은 인간본성과 사회에 대한 독특한 통찰에 근거를 두고 있다.

과학과 합리성은 이러한 통찰의 진실을 보여줄 수 없지만, 그렇다고 이러한 통찰이 과학적 증거에 반대되는 것은 아니며 또 불합리한 것도 아니다. 인습적인 제도들이 상호부조의 본능을 억압한다는 생각은 설득력 있는 가정이며 과학적인 증거도 있다. 사람은 정부 통제로부터 벗어나서 질서와 안전을 향유할 수 있다는 생각도 설득력 있는 가정이며 이에 대해서도 역사적인 증거들이 있다.

무정부주의자들은 인습적인 사회보다 자연적인 사회가 자유와 평등, 사회적 조화를 더 많이 제공해 준다는 가정을 충분히 입증하기 위해서 이러한 제도들을 없애는 것을 정당화할 만큼 현존하는 제도들의 해악은 명백하다고 생각한다.

---

36) Godwin, *Political Justice*, pp. 168-177.

III. 실질적인 정치적 원칙

1. 변화

현재의 상태에 대한 무정부주의자들의 급진적인 적의 때문에—그래서 무정부주의자들은 대부분의 현존하는 제도들을 파괴하고 인간의 가치를 대대적으로 변형시키고자 하기 때문에—통상 무정부주의는 혁명적 이데올로기로 간주된다. 그럼에도 불구하고 때때로 무정부주의자들은 자신들이 혁명보다는 반란에 더 관심을 갖고 있다는 주장을 한다. 이러한 주장에 따르면 혁명적 변화는 기존의 제도를 파괴하고 새로운 제도로 대치하는 것을 의미한다. 혁명이란 어떤 상태를 다른 상태로 대치함으로써 사물을 개선시키는 것을 의미한다. 이와 대조적으로 '반란'은 기존의 제도와는 급진적인 반대로 나가는 것을 뜻한다. 반란은 인습적인 권위에 대한 복종을 거부한다. 반란은 인습적인 지배양식을 파괴하고자 하지 이에 대한 어떤 대체를 찾고자 하지 않는다.

무정부주의자들의 시각에 따르면, 마르크스주의자들이 혁명을 추구하는 것은 잘못된 것이다. 바쿠닌은 마르크스가 노동자들이 국가를 파괴하려고 하지 않고 정복하려고 하는 혁명을 지지했다는 이유로 비판을 가했다. 다음 장에서 살펴보게 되겠지만, 마르크스는 프롤레타리아가 혁명기간 동안 국가권력을 장악해야 하고 확정되지 않은 이행기 동안 국가의 강제적인 권한을 활용해야 한다고 생각했다. 이 이행기 동안 이제는 프롤레타리아가 통제하는 국가 자본주의를 폐기하고 무정부사회의 발전을 촉진해 나갈 것이었다. 일반적으로 무정부주의자들과 특히 바쿠닌은 이러한 시나리오를 거부했다. 바쿠닌은 새로운 프롤레타리아 국가의 지도자들도 타락하게 되고 자신들의 목적을 위하여 국가권위를 이용할 것으로 보았다.

만약 국가의 장치와 권력이 파괴되지 않고 단순히 정복되는 것이라면, 새로이 권력을 담당하게 된 사람들은 국가가 필요하지 않게 되더라도 자신들의 권력을 이양하는 것을 거부할 것이다.[37] 그래서 무정부주의자들은 기존의 국가가 파괴될 때 비로소 정부 없이 자연적 사회를 포함하는 무정부주의적 질서가 즉각적으로 허공 속에 출현하게 될 것이라고 주장한다.[38] 다시 말해서 무정부주의자들은 아래로부터 조직화된 자유로운 결사체가 융성할 수 있도록 하기 위하여 중앙집중화된 정부라든가 거대한 대규모의 경제기업과 같이 위로부터 사회를 통제하는 모든 조직들을 파괴하고자 한다.

무정부주의자들은 일반적으로 반란은 다음과 같은 4가지의 특성을 보여야 할 것으로 파악한다. 첫째, 그들은 인습적인 제도에 대항하는 반란에 참여하는 것은 자발적이어야 한다고 생각한다. 무정부주의자들은 반란을 개인들이 역사적인 상황에 의해 휩쓸리거나 아니면 폭도와 같은 행위에 빠지는 대중행동으로 파악하기보다는 각 개인에 의한 의식적인 행위인 것으로 파악한다. 각자는 궁극적으로 자신의 행동에 대해 도덕적인 책임을 져야 하기 때문에 각각의 반란은 선택이어야 한다.

둘째, 그 결과 무정부주의자들은 반란이 자연발생적이어야 한다고 본다. 마르크스주의자들은 성공적인 혁명의 조건이 무르익은 시점이 되었다고 인식을 하고 또 대중을 조직할 수 있는 '전위대'에 의해 혁명이 수행되어 나간다고 보았던 반면, 무정부주의자들은 "가장 지성적이고 좋은 의도를 가진 개인들의 집단이 혁명적 운동의 정신과 혼

---

37) Bakunin, "Letter to La Liberte," in *Bakunin on Authority*, edited by Sam Dolgoff. 마르크스에 대한 바쿠닌의 비판은 1872년에 출간되었지만, 그때 바쿠닌과 마르크스는 제1차국제노동자협회(First International Workingmen's Association)의 주도권을 놓고 경쟁을 하고 있었다.
38) 1870년대 무정부주의자와 마르크스주의자들 간에 분열이 일어나기 이전만 해도 일부 무정부주의자들은 기존 국가의 파괴 이후 최소한의 정부가 뒤따르는 것이 적절하다고 생각했다. 예를 들면 프루동은 혁명 이후에도 국가가 '사회의 주요 추동력'으로 남을 것이기 때문에 국가를 잠정적으로 활용할 것을 촉구했다.

그리고 지침이 되고 통합력을 구사하는 의지가 될 수 있다는 주장"[39)] 을 거부한다. 반란이 자발적이고 자연발생적으로 일어나도록 하기 위해서 무정부주의자들은 기존의 제도를 파괴하는 것이 바람직하다는 생각이 인간의 의식 속에 깊이 뿌리박히도록 하는 장기간에 걸친 준비의 필요성을 인정한다.

셋째, 무정부주의자들은 자주 총체적인 반란만이 효과적일 수 있다고 주장한다. 프랑스혁명과 1848년 유럽의 다양한 반란은 무정부주의자들에게 광범위한 사회적 변화 없는 정부의 변화라는 것이 지속적인 중요성이 거의 없다는 것을 가르쳐 주었다. 무정부주의자들은 기존의 정치체제를 파괴하는 것 이외에도 기존의 정치제도와(다른 기구를 포함하여) 기성의 교회권위, 그리고 물질주의와 이기심, 타인에 대한 지배의 허용 등을 조장하는 문화적 가치들을 파괴하고자 한다. 총체적인 반란은 다른 사람에 대한 지배를 허용하는 모든 인습적인 제도와 문화적 가치들을 동시적으로 파괴하는 것을 의미한다.

넷째, 무정부주의자들은 일단 혁명적 행동이 시작되면 그것은 국제적인 규모로 급격하게 수행되어야 한다고 주장한다. 만약 무정부사회가 확립된다면 그 사회는 무정부사회에 대항하는 다른 국가들의 폭력 앞에 취약하게 될 것이다. 왜냐하면 무정부사회는 자신을 방어할 군사적 수단을 갖추고 있지 않기 때문이다. 그래서 무정부주의적 반란이 성공을 거두기 위해서는 모든 강압적 제도, 특히 모든 국민정부는 전 세계를 통하여 급속하게 폐지되어야 한다.

무정부주의자들은 성공적인 반란의 이러한 측면에 대해서는 동의를 하면서도 폭력의 역할에 대해서는 의견의 일치를 보지 못하고 있다. 고드윈과 톨스토이는 혁명적인 폭력행위도 정부의 폭력만큼이나 강압적이라고 파악함으로써 비폭력에 기울어져 있다. 고드윈은 폭력이 이성을 대체할 수 없으며 반란은 폭력을 고려하기 전에 도덕적 설

---

39) Bakunin, "Letter to La Liberte," p. 275.

득의 모든 수단을 강구해야 한다고 주장했다. 톨스토이도 반란자는 다른 사람에게 무정부주의적 견해의 유용성을 설득하기 위해서 이성에 호소할 것을 촉구했다. 그러나 톨스토이는 또한 군대징집이나 세금징수에 대한 거부를 포함하여 권위에 대한 수동적인 저항이 설득의 적절한 수단임을 강조하였다.

다른 무정부주의자(예를 들면 바쿠닌)들은 폭력이 권위에 저항하는 데 바람직하지는 않지만 필요한 수단인 것으로 파악한다. 온건한 크로포트킨 조차도 폭력이 인류 역사진보의 어떤 단계에서는 불가피한 것임을 마지못해 인정했다. 무정부주의자들은 폭력의 다양한 형태를 구별하면서 특정 형태의 폭력에 대해 몇 가지 정당화를 제시하고 있다.

태업과 파업은 재산에 대항하는 폭력으로 정당화될 수 있다. 재산에 대한 자본가의 주장은 정당한 것이 아니기 때문에 재산을 파괴하고 자신의 고용관계를 단절시키는 행동은 부당한 것이 아니다. 무고한 사람의 생명을 앗아가는 정치적 암살이나 폭력행위는 보다 풀기 어려운 도덕적 쟁점을 야기한다. 왜냐하면 모든 생명은 본질적인 가치를 보유하고 있기 때문이다. 그러나 무정부주의자들에 따르면 그러한 폭력도 만약 그러한 폭력으로부터 얻을 수 있는 이득이 해악보다 크다면 때때로 정당화된다. 만약 암살의 목표가 많은 사람들에게 테러와 폭력 그리고 죽음을 가져다 주는 정책에 초점을 맞추고 있다면, 그 경우 그 사람에 대한 암살은 정당화될 수 있는 게 아니냐는 것이다.

일반적으로 무정부주의자들은 폭력을 채택하게 되는 몇 가지의 정당화를 다음과 같이 제시한다. 첫째, 폭력을 채택하는 것은 오랫동안 억압자에 의해서 지배되어 왔던 사람들을 해방시키는 행위일 수 있다. 무기를 들음으로써 피억압자들은 자신의 족쇄를 내던지고 용기와 자아실현의 행동을 동시에 수행할 수 있다. 둘째, 폭력을 통해 억압자들에게 대항함으로써 갈등이 양극화되어 억압자들은 과잉반응을 하게 되고 반란자들이 원래 사용했던 폭력보다 훨씬 더 많은 폭력을 사용하게 된다. 억압자들의 과도한 폭력행동은 자주 중립적인 공공대중으로 하여금 권위의 남용에 대해 등을 돌리고 반란자들의 편을 들도록 촉구하게 된다. 셋째, 폭력적인 파괴는 단순히 죽음과 재생이라는 지속적인 자연과정의 일부분으로 이해된다. 폭력은 자연세계에서처럼 재생과정에서 필요한 부분인 것으로 간주된다.

요약하면 비폭력적인 수단이든 폭력적인 수단이든 인습적인 제도를 파괴하는 것이야말로 무정부주의자들의 일차적인 목표이다. 본질적으로 정부는 특히 억압적이기 때문에 정치적 지배자가 있어서는 안 되며 모든 정부의 권위는 정당하지 못하다는 무정부주의자들의 주장을 보다 면밀히 검토하는 것이 중요하다.

2. 통치자

무정부주의자들은 군주나 귀족, 자본가에 의해 지배되는 인습적인 정부와 '프롤레타리아 독재'에 의해 통치되는 혁명적 정부 모두에 대해서 비판적이다. 왜냐하면 이들 정부 모두 지배자와 피치자의 체제를 만들고 있기 때문이며 또 무정부주의자들은 지배되기를 거부하기 때문이다. 프루동은 이와 같은 무정부주의자들의 정서를 간파하여 다음과 같이 선언하였다. 즉, "누구든 나를 통치하기 위해서 나에게 권력을 행사하는 사람은 강탈자이며 폭군이다. 나는 그를 나의 적이라고 선언한다."[40]

그렇다면 민주적 정부는 어떠한가? 최소한 이상적으로 보면 민주주의는 인민이 스스로를 통치하는 정부제도이다. 실제로 고드윈과 같은 초기 무정부주의자들은 민주주의가 다른 형태의 정부보다는 우월하다고 주장했다. 왜냐하면 민주주의의 이상적인 형태하에서 모든 사람들은 평등하게 대우받으며 또 민주적 참여는 시민들 사이에 동료의식을 개발하는 데 도움이 되기 때문이다.[41] 그럼에도 불구하고 그 이후

---

40) Woodcock, *Anarchism*, p. 34에서 재인용.
41) Woodcock, *Anarchism*, p. 81.

의 무정부주의자들은 민주적 정부도 강압적이라고 주장했다. 모든 시민이 법을 만드는 데 참여하는 이상적 민주주의하에서도 인민이 집단으로서 통치를 하는 것이며 그들이 만든 법은 개인의 자유를 제약한다는 것이다.

무정부주의자들은 각자가 스스로를 통치하여야 한다고 주장한다. 자유롭기 위해서 각자는 자신이 만든 법에만 순종해야 한다. 민주주의의 다음과 같은 두 측면이 이러한 원칙을 훼손한다는 것이다.

첫째, 대부분의 민주주의는 시민의 직접적인 참여를 보장하기보다는 대표를 채택한다. 이들 대표들이 자신의 선거구민들의 의사에 반하여 입법을 하거나 법안을 통과시킬 때 그러한 정책이나 법안은 더 이상 인민들의 의사를 반영하고 있는 것이 아니다. 그럼에도 불구하고 대의민주주의하에서 시민들은 자신들의 의사에 반하는 이러한 법에 순종해야 한다.

둘째, 대부분의 민주주의는 의사결정에 있어 '다수결'을 채택한다. 이는 소수가 다수에 의해 지배된다는 것과 소수는 자신들이 만들지 않는 법에 순종해야 한다는 것을 의미한다. 그래서 각자가 스스로를 통치한다는 무정부주의의 원칙에 일치하는 유일한 형태의 민주주의는 만장일치의 직접민주주의이다.[42] 무정부주의자들은 매우 작은 규모의 면대면 공동체만이 모든 사람으로 하여금 직접 정책결정에 참여하도록 허용할 수 있으며 또 각각의 쟁점을 만장일치로 해결하는 데 성공할 가능성이 높은 것으로 보고 있다.

3. 권위

정부는 보통 자신들의 권위가 정당한 것이라고 주장을 한다. 왜냐하면 시민들의 질서와 안정은 자신들의 법뿐만 아니라 이러한 법을 위반하는 사람들에게 처벌을 가할 수 있는 자신들의 강제력에 의존하

---

42) Robert Paul Wolff, *In Defense of Anarchism*, pp. 21-67.

기 때문이다. 무정부주의자들은 이러한 주장에 대해 다음과 같은 3가지의 반론을 제시한다.

첫째, 무정부주의자들은 정부의 법이 보통은 가난한 사람과 힘이 없는 사람들의 필요에 대항하여 부자와 힘있는 사람들의 재산권과 자유를 옹호한다고 주장한다. 피억압자의 공격으로부터 억압자를 보호함으로써 정부의 법은 인습적 사회의 희생자인 사람들을 범법자로 만든다. 크로포트킨에 따르면,

> 매년 우리들 법정에 제출되어 있는 소송의 3/4은 직접적으로든 간접적으로든 부의 생산 내지는 분배 문제와 관련하여 사회의 비조직화된 현행 상태에 뿌리를 두고 있지, 인간본성의 사악함 때문에 오는 것은 아니다.[43]

범죄로부터 사회를 보호하기 보다 정부의 법은 사회에 의해서 착취를 받고 있는 사람들로 하여금 자신들의 기본적인 필요를 충족시키기 위해서 '범죄'에 빠지도록 강요한다는 것이다. 만약 사회가 필요로 하는 상품을 생산해 낸다면—사회가 필요한 생산을 대가로 부자들이 소비할 경박스런 사치재를 생산하도록 조직되지 않고—그리고 사회가 이러한 상품들을 착취를 받고 있는 사람들의 필요와 요구를 반영하는 방식으로 분배한다면, 대부분의 범죄는 사라질 것이다.[44]

둘째, 무정부주의자들은 법을 만들고 위법자를 처벌하기 위해서 정부를 만드는 것은 사회 내에 권력투쟁을 조장하고 그래서 사회적 무

---

43) Peter Kropotkin, "Anarchist Communism: Its Bases and Principles," in *Revolutionary Pamphlets*(New York: Vanguard Press, 1972), pp. 68-75.
44) 정부는 또한 '열정의 범죄'를 막는 데도 실패한다. 왜냐하면 그러한 범죄는 본질적으로 비합리적이기 때문이다. 만약 어떤 사람이 화가 나서 다른 사람을 때리거나 살인을 한다면, 이는 국가의 개입에 의해 자신이 받게 될 처벌에 대해서 생각을 하지 않거나 아니면 그러한 처벌의 위협으로 인해 주저하지 않는다는 것을 의미한다.

질서를 증대시킬 뿐이라고 주장한다. 정부의 법에 기초한 사회제도는 어떤 사람, 특히 어떤 특정 사람에게만 권한을 부여한다. 역사를 보면 그렇게 권한을 부여받기 위해서 사람들은 다른 사람들에 대해 폭력을 행사하고 잔인하게 대해 왔음을 알 수 있다. 간단히 말해서 정부가 안정을 제공하는 역할을 수행함으로 해서 무질서가 사회로부터 제거되는 것이 아니라 오히려 정부권위를 확보하기 위한 투쟁으로 인해 무질서가 사회 내로 주입되고 있다는 것이다.

셋째, 정부주의자들은 장기적으로 보면 정부의 법은 시민의 도덕적 타락을 가져오며 이렇게 '타락한' 시민은 질서정연한 사회를 이룩할 수 없다고 주장한다. 무정부주의자들은 정부의 법이 사회 내 행동규범으로 정착하게 됨에 따라 개인은 점점 도덕적 원칙에 덜 영향을 받게 된다고 주장한다. 정부의 법을 지키려는 개인의 동기는 국가에 의해 처벌받는 것을 피하기 위해서이다. 이러한 동기를 가진 사람들은 국가당국에 의해 탐지됨이 없이 할 수 있다고 생각하게 되면 자주 다른 사람들의 권리를 훼손하게 된다. 보다 일반적으로 얘기해서 개인들이 볼 때 국가의 법이 올바른 행위를 규정한다고 생각하게 되면 그들은 무엇이 올바른가에 대한 자신의 도덕적 판단을 하지 않을 가능성이 높다는 것이다.

그러나 정부의 법은 도덕적 판단에 관한 쟁점에 대해 자주 부당한 입장을 취하거나 아니면 침묵을 지키고 그럼으로써 부적절한 도덕적 지침을 제공한다. 사람들이 자신의 도덕규범을 개발하여 이를 지키려고 하기보다는 정부의 법에 의존하려고 하게 되면, 그들은 정부의 편견을 항구화하기가 쉽고 또 다른 사람의 필요에 일치하려고 하기보다는 개인적 편의에 기초하여 행동할 가능성이 높다.

정부의 권위는 인간의 도덕적 발전을 저해하기 때문에 정당하지 못하다는 생각은 오랫동안 무정부주의 사상의 일부분이 되어 왔다. 그러나 왜 정부권위가 부당한가에 대해서 로버트 폴 월프(Robert Paul Wolff)의 『무정부주의 옹호』(*In Defense of Anarchism*)라는 책에서 보다

⟨설명상자 4-3⟩ 원시사회의 무정부주의

무정부주의자들은 인간이 정부권위의 강압을 받지 않으면서도 공동체에서 안전하게 살 수 있다는 증거로서 자주 원시사회에 주목한다. 루소가 자신의 책 『두 번째 담론』(Second Discourse)에서 '고상한 원시인'을 묘사한 데서 고무된 무정부주의자들은 문명의 제도와 가치로부터 영향을 받지 않은 원시인들의 사회생활에 관심을 가졌다. 루소는 이들 원시인들이 불행한 삶을 영위했다는 일반의 인식을 거부했다. 원시인들은 많은 자유를 향유했을 뿐만 아니라 그들의 육체적 욕구도 쉽게 충족되었다는 것이다. 더욱이 원시인들이 다른 사람들을 위해서 가졌던 자연적 연민의 감정은 '모든 사람이 그러한 온화한 목소리에 순종하려고 하는 이점을 갖춤으로써 법과 도덕과 덕성을 대신한다'는 것이다.

피터 크로포트킨이 1907년에 『상호부조』(Mutual Aid)라는 책을 출간했을 때 그는 여기저기서 찾을 수 있는 인류학적 증거들에 기초하여 고상한 원시인에 대한 루소의 생각 가운데 상당 부분이 유효하다는 것을 입증하고자 하였다. 그러한 증거로 예를 들면 덴마크 해안가의 푸에지(Fuegian) 종족들은 평화롭게 살았으며, 서남아프리카의 부시맨(Bushmen)들은 "공동으로 수렵을 했으며, 다투지 않고 노획물을 나누어 가졌으며, 부상당한 사람들을 결코 버리지 않았으며, 자신들의 동료들에 대해서 많은 호의를 베풀었고," 그리고 일반적으로 원시 부족들의 행태는 "무엇이 선이고 무엇이 악이냐라는, 다시 말해서 자신들의 종족에 유용한 것이냐 아니면 해로운 것이냐에 대한 자신들의 공통된 경험의 결과로서 나오는 일련의 불문법적인 재산권 규칙에 의해 규제되고 있었다."* 보다 최근에는 마샬 살린스(Marshall Sahlins)와 같은 몇몇 현대 인류학자들은 석기시대 동안 인류는 공유와 상부상조의 윤리에 의해 생활을 영위했으며 합의에 의해 결정을 하고 자신들의 동료나 주위 환경은 물론이고 궁극적으로는 우주와도 깊은 교감을 누리면서 살았다는 것을 보여주고 있다.

그 결과 무정부주의에 대한 비판자들은 정부가 없는 원시사회의 가능성 있는 장점들에 대해서 이의를 제기해 왔다. 예를 들면 로버트 달(Robert Dahl)은 『민주주의와 그 비판』(Democracy and Its Critics)이라는 책에서 북캐나다의 에스키모인 이누이트(Inuit)족이 "국가 없이도 용인할 만한 생존은 물론이고 아마도 매우 만족스런 생활을 영위하고 있다"**는 것을 인정하고 있다. 그러나 달은 현대인이 그러한 원시사회로 돌아갈 수 있는지에 대해 다음과 같은 3가지 이유에서 의구심을 표하고 있다.

첫째, 원시인들은 상대적으로 수가 적었으며 이렇게 비교적 작은 규모의 공동체가 광대한 지역을 점유하고 있었는 데 반해 현대 세계의 대부분은 인구가 조밀하고 서로에 대한 침해를 방지하기 위해서 훨씬 더 복잡한 규제장치를 요구한다. 둘째, 원시인들은 상대적으로 고립된 삶을 살았지만, 현대인들은 '다차원의 상호의존' 속에서 살고 있다. 이러한 상호의존은 거의 아무도 포기하려고 하

> 지 않는 많은 축복을 가져올 것이지만, 또한 이러한 상호의존은 정부의 규제가 없으면 '따로 분절되고' 말 것이다. 셋째, 현존의 국가들은 소규모의 자율적이고 국가가 없는 집단으로 되돌아가려고 시도하는 어떤 사람에 대해서도 정복하고 억누를 가능성이 크다. 실제로 현대 세계에서는 합법적인 정부 없이 살아가려고 하는 어떤 사람도 사실상 '깡패국가'를 건설하려고 강압을 사용하려는 '소규모의 악당들'에 의해 지배를 당할 가능성이 매우 높다.
>
> * Peter Kropotkin, *Mutual Aid: A Factor in Evolution*(New York: New York University Press, 1972[1907]), p. 110.
> ** Robert Dahl, *Democracy and Its Critics*(New Haven: Yale University Press, 1989), pp. 44-47.

더 간결하고 명확하게 피력된 적이 없다. 월프에 따르면, 권위와 자율성 사이에는 양립할 수 없는 갈등이 존재한다. "권위는 명령하는 권리이며 이와 관련된 것으로서 복종하도록 하는 권리이다."[45]

정치이론가들은 복종을 하도록 할 명령과 권리를 발할 수 있는 정부의 권위에 대해서 많은 (가짜의) 정당화를 만들어 내었다. 전통적인 보수주의자들은 권위를 가진 사람들의 우월한 지혜와 덕성에 순종함으로써 안정되고 조화로운 공동체를 만들 수 있다고 주장한다. 고전적 자유주의자들은 시민들이 자신들의 생명과 재산의 보호와 같은 다양한 혜택을 정부로부터 받는 대가로 정부 지도자들에게 권위를 부여하는 것이라는 사회계약의 개념을 만들었다. 월프에 따르면 이와 같은 정당화는 각각의 개인은 도덕적으로 자율적이어야 한다는 도덕철학의 중심적인 개념을 다루는 데는 실패하고 있다. 도덕적 자율성은 자유와 책임의 조화이다.[46]

인간은 자유의지를 갖고 있기 때문에 그들은 어떻게 행동할 것인가를 선택할 능력을 보유하고 있다. 인간은 이성을 갖고 있기 때문에 그들은 "어떻게 행동해야 할 것인가에 대한 성찰과 탐구 그리고 심사숙

---

45) Wolff, *In Defense of Anarchism*, p. 4.
46) Wolff, *In Defense of Anarchism*, p. 14.

고의 과정"[47]에 기초하여 책임 있는 선택을 할 능력을 보유하고 있다. 이와 같은 본질적인 도덕적 자율성을 고려한다면, 인간은 단순히 권위에 복종해서는 안 된다. 그러나 정부는 도덕적으로 자율적인 사람들이 동의를 하지 않는 명령을 계속하여 발하고 있다. 정부는 어떤 개인들이 보기에 도덕적으로 문제가 있는 프로그램을 위해서 세금을 낭비한다. 정부는 어떤 개인들이 보기에는 도덕적으로 문제가 없다고 생각하는(예를 들면 안락사와 같은) 행동을 금지시킨다. 정부는 어떤 개인이 보기에 정당하지 않은 것으로 보이는 전쟁이나 여타의 폭력행위에 개입한다.[48]

이처럼 정부권위와 개인의 자율성 사이의 화해할 수 없는 갈등을 고려할 때 개인은 자신의 자율성을 주장하고 정부의 권위를 거부해야 한다. 만약 인간이 단순히 정부의 명령에 복종해야 한다면, 이는 인간의 속성을 규정하는 자율성의 측면들, 예를 들면 자유의지와 도덕적 성찰의 능력 등을 실현하지 못하도록 막는 것이다.

무정부주의자들은 그래서 유일하게 정당한 권위는 사회로부터 자연스럽게 나오는 것이라고 주장하면서 정부권위를 거부한다. 이런 관점에서 무정부주의자들은 자주 정부의 성문법과 사회의 불문법을 구별한다. 정부의 법이 억압자를 위한 지배의 도구하면, **사회법**은 사회의 조화를 옹호하는 사회의 규범이다. 정부의 법은 강압에 의해 집행되는 반면 사회법은 사회의 다른 구성원들로부터의 보다 온건한 사회적 압력에 의해 준수된다. 정부의 법은 도덕적 자율성과 양립하지 않는 반면 사회법은 개인으로 하여금 올바른 도덕적 선택을 할 수 있도록 도움을 준다. 개인은 사회법에 의해 인도될 수 있다는 점을 인정함

---

47) Wolff, *In Defense of Anarchism*, p. 13.
48) 이러한 어려운 문제들에 대한 고전적 진술은 Henry David Thoreau, *On the Duty of Civil Disobdience*(New York: Collier, 1962〔1849〕)에 잘 나타나 있는데, 이는 멕시코-미국 전쟁을 위해서 세금을 내지 않겠다는 이유로 자신이 구속된 데 대해 항의하기 위해서 쓴 책이다.

으로써 무정부주의자들은 정부권위가 없이도 사회에 질서를 가져오기 위해서 사회를 어떻게 구조화할 것인가에 대한 시사를 제공하고 있다.

4. 구조

무정부주의자들은 자연적인 구조가 자리를 잡을 수 있도록 하기 위해서 인습적인 사회구조가 철폐되어야 할 것으로 본다. 무정부주의자들은 이러한 자연적 구조에 대해 명확한 구상을 제공하려고 하지 않는다. 왜냐하면 사람들마다 각기 이상적인 구조를 상정할 것이며 이상적인 것이 무엇인지에 대해서도 확신을 할 수가 없다는 것을 알고 있기 때문이다. 일련의 구조들을 창출함으로써 그리고 그러한 구조들이 실제로 어떻게 작동하는지를 살펴봄으로써만이 다양한 구조들에 의해 자유와 질서, 상호존중, 그리고 선한 생활에 대한 다양한 개념들의 일부분을 이루고 있는 다른 가치들이 얼마나 잘 제공되고 있는지를 알 수 있을 뿐이다.[49] 그럼에도 불구하고 무정부주의자들에게 받아들여질 수 있는 사회구조는 다음에서 보듯이 인습적인 구조들과는 확연하게 대조가 된다.

중앙집중주의는 **분권주의**로 대체되어야 한다. 중앙집중화된 국가(와 여타의 제도)는 위로부터 조직되어 있고 수직적인 권위관계를 보유하고 있어서 그러한 권위관계에서는 높은 지위에 있는 사람들이 낮은 지위에 위치해 있는 사람들에게 그들이 따라야 할 명령을 발한다. 반대로 분권화된 제도들은 옆으로 조직되어 있으며 조직의 모든 구성원들이 동등한 권력을 갖는 수평적인 관계를 보유한다. 각자가 각기 다른 역할과 책임을 갖는다고 하더라도 이들은 권위나 복종에서 항구적인 지위를 차지하고 있는 것은 아니다.

---

49) Robert Nozick, *Anarchy, State, and Utopia*(New York: Basic Books, 1974), pp. 312-317.

대규모의 조직들은 소규모의 조직으로 대체되어야 한다. 국민국가는 철폐되어야 하며 지방적 특성을 보유하는 일차적 사회집단에 의해 대치되어야 한다. 가능한 한 많이 사람들은 자신들이 속해 있는 사회단위의 다른 구성원들을 알아야 하며, 사람들은 서로에 대해 지속적으로 면대면의 상호작용을 해야 한다. 사람들은 자신의 동료들의 특별한 요구사항을 이해해야 한다.

강압적인 조직은 자발적인 조직으로 대체되어야 한다. 아무도 자신의 의지에 반하여 어떤 국가나 다른 조직의 구성원이 되어서는 안 된다. 각자는 다른 사람의 원칙에 동의하고 그 사람과 결사체를 이루는 데서 이익을 보기 때문에 결사체를 만드는 데 자발적이어야 한다. 동시에 어떤 현존하는 결사체의 구성원들이라 할지라도 누군가가 자신들의 결사체에 들어오는 것을 선택할 수 있어야 하며, 이렇게 각각의 결사체는 결사체의 원칙에 동의하지 않거나 결사체로부터 받는 만큼 기여하지 않는 사람들에게는 결사체의 성원이 될 수 있는 자격을 거부함으로써 결사체의 유대를 강화시켜 나갈 수 있게 된다.

무정부주의자들은 영토적 결사체보다는 비영토적 결사체를 선호한다. 물론 국가는 인근성이나 지역주의, 다시 말해서 같은 지역에 살고 있는 사람들에 기반하여 조직되며, 그리고 국가는 해당 지역에 살고 있는 모든 사람들에 대해 강압적인 경찰력을 보유한다. 그러나 같은 지역에 살고 있는 사람이라 할지라도 서로 결사체를 이루기 위한 실질적인 기반을 전혀 갖지 않을 수가 있다. 몇 가지 상호 협력적인 경제적·교육적·사회적, 또는 종교적 이해관계로 인해 한 영토 내의 몇몇 사람만이 서로 결사체를 이루길 원할 수 있다. 그리고 이러한 협력적인 이해관계 때문에 결사체를 원하는 사람들이 각기 다양한 여러 지역의 사람들을 자신들의 결사체에 받아들일 수도 있다.

무정부주의자들은 중앙집중화되고 대규모이며 강압적이고 영토적인 사회구조를 파괴하려고 하며, 이를 대체하여 즉각적으로 분권화되고 소규모이며 자발적이고 비영토적인 사회구조를 세우고자 한다.

그러나 그들은 이러한 제도의 명확한 특성이라는 점에서는 몇 가지 진화가 이루어질 것으로 이해하고 있다. 인습적인 제도를 파괴하자마자 몇 가지 '국가적' 조직이 필요할 수 있다. 예를 들면 프루동은 '인민은행'의 창설을 주창했다. 이 은행은 독립적인 노동자들 사이에 자유로운 교환을 용이하게 하고 또 자신의 조그마한 기업을 갖고자 하는 사람들에게 낮은 이율이나 명목적인 이율로 돈을 빌려줌으로써 노동자와 농민으로 하여금 중앙집중화된 산업의 지시로부터 경제적으로 독립할 수 있도록 하는 데 목적이 있다. 고드윈은 처음에는 억압적인 제도하에서 사는 데 익숙해 있는 사람들이 다른 사람의 이익보다 자신의 이익을 앞세우는 등 편협하게 행동할 것이기 때문에 당분간은 서로를 보호하기 위해서 법을 제정할 지방의 민주적인 의회와 갈등을 중재할 배심원이 필요할 것으로 보았다.

시간이 흐름에 따라 이와 같이 자발적이고 분권화된 국가적 장치들은 제거될 것이고 사회생활은 **상호주의**에 기반하여 조직될 수 있다. 현재 만들어지고 있는 결사체는 경제생활에서의 상호주의를 통해 경제적으로 독립된 사람들간의 자발적인 계약관계에 기반하여 상품과 서비스의 생산과 분배를 확보해 나간다. 원칙적으로 자본주의도 자발적인 계약에 기초한 결사체를 제공한다.

그러나 무정부주의자들은 자본주의적 동의가 그 계약 당사자들이 진정으로 독립적이지 않기 때문에 실제에 있어서는 강압적이라고 주장한다. 만약 어느 한 계약 당사자가 상품을 생산하는 데 필요로 하는 토지나 장비를 보유하고 있다면, 자신의 노동만을 소유하고 있는 당사자는 협상에서 불리한 위치에 처하게 되며 그래서 왕왕 착취를 당한다. 그러나 만약 각 당사자마다 자신의 토지와 도구를 보유하고 있다면 또는 그러한 생산수단을 공동으로 소유하고 있다면, 아무도 사유재산을 소유하고 있는(거의 이런 사람은 없을 것이지만) 사람들에게 의존하지 않는다.

이와 같이 독립된 내지는 상호의존의 상황에서 당사자들은 자신들의 협력이 상호 이익이 된다는 것을 이해하게 되고, 보다 효율적으로 상품을 생산하기 위해 사람들은 작업장이나 조합에 자발적으로 가입하게 된다. 교육도 상호주의에 기반 하여 제공될 수 있다. 무정부주의자들은 중앙집중적이고 위계적인 공적·사적 제도에 의해 조직되기보다는 학부모와 선생 그리고 학생들 간에 자발적이고 상호간에 수용되고 있으며 이익이 되는 장치를 추구한다. 일반적으로 지적이고 예술적이며 정신적이고 오락적인 이해관계를 공유하고 있는 사람들이 자신들의 결사체를 위해 채택하기로 한 규제에 따라 서로에게 어떤 이익을 제공하기로 동의하는 상호이익적 결사체의 광범한 확산이 이루어질 수 있다.

상호이익적 결사체는 비슷한 이해관계와 이상을 갖고 있는 개인들로 구성될 것이고 또 개인들은 자신들이 보기에 정당하고 필요한 규제를 보유하고 있는 집단에만 가입할 것이기 때문에 그러한 결사체 내에서는 거의 갈등이 존재하지 않는다. 그렇다고 무정부주의자들이 어떠한 갈등도 일어나지 않을 것이라고 생각할 만큼 비현실적이지는 않다. 그들은 사회적 압력이야말로 개인들이 서로 해를 입히지 않도록 보장하기 위해서 결사체가 사용하게 될 중요한 자연적 도구라는 것을 인정한다. 예를 들어 다른 사람들에 대해 책임 있게 행동하지 못한 작업장 결사체의 구성원은 비난과 처벌 또는 추방까지도 받을 수가 있다. 결사체는 정당하게 행동하는 것을 방해하지 못하도록 하기 위해서 내부 경찰대를 조직할 수도 있고, 중재와 타협을 통해서 구성원들간의 분쟁을 해결할 수도 있다.

무정부주의자들은 다양한 결사체들이 자신들의 공통적인 이익이나 갈등적인 이익과 관련하여 적절한 합의를 도출하는 것이 필요하다고 본다. 프루동이 이와 같은 결사체 상호간의 관계를 조직화하는 수단으로서 유용한 '연방제 원칙'을 자주 언급했음에도 불구하고 이 점에 관한 한 '연합(Confederation)'이라는 개념이 프루동의 이상을 보다 정확하게 담아내는 것 같아 보인다. 프루동이나 바쿠닌 등 무정부주의자들은 상호 합의에 의해 보다 광범한 우산조직 속으로 편입되는 다양한 지방적 결사체의 형성을 구상하였다. 바쿠닌에 따르면, "코뮌(Commune)이 지역으로, 지역은 국가로, 국가는 유럽국가연합으로의 자유로운 연방제를 통해 아래로부터 조직화된 자유로운 연합체가 태동할 수 있는 것이었다."[50] 그럼에도 불구하고 무정부주의자들은 주권은 많은 부분이 지방적 수준에서 보유되어야 하며 높은 수준의 조직은 일차적으로 지방적 결사체 사이의 협력적 행동을 조정하는 데 있다고 주장한다.[51]

5. 정의

무정부주의자들은 정의에 대한 전통적인 보수주의자나 고전적인 자유주의자의 개념 모두를 거부한다. 보수주의자들은 각기 다른 사회적 역할 담당자를 위해서 사회가 처방해 놓은 전통적인 권리와 책무에 따라 사회적 재화가 분배되어야 한다고 주장하는 반면 무정부주의자들은 상층계급이 자신들을 위해서 최대한의 권리를 획득하고 하층계급에게 대해서는 최대한의 의무를 부가하기 위하여 자신들의 권력을 사용해 왔다고 생각한다.

고전적 자유주의자들은 사회적 재화가 보편적인 시장의 힘에 기초

---

50) Woodcock, *Anarchism*, p. 163에서 재인용.
51) 무정부주의자들은 결코 지방적 결사체 사이의 갈등 문제를 해결하지 않았다. 예를 들면 어떤 결사체가 다른 결사체의 재산이나 사람을 공격하고 빼앗는 것을 어떻게 방지할 것인가? 결사체 간의 연방제적 합의는 각각의 지방적 결사체를 보호하고 이들 간의 갈등을 중재하는 어떤 중앙의 권위에 힘을 실려줄 수가 있다. 무정부주의자들은 그러한 중앙의 권위가 잠재적으로 강압적이라고 간주하기 때문에 그들은 논쟁 당사자 사이에서 보다 특별한 문제에 국한되며 비공식적이고 덜 결정적인 갈등해결 과정을 요구하는 연합제적 합의를 선호하였다. 로버트 노직(Robert Nozick)은 『무정부주의, 국가, 그리고 유토피아』(*Anarchism, State, and Utopia*)라는 책의 326-331쪽에서 이러한 문제를 논의하고 있지만, 그 역시 무정부주의자들의 이상과 부합되는 문제해결책을 제시하지는 못하고 있다.

하여 분배되어야 한다고 주장하는 반면 무정부주의자들은 부유한 사람들은 자신의 재산권을 통해 시장거래에서 다른 사람들을 착취할 수 있다고 본다. 무정부주의자들의 입장에서 보면 전통적인 사회나 자본주의 경제 모두 자연적 정의를 가져다 주지 않는다. 그러한 자연적 정의는 어떤 일련의 제도를 통해 제공될 수 있는 것이 아니며 또한 정의는 사회적 재화의 올바른 분배와 관련한 단 하나의 규범으로 환원될 수도 없다.

자연적 정의는 사람들이 서로를 올바르게 대우할 때 실현된다. 프루동에 따르면, 정의는 인간의 존엄성에 대해 자발적으로 느끼고 상호적으로 보장하는 존중이며, 어떤 사람에게서든 그리고 어떤 환경에서든 그러한 인간의 존엄성은 타협된 것이며 어떤 위협에 대해서도 인간 존엄성의 방어를 우리들에게 드러내 보일 수 있어야 한다.[52]

고드윈은 정의로운 사람의 행동에서 성실성을 중요한 요인으로 간주하였다. 사람들은 서로에게 정직해야 한다. 사람들은 자신에게 이익을 가져오도록 고안된 모든 평계를 버리고 자신이 전정으로 필요로 하는 것과 자연스런 감정을 표현해야 한다. 프루동은 사람들 사이의 거래와 관계에서 상호성을 강조했다. 정당한 관계나 거래는 다른 사람의 희생을 대가로 이익을 얻는 착취를 피한다. 대신에 정당한 관계는 다른 사람에게 이익을 주고 그에 상응하는 이득을 얻는 식으로 두 사람 모두에게 이익이 될 때 발생한다.[53]

다른 무정부주의자들은 가난한 사람이나 또는 그들의 기본적인 욕구가 충족되지 못하는 사람들을 도와주고 지원해 주고자 하는 자연적

---

[52] Mulford Q. Sibley, *Political Ideas and Idelogies: A History of Political Thought* (New York: Harper and Row, 1970), p. 540에서 재인용.
[53] 거래에서의 '산술적 평등'은 아리스토엘레스가 처음으로 제시했지만, 프루동이 정당한 관계라는 개념을 받아들이게 된 것은 그가 이러한 상호성을 '교환적인 정의'라고 지칭했던 17세기 영국인 성직자 제레미 테일러(Jeremy Taylor)의 글을 읽고나서부터였다.

인 의무감 내지는 관대함을 강조하였다. 일반적으로 무정부주의자들은 자신의 선과 일반선을 혼동하지 않는 능력으로서 정의되는 불편부당을 높이 평가한다. 고드윈에 따르면, 만약 어떤 사람이 살아 있는 것보다는 죽음으로써 일반선을 가져올 수 있다면 정의는 그가 죽는 것을 요구한다.[54]

정의를 다른 사람에 대해 성실하고 상호적이고 관대하고 불편부당하게 행동하는 것으로 파악한다는 것은 개인주의에 대한 무정부주의자들의 강한 집착과는 어울리지 않는 것처럼 보일 수 있다. 그러나 막스 스터너(Max Stirner)와 같은 몇몇 무정부주의자들만이 인간의 사회적 본성을 무시하고 있을 뿐임을 기억할 필요가 있다. 고전적 자유주의자들은 개인의 자유를 자기 자신의 이익을 추구하기 위한 권리로 바라보는 반면 무정부주의자들은 일반적으로 개인의 자유를 사회적으로 책임 있는 행동을 구성하는 것이 무엇인지를 스스로 결정하는 권리로 파악한다. 지금까지 보아왔던 것처럼 무정부주의자들은 자유를 도덕적 자율성으로 바라보며, 도덕적으로 자율적인 개인이야말로 자신의 행동이 어떻게 일반선을 가장 잘 실현할 수 있을 것인가와 관련하여 바로 자기 자신의 결단을 하게 될 것이라고 주장한다.

무정부주의자들은 보수주의자나 자유주의자들보다 평등지향적이다. 고드윈은 "삶에 유익한 것들이 균등하게 분배되는 데서"[55] 정의가 존재한다고 보았다. 그래서 그는 재산과 물질적 재화가 균등하게 분배되어야 하는 몇 가지 정당화를 다음과 같이 제시하였다. 첫째, 불평등은 지적인 성장을 막는다. 왜냐하면 불평등으로 인해 사람들은 정신적 발달에 초점을 맞추기보다는 재산의 축적에 강조점을 둘 것이기 때문이다. 둘째, 불평등은 '대다수의 사람들로 하여금 소수의 사람들을 위한 노예나 가축의 신세로 전락시킴으로써' 다른 사람에 대한 비

---

54) Godwin, *Political Justice*, p. 170.
55) Godwin, *Political Justice*, pp. 725-735.

자발적인 의존을 조장한다. 셋째, 불평등은 부자들의 물질적인 요구를 충족시키려는 그칠 줄 모르는 욕망을 조장하며 가난한 사람들에게는 시기와 분노의 감정을 부채질함으로써 정의롭지 못하다는 감정을 불러일으킨다. 이러한 관심은 부자와 가난한 사람 모두의 정신을 타락시킨다. 그리고 그러한 감정들은 범죄와 전쟁을 야기한다.

그럼에도 불구하고 무정부주의자들은 모든 재화가 모든 사람에게 균등하게 분배되어야 한다고 주장하지는 않는다. 권위적이고 강압적인 제도만이 결사체의 모든 구성원들에게 재화의 균등한 분배를 강제할 수 있다. 무정부주의자들은 모든 사람이 사회적 재화에 대해 동등한 몫의 권리를 갖고 있다고 주장하기보다는 사람들이 **평등주의적 윤리**(egalitarian ethic)를 가질 때, 즉 일반적으로 모든 사람들은 대부분의 사회적 재화를 동등하게 받을 자격이 있으며 모든 사람의 요구가 다 동등하게 중요하다는 것을 규범으로 받아들일 때, 정의가 고양될 것이라고 믿는다.

무정부주의 연구자들은 자주 재화가 보통은 개인의 업적에 따라 분배되어야 한다고 보는 개인주의적(individualistic) 무정부주의와 재화가 보통은 개인의 필요에 따라 분배되어야 한다고 보는 집단주의적(collectivist) 무정부주의를 구분한다. 개인의 업적에 따른 분배는 물질적 재화의 정당한 할당을 위한 프루동의 원칙이다. 로크처럼 프루동은 노동이 상품가치의 주요한 기여자이고, 각 개인은 자신의 노동을 생산적이 되도록 하기 위해서 필요로 하는 재산(도구나 토지 등)에 대해 권리를 가지며, 각 개인은 자신의 노동의 생산성에 비례하여 보상을 받을 자격이 있다고 보았다.

자신의 필요에 따른 분배는 물질적 재화의 공정한 할당을 위한 크로포트킨의 원칙이다. 크로포트킨은 사회적 재화의 대부분은 상품가치에 대한 각 개인의 기여를 공정하게 평가하기 어려울 정도로 복잡한 사회적 과정을 통해서 나오는 것으로 보았다. 그는 예를 들어 어떤 사람이 성피터스버그와 시베리아에 꼭같은 집을 지을 수 있지만 성피터스버그의 집이 주변의 많은 '사회적 생산' — 예를 들면 다른 사람들이 성피터스버그에 지은 극장이나 상점들로 인해 성피터스버그의 집의 가치가 더 높아진다 — 때문에 더 많은 가치를 갖게 될 것이라는 점에 주목했다.

크로포트킨은 농민이나 수공업자들의 농촌 공동체에 관심을 기울이고 있는 프루동에 비해 도시나 산업의 생산에 초점을 맞추었다. 크로포트킨은 산업생산을 다양한 개인들의 노동이 혼합되고 개인의 기여가 분간하기 어렵게 되는 집단적 과정으로 이해했다. 크로포트킨은 생산의 사회적 성격으로 인해 생산과정에 사용되는 토지, 도구, 공장을 공동으로 소유해야 할 것으로 보았다. 어떤 개인도 이러한 사회적 내지는 집단적 생산과정의 생산물에 대해 소유권을 갖지 못하며, 오직 전체로서의 공동체만이 이들 생산물을 소유할 수 있다.

그럼에도 불구하고 많은 생산물은 개인에 의해 소비되어야 하며, 그래서 공동체는 이러한 생산물을 가장 필요로 하는 사람들에게 공평하게 분배할 수 있는 불편부당하고 관대한 사람들로 구성되어야 한다. 집단주의적 무정부주의자들은 필요에 따른 분배가 정당한 것이라고 보았지만, 이는 가난한 사람들이 공동체로부터의 지원을 받을 권리를 갖고 있기 때문이 아니라 정의를 지키려는 사람들은 가난한 사람들을 지원할 적극적인 의무를 갖고 있기 때문이라고 생각한다.

업적이나 필요에 따른 분배가 전통적인 권리에 기반한 분배나 자본주의경제의 시장력에 의해 제공되는 분배보다 훨씬 더 평등한 것은 사실이다. 프루동과 크로포트킨은 자신들의 분배원칙이 지배와 착취를 막을 수 있는 것으로 보았다. 분배가 업적이나 필요에 기반하게 되면, 많은 사람들은 사회의 상류층에 종속되지 않을 것이며 더 이상 이들 엘리트들에 의해 착취되는 위치에 있게 되지도 않을 것이다. 무정부주의자에게 있어 정의로운 사회는 지배와 착취의 결여로 특징되는 것이지 재화분배의 특정 형태에 의해 특징되는 것은 아니다.

실제로 각각의 무정부주의자들은 각기 다른 분배 유형을 강조하고 있다. 개인주의적 결사체는 사람들이 자신의 도구를 소유하고 개인적으로 일하고 자신이 생산한 상품을 개인적으로 소유하고 이들 상품을 계약과 시장에 기반하여 교환하고 그래서 대략적으로 자신의 노동에 비례하여 재화를 축적하도록 허용하는 원칙을 선택할 수 있다. 공산주의적 내지는 집단주의적 결사체는 생산수단의 공동소유와 상품의 공동생산 그리고 필요에 기반한 생산물의 분배를 요구하는 원칙을 선택할 수 있다. 무정부주의자들은 다양한 결사체적 장치를 구상하고 있으며, 이러한 장치의 어떤 것도 결사체 구성원이 된 사람들의 도덕적 원칙을 반영하고 있으며 강압적이지 않는 한 정당한 것으로 파악하고 있다.

6. 시민권

무정부주의자들은 시민권의 조건에 대해 논의하는 것을 좋아하지 않는다. 왜냐하면 그들은 시민권을 정부권위의 명령에 복종하는 정치적 결사체의 종속적인 구성원을 의미하는 것으로 간주하기 때문이다. 그 결과 무정부주의자들은 사람들에게 정부에 관여하지 않는 것은 물론이고 민주적 선거 동안 대표를 뽑는 데에도 참여하지 않을 것을 촉구한다. 기권함으로써만 개인들은 정부의 행동이 그의 책임이 아니라고 주장할 수 있기 때문이다. 법을 만드는 데 참여하지 않음으로써 또는 입법으로 연결되는 과정에 참여하지 않음으로써 시민은 법을 따르지 않을 권리를 강화해 나갈 수 있다는 것이다.

전통적인 보수주의자들이나 고전적 자유주의자들은 시민이 국가에 복종할 정치적 의무를 지는 것으로 보지만, 무정부주의자들은 사람들이 다른 사람과 관련하여 정당하게 행동할 도덕적 권리만을 갖고 있다고 생각한다. 고드윈에 따르면, "모든 사람은 자신이 알고 있는 사람들의 권리를 발견하고 그 권리를 실현하도록 하는 데 자신의 모든 수단을 다할 의무를 진다."[56] 어떤 외부적인 권위에 종속되기 보다 각 사람은 자신이 이해하는 바의 결정과 자신의 양심의 명령에 따라야 한다.

고드윈에 따르면, 도덕적으로 책임감 있는 사람은 자비로운 의도를 갖는다. 그 사람은 자신의 이익을 위하기보다는 다른 사람을 위해 좋은 일을 할 동기를 갖고 있다. 이들의 행동은 실제로 다른 사람들에게 많은 이득이 되거나 아니면 가장 덜 해로운 것으로 이해되는 '일반적 행복'에 기여한다. 이들의 행동은 이들의 능력에 상응하는 이득을 가져다 준다. 고드윈에 따르면,

> 어떤 행동이 좋은 의도와 유익한 결과로 넘친다고 하여 충분한 것은 아니다. 만약 어떤 사람이 중요성이나 양적인 측면 모두에서 자신이 생산할 수 있는 이득의 1/10만을 가까스로 생산해 낸다면, 그는 매우 제한된 의미에서만 덕성이 있는 사람인 것으로 간주될 수 있다.[57]

그래서 부유한 사람이 덕성을 갖추기 위해서는 궁핍한 사람을 도우려고 애를 쓸 뿐만 아니라 실제로 그들에게 이득이 되어야 하며 덜 부유한 사람에 비해 자신의 지원을 더 많이 관대하게 제공해야 한다. 절대적으로 정의롭고 덕성있는 사람이라면 돈, 시간, 지원 등 자신의 자원을 가장 이득을 많이 볼 수 있는 사람들에게 분배할 것이다. 만약 어떤 사람이 상품을 소유하고 있는 사람보다 더 그 상품을 필요로 하고 있다면, 정의는 소유자가 그 상품을 가장 필요로 하는 사람에게 넘겨줄 것을 요구한다.

무정부주의자들은 사람들이 인간 덕성의 절대적인 기준을 충족시키기가 어렵다는 것을 인정한다. 그러나 도덕적으로 자율적이기 위해

---

56) Godwin, *Political Justice,* p. 207.
57) Godwin, *Political Justice,* pp. 185-186. 아리스토텔레스는 자신의 『니코마코스 윤리학』(*Nicomachean Ethics*)라는 책에서 덕성이 있는 행동과 관련하여 비슷한 처방을 제시한 바 있다.

서 필수불가결한 습성은 개발되어야 한다고 본다. 외부의 권위에 순종하는 것은 그러한 도덕적 자율성과 그에 수반하는 덕성적인 습성의 개발을 방해한다. 그래서 무정부주의자들은 시민이 국가에 복종하길 요구하기보다는 개인적으로 개발된 도덕적 행위의 원칙에 사람들이 순종할 것을 요구한다.

IV. 요약과 결론

무정부주의는 자유주의의 중요한 급진화이며 마르크스주의의 전조이다. 고전적 자유주의자들처럼 무정부주의자들도 자신들이 보기에 인류진보를 이끌어 갈 정치적·도덕적 원칙을 개발함에 있어 자연과 개인에 관심을 둔다. 그러나 무정부주의자들은 고전적 자유주의자들에 비해 자연을 보다 더 사회적이고 자비로운 것으로 바라본다. 또한 그들은 개인의 성취가 자신의 이익을 안전하게 확보하는 자유로부터 오기 보다는 공공선에 대한 자신의 비전을 실행하는 기회로부터 온다고 믿는다.

이와 같은 철학적 기반하에 무정부주의자들은 어떤 정부도 최소한의 정부보다 바람직하지 않으며 대중의 지배보다는 자치가 더 유용하고 정의로운 사람들의 평등주의적 윤리가 자본주의하에서 발생하는 부와 권력의 불평등보다 더 낫다는 생각을 한다. 마르크스주의자들처럼 무정부주의자들은 자유주의적인 자본주의 사회의 폐지를 요구한다. 그리고 다음 장에서 보게 되겠지만, 마르크스는 무정부주의자들이 추구하는 분권적이고 자발적이며 비강압적인 사회질서가 사회주의의 이행기 이후에야 가능한(그리고 실제로 구현되는) 것으로 보았다.

무정부주의는 많은 매력을 갖고 있다. 무정부주의는 전통적인 사회나 자본주의 경제 그리고 심지어는 민주적 정부조차도 어떻게 개인들을 지배하고 강압적으로 대할 수 있는지를 보여주고 있다. 무정부주의는 개인들이 포괄적인 자유를 보유하고 서로간에 정의로운 관계를 추구하기 위해서 이러한 자유를 사용하게 되는 미래에 대해 통찰력 있는 비전을 제시한다. 무정부주의자들은 물질적인 소유와 경제발전에 대한 현재의 집착보다는 단순하고 자연적인 삶이 인간의 도덕적인 발전과 세계의 생태학적인 생존을 더 잘 확보해 줄 것이라고 믿는다.

이러한 호소력에도 불구하고 무정부주의는 이 책에서 우리가 검토하게 될 다른 이데올로기보다 광범한 역사적 영향을 주지 못하고 그렇게 많은 추종자들에게 매력을 끌지도 못하고 있다. 무정부주의 내에는 중요한 내부적 모순이 존재하고 있는 것 같다. 예를 들면 무정부주의자들은 자연을 기준으로 여기면서도 동시에 인간의 본성을 거의 무한하게 개조할 수 있는 것으로 간주하고 있다. 아마도 무정부주의자들은 인간의 내재적인 자비에 지나치게 의존하고 있으며 인간본성의 이기적인 측면에 대해 현실주의적 개념을 갖지 못하고 있는 것 같다. 아마도 무정부주의자들은 정부가 사회의 구성원들에게 제공할 수 있는 다양한 적극적인 혜택을 무시하고 있다.

아마도 정부의 권위는 무정부주의자들이 주장하는 것만큼 개인의 자율성과 양립 불가능한 것은 아니다. 왜냐하면 시민들은 보통 국가에 대해 시민으로서의 의무를 인정하면서도 그들이 보기에 정당하지 않은 특정의 정부명령에 대해서는 복종을 하지 않을 수 있기 때문이다.[58] 아마도 특히 폭력에 의한 현존 제도의 파괴를 위해서는 무정부주의자들이 제시하는 그 이상으로 사회에 대한 보다 설득력 있고 구체적인 대안적 비전을 요구한다고 보겠다.

어떻든 무정부주의자들은 우리들에게 현존하는 사회구조의 억압적 측면을 검토하는 것이 중요함을 일깨워주고 있다. 그들은 인습적인 권위와 제도 그리고 사상에 의문을 제기하도록 요구한다. 그들은 우

---

58) Jeffrey H. Reiman, *In Defense of Political Philosophy: A Reply to Robert Paul Wolff's "In Defense of Anarchism"* (New York: Harper Torchbacks, 1972).

리들의 비전을 확대하고 새로운 사회질서와 확대된 인간의 자유 그리고 보다 정의로운 인간관계에 대해서 생각을 하도록 촉구하고 있다.

제5장
마르크스주의

많은 미국인들에게 있어 마르크스주의는 냉전 시대에 소련과 '중공', 북베트남, 쿠바 등 공산주의 국가들이 옹호해 왔던 몇 가지 우스꽝스런 관념들을 구체화시키고 있는 것으로 이해되고 있다. 이에 따르면 마르크스주의는 '동서' 간의 국제적 적대는 물론이고 '철의 장막' 뒤에 살고 있는 사람들이 자유를 향유하지 못하고 있는 상태에 대해 책임이 있다. 마르크스주의가 전제정부를 정당화하는 것도 문제지만, 그것이 의존했던 경제강령도 실패로 끝나고 말았다. 왜냐하면 마르크스주의의 경제강령은 어느 곳에서든지 모든 사람에 대해 무차별적으로 꼭같게 하고자 함에 따라 인간의 동기부여와 생산성을 격하시키는 결과를 가져왔기 때문이다. 아마도 마르크스주의에 대한 이러한 특징화에는 얼마간의 진실이 없는 것은 아니다. 그러나 마르크스주의의 위대한 사상을 좀 더 깊이 이해하려면 보다 덜 편향된 평가가 요구된다고 하겠다.

일반적으로 '마르크스주의'는 칼 마르크스(Karl Marx, 1818~1883)가 제안한 생각들을 지칭한다. 마르크스에 따르면, 인간은 본질적으로 노동하는 존재이고, 모든 인간의 행위는 궁극적으로 경제행위이다. 모든 사회는 경제활동의 기반에 따라 지배계급과 피지배계급으로 나뉜다. 모든 사회는 노동분업을 강요함으로써 생산성을 추구하는 데, 문제는 이러한 노동분업이 창조적으로 노동하는 존재로서 인간의 잠재력으로부터 인간을 분리시켜 소외시킨다는 것이다. 이러한 점이 바로 단지 두 개의 중요한 계급만 존재하는 자본주의 사회의 특징이라는 것이다. 즉, 모든 생산수단을 소유하고 있는 소그룹의 자본가와 단지 자신의 노동력만을 소유하고 있고 두 계급 가운데 더 소외되어 있는 거대한 프롤레타리아 대중이 그것이다.

역사의 법칙과 정치경제에 대한 분석에 따르면, 자본주의는 망하게 되어 있고 프롤레타리아에 의해 전복될 것이다. 이러한 혁명은 계급이 없는 공산주의 사회로 가는 길을 열 것이다. 사유재산은 파기될 것이고, (지배계급의 이익을 대변하는) 정치적 국가는 더 이상 필요하지 않게 되고 궁극적으로는 소멸될 것이다. 이러한 공산주의 사회에서 모든 인간 존재는 창조적 노동자로서 자신의 잠재력을 실현하게 될 것이고, 아무도 자신의 노동이나 혹은 자신의 노동의 결실로부터 또는 서로로부터 소외되지 않을 것이다.

이러한 생각들에 기초하여 마르크스는 19세기 후반 유럽에서 일어났던 노동계급 운동에 대해 지적인 기반을 제공하고자 하였다. 1848년에 마르크스가 프리드리히 엥겔스(Friedrich Engels, 1820~1895)와 함께 쓴 『공산당선언』(*The Manifesto of the Communist Party*)은 유럽 전역의 노동자 계급을 통합시키고 그럼으로써 혁명이 유럽을 휩쓸고 있는 시점에서 이들 노동자 계급들로 하여금 유기적으로 혁명 활동에 참여할 수 있도록 촉구하기 위한 목적에서 나온 저작이다. 그러나 1848년의 혁명은 자유주의자와 진보주의자들의 봉기였고, 본질적으로는 그 당시의 군주제와 전제정부에 반대한 것이었지 마르크스와 엥겔스가 염두에 두고 있었던 것처럼 자본주의 정부를 무너뜨리고자 한 것은 아니었다.

　이러한 자유주의적 봉기의 실패 이후 마르크스는 자본주의에 대한 포괄적인 연구를 시작했고, 어떻게 하면 노동자 계급들 사이에서 계급의식을 발전시킬 수 있을까 하는 문제를 놓고 씨름했다. 1850년대 기간 동안 마르크스는 자본주의를 보다 더 광범위한 역사-경제적 시각의 틀 속에 바라보는 거대한 이데올로기적 체계를 그려 내었다. 이 당시에 마르크스가 자신의 생각의 발전을 기록해 놓은 것이『서설』(Grundrisse)이라 불리우는 연구노트이다. 마르크스가 1967년에『자본론』(Das Kapital) 제1권으로 출간하게 된 연구업적은 바로 이『정치경제학 서설』을 발전시킨 것이었다. 이에 이은『자본론』2권과 3권은 마르크스 사후(死後) 각각 1885년과 1894년에 엥겔스의 편집에 의해 출간되었다.

　마르크스는 당시 노동계급의 정치에 적극적이었다. 1864년 마르크스는 국제노동자협회를 창설하는 데 참여했고 1870년까지 이 협회에서 적극적으로 활동했다. 마르크스는 이 협회(나중에 제1인터내셔널로 알려짐)의 지적 리더십을 둘러싸고 종종 바쿠닌(Mikhael Bakunin)과 같은 무정부주의자들과 경쟁을 벌였다. 그러나 그의 많은 동지들이 마르크스를 떠남에 따라 1872년에는 인터내셔널에 대한 마르크스의 영향력이 약화되고 있었다.[1]

　그러나 자신의 생애 동안 제한된 정치적 영향력에도 불구하고 마르크스는 고전적 자유주의(또는 민주적 자본주의)를 반대하는 사람들에게 수많은 정치적·사회적·경제적·철학적 신조를 남겨 주었다. 그가 죽기 전에도 자본주의를 혁명적으로 전복시키고자 했던 지식인들은 마르크스의 이론을 재해석하고 어느 정도는 변질시키기 시작했다. 이는 이들 지식인들이 마르크스의 이론을 권위적인 출발점으로 삼고 있

---

1) David McLellan, *Karl Marx: His Life and Thought* (New York: Harper and Row, 1973), pp.407-411.

> **〈설명상자 5-1〉 마르크스와 엥겔스의 주요 저작**
>
> 칼 마르크스(Karl Marx, 1818~1883)
> 　『유태인 문제에 대하여』(On the Jewish Question, 1843)
> 　『경제철학수고』(Economic and Philosophical Manuscripts, 1844; 1927년 출간)
> 　『독일 이데올로기』(The German Ideology, 1846)
> 　『공산당 선언』(The Manifesto of the Communist Party, 엥겔스와 공저, 1848)
> 　『서설』(The Grundrisse, 1856~1857)
> 　『정치경제학 비판을 위하여』(Contribution to the Critique of Political Economy, 1859)
> 　『자본론 1권』(Das Kapital, vol.1, 1867)
> 　『프랑스 내전』(The Civil War in France, 1871)
> 　『고타 강령 비판』(Critique of the Gotha Program, 1875, 공식적으로는 1891년 출간)
> 　『자본론 2권』(Das Kapital, vol.2, 1885, 엥겔스 편집)
> 　『자본론 3권』(Das Kapital, vol.3, 1894, 엥겔스 편집)
>
> 프리드리히 엥겔스(Friedrich Engels, 1820~1895)
> 　『영국 노동계급의 조건』(The Condition of the Working Class in England, 1845)
> 　『반뒤링론』(Anti-Duehring, 1878)
> 　『사회주의: 유토피아적이고 과학적』(Socialism: Utopian and Scientific, 1880)
> 　『가족, 사유재산 그리고 국가의 기원』(The Origin of the Family, Private Property, and the State, 1884)

다는 것을 뜻한다.

　아마도 엥겔스는 마르크스의 복잡하고 이따금 혼란스럽게 보이는 저작들을 가장 열정적으로 해석하고 체계화한 사람일 것이다. 엥겔스의 해석은 **정통마르크스주의**의 신조가 되었다. 정통마르크스주의자들은 자본주의가 자기파멸의 운명으로 몰고갈 모순들로 가득차 있다고 주장하며, 그래서 '조건이 무르익으면' 자본주의에 대한 혁명은 불가피하며, 혁명 이후 궁극적으로는 평등하고 사회주의적인 질서가 도래할 것이라고 믿었다. 정통마르크스주의자들은 20세기 동안 유럽의 많은 공산당과 사회주의정당들에게 영향력을 미쳤지만, 그러나 스스로를 진정한 마르크스주의자라고 자처했던 다른 자본주의 비판자들은 마르크스의 저작에 대해 다른 해석을 제시하였다.

1890년대 기간 동안 독일에서 태동했던 수정주의 마르크스주의자들은 마르크스가 엥겔스나 다른 정통마르크스주의자들이 주장하고 있는 것처럼 결정론자가 아니라고 주장했다. 그들은 마르크스가 노동자계급이 자본주의에 도전하고 비혁명적인 방법으로 사회주의를 건설하도록 하는 정치적·경제적·사회적 변화를 예견하지도 않았다고 주장한다. 수정주의 마르크스주의자들은 민주사회주의로 발전해 나갔는데, 이 독특하고 강력한 이데올로기는 20세기를 통하여 민주적인 선거에서 성공적으로 경쟁을 벌여왔고 다원주의적인 사회를 통치하기도 했던 많은 사회주의 정당들의 토대가 되었다. 제9장에서 우리들은 민주사회주의를 마르크스주의와 구별되는 이데올로기로서 다루게 되겠지만, 그럼에도 불구하고 이 민주사회주의는 마르크스로부터 강한 영향을 받고 있다.

마르크스의 저술은 레닌(Vladimir Lenin, 1870~1924), 트로츠키(Leon Trotsky, 1879~1940), 모택동(1893~1976) 그리고 다른 많은 혁명적 전략가들을 포함하여 많은 사람들에 의해 다양한 방식으로 해석되고 아마도 중요하게 변형되었는데, 이들은 자본주의가 발전되지 않았고 정통마르크스주의에 따르면 진정한 공산주의혁명을 위한 조건이 무르익지도 않은 사회에서 '공산주의' 혁명을 추진해 나간 사람들이었다. 마르크스-레닌주의는 20세기를 통하여 러시아와 구소연방의 다른 지역들 그리고 중국과 많은 저발전국가들에서 영향력을 발휘하였다. 우리들은 제6장에서 마르크스주의의 이러한 해석들에 대해서 논의하면서 공

〈설명상자 5-2〉 칼 마르크스

칼 마르크스는 1818년 부유한 유태인 변호사의 아들로 태어났다. 그의 부모는 당시의 반유대주의를 피하기 위해서 프로테스탄트로 개종했다. 마르크스는 본과 베를린 대학에서 철학을 공부했는데, 그 때 청년헤겔주의자들과 교류를 맺었다. "데미크리토스와 에피쿠로스 자연철학의 차이(The Difference Between the Democritean and Epicurean Philosophies of Nature)"라는 자신의 박사학위 논문을 완성한 이후 마르크스는 청년헤겔주의 잡지에 글을 썼고 꼴로뉴의 야당 신문인 『라인신문』(*Rheinische Zeitung*)의 편집자가 되었다. 여기서 마르크스는 헤겔을 만났다. 프러시아정부는 급진적인 행동을 이유로 마르크스를 추방했고, 파리에서도 급진적인 행동을 계속해 나가자 프러시아정부는 프랑스정부에 다시 그를 추방하도록 요청하였다. 그는 가족들과 함께 브뤼셀로 옮겨갔고 다시 1849년에는 런던으로 이주했다. 그 이후 20년 동안 마르크스와 그의 가족들은 아주 궁핍하게 살았다. 생계를 유지하기 위해서 마르크스는 『뉴욕트리뷴』(*New York Tribune*)과 같은 신문과 잡지에 글을 썼다 (엥겔스로부터 상당한 재정적 지원을 받았지만). 그는 경제학과 역사에 관해 연구하고 집필하면서 대부분의 시간을 영국박물관에서 보냈다.

자신의 생애 동안 마르크스는(많은 경우는 엥겔스의 지원을 받으면서) 다른 사회주의자들과 자주 격렬한 토론과 논쟁을 벌였다. 그러나 1883년 사망하기 직전까지도 마르크스는 독일의 사회주의운동 외부에서는 잘 알려져 있지 않았다. 그가 죽은 이후에야 마르크스의 저술은 유럽, 특히 러시아에서 급속하게 전파되었다.

산주의를 다루게 될 것이다.

이 장에서 마르크스주의를 다루고 다음 장에서 별개로 공산주의를 다루는 것은 마르크스주의와 공산주의가 동일한 이데올로기가 아니라는 인식에 기초해 있다. 마르크스는 마르크스주의와 공산주의 모두에서 중심적인 인물이다. 그러나 마르크스가 자연스럽게 혁명과 계급 없는 사회로 귀결하게 될 경제발전의 역사법칙을 분석하는 데 주된 관심을 갖고 있었다면, 레닌이나 모택동 같은 공산주의자들은 어떻게 혁명을 일으킬 것인가 그리고 혁명 이후 어떻게 공산당의 지배를 확립할 것인가에 더 많은 관심을 기울였다.

대부분의 마르크스주의자들은 자본주의 사회를 분석하고 비판할 필요를 강조해 왔으며, 자본주의와 자본주의 이전의 다양한 역사발전 단계에 대한 연구를 통해 '역사법칙'을 발전시키고자 하였다. 마르크스는 자본주의 이후의 사회에 대해서는 가장 기본적인 개요만을 제시했지만, 그는 결코 이러한 개요가 과도기적인 사회주의 사회를 통치하거나 또는 이상적인 공산주의 사회를 발전시켜 나가기 위한 지침이 되기를 의도하지는 않았다. 버틸 올만(Bertil Ollman)의 지적처럼, 마르크스는 공산주의에 대해 체계적인 설명을 제시하는 것은 "바보스러운 것이고 소용도 없고 오히려 반동적인"[2] 것으로 간주하였다.

이와 대조적으로 공산주의는 주로 '혁명 이후의' 삶에 관심을 보였다. 마르크스주의가 역사법칙과 경제학의 지식에 기초하여 현재의 관행에 대한 과학적인 비판이 되고자 하였다면, 공산주의는 통치의 실제적인 문제에 초점을 두는 이데올로기이다. 공산주의는 프롤레타리아 독재가 어떻게 조직되어야 하며, 프롤레타리아는 어떻게 통치하며, 그리고 공산당의 통치가 어떻게 권력과 정당성을 얻고 유지하며 재창출해 나갈 것인가에 관심을 가졌다.

마르크스에 대한 또 다른 하나의 해석은 마르크스의 저술, 특히 청년마르크스의 저술에서 보이는 철학적이고 인본주의적 측면을 강조한다. 루카치(George Lukacs, 1885~1971)는 나폴레옹 시대의 가장 위대한 독일관념론 철학자인 헤겔(Georg W. F. Hegel, 1770~1831)의 저작에 대한 마르크스의 이해와 비판까지를 드러내 보여준 최초의 마르크스주의 지식인이었다. 루카치의 저술은 마르크스가 1844년에 집필했지만 1927년까지는 출간되지 않고 있었던 『경제철학수고』에 대해 우호적으로 지적인 수용이 쉽도록 길을 열어주었다. 이 『수고』는 헤겔의 영향을 강하게 받으면서 마르크스가 철학적이고 관념론적인 기풍을 띠

---

[2] Bertil Ollman, "Marx's Vision of Communism: A Reconstruction," in *Critique* no.8, 1978; Alec Nove, *The Economics of Feasible Socialism Revisited* (London: Harper Collins, 1991), p.12n1 참조.

〈설명상자 5-3〉 프리드리히 엥겔스

프리드리히 엥겔스는 부유한 사업가의 아들로서 1820년 독일 바멘에서 태어났다. 마르크스와는 달리 엥겔스는 공식적으로 철학과 관련된 교육을 받지 않았다. 그가 베를린대학에서 강의를 듣고 또 프러시아 군대에 복무하면서 청년 헤겔주의 급진주의자들과 교우를 맺었다고는 하지만, 그의 아버지는 가업을 이어받기 위한 수업차 엥겔스를 경영대학에 보냈다. 경영학 수업을 마치기 위해 영국 맨체스타로 가는 도중에 엥겔스는 1842년 11월 꼴로뉴에서 마르크스를 만났다. 이 때까지 엥겔스는 신문 잡지에 다양한 글을 쓰고 있었고, 1844년에는 마르크스에게 '정치경제비판개요'를 보냈는데, 마르크스는 이것을 출간했다. 맨체스터로부터 독일로 돌아가는 도중에 엥겔스는 파리에서 마르크스를 다시 만났다. 이 때부터 이들간의 평생 협력과 깊은 우호관계가 시작되었다. 엥겔스는 마르크스와 공동으로 『신성가족』(1845), 『독일이데올로기』(1846)를 포함하여 여러 권의 '마르크스주의' 저술을 내었다.

1949년 마르크스가 런던으로 옮겨가자마자 엥겔스도 부친의 사업을 맡기 위해서 맨체스터로 이주했다. 그 이후 20년 동안 엥겔스는 재정적으로 마르크스와 자신의 생계를 책임졌다. 1870년 엥겔스는 런던으로 옮겨갔고, 거기서 마르크스가 죽은 이후에도 마르크스의 저작 출판과 국제공산주의운동에 적극적으로 활동하였다. 엥겔스는 마르크스가 죽은 지 12년이 지난 1895년에 사망했다.

고 있었음을 보여주고 있는데, 이로 인해 마르크스가 엄격하게 과학자이고 유물론자라고 주장하는 정통마르크스주의자들의 주장은 손상을 입고 있는 것 같아 보인다.

우리는 정통마르크스주의가 강조하고 있는 바 그대로 정치경제학의 일반적 교리들을 인정할 때 마르크스주의를 가장 잘 이해할 수 있다고 생각한다. 그러나 동시에 우리는 청년마르크스의 철학적이고 인본주의적인 관점에서 이러한 교의들을 재해석함으로써도 마르크스주의를 잘 이해할 수 있다고 믿는다. 요약하면, 마르크스에 대한 우리의 설명은 청년마르크스가 마르크스주의의 목표와 이론적 기반의 많은 것들을 확립했다는 인식에 근거를 두고 있다. 그리고 후기 마르크스가 강조한 바 "과학에 기반을 둔" 역사법칙과 정치경제학은 이러한 목표들을 어떻게 달성할 것인가라는 수단들에 대해 기술한 것으로 파악된다.

I. 정치적 기반

1. 문제점

마르크스가 자본주의로 귀결되는 역사과정에 대해 과학적 이론을 제공하려고 애쓰는 한, 우리는 그의 이데올로기가 지본주의의 문제점들에 대한 반응이라고 얘기한다든가 또는 이러한 문제점들을 완화시키려는 노력인 것으로 분류해서는 안된다. 오히려 마르크스주의는 궁극적으로는 자본주의의 몰락과 공산주의 사회의 도래를 낳도록 하는 문제점들을 포함하여 자본주의로 나아가도록 하는 사회적·경제적·정치적 힘의 법칙을 발견하려는 노력인 것으로 보아야 한다. 그러나 이러한 분석을 발전시켜 나감에 있어 마르크스는 자본주의의 많은 문제점들을 발견했고, 그래서 마르크스의 역사 '과학'에 동의하지 않는 사람들에게 조차도 유용한 비판을 제공하였다. 다음과 같은 4가지 문제점들이 특히 돋보인다.

첫째, 자본주의는 노동자계급, 특히 여성과 어린이들에게 경제적·사회적 불행을 가져다 주었다. 자본주의의 출현과 더불어 성인 남성들은 생계유지 임금을 벌기 위해 위험하고 열악한 노동조건하에서 지루하고 반복되는 일을 하면서 많은 시간을 보내게 되었다. 종종 여성과 어린이들의 고통은 더욱 심했다. 19세기 산업국가인 영국에서 노동계급의 사회적 조건들은 특히 열악했다. 공장들은 비위생적이며 환기가 안되고 비좁고 어둡고 위험했다. 노동자들은 좀처럼 기계의 지루한 반복적 리듬으로부터 벗어나 충분한 휴식을 취하지 못했다. 그들은 종종 하루에 14시간 또는 더 많은 시간을 일했고 때로는 일주일 내내 일하기도 했다. 공장 주인들은 게으름은 가장 나쁜 죄악이라고

〈설명상자 5-4〉 오늘날의 마르크스주의와 네오마르크스주의

동유럽에서의 공산주의 붕괴는 광범위한 정치적 호소력을 가졌던 이데올로기로서 마르크스주의의 쇠퇴를 의미할 수도 있다. 그러나 마르크스의 사상이 중국, 쿠바, 북한 등지에서 여전히 중요한 통치 이데올로기로 작동하고 있는 공산주의에 계속하여 반영되고 있다는 것을 기억해야 한다. 마르크스주의는 저발전된 국가들의 다양한 혁명적 이데올로기의 중요한 구성요소가 되고 있다. 마르크스주의는 또한 대부분의 현대 산업화된 국가들에서 선거결과와 정책결정에 지속적으로 영향을 미치고 있는 민주사회주의에 대한 영향력이라는 측면에서도 중요하다.

지식인들 가운데서 네오마르크스주의는 여전히 영향력있는 사회이론이다. 예를 들면 프랑크푸르트 학파의 비판이론—특히 막스 호크하이머(Max Horkheimer)와 위르겐 하버마스(Juergen Habermas)의 저술에서 잘 드러나고 있듯이—은 마르크스주의 이론으로부터 많은 빚을 지고 있으며, 철학은 억압적인 사회-정치적 조건들에 대한 인간의식을 높임으로써 인간해방에 기여하려는 실천적인 행동이어야 한다고 주장함으로써 이에 대해 논란이 없는 것은 아니지만 정치철학에 대해 중요한 기여를 하여 왔다. 오늘날 자본주의 사회의 생활에 대해서 서술하고 설명할 때 많은 경우 마르크스주의의 개념을 도입하고 있는 한, 네오마르크스주의자들은 오늘날의 사회과학에서도 돋보인다. 아마도 오늘날의 사회과학에서 마르크스의 영향이 가장 두드러지게 나타나는 사례는 구조적 마르크스주의일 것이다.

이 학파는 국가란 '부르주아지(혹은 자본가)의 집행위원회'에 불과할 따름이라는 마르크스의 주장을 채택하고 있다. 이전의 네오마르크스주의자들은 정치지도자들이 전형적으로 부르주아지의 배경과 가치를 보유하고 있다는 것을 (별로 성공적이지는 못했지만) 보여주려고 애썼는 데 반해, 구조적 마르크스주의자들은 "국가가 자본주의에 의해 구조적으로 포획되어 있다"는 것을 강조하고 있다. 이 이론에 따르면, 좌편향적인 정치지도자들도 불가피하게 "자본축적"을 지지하며 노동자계급보다는 자본가의 요구에 보다 더 관심을 기울인다는 것인데, 이는 궁극적으로 자본축적이 노동자계급의 풍요를 증진시키며 노동자계급의 구성원들을 만족시킬 것이기 때문이라는 것이다. 간단히 말하면, 마르크스로부터 개념과 이론을 이어받고 변용하고 있는 네오마르크스주의는 오늘날의 사회적·경제적·정치적 생활을 이해하는 데 중요한 분석적 도구가 되고 있다.

주장하면서 자신들의 가혹한 대우를 정당화했다.

여성과 어린이들은 대개의 경우 적은 임금을 받으면서 남성들과 함께 일했다. 많은 사람들이 병과 질환으로 죽어갔는데, 이는 축축하고 먼지가 많으며 어둡고 불결한 공장들의 상태나 또는 위험한 기계와 안전하지 못한 노동조건들로 인한 것이었다. 어떤 노동자들은 거의 공장을 떠나지 못했고, 종종 그들이 만지는 기계 옆에서 잠을 자기도 했다. 어린이들은 왔다 갔다 하지 못하도록 하기 위해서 때때로 기계에 옭매어 있곤 했다. 구타와 감금 또는 그밖의 학대는 어른이나 어린이 모두에게 꼭같이 공장의 규율로 일상화되어 있었다.

반면에 대기업가와 성공한 기업가 그리고 그밖의 귀족들은 종종 풍요롭게 살았고, 소규모의 중간층들은 어느 정도 자신들의 생계를 꾸려나갔다. 이들은 자신들의 사회적·경제적 성공이 태어날 때부터 얻는 행운이나 신의 뜻에서가 아니라 사람됨이라든가 체력, 지적 능력 등을 통해 자신들이 경쟁에서 우월하기 때문에 가능한 것이라고 주장하면서 자신들의 삶을 정당화했다. 마르크스는 이러한 설명이란 부르주아지가 자신들의 억압적 역할을 정당화하기 위해서 제시하는 이데올로기라고 얘기하면서 이러한 설명들의 정당성을 거부했다.

둘째, 자본주의는 윤리적 결함을 갖고 있다. 1843년 청년 마르크스는 『유대인문제에 관하여』를 썼는데, 여기서 그는 자본주의가 인간의 보다 공익지향적이고 정신적인 관심을 희생시키는 대신에 인간동기의 이기적이고 물질적인 측면을 정당화시키고 있다는 주장을 폈다. 그는 또한 자본주의가 인간들 사이의 협력 보다는 경쟁을 강조한다고 보았다.

셋째, 자본주의는 인간 소외를 가져온다는 것인데, 이는 우리가 인간본성에 대한 마르크스주의의 개념을 논의할 때 다루게 될 주제이다.

넷째, 마르크스는 노동계급의 분열에 지대한 관심을 갖고 있었다. 왜냐하면 노동계급의 분열이야말로 진보적이고 잠재적으로 혁명적인 노동계급의 정치적 힘을 약화시키는 것으로 보았기 때문이다. 마르크스에 따르면, 대부분의 사람들은 생산수단을 소유하고 있지 않기 때문에 객관적으로 보면 노동자계급의 구성원들이다. 그러나 이들은 자신들이 억압을 받고 있고, 노동자계급의 다른 구성원들이 이러한 억압을 공유하고 있으며, 계급의식을 갖는 것이 자본주의에 대한 성공적인 혁명을 위한 본질적인 전제조건이라는 것을 알지 못하고 있다는 것이다(즉, 주관적 의식을 결여하고 있다는 것이다). 많은 요인들이 노동계급의식의 결여에 기여했다. 노동자계급의 처참한 궁핍은 식량과 주거와 같은 즉각적이고 물질적인(생계) 필요를 얻는 데 집착하도록 하는 결과를 가져 왔고, 그래서 역사의 혁명세력으로서 노동자계급의 역할을 이해하는 것과 같은 보다 광범한 정치적 문제들에 바칠 시간과 에너지가 적을 수밖에 없었다.

지배적인 자유주의 이데올로기도 계급의식을 약화시켜 왔다. 왜냐하면 자유주의 이데올로기는 노동자계급으로 하여금 세계를 계급으로서 보다는 개인으로서 보도록 촉구하며, 노동자계급 내의 개인들에게 공식적으로 허용된 상승의 기회가 균등하게 주어져 있다는 것을 강조하고, 자본주의가 노동자계급을 포함하여 모든 사람에게 이익이 되는 경제적 진보를 가능케 하는 체제라고 선언함으로써 자본주의에 대한 불만을 줄여주기 때문이다. "대중의 아편"이라는 종교도 계급의식을 손상시키는 데 기여했다. 종교차이가 노동계급을 갈라놓을 뿐만 아니라 종교는 노동자들의 관심을 세속적인 억압으로부터 벗어나서 천상의 구원을 바라는 것으로 돌리도록 했다. 상당한 정도로 노동자계급은 이러한 요인들을 극복하여 자본주의하에서 자신들의 공통된 억압을 의식할 수 있다고는 하지만, 그럼에도 불구하고 이러한 억압을 어떻게 회피할 수 있을 것인가에 대한 현실적인 이해를 얻지는 못하였다.

마르크스와 엥겔스에 따르면, 자본주의에 대한 대부분의 사회주의적 대안들은 공상적이었다. 이들 공상적 사회주의자들은 소규모의 사회주의적 공동체의 창설에 관심을 기울였다. 즉, 스코틀랜드의 뉴라나크(New Lanark)에서 로버트 오웬(Robert Owen)에 의해 창설된 산업협동체나 찰스 푸리에(Charles Fourier)가 꿈꾸었던 동지체 또는 인디아나의 뉴하모니(New Harmony)가 그것인데, 이는 매사추세츠에 설립된 유토피아적 공동체인 부룩팜(Brook Farm)과 같은 사회적 실험에 기반을 제공했다. 이러한 유토피아적 공동체는 자본주의하에서 자신들의 억압을 잘 알고 있었던 노동자계급의 구성원들에 대해 어떤 낭만적인 호소력을 가졌던 반면 노동자계급들이 역사적인 세력으로서의 역할을 이해하지 못하도록 방해하였다. 마르크스에게 있어서 노동자계급의 역사적 역할은 자본주의로부터 사회주의 체제로 혁명을 일으키는 것이지, 노동자들을 광범한 자본주의 체제 내에서 소규모의 자족적인 공동체로 분할하는 데에 있는 것이 아니었다.

2. 목표

만약 우리가 마르크스 사상의 결정론적인 견해를 받아들인다면, 마르크스주의의 목표에 대해서 얘기하기가 쉽지 않다. 왜냐하면 이는 마르크스가 역사과정을 파헤치는 과정에서 공산주의 혁명이 불가피하다고 목표를 표명하는 것이 부적절하도록 하는 일종의 경제결정론을 발견한 것으로 보는 것이기 때문이다. 역사는 당연히 그래야 하는 것으로 자신을 드러내 보일 것이기 때문에, 마르크스의 결정론적 과학은 인간으로 하여금 정치적 행동을 취하도록 촉구하는 수단으로서 목표의 명시화를 요구하지 않게 된다. 그러나 만약 우리가 마르크스의 초기 저술이 이러한 결정론적인 역사과학으로부터 덜 영향을 받았다고 주장한다면, 이는 마르크스가 역사의 물질적인 개화에 대해 보다 많은 인간의 개입을 허용하는 철학적·윤리적·사회적 목표에 의해 움직여 왔다는 것을 뜻한다.

더욱이 20세기 동안 마르크스주의자들은 마르크스가 역사에 대해 완전히 결정론적인 견해를 제시했다는 주장을 거부하여 왔다. 오히려 그들은 마르크스의 개념을 공산주의의 도래를 가속화할 수 있는 사회

비평의 기반으로서 활용해 왔다. 레닌으로부터 시작되는 활동적 전통의 공산주의자들과 역사과정에 대한 직접적인 개입을 기대하지 않았던 정통마르크스주의자들이 서로 다른 의견을 달리하는 부분이 바로 이 점이다. 공산주의자들은 역사과정에 대해 보다 강력하고 보다 즉각적인 실천적 정치개입이 필요하다고 보았다. 이 점에서 마르크스와 마르크스주의에서 두 가지 종류의 목표에 대해 얘기하는 것이 가능한데, 즉 궁극적인 목적과 즉각적인 목표가 그것이다.

마르크스의 궁극적인 목표는 그의 초기 저작에서 볼 때 특히 명백하다. 첫 번째 목표는 인간으로 하여금 소외되고 억압적인 상태를 극복하고 나아가 창조적인 노동자로서 진정한 의미를 갖는 만족스러운 삶을 살 수 있도록 하는 것이었다. 이러한 목표에는 자본주의하에서 살고 있는 사람들에게 나타나는 심리적인 이중상태를 종식시키는 것도 포함된다. 자유주의적 부르주아 사회에서는 사적 영역에 대한 관심이 공적 영역에 대한 관심을 압도하고 있음에도 불구하고 사람들로 하여금 공적 생활에서는 공공을 고려하고 사적 생활에서는 개인적인 것에 관심 갖도록 기대되고 있다. 마르크스는 인간의 공동체적이며 공공적이고 사회적인 본능을 높일 수 있는 보편적인 인간의식을 개발함으로써 공적 생활과 사적 생활을 통합시켜 나가야 한다고 주장하였다.[3]

두 번째 목표는 아무도 경제적 필요에 의해 구속을 받지 않는 사회를 건설하는 것이었다. 이 목표를 달성하기 위해서 우리는 물질적인 결핍을 극복해야 하며 기술혁신과 덜 낭비적인 생산과정 그리고 협작과 협동적인 작업의 이점을 통해 풍요로운 경제를 건설해야 한다. 이러한 사회는 물질적인 재화의 보다 균등하고 공평한 분배를 요구하게 될 것이다.

세 번째 목표는 남자와 여자가 형제자매로서 상호반응하는 공동체

---

3) Karl Marx, *On The Jewish Question*, in *The Marx-Engels Reader*, 2d ed., edited by Robert C. Tucker(New York: W.W.Norton Co., 1978〔1843〕), pp.31, 32, 46.

적 사회를 건설하는 것이었다. 이러한 목표는 다음과 같이 현행의 관행에서 3가지 필수적인 변화를 함축한다. 하나는 사유재산이 철폐되고 생산수단에 대한 공동소유가 확립되어야 한다. 두 번째는 사실 국가는 소유계급의 강제적이고 억압적인 도구인 한 그러한 국가는 없어져야 한다. 세 번째는 어떤 경제적 계급도 존재해서는 안된다. 새로운 사회는 계급없는 사회이어야 한다.

마르크스가 이러한 목표를 달성하는 데 관심을 가진 최초의 철학자는 아니다. 다양한 형태의 유토피아적 사상들이 이미 그리이스 고전 문헌이나 초기 기독교 시대의 천년왕국적인 공상속에서 많이 나타났다. 토머스 모어(Thomas More, 1478~1535)나 영국의 평등파(Diggers), 찰스 디킨스(Charles Dickens, 1812~1870), 그리고 공상적 사회주의자들—생시몽(Claude-Henri Saint-Simon, 1760~1825), 로버트 오웬(Robert Owen, 1771~1858), 찰스 푸리에(Charles Fourier, 1772~1837), 오귀스트 콩트(Auguste Comte, 1798~1857) 등—은 완전하고 평등한 사회의 개요를 제공하고자 했던 마르크스주의 이전의 중요한 '사회주의자'들이었다.[4] 마르크스와 엥겔스는 이들로부터 많은 생각을 빌렸지만, 자신들이야말로 체계적이고 포괄적으로 사회주의 사상을 발전시킨 최초의 사람이라고 주장했다.

마르크스는 또한 지적이고 실제적이며 정치적인 차원에서의 즉각적인 목표를 갖고 있었다. 마르크스의 지적인 목표는 장기적인 목표들이 왜 달성되어야 하는가 보다는 어떻게 달성될 것인가에 대해서 설명을 하는 것이었다. 평등사회에 대한 규범적인 정당화는 이전의 유토피아적 사회주의자들에 의해서 제공되었지만, 마르크스는 이들의 주장들이 과학적 견지에서 보면 불충분하고 합당하지도 않은 것으로 보았다.[5] 지적인 차원에서 마르크스는 현재의 열악한 자본주의 상

---

4) 유토피아 사상에 대한 포괄적 이해를 위해서는, Frank E. Manuel and Fritzie Manuel, *Utopian Thought in the Western World* (Cambridge: Belknap Press of Harvard University Press, 1979) 참조.

태로 귀결된 역사과정에 대한 과학적인 설명을 제시하고, 나아가 필연적으로 자신의 궁극적인 목표를 실현하는 데로 나아가게 사회적·경제적·정치적 변화의 법칙을 밝혀내고자 하였다. 마르크스의 즉각적인 실제적·정치적 목표는 프롤레타리아 사이에 진정한 계급의식을 조장함으로써 노동계급을 통합시키는 것이었다. 마르크스는 노동계급이 불행하게 된 이유를 단 하나의 요인인 자본주의의 남용으로 드러내 보이고 또 노동계급으로 하여금 자본주의의 취약성과 역사적으로 불가피한 자본주의의 붕괴를 인식하도록 함으로써 이러한 목표를 달성하고자 하였다.[6]

II. 철학적 기반

1. 인간 본성

역사에 대한 마르크스의 존재론과 함께 인간본성에 대한 그의 이해는 아마도 그의 이데올로기의 가장 특색있고 중요한 철학적 기반을 이루고 있다. 그러나 '인간본성'이라는 개념에 내재해 있는 경직성이 마르크스주의에 대해서 얘기할 때 문제가 될 수도 있다는 점을 유념

---

5) Marx and Engels, *The Manifesto of the Communist Party*, in *The Marx-Engels Reader*, pp.497-499.
6) 마르크스에게 있어 사회주의 사회를 건설하려는 목표와 사회주의로 귀결하게 될 역사과정에 대한 과학을 발전시키려는 목표 사이에는 묘한 갈등이 존재한다. 한편으로는 인간본성과 경제학 그리고 역사에 대한 마르크스의 체계적인 분석은 역사의 불가피하면서도 물질적인 표현에 관한 과학을 발전시키려는 시도이다. 반면 이러한 과학은 마르크스가 '해결'하려고 애썼던 일련의 문제점들—이 가운데 자본주의의 남용이 가장 중요한데—이라는 맥락에서 바라보아야 한다. '해결'이라는 것이 행동을 의미하는 반면, 마르크스가 뜻하는 '과학'은 우리로 하여금 사물의 물질적인 질서가 개화되기를—사물의 물질적인 질서는 인간의 모든 문제들을 해결하면서 필연적으로 개화될 터이겠기에—기다리면 되는 것을 의미한다.

하여야 할 것이다.

마르크스의 관점에서 보면, 인간의 본질은 노동이다. 모든 인간은 **창조적 노동자로서** 존재할 수 있는 잠재력을 지니고 있다. 그러나 현금의 경제적·물질적 조건은 그러한 잠재력을 발현시키지 못하도록 방해하고 있다. 이 점에서 마르크스는 헤겔에게서 많은 영향을 받고 있다. 왜냐하면 헤겔은 노동이야말로 인간이 자신을 실현하고 참된 인간으로서의 자신의 잠재력을 발현하는 가장 중요한 방식이라는 개념을 발전시켰기 때문이다.[7] 다른 동물들은 단지 그들의 환경 내에서만 노동할 수 있고 자신들이 필요로 하는 것을 환경으로부터만 얻어낸다. 그러나 인간은 창조적인 노동을 통해 자신들의 환경을 변화시킬 수 있다. 인간이 이런 식으로 자유롭게 그리고 창조적으로 노동을 할 때 최대한의 잠재력을 발휘한다. 실제로 마르크스는 인간은 노동을 통해서 자신을 창조한다고 지적한다.

> 인간은 의식이나 종교 또는 당신이 좋아하는 어떤 것에 의해서 동물과 구별될 수 있다. 인간은 자신들의 생존수단을 생산하기 시작하자 마자―이는 육체적인 조직에 의해 조건지어지는 단계이다―자신들을 동물로부터 구별하기 시작한다. 인간은 자신들의 생존수단을 생산해 냄으로써 간접적으로 자신들의 실제적인 물질적 삶을 생산해 내고 있는 것이다.[8]

다른 말로 얘기하면, 노동은 우리를 인간이게끔 하며, 우리를 특별한 류의 인간으로 만든다는 것이다.

노동에 관한 분석에서 마르크스는 노동이란 원래 불쾌한 것이 아니라는 찰스 푸리에(Charles Fourier)의 주장을 받아들였다. 푸리에처럼 그

---

[7] Hannah Arendt, *The Human Condition* (Chicago: University of Chicago Press, 1958), p.86 n14 참조.
[8] Marx, *The German Ideology,* in *The Marx-Engels Reader,* p.150.

도 인간은 자신을 자유로이 개발하고 노동자로서 자신의 재능을 활용하도록 허용될 때 가장 행복할 것이라고 믿었고, 단지 현존하는 사회구조가 노동을 불쾌하고 저급한 것으로 만들고 있다고 주장했다. 사회구조가 억압적일 때, 노동의 보상은 단지 비본질적이고 수단적으로 될 뿐이다. 즉 노동은 필요한 물질적인 것을 얻기 위한 방법일 뿐이다. 이와 반대로 만약 사회구조가 올바르게 개조된다면, 노동은 본질적인 가치를 가지게 될 것이다. 즉 노동은 그 자체가 목적이 되는 활동이 될 것이다. 그러나 전역사적인 자연상태부터 지금까지 인간은 자유로이 창조적으로 노동을 할 수 없었고, 그에 따라 자신들의 진정한 잠재력을 실현시키지도 못했다. 사회구조는 항상 억압적이었다. 그 결과 인간은 항상 소외되어 왔다.

마르크스에게 있어 소외(alienation)는 인간의 잠재력과 실제의 조건 사이의 괴리를 지칭하는 일반적 개념이다.[9] 마르크스에 따르면, 인간소외는 인간 존재에 수반하는 경제적 또는 물질적 결핍과 이러한 결핍을 극복하려는 조직화된 시도로서의 노동분업에 그 원인이 있는 것이었다. 이러한 '노동분업'에는 그들이 수행하는 다양한 과업이라는 측면에서 파악되는 사람들 사이의 수평적인 분화와 권위와 복종이라는 수직적 배열 모두를 포함한다. 이들은 인간이 결핍을 극복하기 위해서 역사적으로 채택했던 모든 생산양식에 본질적인 특징을 이루고 있다. 생산을 극대화하고 물질적 필요를 만족시키려는 공동체의 관심을 완수하기 위해서 개인들에게 특정의 사회적·경제적·성적인 역할—이러한 역할은 기술발달에 따라 역사적으로 다양하게 나타난다—이 할당되었고, 또 이들은 권위와 복종의 관계를 받아들였다.

---

9) 마르크스는 소외와 관련해서는 초기 다른 사람들의 이해에 의존하면서 동시에 이를 변화시켰다. 칸트에게 있어서 소외는 인간이 어떻게 살아야 하는 당위와 인간이 살고 있는 현실 사이의 거리를 의미했다. 헤겔에게 있어서 인간소외는 인간이 자신의 궁극적인 정신적 완성을 얻기 위해서 겪어야 하는 일련의 투쟁에 그 원인이 있는 것이었다.

마르크스에 따르면, 이러한 노동분업은 네 가지 형태의 소외를 가져왔다. 첫째, 인간은 자신의 노동의 산물로부터 소외되었다. "노동자는 자신의 삶을 목표물에 쏟아 넣었다. 그러나 지금 더 이상 그의 삶은 그의 것이 아니고, 그 목표물의 것이 되어 버린다."[10] 인간이 더 효율적으로 물건을 생산해 내기 위해 노동분업을 개발할 때 그리고 인간이 결과적으로는 무엇보다도 우선적으로 소비를 위해서 생산할 때, 노동에 의해서 생산된 목표물은 그 자신의 삶을 택하게 된다. 이 목표물들은 더 이상 노동자의 것이 아니다. 대신 이것들은 노동분업의 위계에서 꼭대기에 위치해 있는 사람의 것이 된다.

둘째, 인간은 자연으로부터 소외되었다. 마르크스에 따르면, 자연은 우리들의 물질적인 존재를 제공해 줄 뿐만 아니라 노동자들이 창조적으로 작업을 할 수 있도록 목표물을 제공해 준다. 노동자가 자신의 창의성을 발휘할 수 있는 그러한 '화포(캔버스)'가 없다면, 그는 충분한 인간이 될 수 없다. "작업을 수행할 수 있는 대상이 없으면 노동이 존재할 수 없다는 의미에서 자연은 노동에게 생활수단을 제공한다."[11] 마르크스에 따르면, 인간과 인간노동의 산물은 원래 자연의 일부분이며, 마치 오리의 알이 오리의 자연적 확장인 것처럼 어떤 사람의 노동의 산물은 그 사람 자신의 자연적 확장이다. 그러나 노동의 산물이 특히 노동분업의 위계상 꼭대기에 있는 사람들에 의해서 소유되는 것으로 파악될 때, 이 산물들은 우리들의 활동의 자연적인 분출이라기 보다는 우리들에 대항하고 우리들을 넘어서는 대상으로 변하고 만다. 목적물에 대해서 소유를 주장하는 것은 곧 자연이란 것이 우리들이 노동을 하는 대상이고 창조적인 노동을 통하여 자아실현을 이루는 환경이라기 보다는 인간과 인간의 산물로부터 분리되어 있다는 것을 의미한다.

---

10) Marx, *Philosophical and Economical Manuscripts of 1844*, in *The Marx-Engels Reader*, p.72.
11) Marx, *Philosophical and Economical Manuscripts*, p.72.

셋째, 인간은 노동과정 그 자체로부터 소외되었다. 인간은 더 이상 변형적인 일을 한다는 본래적인 즐거움이나 만족을 얻기 위해서 혹은 창조적인 노동자로서 자신의 자아실현을 위해서 창조적으로 일하지 않는다. 노동은 겉치레적인 것이 되고 더 이상 노동자의 '본질적인 것'을 반영하지 않는다. 그것은 노예나 농노, 임금노동자의 경우처럼 종종 강요된 노동이 된다. 노동자들은 "기계의 톱니바퀴"에 불과하게 되고, 임금을 벌기 위해서 일한다. 노동은 더 이상 창조적으로 노동하려는 직접적인 인간의 필요를 만족시켜 주지 않는다. 노동은 단지 의식주와 같은 노동 외적인 인간적 필요를 만족시키기 위한 수단으로 변한다. 마르크스의 용어를 빌면, 노동은 "추상화"되고 만다.[12]

넷째, 인간은 마르크스가 얘기하는 바 그들의 '종족'으로부터 소외되었다. 이는 사람들이 스스로를 창조적으로 노동하는 인간 종족의 구성원으로 경험하지 못하고 있다는 것과 동료 인간들로부터 분리되어 있다는 것을 동시에 의미한다. 스스로를 창조적인 노동자로 인지하지 못하는 것은 앞에서 제시한 소외로부터 연원하는 것이지만, 특히 노동이란 것이 본질적으로 보람이 있는 목적이라기 보다는 수단으로 경험하는 데서 오는 것이다. 다른 인간들로부터의 분리는 노동분업에서 가장 좋은 위치를 차지하려고 하는 인간들 사이의 끊임없는 경쟁으로부터 나오는 것이다. 더 좋은 지위와 희소한 자원을 차지하기 위한 경쟁자이기 때문에 사람들은 상호이익을 위해서 환경을 변화시키려는 집단행동에 동참을 하는 동료로서 다른 사람들을 생각하지 못한다.

역사적인 시각에서 보자면, 자본주의 사회는 특히 계급으로 분열되어 있고 서로 경쟁적이어서 모든 계급의 극단적인 소외를 가져왔다. 그럼에도 불구하고 자본주의 사회는 또한 만약 이러한 생산수단이 사회화가 된다면 더 윤택한 삶을 영위할 수 있는 생산수단을 제공해 주

---

12) Marx, *Philosophical and Economical Manuscripts*, pp.74-75.

었다. 자본주의의 기술은 더 많은 생산과 풍요를 가져다 주었고, 물질적인 결핍을 극복하기 위해서 노동분업에 의존해야 할 필요를 줄여 주었다. 생산수단을 사회화하면 다른 사람들이 노동자들이 생산한 것을 이들로부터 빼앗지 못하게 될 것이다.

이와 같이 사회화된 생산의 환경에서 노동자들은 서로 서로를 경쟁자라기 보다는 동료로서 바라보게 될 것이다. 사회화의 초기 단계에서 자신들의 종족에 대한 노동자들의 개념은 그다지 발달하지 못한 채 남아 있을 것이다. 왜냐하면 노동자들이 너무 오랫동안 자본주의의 소외화 영향을 받아 왔기 때문이다. 그렇기 때문에 한동안은 노동자들이 여전히 노동을 할 유인으로서 임금을 요구할 것이다. 그러나 사회주의 사회가 발전하고 인간이 창조적이고 자유로운 노동의 즐거움을 경험하게 되면, 자신들의 종족에 대한 노동자들의 인식은 증가하게 될 것이다. 그때가 되면 자유롭고 창조적인 노동에 종사하고 싶은 노동자들의 요구가 임금에 대한 요구를 넘어서게 될 것이다. 이때가 되면 인간은 자신들의 소외를 극복하게 될 것이고, 공산주의 사회를 이룩하는 것도 가능하게 될 것이다.

2. 사회

마르크스는 "지금까지 현존하는 사회는 계급투쟁의 역사"라고 주장했다. 따라서 "자유민과 노예, 귀족과 평민, 영주와 농노, 공장장과 장인, 다시 말해서 억압자와 피억압자가 항상 서로 반대되는 입장에서서 어떤 경우에는 공개적이고 어떤 경우에는 은폐된 가운데 중단없이 계속되는 싸움을 벌여 왔는데, 이 싸움은 전체 사회의 혁명적인 재구성으로 끝나거나 아니면 대립적인 계급의 공동 파멸로 끝나게 될 것이다."[13] 모든 사회가 계급구분에 의해 특징지어 진다는 이러한 주

---

13) Marx and Engels, *The Manifesto of the Communist Party*, in *The Marx-Engels Reader*, pp. 473-474.

장은 사회가 유기체적인 전체라고 보는 전통적인 보수주의 이념과 사회는 개인들 사이의 자발적인 동의에 기초하고 있다는 자유주의 이념 모두를 거부하고 있는 것이다. 마르크스에 따르면, 사회는 지배계급과 피지배계급으로 특징지어 진다.

사회의 계급구조에는 객관적인 측면과 주관적인 측면 두 가지가 있다. 사회는 사람들의 경제적 위치에 근거하여 '객관적으로' 구별되는 '그 자체의 계급'을 보여준다. 공통의 경제적 이익을 가진 일단의 사람들이 먼저 자신들을 계급으로 인식하고 그 다음에 계급의식을 발전시켜 나갈 때 '주관적으로' 구별되는 '자신을 위한 계급'이 나타난다.

마르크스에 따르면, 경제적 계급은 경제적 생산에 의해 객관적으로 결정된다. 사회의 계급구조에 있어서 인간의 지위는 그들이 무엇을 생산하고 어떻게 생산하는가에 의해 결정되며, 이러한 계급적 위치는 이들의 개인적 특징의 상당 부분을 결정한다.

> 개인들이 자신들의 삶을 표현하듯이 그들의 삶도 그렇다. 그렇기 때문에 개인들이 무엇이냐는 것은 그들의 생산, 그들이 무엇을 생산하고 어떻게 생산하느냐 하는 것과 일치한다. 그리하여 개인의 본성은 그들의 생산을 결정하는 물질적 조건들에 의존한다.[14]

한 개인의 명확한 노동활동은 그 혹은 그녀가 세계와 자연, 그 혹은 그녀 자신, 그리고 그 혹은 그녀와 다른 사람과의 관계에 대해서 생각하는 방식을 결정한다. 그러나 모든 사람들이 같은 방식으로 노동하는 것은 아니다. 사람들이 노동하는 방식에 있어서의 차이는 마르크스가 얘기하는 '**생산력**'의 차이로부터 연원한다. 이 생산력에는 생산수단, 즉 물건을 생산하기 위해서 우리가 채택하는 물질적 재료와 기술과 **생산양식**, 즉 생산활동을 조직하는 방법, 두 가지가 포함된다. 이

---

14) Marx, *The German Ideology*, p.150.

에 덧붙여 마르크스는 인간이 생산물을 어떻게 분배하느냐의 차이도 인정했다.

이러한 **생산관계**에는 **교환양식**(즉, 누가 누구로부터 무엇을 얻느냐)과 **전유양식**(즉, 누가 무엇을 소유하는가 하는 그들 소유권의 기반)이 포함된다. 마르크스에 따르면, 사람들은 이렇게 생산, 교환, 전유의 과정에서 자신들의 특정한 역할에 기반하여 사회계급으로 구분된다. 다시 말하면 개인이 생산조직에서 차지하는 위치와 그 혹은 그녀가 받고 소유하는 상품이 그 혹은 그녀의 사회적 계급을 결정한다. 비슷한 위치를 차지하고 비슷한 보상을 받는 개인들은 객관적으로 동일한 사회계급에 속한다. 또한 마르크스는 생산력과 생산관계에서의 역사적인 변화가 사회의 계급구조상의 변화를 가져온다고 주장했다. 전체 사회계급은 경제적 변화의 결과로서 존재하고 사라질 수 있다.

자본주의 사회에는 객관적으로 구별할 수 있는 두 개의 계급이 존재하는데, **부르주아지**와 **프롤레타리아**가 그것이다. 부르주아지는 생산수단(토지, 공장, 은행같은 것으로 이런 것들은 인간으로 하여금 부를 축적하도록 허용하는 자원을 공급해 준다)을 소유한다. 프롤레타리아는 자신의 노동만을 소유하며 그 결과 노동분업에서 가장 불리한 위치에 놓여 있다. 자본주의 사회에서 이와 같은 경제적 지위의 차이는 부르주아지로 하여금 억압자가 될 수 있도록 하며 프롤레타리아는 억압받는 계급으로 전락시킨다. 그러나 프롤레타리아는 자신들의 억압 상태를 인식할 수도 있고 인식하지 못할 수도 있다. 프롤레타리아가 자신들의 공통된 억압을 인정하는 한, 그들은 계급의식을 개발하고 자신들을 위한 계급으로 된다. 계급의식은 서로 서로가 동료로서 생각하지 않은 채 동일한 경제적 역할을 수동적으로 담당하는 일단의 사람들을 적극적이고 집단적으로 사회의 경제적·사회적 구조를 변혁시키려 하는 일단의 사람들로 변화시킨다. 프롤레타리아가 계급의식을 자각할 때만이 비로소 혁명이 가능하게 된다.

혁명 이후에도 이들 계급들은 계속 존재하지만, 프롤레타리아가 생산수단을 전유하고 사회화할 것이며 지배계급이 될 것이다. 부르주아지는 사회주의 기간 동안 사라지게 될 것이다. 자본주의 체제의 일차적인 수혜자라 할 수 있는 가장 강력하고 부유한 부르주아지들은 세계와 다른 사람들 그리고 자신들을 인식하는 데 있어 기존의 방식에 매달리게 될 지도 모른다. 어떤 사람들은 구제불능이 될 수도 있다. 이런 사람들이 없어져야 비로소 부르주아지가 사라지게 될 것이다. 그러나 대부분의 부르주아지들, 예를 들면 소기업가, 상점주인, 낮은 수준의 전문직(또는 '쁘띠 부르주아지')들은 사회주의 경제에서 새로운 역할에 의해 바뀌게 될 것이다. 그리하여 혁명의 1, 2세대 안에 계급없는 사회가 도래할 것이다. 왜냐하면 계급차이를 가져오는 객관적이고 주관적인 조건들이 사라지게 될 것이기 때문이다. 혁명 때까지 역사적 신기원을 특징지었던 계급갈등과 변증법적 변화(우리가 이제 살펴보게 될)는 끝을 맺게 될 것이다.

3. 존재론

마르크스는 역사는 다양한 역사 단계의 시작과 끝을 특징짓는 주요한 사건들로 구성되며 이러한 주요한 사건들은 인간의 통제를 넘어서는 물질적 조건과 과정에 의해 강하게 영향을 받는다고 주장하면서 **역사주의를 받아들였다**. 마르크스에 따르면, 인간 역사는 두 개의 주요한 단계를 통하여 발전되어 나왔다. 첫째는 역사 이전 단계로서, 이때 인간은 자연상태에 대한 루소(Jean-Jacques Rousseau, 1712~1778)의 설명에서 묘사된 바와 같이 타락하지 않은 상태에서 살았다.[15] 두 번째 단계는 사회가 사유재산과 권력에 기반하여 조직되는 역사의 시기이다. 이 역사의 시기에는 적어도 3가지의 중요한 시대가 존재하는데, 노예제 시대와 봉건시대, 그리고 자본주의 시대가 그것이다. 여기서

---

15) Jean-Jacques Rousseau, *A Discourse on the Origin of Inequality*(1755년 초판) 참조.

우리는 사적 소유와 권력이 제거되는 세 번째이자 마지막인 역사 이후 시대를 상정할 수 있다.

역사에 대한 이러한 류의 고찰은 마르크스에게서 유래하는 것은 아니다. 이는 서양의 전통에서 오랜 역사를 갖고 있다. 기원전 6세기 이후 유태인들의 예언(이사야 Isaiah, 에제키엘 Ezekiel, 다니엘 Daniel, 말라치 Malachi 등)을 통해 우리는 신의 개입을 통해 변형되어지리라 생각되는 세계의 형상을 발견하게 된다. 이러한 세계관은 많은 유태 종말론과 그 이후 기원전 1세기의 기독교 종말론의 글들에서 더욱 대담한 형태를 띠어갔다.

이탈리아의 사제인 휘오레의 요아킴(Joachim of Fiore, 1145~1202)은 그러한 종말론적 세계관을 각 시대의 역사적 과정에 적용시킨 최초의 작가였다. 그는 성서에 대한 독특한 해석에 기초하여 역사는 3개의 시대로 나뉠 수 있다고 보았다. 각 시대는 인간과 신 사이의 각기 다른, 그러면서도 보다 친밀한 관계에 의해 특징지어 진다는 것이었다. 첫 번째인 '성부의 시기'에서 신은 모세를 통해서 인간에 전해진 종교적이고 시민적인 법에 의해 인간을 지배하고 인간과 관계를 맺었다. 두 번째인 '성자의 시기'에서 신은 인간 구원을 목적으로 자신의 아들이 십자가에 못 박히게 함으로써 인간에 대한 자신의 사람을 드러내 보여 주었다. 세 번째인 '성령의 시기'는 서기 1260년경에 이제 막 시작되었다는 것이다. 이제 신은 인간의 마음을 지배하게 될 것이고, 인간의 이해도 완벽하게 될 것이다. 한 위대한 지도자가 이 시대의 시작을 드러내 보여 줄 것이고, 그는 정신적 이해를 갖고 정신적인 인간들의 공동체를 건설하게 될 것이다. 이들의 공동체에서는 지배와 피지배의 위계가 존재하지 않을 것이며, 모든 신자가 성령에 의해 인도되는 평등주의적인 공동체가 출현하게 될 것이다. 이는 축복받은 시대가 될 것이다.

요아킴이 이러한 도식을 내놓은 이후 이러한 역사적 도식은 많은 변형을 거치기는 하지만 600년에 걸친 유럽 지성사의 한 부분을 이루면서 끊임없이 되풀이되어 나타났다.[16] 역사의 진보적인 단계에 대한 마르크스의 개념은 이러한 지성사의 전통에서 변형되어 나온 것으로 볼 수 있다. 다만 역사를 추동시키는 원동력이 신이 아니라 물질적인 힘으로 바뀌어진 것이다. 한 시대로부터 다른 시대로의 이행을 야기시키는 사건들에 대한 마르크스의 분석이야말로 아마도 역사적 고찰에 대한 서구지성사의 이러한 전통에 대한 가장 커다란 기여라고 볼 것이다.

마르크스에 따르면, 역사적 변화는 계급관계가 변화할 때 일어나며, 계급관계의 변화는 인간이 물건을 만들어 내는 방식이 변화할 때 발생한다. 역사 이전 시기는 계급이 없고, 모든 사람이 수렵과 어로, 채취를 통해 자신들이 필요로 하는 것을 조달하는 다소 결핍된 사회였다. 계급과 역사 시기는 사람들이 더 높은 수준의 경제생활을 누리기 위해서ー이는 협동과 전문화 그리고 노동분업을 통해서 가능한 것이었다ー서로 관계짓기 시작할 때 출현했다. 상업과 무역활동을 조절하기 위해서 고대사회는 최상층부에는 귀족이 그리고 최하층에는 노예를 두는 엄격한 계급제도를 발전시켰다. 이들 사이에는 농민, 상인, 장인, 관료 그리고 직업군인 계급이 존재하였다. 서양 최후의 제국체제인 로마가 해체되자 무역은 줄어들었고, 봉건시대에는 당 시기의 북방과 동방의 약탈자들로부터 안전을 확보하기 위해 준군사적인 사회가 출현했다.

봉건시대의 지주귀족들은 농노와 농민들을 지배했지만, 상업활동을 재개시키려고 점진적으로 노력함에 따라 시민사회가 활성화되고 부르주아지가 등장하게 되었다. 봉건제도가 쇠퇴하고 자본주의가 출현하면서 부르주아지는 생산수단의 소유주가 되었다. 새로운 생산양식과 사회조직을 낳고 봉건주의를 무너뜨리는 결과를 가져온 새로운

---

16) 요아킴의 도식에 의해 고무된 천년지복설적인 역사관에 대해 간략하게 설명을 하고 있는, Norman Cohn, The *Pursuit of the Millennium* (New York: Oxford University Press, 1970), pp.108-111 참조.

기술과 지식으로는 방직기술과 인쇄술, 조선기술의 발달 그리고 화약의 군사적 사용 등을 들 수 있다. 부르주아지는 공장이나 작업장에서 일할 노동력을 필요로 했는데, 이는 부르주아지가 지배할 수 있는 산업노동 계급인 프롤레타리아를 출현시켰다. 이전의 계급구조가 종국적으로는 붕괴되었듯이 부르주아지의 지배 역시 종국적으로는 종식될 것이다. 부르주아지의 지배가 끝나면 계급없는 사회와 역사 이후 시대가 펼쳐질 것이다.

사회구조와 계급구조상의 이러한 변화를 낳는 물질적인 힘 내지는 추동력은 **변증법적 유물론**(dialectical materialism)으로 알려져 있는데, 이는 엥겔스에 의해 만들어진 용어이다. 엥겔스가 역사상의 변화를 서술하기 위해서 '변증법적'이라는 용어를 사용한 것은 고대 그리스의 철학자들(특히 소크라테스와 플라톤)이 변증법을 일종의 대화적 논쟁으로 생각을 했으리라고 본 엥겔스와 마르크스의 이해를 반영하고 있다. 즉 변증법이란 현실에 대한 서로 다른 개념들 사이에서 불가피하게 나타나는 갈등의 요소를 의미하는 것으로 받아들였다. 변증법적 대화의 과정을 거치면서 이러한 반대적인 것들이 명확하게 되고 해결될 것이고 그에 따라 어떤 문제의 진리나 혹은 최소한 진리의 근사치에 접근할 수 있다는 것이다.[17] 마르크스는 모든 역사상의 변화는 반대와 갈등의 결과로서 발생한다고 단언하였다.

마르크스가 변증법을 역사의 힘으로서 해석하는 데는 헤겔에게서 많은 빚을 지었다. 넓은 의미에서 헤겔은 인간의 역사를 당시대 정신(혹은 신)의 운동을 통해 생성된다고 이해하였다. 정신은 자기완성에 도달하기 위해서 일련의 사회적·정치적 형태로 역사 속에서 스스로를 실현한다. 다른 말로 얘기하면, 역사는 일련의 개념들의 갈등을 통해 전개되어 나가거나 혹은 그것들로 구성된다. 각각의 개념은 특정

---

17) Stanley Rosen, *The Limits of Analysis* (New Haven: Yale University Press, 1980), pp.7-8와 Plato, *Gorgia,* 447c, 448d, 449b-449c, 461c-462a 참조.

의 사회적 또는 정치적 형태로 구체화되어 나타난다. 각각의 사회는 주인과 노예, 귀족과 평민, 군주와 농노 등 두개의 갈등하는 형태를 포함한다. 그리하여 봉건제와 자본제 사회는 각각 다른 개념들을 구체화하고 반영한다. 다른 사회에서 구체화되어 나타난 대립적인 개념들은 역사의 발전과정 동안에 보다 더 진보적으로 되며(다시 말해서 갈등이 덜 하며), 사회는 합리적인 완성으로 다가가게 된다. 정신이 완전히 자기실현되고 완전한 국가가 실현될 때 역사는 끝난다. 우리가 알아야 될 모든 것을 알게 되고 우리들의 정치적 관행들이 우리들의 완벽한 지식을 반영하게 될 때 역사는 끝난다. 어떤 학자들은 헤겔이 민주적 자유주의의 개념을 구현한 국가야말로 그러한 완성을 이루어 낼 것으로 파악했다는 해석을 내리고 있다.[18]

마르크스는 역사변증법이라는 헤겔의 거대한 틀을 차용해서는 그것을 바꾸어 놓았다.

> 헤겔의 손을 거쳐 나타난 변증법의 신비화로 인해 헤겔은 결코 변증법의 일반적인 형태가 포괄적이고 의식적인 방식으로 작동하는 것임을 보여준 최초의 사람이 될 수 없다. 헤겔과 더불어 변증법은 관념적으로 흐르게 되었다. 만약 여러분들이 신비적인 외피 내에 존재하는 합리적인 요체를 발견하고자 한다면, 변증법은 다시 올바른 쪽으로 되돌려 놓아야 한다.[19]

마르크스에 따르면, 인간의 의식, 인간사회의 형태, 역사에 있어 진

---

18) G.W.F.Hegel, *Phaenomenologie des Geistes*(Frankfurt: Verlag Ullstein, GmbH, 1970), p.15. 헤겔에 대한 이러한 종류의 해석에서의 연구로는, Barry Cooper, *The End of History: An Essay on Modern Hegelianism* (Toronto: University of Toronto, 1984) 참조.

19) Marx, "afterword," in *Das Kapital*, *The Marx-Engels Reader*, p.xxi에서 재인용.

보는 정신의 자아실현의 의해서가 아니라 인간의 물질적인 행동에 의해서 결정된다. 마르크스는 특정의 역사적 단계를 분석하고 자본주의의 붕괴와 '역사의 종언'을 예측 가능하게 하는 정치경제의 법칙과 역사발전의 법칙을 발견했다고 주장했다. 그는 정치경제와 역사는 경험적으로 입증가능한 모형을 따라 움직이며 변화는 대립적인 물질적인 힘으로부터 나오는 것이라는 주장을 폈다. 물질적인 조건은 계급구조, 계급갈등, 혁명, 그리고 다른 모든 측면의 정치적 삶의 근본적인 원인이 되고 있다. 이러한 주장은 본질적으로 인간생활의 조건은 물질이라는 마르크스의 언명과 일치한다. 인간의 의식은 인간생활의 사회적·물질적 조건에 의해서 결정된다는 것이다. 헤겔은 역사가 관념에 의해서―다시 말해서 정신적인 본성과 시대정신으로의 궁극적인 통합에 대해 점진적으로 나아가는 인간의식에 의해서―결정된다고 보았던 반면, 마르크스는 역사는 물질적인 조건에 의해서 결정된다고 보았다.[20]

역사 이전 시기와 역사 시기를 통틀어 인간은 물질이 결핍되어 있는 적대적인 세계에 직면하여 왔다. 그러한 조건하에서 인간은 무엇이든 하고 싶은 것을 자유로이 선택하기 이전에 자신의 생존을 우선시 해야 했다. 이는 경제적 필요가 인간의 행동을 유발시키는 원동력이며 그렇기 때문에 경제적 조건이 모든 인간 현상―여기에는 종교와 관습, 이데올로기로부터 법, 정부구조와 사회구조까지 모든 것이 포함된다―의 근본적 원인이 된다는 것을 의미한다. 이러한 존재론―역사 시기에서 인간생활의 궁극적인 실재와 근본은 지적 또는 정신적인 것이 아니라 경제적 또는 물질적인 것이라는―에 대해 마르크스는 결코 그렇게 부른적이 없지만 정통 마르크스주의자들은 **경제결정론** 내

---

[20] 역사가 관념보다는 물질적인 조건에 의해서 결정된다는 마르크스의 생각은 독일의 철학자이자 도덕론자인 포이에르바하(Ludwig Feuerbach, 1804~1872)에게서 빚진 것이었다. Feuerbach, *The Essence of Christianity*(1845년 초판) 참조.

지는 역사유물론이라 명명하였다.

경제결정론의 주장은 정적인 차원과 동적인 차원 두 가지를 갖고 있다. 정적으로 보면, 하부구조—특정한 시대의 다양한 물질적, 객관적 또는 경제적 조건을 지칭하는 마르크스의 용어—가 계급구조를 결정하고, 이는 그 다음으로 **상부구조**—종교, 도덕, 법, 정치적 이념, 정치제도 등에 대한 우리의 관념들을 지칭하는 마르크스의 용어—를 결정한다고 본다. 우리는 이것을 피라미드의 기저를 하부구조로, 중간부분을 계급구조로, 그리고 피라미드의 꼭대기를 상부구조로 하는 하나의 피라미드로 상정할 수 있다. 예를 들어 자본주의 사회에서 새로이 등장하는 산업기술과 공장제도(이러한 것들을 생산력이라 지칭할 수 있는데)는 생산물이 사회적으로 또는 집단적으로 생산되고 시장에서 교환되며 프롤레타리아에게는 생계유지 임금을 가져다 주고 부르주아지에게는 이윤을 갖다 주는 방식으로 분배될 것을 요구한다.

이러한 경제제도는 부르주아지가 프롤레타리아를 지배하는 계급구조를 만들어 낸다. 이 때 부르주아지는 자신들의 지배적 위치를 이용하여, 1)프롤레타리아를 더욱 온순하게 하도록 하는 종교적 교리를 개발하고, 2)프롤레타리아에게 고전적 자유주의의 이데올로기적 헤게모니를 주입시키며, 3)모든 사람의 보편적인 권리보호를 주장하는 법체계를 만들어 내며—그러나 실제로는 이러한 법체계는 부르주아지의 재산 이익을 보호할 뿐이다("위엄당당하게 평등을 주장할 때 조차도 자유주의적 법은 부자와 가난한 사람이 다리 밑에서 함께 잠자는 것을 금지한다"), 4)그리고 정치적 평등이라는 신화에 기초하여 대의민주주의 제도를 만들어 낸다—실제에 있어 이러한 대의민주주의 제도들은 일차적으로 자본주의의 요구에 반응한다. 한마디로 말해서, 경제 또는 물질적인 조건이 우리가 세계와 그 속에서의 우리의 위치를 어떻게 이해하게 될지를 결정한다. 마르크스에 따르면, 경제가 의식을 결정한다.

동태적으로 보면, 하부구조 혹은 경제적 조건에서의 변화는 사회의 계급구조에 변화를 가져오고, 어디는 궁극적으로 상부구조(이데올로기,

종교 그리고 법)와 정치에서의 변화를 초래한다. 예를 들면 봉건제 경제에서 자본주의 경제로의 변화는 봉건제 사회의 계급구조에서 변화를 가져오고(부르주아지가 지배계급이 되는 것) 이어서 자본가가 지배하는 대의민주주의와 자본가들의 권력을 정당화시켜 주는 자유주의적 이데올로기를 출현시킨다. 그러나 경제적 조건이 무르익어 경제적 사건들이 프롤레타리아 사이에 계급의식을 생성시키게 되면, 자본주의 계급구조에서 혁명적 변화가 일어나며 이어서 궁극적으로는 정치, 종교, 법, 이데올로기에서의 변화가 일어난다. 마르크스에 따르면, 모든 이전의 경제체제와 마찬가지로 현존하는 민주적 자본주의 체제도 경제력이 끊임없이 자본주의 내의 '모순'과 갈등을 만들어내고 있기 때문에 소멸될 운명에 처해 있다는 것이다. 이러한 모순으로는 무엇보다도 자본주의 내에서 생산의 사회적 양식과 전유의 개인적 양식 간의 갈등 그리고 프롤레타리아와 부르주아지 간의 이해관계의 갈등이 가장 중요하다. 자본주의 체제 내의 이러한 모순들은 계급갈등을 악화시킬 것이고 정치경제에 대한 대안적 해석으로서 자유주의 이데올로기를 거부하고 마르크스주의를 광범위하게 수용하도록 할 것이다. 그리하여 사회주의가 — 최종적으로는 공산주의가 — 긴 시간에 걸쳐 변증법적으로 작용하고 있는 물질적인 경제력의 필연적인 결과로서 등장하게 될 것이다.

마르크스주의자들은 이러한 변화의 변증법적 또는 갈등적 과정을 묘사하기 위해서 '정(正: thesis) — 반(反: antithesis) — 합(合: synthesis)'의 용어를 자주 사용한다. 현재의 지배적인 조건이 '정'이다. 예를 들면 봉건제의 정 또는 지배적인 조건은 생산의 농업적 형태인데, 여기서는 사회권력과 특권이 토지귀족들에게 있었고 종교적 질서의 권위가 농노들을 종속시키고 있었다. 그러나 정을 보완하기 위해서, 다시 말해서 정의 실현을 위한 필요에 반응하기 위해서 '반'이 요구된다. 반이 없으면 정은 정체되고 쇠퇴하게 될 것이다. 따라서 봉건사회의 토지귀족들은 자신들에게 보다 화려한 상품과 부유한 문화를 공급해 줄 수 있는 상업사회를 발전시키기 위해서 부르주아지를 필요로 했다.

이러한 필요를 충족시키기 위해서는 새로운 생산수단과 생산양식(공장, 작업장, 기업 등과 같은 제도와 함께 새로운 기술)이 요구되었다. 그러는 동안에 부르주아지는 귀족들의 필요와 상충되는 필요를 발전시켜 나가게 되었다. 예를 들자면, 부르주아지들은 농노들이 부르주아지들이 장악하고 있는 새로운 도시 공장에 필요로 하는 인력을 제공할 수 있도록 하기 위해서 토지에 대한 구속으로부터 해방될 것을 원하게 되었다. 또한 그들은 먼 지역으로의 무역을 어렵게 하였고 그럼으로써 오랫동안 귀족들의 확립된 특권으로 되어 왔던 지역 특유의 관세와 측정단위 그리고 물품세 등을 없애고자 하였다.[21]

마르크스주의자들에 따르면, 그 결과 귀족과 부르주아지는 프랑스 혁명과 같은 그러한 공공연한 갈등을 통해서가 아니면 해결될 수가 없는 양립불가능한 차이를 발전시키게 되었다는 것이다. 마르크스는 이러한 갈등의 결과를 구질서의 정과 도전적인 반의 '합'인 것으로 간주하였다. 합은 전적으로 새로운 사회질서를 제공하는데, 여기서는 부르주아지와 그들의 구조라는 (과거의)반이 (새로운)정이 되고 새로운 정은 산업화를 가속화시키기 위해서 노동을 제공하는 (새로운)반—즉 프롤레타리아—을 요구한다. 그러나 귀족과 부르주아지가 서로 대립적인 세력으로 화했듯이 부르주아지와 프롤레타리아도 그렇게 된다. 이러한 갈등으로부터 새로운 혁명이 일어나고 새로운 그러나 최종적인 합이 나타날 것인데, 창조적인 노동자들의 보편적인 공산주의 사회가 바로 그것이다.

이러한 모든 것 가운데에서 기술혁신(생산수단의 변화)이야말로 생산양식에서의 변화를 가능케 하는 것임을 기억하는 것이 중요하다. 새로운 반은 사람들 특히 지배계급들이 원하는 물질적 상품들을 생산하

---

21) 부르주아지의 상업활동에 대한 이런 저런(흔히 국제적인) 제약들과 관련하여 일화를 제시하면서 설명을 하고 있는, Robert L. Heilbroner, *The Wealthy Philosophers* (New York: Simon and Schuster, 1953), pp.12-17과 21-23 참조.

는 새로운 방식에 의해서 가능하다. 기술진보가 변화를 가져온다는 것이다.

역사의 변화에 대한 이러한 교의(변증법적 유물론)는 모든 변화가 기계적이며 물질적인 힘에 의해서 사전에 결정되는 것으로 추정하는 것 같다. 그러나 엄격한 경제결정론에 대해서는 다양한 학파의 마르크스주의자들 사이에서 많은 논쟁이 이루어지고 있다. 대부분의 마르크스주의자들은 마르크스가 그의 이데올로기에서 어느 정도의 비결정론(예를 들면 역사의 변화가 완전히 경제에 의해서만 결정되지 않을 뿐만 아니라 개인과 관념으로부터도 영향을 받는다는 마르크스의 논점이 입증하고 있는 바와 같이)과 상호적 인과론(예를 들어 정치가 경제적 조건을 어느 정도로는 바꿀 수 있다는 마르크스의 논점에서 제시되고 있는 바와 같이)을 제시하고 있다는 데 동의한다.

이러한 논쟁에서 어느 입장을 취하느냐 하는 것은 부분적으로는 마르크스와 엥겔스의 저작 중 어느 것을 강조하느냐에 의해서 결정된다. 경제결정론과 관련하여 마르크스에 대해 '온건한' 해석을 가능케 하는 자료로는 『헤겔의 법철학 비판을 위하여』(Contribution to the Critique of Hegel's Philosophy of Right)라는 책에 쓴 그의 '서론'을 들 수 있다. 여기에서 마르크스는 "철학이 그 물질적인 무기를 프롤레타리아에게서 발견하듯이 프롤레타리아도 그 지적인 무기를 철학에게서 발견한다… 철학은 이러한 해방의 머리이며 프롤레타리아는 그 심장이다"라고 썼다. '온건한' 마르크스를 강조하는 사람들은 마르크스를 체계화하는 과정에서 엥겔스가 마르크스의 이론을 그가 의도했던 것보다 더 결정론적으로 만들었다고 주장한다.

경제적 결정론에 대한 가장 강력한 진술은 엥겔스의 『반뒤링론』(Anti-Duehring)에서 발견된다.[22] 네오-마르크스주의자들 가운데, 알튀

---

22) Heilbroner, *The Wealthy Philosophers,* pp.129-130과 David McLellan, *Marxism after Marx* (Boston: Houghton Mifflin, 1979), pp.9-17 참조.

세(Louis Althusser)는 경제결정론에 대한 가장 강력한 옹호자이고 풀란짜스(Nicos Poulantzas)는 보다 자율적인 정치적 영역을 주창하고 있다.[23] 이 주제에 대해서 어떠한 입장의 해석을 따를 것이냐 하는 것은 그다지 중요하지 않다. 만약 마르크스를 본질적으로 결정론자라고 본다면, 그러한 경우 마르크스는 또한 본질적으로 역사에 관한 '과학자'가 된다. 반면에 만약 마르크스를 아무래도 '온건한' 결정론자일 뿐이라고 본다면, 이는 마르크스를 과학자이기 보다는 행동주의적인 정치적 혁명가로 본다는 것이다.

4. 인식론

역사주의의 이념 또는 역사적 결정론은 마르크스의 존재론 뿐만 아니라 그의 인식론까지도 얘기하고 있다. 보수주의자들은 전통의 집단적인 지혜에 근거하여 전통적인 사회의 구조와 관행을 정당화시키고 있고, 자유주의자들은 공리주의에 입각하여 민주적 자본주의를 정당화하고 있다면, 마르크스는 공산주의 목표를 정당화함에 있어서 그러한 접근방식을 거부하였다. 그는 이상적인 공산주의 사회의 기본틀을 제시하지도 않았고 공산주의 사회가 왜 '좋은지'를 체계적으로 설명하지도 않았다. 그는 사회주의 체제가 합리적이라는 것을 밝히려는 모든 시도들은 단지 '형이상학적'일 뿐일 것이라고 간주하였다. 엥겔스에 따르면, 특정의 경제적·사회적·정치적 제도가 좋다는 것을 주장함에 있어 "절대적인 진리들 간에 갈등이 끝이 없다"는 것이다.[24]

형이상학적인 독단론의 이러한 명백한 전통에 대한 반응으로 마르크스와 엥겔스는 공산주의를 정당화하는 기반으로서 어떠한 '도덕적

---

23) Robert Alford and Roger Friedland, *Powers of Theory: Capitalism, the State, and Democracy* (Cambridge: Cambridge University Press, 1985), pp.273-278 참조.
24) Engels, *Socialism: Utopian and Scientific,* in *The Marx-Engels Reader,* pp.695-696.

호소'도 받아들이지 않았다. 대신에 그들은 공산주의의 정당성 기반을 과학―일반적으로는 역사의 법칙 그리고 특별하게는 정치경제의 법칙에 대한 정확한 과학적 인식―에 두려고 하였다. 공산주의가 좋다는 것을 입증하려고 하기 보다는 마르크스는 역사와 정치경제의 법칙으로 인해 공산주의가 필연적임을 보여주고자 원했다. 이런 방식으로 그는 공상적 사회주의를 과학적 사회주의로 대치시키고자 하였다.[25]

이를 통해 마르크스가 의도했던 것은 사회주의에 대한 그의 해석이 경제적·역사적 법칙에 관한 과학적 연구의 결과이지 "이것이 당연히 그래야 하는 것(비록 아직은 존재하지 않더라도)"이라는 도덕적 감정의 결과가 아니라는 것이다. 마르크스와 엥겔스에 따르면, 다른 모든 형태의 사회주의의 문제점은 그것들이 실현불가능한 공상적인 희망적 사고의 형태이든가 아니면 지배계급이 피지배계급을 계속 종속시키기 위한 수단이라는 데에 있다. 마르크스는 "나의 주장은 정치경제에 대한 성실한 연구에 기반하여 전적으로 경험적인 분석을 통해 이루어진 것"이라고 썼다.[26] 역사에 있어 인간존재의 문제에 대한 이러한 '과학적'인 접근으로 인해 궁극적으로 마르크스의 인식론은 마르크스주의의 중심축이 되고 있다.

마르크스가 정치의 과학을 추구한 최초의 이데올로기론자인 것은 아니다. 자유주의자들도 정치에 대한 이해를 과학에 기반하여 체계화하고자 하였다. 그러나 자유주의자들은 인간 본성에 관한 의심의 여지가 없는 사실들로부터 연역적으로 진실을 이끌어내는 데카르트의 방법론을 사용한 반면에 마르크스와 마르크스주의는 귀납적 방법을

---

25) *Socialism: Utopian and Scientific*, pp.683-717과 *The Manifesto of the Communist Party*, pp.491-500 참조.

26) *Philosophical and Economical Manuscripts*, p.67; *The Manifesto of the Communist Party*, pp.491-499와 *Socialism: Utopian and Scientific*, 여기 저기 참조.

사용하였다. 그들은 일반적인 맥락에서 세계를 묘사하는 어떤 개념들을 공식화하고 그 다음에 이러한 개념들 사이의 관계에 대해 경험적으로 관찰되었다고 본 것에 기반하여 일반화를 발전시켰다.[27] 이러한 일반화는 사회생활을 서술하거나 설명하고 또 미래에 대한 처방의 토대를 제공하는 데 사용되었다.

우리들은 마르크스의 과학이 정적이며 동시에 동적이라는 것으로 보아왔다. 통상 마르크스주의를 논의할 때는 동적인 측면이 강조되곤

---

27) 이런 식으로 개념들을 배열하는 것은 마르크스가 자주 인용했던 이른바 "철학은 다양한 방식으로 세계를 해석할 따름이지만, 그러나 중요한 것은 세계를 변화시키는 것이다"라는 선언과 일치한다(Marx, *Theses on Feuerbach*, no.11, in *The Marx-Engels Reader*, p.145). 마르크스는 우리들에게 세계가 무엇인지를 결정하기 위해서 경험적으로 조사를 하고 또 그러한 조사에 기반하여 개념적인 설명을 개발하도록 촉구한 것이 아니라 세계를 변혁시킬 수 있도록 세계에 대한 이해를 개발하기 위해서 우리들이 만들어 낸 개념들을 세계에 적용할 것을 촉구한 것이었다.

독자들은 개념과 개념적 언어에 대해 이런 방식으로 생각하는 것이 방법론적으로 어려움이 있다는 점을 유의해야 할 것이다. 만약 개념들이 경험적 관계보다는 이론적 관계를 갖고 있다면, 이 개념들을 통해 우리들은 현상들 사이의 지적인 추상화를 이해할 수는 있겠지만 현상 그 자체에 대한 직접적인 접근을 할 수는 없다. 만약 우리가 귀납적인 이론들이 단지 지적인 추상화에 불과하다고 생각한다면, 우리들은 실제 세계에서의 행동을 목적으로 이러한 이론적 개념들을 사용하기 위해서는 무엇보다도 먼저 이러한 이론적 개념들을 '조작화' 하여야 한다.

마르크스는 자신의 귀납적 이론을 통해 정치변화를 이해할 수 있었던 반면, 정통마르크스주의자들은 이론 그 자체의 발전으로 인해 변화가 자동적으로 나타날 것으로 생각했다. 개념들을 통해 우리가 경험적 실재에 대한 지적인 이해보다는 직접적이고 실재적인 이해를 할 수 있다고 보는 것은, 곧 우리가 마치 개념적 언어들이 경험적 변혁을 위한 직접적인 도구─이는 우리들로 하여금 이론들에서 지적으로 배열된 개념들을 실질적이고 우연적인 맥락에서 '조작화' 하도록 요구하지는 않는 도구이다─인 것처럼 개념적 언어들을 불러와서는 경험적 실재 내에서 또는 경험적 실재에 대해서 마술적인 조작을 할 수 있다고 믿는 것이나 다름없다. Kenneth Hoover, *Ideology and Political Life*, 2d ed.(Baltimore, CA: Wadsworth Publishing, 1993), pp.138-139 참조.

하지만, 두 측면 모두 중요하다.[28] 정적인 분석은 특정의 역사적 단계에서 다양한 삶의 영역 내에 그리고 이러한 영역들 간의 상호관계에 관심을 갖는다. 각각의 역사적 단계는 그 자신의 '실재'를 보유하고 있는데, 이러한 실재야말로 각기 독특하게 가치가 있고 중요하며 또 정적인 분석이 드러내 보이는 것은 바로 이러한 실재이다. 우리들은 이러한 '실재'가 지배적인 생산수단과 생산양식 그리고 이들 위에 세워진 지적·문화적·종교적·법적 제도와 양식의 상부구조로 구성되어 있다고 생각할 수 있다. 그러나 각각의 역사적 단계의 실재가 불변적인 것은 아니고, 이러한 실재들의 가치가 무엇인지는 특정한 역사적 단계에서 상대적으로 알 수 있을 뿐이다.

마르크스에 따르면, 자본주의 사회에 대한 경험적인 관찰에 근거하여 귀납적 추론을 해 보면 다음과 같은 과학적 주장을 확인할 수 있다는 것이다. 자본주의 사회에는 주요한 두 개의 계급이 존재하는데, 생산수단을 소유한 부르주아지와 자신의 노동만을 소유하고 있는 프롤레타리아가 그것이다. 부르주아지는 상대적으로 부유하고 수는 얼마 안되는 데 반해 프롤레타리아는 가난하고 수는 많기 때문에, 부르주아지와 프롤레타리아는 공식적으로는 법률상 평등함에도 불구하고 서로가 동등한 자격으로 맞서거나 흥정을 하지 못한다.

부르주아지와 프롤레타리아 간의 이러한 불평등한 협상력 때문에 프롤레타리아는 생계유지 임금으로 자신의 노동력을 팔 수밖에 없고, 이는 부르주아지로 하여금 프롤레타리아로부터 잉여가치(이는 정의에 대한 우리의 논의에서 보다 자세히 다루게 될 것이다)를 추출하도록 허용한다. 잉여가치의 이러한 창출은 부르주아지에게 이윤을 가져다 주며, 부르주아지는 이를 통해 외견상 끊임없어 보이는 축적과정에서 자신들의 자본을 증가시켜 나간다. 더우기 시장경쟁은 부르주아지로 하여

---

28) Tony Smith, *Thinking Like a Communist: State and Legitimacy in the Soviet Union, China, and Cuba* (New York: W.W.Norton, 1987), p.54 참조.

금 경제적으로 살아남기 위하여 생산원가를 낮추도록 강요한다. 그 결과 부르주아지는 자신들의 이윤을 노동집약적인 기술개선에 재투자하게 되고 노동을 기계로 대치함으로써 생산원가를 낮추어 나간다. 이러한 경쟁과정은 프롤레타리아의 빈곤을 계속하여 악화시키고 부르주아지 계급의 축소를 가져왔는데, 왜냐하면 원가절감을 위한 경쟁에서 패배한 사람들은 파산하여 프롤레타리아 계급으로 "전락하기" 때문이다.[29] 자유주의 이념(자본주의가 모든 사람들의 상황을 개선해 주리라는 생각을 포함하여)과 기독교 교리(이 세상은 '눈물의 골짜기'이며 가난한 사람은 하늘 나라에서 보상을 받을 것이라는 믿음을 포함하여)는 프롤레타리아와 '파산한 부르주아지'로 하여금 자신들의 비참한 상황을 받아들이도록 한다는 것이다.[30]

마르크스와 그 추종자들은 역사의 다른 단계에 대해서도 비슷한 분석을 하였다. 그러나 자본주의에 대한 분석은 마르크스의 사상에서 가장 중요한데, 왜냐하면 자본주의의 상황은 공산주의 사회로 역사가 종결되는 전제조건이 되고 있기 때문이다.

이러한 일반화는 그 자체로 자본주의에 대해 감정에 치우치지 않는 묘사를 제공하고 노동계급의 곤궁함을 설명할 수 있을 지는 모르지만, 이러한 상황에서 변화를 예측할 수 있는 토대를 제시하지는 못한다. 변화에 대한 예측을 제시하기 위해서 마르크스는 역사 법칙에 관한 역동적인 과학, 다시 말해서 변증법적 유물론을 발전시켰다. 우리들은 존재론의 부문에서 논의를 통해 이러한 역동적인 변화의 대략적인 윤곽을 그려놓았다. 이제 우리는 자본주의 사회로부터 공산주의 사회로의 변화가 왜 불가피한지에 관한 마르크스의 보다 특징적인 교리를 정리해야 할 때가 되었다.

---

29) Marx, *The Manifesto of the Communist Party*, pp.474-480.
30) Marx, *The German Ideology*, p.159; *The Manifesto of the Communist Party*, p.489.

III. 실질적인 정치적 원칙

1. 변화

마르크스에 따르면, 모든 사회는 근본적이고 진보적인 변화를 경험해 왔다. 자본주의 사회도 필연적으로 그러한 변화를 경험하게 될 것이다. 일반적으로 마르크스는 이러한 변화는 혁명적인 것이 될 것이고, 객관적인 경제적 조건들이 무르익고 또 프롤레타리아 사이에 주관적인 계급의식이 충분히 발전되었을 때에야 비로소 그러한 혁명적 변화가 일어날 것이라고 가정하였다. 마르크스와 그의 정통적인 추종자들은 객관적이고 주관적인 조건 모두가 성숙되기 이전에 혁명이 일어날 수 있다는 개념을 거부했고 혁명이 없이 정치적 개혁에 의해서 변화가 일어날 수 있다고 믿지 않았다. 마르크스는 유럽에서 혁명적 변화가 임박했다고 생각했고, 실제로 1848년과 1871년 두 번에 걸친 유럽의 정치적 소요는 혁명적인 변화의 전조라고 생각하였다.

자본주의를 무너뜨리고 공산주의의 지배를 가져오는 혁명은 다음과 같은 정치경제의 10가지 법칙이 순조롭게 자신들의 행로를 취할 때 일어날 것으로 보았다.

1) 산업사회가 발전함에 따라 자본가들 사이에 치열한 경쟁이 일어나게 될 것이다. 시장에서 경쟁하기 위해 자본가들은 노동자들에게 단지 생계유지 임금만을 지불하고 그럼으로써 잉여가치 혹은 이윤—자본가들은 다시 이것을 보다 현대적이고 효율적인 기술에 재투자해야 한다—을 추출함으로써 노동자들을 착취해야만 한다.
2) 경쟁과 현대화의 이러한 경쟁하에서 어떤 자본 기업가들은 성공할 것이고 어떤 자본 기업가들은 실패할 것이다. 패배자들은 시장에서 쫓겨나게 되고, 자본과 자본가의 힘은 더욱 더 집중되어 나갈 것이다.

3) 성공한 자본 기업가들이 노동을 기계로 대치해 나감에 따라 그리고 보다 많은 기업가들이 실패를 하게 됨에 따라, 고용주는 점점 더 줄어들게 되고 점점 더 많은 노동자들은 일자리를 잃게 되고 많은 사람들은 영구히 실직상태에 놓이게 될 것이다.
4) 이들 실직한 노동자들에게는 자본 기업가들에 의해서 생산되고 있는 상품을 살 수 있는 구매력이 결여되어 있다. 그 결과 생산은 서서히 침체되고 점점 더 많은 노동자들은 실직하게 될 것이다.
5) 시간이 지남에 따라 실직과 그에 따른 수요감축(불황)의 악순환이 되풀이 될 것이다. 각각의 불경기마다 성공한 자본가, 다시 말해서 경제적 폭풍을 가까스로 이겨낸 자본가는 점점 더 줄어들게 될 것이다. 이렇게 살아남은 자본가들의 경제적 위치는 경쟁의 결여에 의해서 개선될 것이고 그들의 부는 증가할 것이다.
6) 그러나 각각의 불경기마다 시장에는 성공하지 못한 사람들이 점점 늘어날 것이다. 성공하지 못한 부르주아 자본가들은 쫓겨나서 프롤레타리아 계급으로 전락하게 될 것이고(일부 프롤레타리아들은 최하층인 룸펜프롤레타리아로까지 전락하게 될 것이다). 이와 같이 하향 이동하는 부르주아지로 인해 계속하여 프롤레타리아 계급은 늘어나갈 것이고 이들 프롤레타리아 계급의 점점 더 많은 사람들은 실직하게 된다. 마르크스는 이러한 하향 순환을 **프롤레타리아의 궁핍화**(immiseration of the proletariat)라고 명명하였다.
7) 이처럼 점차적으로 절망적으로 되어 가는 상황은 프롤레타리아와 경제체제에서 최악의 상황에 놓이게 된 여타의 다른 계급들로 하여금 자본주의의 유용성과 공정성에 대해서 의문을 갖게 만든다. 이러한 의문으로부터 노동자 계급의식이 발전되어 나오게 될 것이다.
8) 경제가 필연적으로 심각한 불황을 맞게 되고 프롤레타리아의 비참함이 특별히 두드러질 때 그리고 결국 프롤레타리아가 자본주의 체제가 그 유용성이 상실되었는데도 불구하고 계속 존

속하고 있다고 믿게 될 때, 자발적인 대중반란이 일어나게 될 것이다. 처음에는 관련이 적은 소규모의 파업, 불매운동, 폭동, 대중봉기가 일어날 것이다. 이들은 보다 전투적이고 통일된 정치적 운동으로 통합되어 나갈 것이다. 다음과 같은 여러 시나리오 중의 하나는 **혁명**이 될 것이다. 즉 총파업은 하루 밤만에 자본가들을 파산시킬 수 있을 것이고; 한편으로는 자본가와 그들의 대행자들(경찰, 군인) 그리고 다른 한편으로는 무장한 프롤레타리아 간에 내전이 일어날 수도 있으며; 또는 자본가들이 총탄보다는 민주적 선거에서의 투표에 의해 전복될 수도 있다ㅡ이 시나리오는 가능성이 별로 없다고 보겠지만.[31]

9) 프롤레타리아가 권력을 장악한 이후 비상사태가 존재하게 될 것이다. 부르주아지가 여전히 자유주의적 이데올로기에 얽매어 있기 때문에 그리고 그들의 관심이 자신들의 권력과 부를 복구시키는 것이기 때문에 부르주아지는 반혁명을 시도할 지도 모른다. 이러한 가능성을 막기 위해서 프롤레타리아는 **프롤레타리아 독재**(dictatorship of the proletariat)를 확립해야 하는데, 이는 부르주아지를 힘으로 억압하기 위한 것이지 프롤레타리아를 억압하려는 것은 아니다.

10) 부르주아지에 대한 프롤레타리아의 확고한 승리는 사회주의 단계를 열게 될 것인데, 이는 자본주의로부터 완전한 공산주의ㅡ자본주의의 사회적·이데올로기적 잔재가 사라지고 새롭고 협조적인 사회질서와 '새로운 인간', 즉 평등주의적 자유와 우애라는 사회주의 이념을 신봉하는 인간으로 대체되는 사회ㅡ로의

---

31) 마르크스가 말년에 가까워서는 영국, 미국, 벨기에, 네덜란드와 같은 민주화된 사회에서 의회적인 수단에 의해 혁명이 달성될 수도 있다고 생각했다는 몇가지 증거들이 있다. "Amsterdam Speech of 1872," in Karl Marx, *Selected Writings*, edited by David McLellan (Oxford: Oxford University Press, 1977), p.594 참조.

이행기이다.[32] 국가가 점차적으로 그 중요한 목적을 상실하게 되고 사라져감에 따라 이러한 사회주의 이행기를 거쳐 결국 완전한 공산주의 사회가 도래하게 될 것이다.

마르크스는 이와 같이 최종적인 역사 이후의 국가의 명백한 성격이 무엇인지를 명확히 하지 않은 채 그것의 이상향적 특성만을 암시해 주고 있을 뿐이다. 그는 이상세계의 명확한 조직원리와 구조를 설명하려 하지 않았다. 그러나 그는 완전한 공산주의 사회에서는 사람들이 더 이상 경제적 필요에 의해서 제약을 받지 않을 것이라고 보았다. 왜냐하면 공산주의 사회의 계획되고 산업화된 경제는 사람들이 필요로 하는 상품들을 생산해 낼 것이기 때문이다. 또한 공산주의 사회의

〈표 5-1〉 역사로부터 역사 이후의 3단계에 대한 마르크스의 특성 묘사

	자본주의	사회주의	공산주의
인간본성	소외	소외가 극복되고 있는 중	공동체 지향적인 창조적 노동자
사회	부르주아지가 프롤레타리아를 지배	프롤레타리아가 부르주아지를 지배	계급없음
구조	사유산업이 지배	중앙집중화된 국가가 지배	강제적 제도가 없음; 자발적인 결사체만 있음
지배자 권위	부르주아지의 독재 정부는 자본주의의 도구	프롤레타리아 독재 정부는 재산을 사회화하고 경제를 계획함	자치 정부는 사라짐
정의	자본가가 노동자를 착취함	노동에 따라서 각자에게	필요에 따라서 각자에게
시민권	시민은 대부분 신민	시민은 참여자인 동시에 신민	시민은 자신들의 집단적인 역사를 만드는데 대부분 참여

---

32) 이러한 의제는 Marx, *Critique of the Gotha Program,* in The Marx-Engels Reader, pp.525-541에 대략적으로 나타나 있다.

사람들은 계급없는 사회에서 계급적 이해가 없이 존재하는 '새로운 인간'이기 때문에 이들은 더 이상 편협한 자기이해에 기반하여 의사결정을 하지 않는다.

사회변화의 이러한 교리를 고려한다면, 마르크스주의의 정치적 원칙을 논의할 때 앞에서 지적한 것처럼 3개의 역사단계를 구분하는 것이 유용할 것이다. 마르크스는 어떤 비판적인 맥락에서 자본주의의 구조, 지배자, 권위, 정의, 시민권 등을 특징지었다. 그는 사회주의 사회를 이끌어 나가는 대안적 원칙들을 제안했지만(자본주의로부터 공산주의로의 이행), 완전한 공산주의 사회를 위한 이상들을 제시하지는 않았다. 이들 세 단계의 사회에서 인간의 상황과 계급구조를 먼저 살펴보고 난 후, 〈표 5-1〉을 통해 이들 간의 차이를 요약해 주고자 한다.

2. 구조

마르크스와 마르크스주의자들은 정치적 원칙에 있어서 급진적인데, 이는 그들이 억압적인 계급제도와 사회구조 안에서의 소외와 같은 인간 문제의 근본적인 원인들을 발견했다는 것을 의미한다. 그러므로 마르크스의 목표를 달성하는 열쇠는 사회구조를 변혁시키는 것이다. 마르크스는 자본주의 사회구조에 대해 날카롭고 비판적인 분석을 가하였고, 사회주의와 공산주의 사회가 어떻게 구조화되어야 할 것인가에 대해 암시를 주었다.

근대 부르주아 사회의 중심적인 구조적 요인은 **자본주의**인데, 이 자본주의는 생산수단에 대한 사적인 소유와 통제, 독점의 증대(또는 재산 소유와 통제의 집중), 가족생활과 문화, 정부를 포함하여 사회의 모든 영역에서의 부르주아지의 지배를 그 주된 특징으로 한다. 자본주의 사회에서는 사유산업이 정부를 지배하기 때문에 마르크스주의자들은 자본주의 사회에서의 정부구조를 상대적으로 덜 중요한 것으로 보고 있으며, 자본주의 사회 내의 특정의 정치제도들이 자신들의 목표를 달성하는 데 도움을 줄 수 있는 것이 무엇인지에 대해—설사 그런 것이 있다고 하더라도—별로 관심이 없다. 자본주의 사회에서는 자유주의적인 민주적 제도들 조차도 거의 가치가 없다는 것인데, 왜냐하면 이러한 제도들은 그 배후에서 자본가들의 기업조직이 계속하여 정부를 지배하고 또 부르주아지가 권리, 자유, 평등에 대해 얘기하면서 계속하여 프롤레타리아를 속이거나 달래는 외양을 제공하고 있을 뿐이기 때문이다.

자본주의 국가가 상대적으로 무기력하다는 것, 다시 말해서 공동선을 위하여 정치적 권위를 행사하지 못한다는 것은 어떤 상품을 생산할지와 그 상품을 어떻게 분배할 것인지를 포함하여 사회에 대한 본질적인 결정이 시장의 명백한 무정부상태에 맡겨진다는 것을 의미한다. 그리하여 자본주의 사회의 가장 강력한 제도들은 직접적이고 사적인 이익을 충족시키기 위해서 조직된다. 그러한 구조적 장치들은 다음과 같은 몇가지 이유로 자본주의 역사에서 초기 산업화 단계 동안은 능동적인 사회적 기능을 수행하였다. 첫째, 이런 장치들을 통해 부르주아지는 "인간을 그의 '선천적인 우월자'에게 속박시켜 온 여러 가지 봉건적 구속을 무자비하게 분쇄시켰다… 다른 말로 얘기하면, 종교적이고 정치적인 환상에 의해 감추어져 있었던 착취를 부르주아지는 적나라하고 파렴치하고 직접적이고 야만적인 착취로 대치시켰다."[33]

둘째, 마르크스에 따르면, "모든 앞서의 세대가 가졌던 것 보다 더 거대하고 방대한 생산력"을 창출함으로써 자본주의 제도는 인간으로 하여금 자연을 지배할 수 있도록 하였다.[34] 이러한 생산력에는 조직의 기술(관료, 부기, 대중매체, 산업관리) 뿐만 아니라 물질적인 기술(화학적 응용, 증기항해, 전기 등)이 포함된다. 혁명 이후 이러한 생산력은 최종적인 공산주의 사회의 부를 창출하게 될 것이지만, 소외를 야기하지 않는

---

33) Marx, *The Manifesto of the Communist Party*, p.475.
34) Marx, *The Manifesto of the Communist Party*, p.477.

방식으로 하게 될 것이다.
 셋째, 자본주의는 혁신과 변화에 대한 항구적인 필요를 창출해 내었다. 시장에서의 경쟁으로 인해 산업은 점점 더 효율적으로 되어 간다. 이러한 경쟁상의 절박한 필요는 생산의 물질적 기술과 조직의 기술에서 혁신을 이끌어 낸다. 마르크스의 논리에 따르면, 이러한 변화들은 생산의 사회적 관계에서의 변화를 낳고 이는 다시 광범한 사회의 변화를 낳는다.

> 부르주아지는 생산수단을 끊임없이 혁명화하지 않고는, 그럼으로써 생산관계를 혁명화하지 않고는, 그리고 그와 더불어 사회의 전반적인 관계를 혁명화하지 않고는 존재할 수 없다. 이와 반대로 기존의 생산양식을 변화시키지 않고 보존하는 것은 모든 초기의 산업계급에게 있어서는 존재의 첫 번째 조건이었다. 생산의 지속적인 혁명화, 모두 사회적 조건들의 끊임없는 혼란, 항구적인 불확실성 그리고 소요는 부르주아 시대를 그 이전의 모든 시대로부터 구별해 준다. 고대로부터 내려오는 존경할 만한 일련의 편견이나 견해들과 함께 모든 고정되고 고착된 관계들은 사라지고, 모든 새로운 형태들은 그것들이 굳어지기 전에 낡은 것이 되어 버린다. 딱딱한 모든 것은 공기 속에 용해되고, 성스러운 모든 것은 세속화된다…[35]

 이러한 이유 때문에 마르크스는 부르주아지가 역사적으로 "가장 혁명적인 역할을 수행"하였다고 주장하였다.[36]
 마지막으로, "가장 혁명적인 역할을 수행하면서" 부르주아지는 "계급투쟁을 단순화시켰다: 전체로서 사회는 점점 더 두 개의 적대적인 진영으로, 부르주아지와 프롤레타리아라는 서로 정면 대립하는 두 개

---

35) Marx, *The Manifesto of the Communist Party*, p.476.
36) Marx, *The Manifesto of the Communist Party*, p.475.

의 계급으로 분열되고 있다."[37] 이러한 모든 변화들은 마르크스에게는 긍정적인 것이었는데, 이는 어떤 본질적인 도덕적 가치 때문이 아니라 이런 변화들이 공산주의의 도래를 앞당기기 때문이다.

그러나 이는 또한 이러한 발전들이 만회되었다는 것과 자본주의와 그 가식적인 민주적 제도들이 그들의 유용성보다 더 오래 지속되고 있다는 것을 의미한다. 자본주의의 교환양식과 전유양식을 고려할 때 자본주의의 생산양식은 소비될 수 있는 것 보다 더 많은 상품을 생산할 수 있으며, 모든 차원에서 인간소외를 악화시킨다. 더군다나 우리가 보아 왔던 것처럼 자본주의는 자기모순적이다. 한편으로 자본가들은 이윤을 추구하지만, 다른 한편으로 경쟁의 현실은 이러한 목표를 달성하기가 점점 더 어렵도록 만든다. 자본주의적 생산수단과 생산양식이 풍요를 약속하는 것처럼 보일 때에도 경쟁의 압력과 이윤추구는 점점 더 일반적인 곤궁으로 이끌어 간다. 자본주의의 유용성이 쇠퇴함에 따라 자본주의에 대한 불가피한 반란이 분출되어 자본주의 제도들을 없애게 될 것이다.

혁명 이후 정치경제는 **중앙집중화된 프롤레타리아 국가**에 의해서 지배될 것이다. 마르크스 이후의 공산주의자들의 주장과는 달리 마르크스는 이행기 사회주의 사회에서 지배적인 제도는 공산당이 아니라 공산주의 국가라고 생각했다. 그는 『공산당선언』에서 이 점을 명확히 하고 있는데, 즉 당은 국가, 다시 말해서 지배계급으로 조직화된 프롤레타리아의 손에 모든 생산수단을 집중하여야 한다―이로써 부르주아 자본가들의 지배를 종식시키게 될 것이다―고 주장하였다.

그러나 사회주의가 성숙되어 나감에 따라 중앙집중화된 국가도 차례로 케케묵은 것이 되고 만다. 생산양식을 혁명화하기 위한 일련의 조치들―몇 가지 형태의 사유재산의 몰수, 반혁명세력과 그러한 경향들의 분쇄, 다양한 사업들의 국유화를 포함하여―을 수행하면서 국가

---

37) Marx, *The Manifesto of the Communist Party*, p.474.

는 자본주의에서 공산주의로의 이행을 감독하게 될 것이다. 국가는 더 이상 필요치 않게 될 것이고 따라서 '소멸하게' 될 것이다. 그때 사회는 '전체 국민의 방대한 연합'으로서 분권화되고 자발적인 결사체들에 기반하여 조직될 것인데, 여기서는 "개인의 자유로운 발전이 전체의 자유로운 발전을 위한 조건이 되고" 또 계급투쟁이 더 이상 존재하지 않게 된다. 그 결과 "단지 다른 계급을 억압하기 위한 어느 한 계급의 조직화된 권력일 뿐"인 정치권력과 정치제도들은 더 이상 필요치 않게 된다.[38]

3. 지배자

마르크스는 자본주의 사회는 자유민주주의 제도가 존재함에도 불구하고 자본가에 의해서 지배되는 사실상의 "부르주아지 독재"라고 주장하였다. 상품의 생산과 분배에 관한 주요한 결정들이 프롤레타리아의 대표는 말할 것도 없고 정부관리의 영향이나 참여가 거의 없이 사적 영역의 자본가들에 의해서 이루어진다. 정부관리들이 권위를 행사한다 하더라도 그것은 자본가들의 이익에 응해서 하는 것이지 일반 시민들의 이익을 위해 하는 것이 아니다. 따라서 마르크스는 민주적으로 선출된 지배자들조차도 '부르주아지의 집행위원회'라고 특징지었다.

이런 맥락에서 볼 때 민주적인 선거는 시민의 권력을 강화하는 데 도움이 되지 않는다. 왜냐하면 사회의 실질적인 권력자인 자본가들은 선거에 출마하지 않고 또 민주적으로 '공직에서 물러나지도' 않으며 생산수단의 소유로부터 분리되지도 않기 때문이다. 더군다나 당선을 추구하는 사람들은 자본가 계급의 이익을 도모하는 '경제적 긴급사항'에 반응해야 한다. 이런 이유 때문에 마르크스는 민주적인 선거가 노동계급의 이익에 봉사하고 사회주의 목표를 달성하기 위해서 정부

---

38) Marx, *The Manifesto of the Communist Party*, pp.490-491.

권력을 사용하려는 대표들에게 권력을 가져다 줄 수 있을 것이라고 생각하지 않았다. 아마도 이러한 지배자들에게 권력을 가져다 주기 위해서는 혁명이 필요할 것으로 보았다.

마르크스에 따르면, 혁명 그 자체는 지식인 전위에 의해서 지배될 수 없는 것이다. 지식인과 지도자들은 미미한 역할을 수행할 것이며, 잘해야 프롤레타리아 계급의식을 형성하는 데 도움을 주는 지침을 제공할 뿐이다. 엥겔스에 따르면, "마르크스는 노동계급의 지적인 발달에 전적인 신뢰를 보냈으며, 이러한 지적인 발달은 공동행동과 상호토론의 결과로서 확실히 생긴다는 것으로 그럼으로써 노동계급의 해방은 노동계급 자신의 행동이어야 한다고 보았다는 것이다."[39] 후기 공산주의자들과는 달리 마르크스는 프롤레타리아의 계급의식을 지식인 엘리트의 점유물이라고 파악하는 '대리이론(substitutionism)'을 수용하지 않았다.

혁명 이후 부르주아지 독재는 프롤레타리아 독재에 의해서 대치될 것이다. 마르크스는 부르주아지에 대한 프롤레타리아의 지배를 강조하기 위해서 '독재'라는 용어를 사용했다. 그러나 프롤레타리아 안에서는 독재가 없다. 토니 스미드(Tony Smith)가 지적한 것처럼, 마르크스는 프롤레타리아를 대신해서 통치할 '프롤레타리아 전위'에 대해서 언급한 적이 없고, 공산당 지도자들에 의해 국가를 일당지배한다는 것을 생각해 보지도 않았다. 스미드의 말을 빌리면, 마르크스에게 있어서 프롤레타리아 독재는 "두말할 필요도 없이 대중적 사안"이었다.[40] 그러나 부르주아지는 이러한 대중적 독재에 포함될 수 없는 것이었다. 왜냐하면 진정한 민주적 통치는 정치적 논쟁을 왜곡시키고 사람들로 하여금 공공의 맥락에서 보다는 계급의 맥락에서 생각하도록 만드는 계급구분이 더 이상 존재하지 않을 때 비로소 기능할 것이

---

39) Engels, "Preface to the 1888 English-Edition" of *The Manifesto of the Communist Party* in Smith, *Thinking Like a Communist,* pp.57-58에서 재인용.
40) Smith, *Thinking Like a Communist,* p.24.

기 때문이다.

  1871년 파리코뮌은 마르크스에게는 이행기 사회주의 사회에서의 지도력에 대한 모델로 작용했던 것 같아 보인다. 『프랑스 내전』(The Civil War in France)에서 마르크스는 그러한 지도력의 윤곽을 그려내고 있다. 이웃과 공장의 가장 직접적인 수준에서 언론과 집회 그리고 공개토론과 논쟁의 자유가 있을 것이다. 높은 수준의 국가조직의 회의에서 시민을 대표하기 위해 대리자가 선출될 것이지만, 이들은 대리자로서 행동할 뿐 독립적으로 행동하지 않는다. 이들은 만약 민주적으로 제시된 지침에 따라 행동하지 않으면 소환 대상이 될 것이다. 이들 대리자들은 사무에 대한 약간의 수당을 받을 것이지만, 이는 평균 노동자의 임금 정도가 될 것이다.[41]

  국가의 필요가 사라지는 것처럼 프롤레타리아 독재의 필요성도 없어진다. 권력은 분권화된 작업장이나 협회의 노동자들─창조적인 신노동자들─사이에 광범하게 분산된다. 진정한 자치가 이루어질 것이고, 더욱 중요하게는 계급갈등과 그 결과 나타나는 권력의 위계, 허위의식, 인간소외의 상황이 종식될 것이다. 경제구조에서의 변화는 인간본성에서의 참된 변화를 가져와 어떤 사람도 다른 사람들에 의해서 지배될 필요가 없도록 만들 것이다.

4. 권위

  자본주의 사회에서 정부 당국은 자본가계급(부르주아지)과 자본주의 체제의 이익을 증진시키기 위해 자신들의 권력을 사용한다. 이들이 만들어 낸 정책은 그러한 목적을 달성하기 위해 여러 가지 조치들을 취한다. 이러한 정책 가운데는 보다 더 혁신적이고 노동절약적인 기술에 투자할 수 있는 소수의 사람들 손에 자본축적과 부의 집중을 가

---

41) Engels, "Introduction," to Marx, *The Civil War in France*, in *The Marx-Engels Reader*, pp.627-628 참조.

져오는 정책도 포함된다.[42] 다른 정책들은 경제침체와 위기를 당하지 않도록 하는 데 목표를 두고 있다. 마지막으로 어떤 정책들은 계급갈등을 완화시키려고 시도한다. 예를 들면, 복지와 실업보험의 지급 등 노동자 달래기의 사회적 통제수단을 통해 노동계급이 정치화하는 것을 막으려고 한다. 자본주의 국가는 강제, 신화창조, 포섭을 통해 이러한 통제 기능을 수행한다.[43] 경찰과 사법제도는 재산법을 시행하며; 지배적인 자본주의적·자유주의적 이데올로기, 종교적인 믿음, 그리고 사회적 관습은 자유와 재산권에 대한 통념을 뒷받침해 주며; 그리고 복지정책들은 소외된 사람들을 달래려는 시도이다.

사회주의 사회에서 국가권력은 생산수단을 사회화하기 위해서 사용될 것이다.[44] 국가는 경제적 생산을 계획하고 관리할 것이다. 시장의 무정부 상태를 거부하면서 사회주의 국가는 중앙계획을 통해 생산을 합리화할 것이다. 사회적 필요는 합의에 의해 결정될 것이고 국가는 이러한 필요를 충족시키기 위해 생산을 조직할 것이다. 국가는 중앙집중화된 은행의 창설, 교통·통신 산업의 사회화, 농업의 집단화, 모든 반혁명 분자의 재산에 대한 몰수를 통해 생산수단을 국유화하기 시작할 것이다.[45] 국가의 생산관리는 사익이 공익보다 앞서지 못하도록 보장할 것이다. 또한 사회주의 국가는 있을 수도 있는 불평분자와 부르주아지의 반혁명 행위들을 분쇄할 것이며, 미래 공산주의 사회의 평등주의적이고 형제애적인 가치를 받아들이도록 교육시키는 데도 주도적인 역할을 담당할 것이다. 나중에 공산주의 사회에서 만약 국가의 어떤 필요가 남아 있다면 그것은 다만 행정상의 기능만을 맡을 것이다. 계급갈등이 사라짐에 따라 국가의 정치적 목적들도 사라지게 될 것이다.

---

42) Alford and Friedland, *Powers of Theory*, pp.288-307 참조.
43) Smith, *Thinking Like a Communist*, p.44.
44) Marx, *The Manifesto of the Communist Party*, pp.490-491.
45) Marx, *The Manifesto of the Communist Party*, p.490.

5. 정의

마르크스주의자들은 정의에 관한 마르크스의 사상을 둘러싸고 치열한 논쟁을 벌여왔다. 일부 논평자들은 마르크스가 정의를 강조하지 않았으며 '동등한 권리'라든가 '공정한 분배'와 같은 개념을 "케케묵은 말장난"인 것으로 간주했다는 주장을 하고 있다.[46] 다른 평자들은 마르크스가 자본주의를 부정의―노동자의 정당한 몫을 부당하게 빼앗고 있는 자본가―에 기초를 두고 있는 것으로 이해했고 사회적 재화의 분배에 있어 보다 공정한 대안적 체제를 모색했다고 보고 있다.[47] 명백한 것은 마르크스가 '공정한 분배'의 문제를 공평하고 효율적인 생산수단의 문제보다 덜 중요하게 보았다는 점이다. 그것이 부당한 것이든 아니든 자본주의 생산양식은 노동자들을 착취하고 소외시킨다. 생산수단을 사회화함으로써 사유재산을 폐지하는 것은 마르크스의 정의론의 핵심이다.

마르크스주의자들은 자본주의 사회에서 자본주의 세력들에 의해 정의가 달성될 수 있다는 것을 부인한다. 착취는 자본주의하에서 발생하는데, 왜냐하면 부르주아지가 노동자들―이들은 부르주아지에 의해 효과적으로 통제되고 있다―이 생산한 상품의 잉여가치를 빼앗기 때문이다. 노동자들은 자신들의 노동의 가치를 충분히 받지 못하기 때문에 착취를 당한다. 노동자들은 공장에서 생산되고 시장에서 자본가에 의해 팔리는 상품에 대해 많은 가치를 만들어 내고 있음에도 불구하고 이러한 상품들에 공헌한 가치보다 훨씬 적은 최저의 **생계임금**만을 받는다.[48]

---

46) Marx, *Critique of the Gotha Program*, p.531.
47) 이러한 논쟁은 Steven Lukes, *Marxism and Morality*(Oxford: Oxford University Press, 1987), pp.48-59에 잘 요약되어 있다.
48) 마르크스가 노동만이 가치를 만들어 낸다고 보는 로크의 노동가치설을 수용하고 있었다고 흔히들 주장한다. 코헨〈G.A.Cohen, *Histoty, Labour, and Freedom: Themes from Marx*(Oxford: Oxford University Press, 1988)〉은

노동시장은 노동자들이 받는 임금에서 어느 정도 차이를 보이지만, "임노동의 평균가격은 최저임금인데, 이는 노동자들이 노동자로서 가까스로 생존을 유지하기 위해 절대적으로 요구되는 생계유지 수단의 양이다."[49] 노동자들이 최저임금을 받게 되는 이유는 자본가들이 필연적으로 탐욕스럽고 너그럽지 못하기 때문이 아니라 오히려 자본주의의 경쟁논리 때문이다. 만약 어떤 자본가가 노동자에게 생계유지 임금보다 더 많이 준다면, 생산비가 올라가고 이에 따라 상품가격이 올라가게 될 것이고, 소비자들은 최저임금을 유지하고 있는 경쟁자의 더 값싼 상품을 구입할 것이다. 실직의 위협과 궁극적인 기아의 가능성은 노동자들로 하여금 이러한 최저임금을 받아들이도록 강요한다. 각각의 노동자들은 살아남기 위해서 생계유지 임금이라도 받고자 하는 거대한 산업노동자 예비군이 존재한다는 것을 알고 있고, 그래서 그들 역시도 생계유지 임금을 받아들일 수밖에 없다.

그러는 동안에 자본가들은 자신들의 노동자들로부터 잉여가치(surplus value) 또는 이윤을 착취한다. 노동자들이 생산한 상품이 시장에서 갖는 가치는 이 상품을 생산하기 위해서 자본가들이 부담한 비용을 훨씬 넘어선다. 왜냐하면 자본가들의 노동비용은 노동자들의 실제 노동가치가 아닌 최저의 생계유지 임금에 불과하기 때문이다. 생산수단을 소유하는 자본가들은 노동자들이 실제 생산한 가치와 노동자들에게 지불된 생계유지 임금 간의 차이를 챙긴다. 이러한 이윤의 상당 부분은 다시 노동절약 기계에 재투자되는데, 이는 자본가가 미래의 노동비용을 줄이고 시장에서의 생존을 확보하기 위해서이다. 그리하여 노동자는 미래에 자신의 실직을 가져오기 위하여 사용될 바로 그 '잉여가치'를 제공하고 있는 것이다. 이런 식으로 볼 때 불공정한 것은

마르크스가 노동자들이 생산한 가치 가운데 일부 보상을 받지 못하고 있으며 이것이 착취를 구성한다고 주장했을 뿐이라는 얘기를 하고 있다(pp.226-227).

49) Marx, *The Manifesto of the Communist Party*, p.485.

한 사람으로서의 자본가보다는 자본주의 체제이다; 노동자를 착취하고 인간의 불행을 초래하는 것은 바로 체제로서의 자본주의이다.

그럼에도 불구하고 마르크스는 이런 방식으로 노동자를 착취하는 것이 필연적으로 부당한 것이라고 보지는 않았다. 어떤 의미에서 자본가와 노동자 사이의 교환은 자발적이고 상호이득이 되는 교환이다. 노동자는 생계유지를 위해 필요한 돈을 벌 목적으로 자신의 노동을 교환했다. 노동자에게 지불한 화폐임금 비용을 위해서 자본가 역시 노동자가 생산한 잉여가치를 구입한다. 자본주의의 힘은 이러한 잉여를 축적하고 증식시켜 나가는 그 독특한 능력에 있다.[50]

마르크스에게 있어서는 비록 임금을 위해 노동을 교환하는 것이 반드시 부당한 것으로 파악되지 않았다고 하더라도 생산재산의 사적 소유에 기반을 두고 있는 자본주의 체제는 부당한 것으로 간주했다는 실제의 증거가 있다. **사유재산의 철폐**는 마르크스의 정의관의 핵심이다. 마르크스는 옷이라든가 주거, 가구, 여가상품과 같은 개인적 재산을 사적으로 소유하는 것에 대해서는 반대를 하지 않았지만 그가 "자본이라 불렀던 생산자원을 자본가들이 사적으로 소유하고 통제할 어떤 도덕적 권리도 갖고 있지 않다"고 주장하였다.[51] 그는 자본가들이 생산수단을 정당하게 획득하였다든가(또는 획득할 수 있다든가) 또는 자본가들이 그러한 생산자원들을 가질 만한 자격이 있다고 주장하는 것—그 이유는 자본가들이 현명하게 절약하고 자신들이 벌어들인 것을 재투자했거나 또는 대단히 커다란 위험을 부담했기 때문인데—을 비웃었다. 그 대신에 마르크스는 자본은 전형적으로 "정복, 노예화, 강도, 살인"과 같은 폭력에 의해서 축적되어 왔다는 주장을 폈다.[52]

마르크스주의자들에게 있어 생산수단의 사적 소유를 폐지하는 것은

---

50) Marx, *The Grundrisse*, in *The Marx-Engels Reader*, p.249.
51) Cohen, *Histoty, Labour, and Freedom*, p.298.
52) John Roemer, *Free to Lose: An Introduction to Marxist Economic Philosophy* (Cambridge: Harvard University Press, 1988), pp.58-59.

몇 가지 이유 때문에 중요하다. 사유재산이 폐지될 때까지는 인간본성에 대한 우리의 논의에서 지적된 것처럼 노동자들은 소외될 것이다. 사유재산이 폐지될 때까지는 자본가들이 노동자들에 대한 통제권을 갖고 있을 것이기 때문에 권력에서의 부당한 불평등이 지속될 것이다. 생산자원에 대한 통제에서의 불평등은 고전적인 자유주의자들이 주장하는 '평등한 권리'를 단지 형식에 불과한 것으로 만들고 만다. 왜냐하면 그러한 불평등은 사유재산이 없는 사람들이 자신들이 원하는 대로 살 수 있는 권리나 기회를 효과적으로 박탈하기 때문이다. 사유재산이 폐지될 때까지는 몇몇 소수의 개인들만이 주요한 경제적 결정을 하게 될 터인데, 이는 시장의 무정부 상태에 그대로 반영되는 문제이다. 생산과정에 대한 공공의 통제가 없으면 경제위기가 되풀이되는 순환이 일어나 거의 모든 사람들을 가난하게 만들 것이다.

따라서 마르크스는 생산재산의 사적 소유는 경제적 결핍을 가중시킨다고 생각했다. 산업화가 사람들이 경제적 풍요를 얻을 수 있는 수단을 제공하지만, 그 대신에 재산의 사적 소유는 몇 가지 이유로 인해 결핍을 초래한다. 재산의 사적 소유는 자신들의 창조적 능력을 충분히 발휘하지 않고 자신들의 생존을 유지하기 위해서 일해야 하는 만큼만 일하는 소외된 노동자들을 양산한다. 이는 삭막한 경쟁으로 이어지고 많은 생산 기업의 도산을 야기한다. 이는 자본가들로 하여금 보통의 남녀노소들이 필요로 하고 원하지만 살 수가 없는 상품 대신에 시장수요가 있는 사치품을 생산하도록 한다. 간단히 말해서 재산의 사적 소유는 비효율과 인적·경제적 자원의 저활용을 낳는다.

생산수단의 사적 소유체제로서 자본주의는 윌 킴리카(Will Kymlicka)가 "정의의 환경"이라고 지칭했던 것을 지속시켜 왔다.[53] 이전의 모든 정치경제들과 마찬가지로 자본주의도 결핍으로 특징지어지며, 이러

---

53) Will Kymlicka, *Contemporary Political Philosophy* (New York: Oxford University Press, 1990), p.164.

한 결핍으로 인해 사람들은 정의, 다시 말해서 희소한 자원을 어떻게 공평하게 분배할 것인가에 관심을 기울여 왔다. 마르크스는 이러한 '정의의 환경'을 넘어서서 풍요로운 사회로 나아가려고 애썼다. "협동적인 부의 원천들이 보다 풍요롭게 넘쳐날" 때 진정으로 좋은 사회는 '정의'를 필요로 하지 않을 것이다.[54] 마르크스는 '정의의 환경'은 오직 이상적인 공산주의 사회에서만, 즉 인간소외가 종식된 이후에야, 인간들이 노동이 제공하는 본질적인 만족에 의해서 일을 하는 창조적인 노동자들이 된 이후에야, 그리고 경제적 결핍이 없어진 이후에야 극복될 수 있는 것으로 보았다. 그는 자본주의의 철폐가 즉각적으로 이러한 환경들로 나아갈 것으로 상정하지는 않았다.

공산주의에로의 이행 동안에는 기여의 원리-생산과정에 가장 많은 기여를 한 사람이 가장 많은 몫을 받고 또 그럴 자격도 있도록 하는 것-에 의해 상품을 분배하는 것이 가장 좋을 것이다. 이행기의 상황에서는 '동등하지 않은 노동에 대해서는 권리도 동등하지 않을' 것이다. 마르크스는 '노동에 따라서 각자에게'라는 생각을 자본주의에서 발생하는 착취를 개선할 수 있는 것으로서 그리고 노동자들이 자신들의 소외를 극복할 때까지 동기를 부여하는 유용하는 수단으로서 간주했지만, 노동에 기초한 분배를 정당한 것으로 보지는 않았다. 그는 서로 다른 재능과 사회적 환경이 노동의 기여도를 다르게 가져올 것으로 이해했다. 재능과 사회적 환경과 같은 불평등이 일하지 않고 얻을 수 있는 것이기 때문에 그러한 불평등을 반영하는 노동에 기초하여 분배를 하는 것은 일하지 않고 얻는 것이 될 수도 있고 그만큼 부당한 것이 될 수도 있다. 그렇기 때문에 노동에 기초한 분배는 사람들을 평등한 것으로 공정하게 다루는 데 성공하지 못한다.

일단 결핍이 제거되면 분배의 문제는 더 이상 긴급을 요하는 문제가 되지 않는다. 사회는 사회적 재화를 어떻게 공정하게 분배할 것인

---

54) Marx, *Critique of the Gotha Program*, p.531.

가를 둘러싸고 갈등을 해결하기 위해 더 이상 정의의 원칙을 필요로 하지 않는다. 『고타강령 비판』(Critique of the Gotha Program)에서 마르크스는 이상적인 공산주의 사회는 "능력에 따라 각자로부터, 필요에 따라 각자에게로"를 기치로 내걸게 될 것이라고 주장했다.[55] 그러나 이것은 아마도 부족한 자원을 분배하기 위한 수단으로 이해된 정의의 원칙이라기 보다는 풍요로운 공산주의 사회에서 일어날 수 있으리라 생각한 것을 담은 것으로 보아야 할 것이다. 결핍이 더 이상 고려의 대상이 되지 않으면서 사람들은 풍부한 자원의 보고로부터 그들이 필요로 하는 것을 자유로이 취하기만 하면 될 것이다.[56]

요약하면, 마르크스주의는 보통 자본주의의 부정의에 대한 비판으로 인식되고 있다. 마르크스는 자본주의하에서의 노동의 착취와 소외를 용납하지 않으면서, 그는 생산재산의 사적 소유를 자본주의의 최대 해악인 것으로, 다시 말해서 사적 소유는 비효율적이고 부당한 것이기 때문에 유해한 것으로 간주하였다. 마르크스주의자들에 따르면 '노동'이나 '필요'에 기초한 분배는 자본주의하에서 발생하는 분배

---

55) Marx, *Critique of the Gotha Program*, p.531.
56) Kymlicka, *Contemporary Political Philosophy*, p.183. 킴리카는 만약 완벽한 풍요라는 비현실적인 가정을 무시해 버린다면 필요에 따라 재화를 분배한다는 원칙은 그다지 명확하지 않고 도움도 안된다고 지적하고 있다. 이 원칙은 다음과 같이 두 가지 다른 방식으로 해석될 수 있다. 첫째, 필요를 협의적으로 해석하여 모든 사람들이 최소한의 의식주 같은 기본적인 물질적 필요를 공급받게 한다는 것이다. 이러한 해석에서 보면 공산주의 사회는 현존하는 복지사회보다 더 의미있게 평등적인 사회가 되는 것은 아니다. 둘째, 필요를 보다 광범위하게 해석하는 것으로서, 각 사람들은 그들이 추구하는 다양한 형태의 삶을 영위하기 위해서 각기 다른 필요를 갖고 있는 것으로 보는 것이다. 예를 들면 수채화 물감으로 그림을 그리는 화가의 '필요'는 거대하고 화려한 건물을 지으려는 건축가의 필요보다 덜 할 것이고, 터벅터벅 걸어다니는 사람들의 필요는 요트를 타고 레크리에이션을 즐기는 사람들의 필요보다는 덜 할 것이다. 자원이 부족할 때 우리들은 누구의 필요를 충족시켜 주어야 할 것인지를 결정해야 하는데, '필요에 따라 각자에게'의 원칙은 이러한 문제를 해결하는 데 아무런 지침이 되지 못한다.

보다는 덜 착취적이고 그래서 덜 부당한 것이겠지만, 마르크스가 '노동에 따라 각자에게' 나 또는 '필요에 따라 각자에게' 라는 기치가 사회주의 사회에서와 공산주의 사회에서 분배문제를 해결하는 정의의 원칙을 구성한다고 믿었다는 증거는 거의 찾아볼 수 없다. 마르크스가 예상했던 풍요로운 사회—고도로 효율적인 산업생산에 의해 필요와 결핍의 요구로부터 자유롭게 된 사회—에서는 분배의 문제나 정의의 원칙에 대한 필요성이 사라지게 된다는 것이다.

6. 시민권

마르크스와 마르크스주의자들은 자본주의 민주사회에서 시민의 참여는 본질적으로 상징적이고 효과가 없다고 주장한다. 그것은 단지 형식적인 민주주의에 불과하며, 그러한 한 그것은 대중의 충성심을 유발하기 위해서 고안된 "정당화 체계"의 한 부분일 뿐이다.[57] 실제로 민주주의 국가의 특징은 시민들의 순종을 정당화하는 능력에 있다. 민주주의 국가라는 '신화'의 힘은 시민들로 하여금 자신들이 만든 법에 순종하고 있다고 믿도록 하는 힘에 있지만, 실제로는 이러한 법들은 자본가들이나 그들의 대표자들이 만든 것이다. 마르크스는 프롤레타리아의 참여를 보장하는 주요 도구들, 예를 들면 노동조합이라든가 노동계급정당, 사회주의운동에 대해서 거의 아무런 언급도 하고 있지 않고, 또 예외적인 상황을 제외하고는 이러한 것들이 시민의 영향력을 강화할 수 있는 효과적인 수단이라고 생각한 것 같지도 않다. 네오 마르크스주의자들은 이러한 수단들의 잠재력에 대해 계속 논쟁을 벌여 왔다.[58]

사회주의 사회에서 시민들은 생산과 분배에 관한 결정에 관여할 기회를 더 많이 갖게 될 것이다. 지배자에 대한 논의에서 살펴본 바와 같

---

57) Jürgen Habermas, *Legitimation Crisis*, translated by Thomas McCarthy (Boston: Beacon Press, 1975), p.37.
58) Alford and Friedland, *Powers of Theory*, pp.345-360 참조.

이, 마르크스는 공산주의로의 이행 동안 노동자들은 포괄적인 정치적 권리를 누리게 될 것이라고 얘기했다. 직접적인 참여가 가능한 작업장과 이웃에서 노동자들은 현안에 대해서 토론하고 해결하며, 보다 높은 수준의 정치기구에 보낼 대표자들을 선출하고 이들이 책임성을 지켜나갈 것이다.

사회주의 사회에서 시민권은 제한을 받는다; 자유주의적이고 부르주아적인 사고를 여전히 고수하고 있는 이전의 자본가들과 여타의 사람들은 그들이 더 이상 중요한 반동세력을 구성할 수 없을 때까지 시민권은 부인된다. '프롤레타리아 독재' 개념은 명백히 시민권은 사회주의 국가에서 참여할 수 있는 자격을 갖춘 사람들에게 한정된다는 것과 그러한 참여 자격은 자본주의 사회에서 만연하는 착취적인 태도와 허위의식을 극복하느냐에 달려 있다는 것을 뜻한다. 또한 사회주의 국가는 시민에게 많은 의무를 부과하고 그의 권위에 대한 광범한 순종을 요구한다. 이전의 귀족과 자본가들은 국가가 산업을 집단화하고 국유화함에 따라 그들의 토지와 공장을 양도해야 한다.

막대한 부를 갖고 있는 사람들에게는 과다하게 누진적인 소득세를 부과하게 되며, 상속세는 폐지될 것이고, 토지는 국가에 의해 몰수된다. 동료들과 의견이 맞지 않은 노동자들은 프롤레타리아 독재의 중재에 복종해야 할 것이고 군말없이 지배에 순종해야 한다. 이행기 사회주의 단계 동안 순종의 부담이 과도하게 보이기는 하지만, 마르크스주의 이론은 이러한 것들을 완전한 공산주의 사회를 달성하기 위해서 요구되는 수단으로 정당화하였다.

공산주의 사회에서 시민권은 최소한이면서 동시에 광범한 것이 될 것이다. 국가가 사라지고 사회의 구성원들이 더 이상 중앙집중화된 국가의 시민이 아니기 때문에 시민권은 최소한의 것이 된다. 그들은 더 이상 정부의 의사결정에 참여하지 않을 것이며 정부권위에 순종할 의무도 더 이상 없다. 다른 의미에서 보면 시민권은 광범한데, 왜냐하면 사회 구성원들이 많은 사회적 현안들을 해결하는 데 참여하고 있기 때문이다. 만약 공산주의 시민들이 "내가 생각하고 있는 것처럼, 아침에 사냥하고, 낮에 낚시하며, 저녁에 가축을 기르고, 식사 후에는 비평을 한다면,"[59] 그들은 이러한 문제와 관련한 현안들을 놓고 논의하고 투표하는 여러 형태의 회의에 참여할 필요가 있을 것이다.[60]

예를 들어 그들은 멸종될 위기에 처한 종으로서 보호해야 할 물고기와 동물들에 대해서, 그리고 낚시와 사냥을 해도 좋은 적정한 시기라든가 사람들이 물고기나 동물을 포획하는 데 사용할 무기 등에 대해서 토론할 필요가 있을 것이다. 이러한 문제에 대해서 공산주의 시민들은 스스로 통치할 것이고, 이것은 요구사항이 많고 시간이 걸리는 활동일 것이다. 가장 중요하게는 시민권의 성격이 자유주의 사회에서 시민권으로 간주되고 있는 것으로부터 커다랗게 변화할 것이다.

사람들의 권리를 보호하고 이익을 추구하는 수단으로서 시민권이라기 보다는 마르크스주의자들이 바라보는 공산주의 시민은 상당한 정도의 공공정신과 강한 책임의식을 가진 사람이다. 이러한 시민은 삶의 공적인 영역과 사적인 영역에 대한 자유주의적 구별을 무시할 것이다. 시민들은 전적으로 공적인 영역 내에서 항상 사회를 생각하고 자신들의 소유물은 공공의 재산과 밀접하게 연관되어 있는 것으로 이해하면서 살아갈 것이다. 시민권을 일차적으로는 국가의 법에 순종하는 것으로 보기 보다는 공산주의 시민은 공동체 생활의 현안을 해결하는 데 적극적인 사람들의 결정에 따를 것이다. 그러나 그러한 순종은 문제가 되지 않는다. 만약 재화가 많고 모든 사람이 공공의 정신을 갖고 있다면, 자기 스스로 통치하는 시민들의 결정은 결코 억압적이지 않을 것이다. 그것은 단지 선한 생활에 대한 자신들의 공유된 이해에 따라 최종적으로는 그들 자신의 역사를 만들어가는 자유로운 사

---

59) Marx, *The German Ideology*, p.160.
60) Michael Walzer, "A Day in the Life of a Socialist Citizen," in *Obligations: Essays on Disobedience, War, and Citizenship* (Cambridge: Harvard University Press, 1970), pp.229-238 참조.

람들의 (일반)의지를 대표할 뿐이다.[61]

IV. 요약과 결론

　동유럽과 구소련의 공산주의 정권의 붕괴는 공산주의뿐만 아니라 명목적으로 이러한 정권들의 이념적 근간이었던 마르크스주의에 대해서 전반적인 불신을 가져왔다. 다음 장에서 보게 되겠지만, 마르크스는 아마도 동유럽과 러시아, 중국과 같은 나라에서 혁명을 일으키기 위해 다양한 역사 단계를 (자신의 과학에 기반하여 혁명이 역사적으로 가능하다고 생각하기 이전에) '단축시키려는' 공산주의자들의 시도에 매우 비판적이었을 것이다. 마르크스와 마르크스주의자들은 이들 농민 국가들이 자신들의 조야한 공산주의를 깨뜨리고 진정한 공산주의로 최종적인 이행을 바랄 수 있기 이전에 자본주의와 부르주아 민주주의로의 고달프고 시간이 걸리지만 필연적인 이행을 도모해야 한다고 보았다.
　아무리 우리가 공산주의자들에 의해 마르크스주의의 실질적인 정치적 실패를 설명한다고 하더라도 ―이러한 실패는 당분간은 명백하게 남을 것이다―, 마르크스주의의 시각은 다음과 같은 몇 가지 이론적 의문을 제기하고 있다. 노동과 생산의 물질적인 과정이 인간존재의 본질이라는 것은 사실인가? 혹은 자유주의 경우와 마찬가지로 이와 같은 물질주의적인 가정은 의심스러운 것인가? 정신적이고 지적인 현상들은 단지 물질적인 힘의 부수적인 것인가, 아니면 이것은 받아들일 수 없는 환원주의의 한 형태인가? 만약 우리들의 인간본성을 주

---

61) 자기 스스로 통치하는 시민이라는 이러한 추상적인 비전은 매력적인 것 같아 보이지만, 이는 확실히 정치를 구성하는 다음과 같은 두 가지 문제를 간과하고 있다. 즉 이해관계의 다양성이 사람들로 하여금 공적인 데 관심을 갖게 하기 보다는 사적인 데 관심을 갖게 한다는 것과 자원의 희소성이 이해관계의 다양성을 더욱 강화시킨다는 것이 그것이다.

조하는 순전히 물질적인 힘 이상의 것이 있다면, 미래의 공산주의 사회에 대한 마르크스의 희망도 단지 하나의 더욱 이상향적인 소망―그것은 본질적으로 조나단 스위프트(Jonathan Swift)가 명명한 대로 본질적으로 '공기 위에 세워진 성'에 다름없는―에 불과한 것이 아닌가?

더욱이 마르크스가 주창한 방식으로 역사의 힘을 이해하는 것이 정말로 가능한 것인가? 만약 그렇다면, 왜 마르크스의 계급의식은 그가 주장하는 것처럼 모든 다른 사람들에게 적용되는 방식으로 그 자신의 역사적 조건에 의해서 결정되지 않는 것일까? 다른 말로 얘기하면, 만약 우리들 자신의 계급의식이 초월적이지 못하고 전적으로 역사에 있어서의 우리들의 물질적인 위치에 의존한다고 한다면, 마르크스는 어떻게 해서 그의 역사적·물질적인 '위치'의 제약을 초월하여 그 자신의 위치의 제약을 넘어서는 역사의 총체적인 청사진을 보여줄 수 있었을까? 이러한 질문들은 중대하고 아마도 마르크스를 꼼짝 못하게 할 것이다. 또한 마르크스가 프롤레타리아의 불만에 적응하는 자본주의의 능력을 내다보지 못했다는 것은 사실이다. 공산주의자들은 자본주의의 이러한 적응력에 관심을 기울여야 할 것이고, 마르크스와 특히 엥겔스가 생각했던 것처럼 그렇게 유물론적 변증법이 일직선으로 나아가는 것인지에 대해 의문을 제기해야 할 것이다.

그러나 마르크스주의는 통찰력을 제공함으로써 그 나름의 유용성을 보유하고 있다. 자배계급이 반대자를 억압하고 자신들의 신민들을 달래기 위해서 이데올로기, 종교, 기타 다른 지적인 형태를 이용하는 방식에 대한 마르크스의 분석, 다른 정치사상가들과 공유하고 있는 것이기는 하지만 계급갈등이 정치의 항구적인 측면이라는 그의 통찰력, 그리고 인간소외에 대한 그의 진단은 동유럽의 정치경제적 파편들로 인한 마르크스주의의 사망을 넘어서서 계속 남아있게 될 그의 이데올로기의 업적일지도 모른다.

제6장
공산주의

마르크스주의는 20세기 가장 영향력 있는 이데올로기 가운데 하나인 공산주의에 지적 기반을 제공해 주었다. 2차대전과 구소련의 붕괴 사이에 공산주의와 민주사회주의 간의 논쟁은 국제정치의 많은 부분에 영향을 미쳤다. 최근의 세계사와 많은 나라들의 현 상황을 이해하기 위해서는 다음과 같이 요약될 수 있는 공산주의의 중심 사상을 파악하는 것이 필수적이다: 선진산업사회가 저발전 국가들을 경제적으로 지배하는 전 세계적 제국주의는 마르크스가 예언한 자본주의의 최고 단계를 구성하며 그리고 이러한 발전은 공산주의 사회를 등장시키게 될 과정에 대한 마르크스의 예측을 일부 수정할 것을 요구한다.

혁명은 성숙된 산업사회에서 자동적으로 일어나는 것이 아니고 제국주의하에서 가장 많은 고통을 받고 있는 초기 산업사회와 저발전국가에서 지식인과 행동가들의 전위대에 의해 촉발되어야 한다. 성공적으로 혁명을 성취한 국가들은 잠정적으로 공산당으로 조직화된 이들 전위대에 의해 통치되어야 하는데, 이들 전위대들은 프롤레타리아와 농민의 참된 이익을 위해서 행동하며 이들의 책무는 이상적인 공산주의 사회로의 길을 여는 것이다. 이상적인 공산주의의 전제조건으로서 경제적 풍요를 달성하고 인간소외를 제거하기 위해서 당 지도부는 사기업을 국유화하고, 경제적 투자와 생산·분배를 기획하며, 자본주의적이고 부르주아적인 반혁명 사상의 유포를 방지해야 한다. 공산당은 일반 국민들에게 일부 일시적인 희생을 요구할 수 있지만, 공산주의 이데올로기는 이러한 희생이 가치가 있는 것임을 보증해 준다. 왜냐하면 이러한 희생은 풍요롭고 계급 없는 미래사회를 성취하기 위해서 요청되는 것이기 때문이다.

현대 공산주의는 마르크스주의의 직접적인 계승자이다. 공산주의자들은 변증법적 유물론, 인간소외, 인간본성의 핵심으로서 파악되는 노동, 사유재산 폐지의 필요성, 변혁적 혁명의 중요성 등에 관한 마르크스의 기본적 신조에 근거를 두고 있다. 그럼에도 불구하고 공산주의는 마르크스주의와는 다른 독자적인 이데올로기로서 다루어야 할 만큼의 충분한 특성을 보유하고 있다. 두 이데올로기 사이의 많은 차이 가운데 다음의 두 가지가 돋보인다.

하나는, 마르크스주의자들은 공산주의자들에 비해 정치적으로 덜 행동적이다. 마르크스주의자들은 혁명을 촉발시키려고 애쓰지 않는데, 그 이유는 조건이 무르익으면 자본주의는 필연적으로 붕괴할 것으로 믿기 때문이다. 이에 대해 공산주의자들은 혁명을 일으키기 위한 인간의 능동적 역할이 필요하다고 본다.

다른 하나는, 마르크스주의는 기본적으로 저항 이데올로기이지만, 공산주의는 많은 경우 통치 이데올로기이다. 마르크스주의자들은 자본주의 사회를 비판하는 데 일차적 관심을 두고 있으며 사회주의 내지는 공산주의 사회에 대한 이들의 원칙은 명확하게 확립되어 있지 않다. 왜냐하면 마르크스와 그의 가까운 동료들은 전혀 통치를 한 적이 없으며 그래서 자신들의 통치 원리를 정당화해 본 적도 없다. 반면 공산주의자들은 많은 나라에서 권력을 장악했고 그래서 그들은 마르크스주의를 자신들의 통치를 정당화하기 위한 이데올로기로 변형시켜야 했다. 이러한 차이를 고려한다면, 공산주의는 일종의 '응용마르크스주의'라고 지칭할 수 있다. 공산주의자들은 마르크스주의를 자신들 이데올로기의 기반으로 삼으면서도 자신들의 혁명과 통치행위를 옹호하기 위해서 다양한 방식으로 마르크스주의를 재해석하고 수정하기도 하였다.

마르크스주의는 공산주의보다 역사적으로 덜 구속되어 있다. 자본주의를 비판하기 위해서 1880년대 중엽에 나타난 마르크스주의는 21세기에 이르러서도 자본주의 사회의 특성에 대해 통찰력을 제공해 줄 수 있다. 이와 대조적으로 공산주의는 명백히 20세기 이데올로기로 간주될 수 있다. 블라디미르 레닌(Vladimir Ilyich Lenin, 1870~1924)은 마르크스의 저작과 사상으로부터 공산주의 이데올로기를 가장 완벽하게 발전시켰다.

레닌은 1902년에 『무엇을 할 것인가?』를 썼고, 1903년 러시아 볼셰비키정당의 지도자가 되었으며, 1917년 러시아혁명 이후에는 소비에트 공산주의 국가를 건설하는 등 혁명 초기 국가를 지도하였다. 공산주의 이데올로기는 로자 룩셈부르크(Rosa Luxemburg, 1879~1919), 레온 트로츠키(Leon Trotsky, 1879~1940), 안토니오 그람시(Antonio Gramsci, 1891~1937), 에르네스토("체") 게바라(Ernesto("Che") Guevara, 1928~1967) 등 다른 20세기 마르크스주의자들과 스스로를 공산주의자라고 지칭했던 다양한 정당과 정부의 지도자들로부터도 영향을 받았다. 이들 가운데 대표적인 몇몇 인사들을 제시해 보면 다음과 같다.

1. 조셉 스탈린(Joseph Stalin, 1879~1953)은 1924년 레닌이 죽은 후 소련공산당의 지도자가 되었으며 산업을 국유화하고 농업을 집단화하였으며 소련에서 '일국사회주의'를 추구하여 경찰국가를 발전시켰다.

2. 모택동(Mao Zedong, 1893~1976)은 1949년 중화인민공화국을 건설하였으며 그가 사망할 때까지 중국공산당 총서기이자 중국의 국가주석으로서 직을 맡았다.
3. 요시프 티토(Josip Broz Tito, 1892~1980)는 1937년 유고공산당의 사무총장이 되었으며 1945년에는 유고슬라비아의 수상이 되었고 민족주의적 공산주의 정부를 이끌면서 냉전 기간 동안 소련으로부터의 독립을 유지해 나갔다.
4. 호치민(Ho Chi Minh, 1890~1969)은 1930년 인도차이나공산당을 창설하여 2차대전 이후 아시아에서 서구제국주의에 반대하는 대표적 인사 가운데 한 사람이며 1960년대 미국과의 전쟁 동안 북베트남의 지도자였다.
5. 피델 카스트로(Fidel Castro, 1926~)는 1959년 부패한 바티스타정부를 축출시킨 쿠바혁명의 지도자이고 미국 연안으로부터 가까이 자리 잡고서도 생존을 지속시켜 나간 쿠바 공산주의정권의 창설자이다.

2차대전 이후 소련, 동유럽, 중국 그리고 다른 아시아, 아프리카, 라틴아메리카 등지에서 공산주의 정권의 존재는 20세기 중반 대부분에 걸쳐 공산주의를 다양한 형태의 민주적 내지는 자본주의적 이데올로기에 대항하는 주요한 이데올로기로 자리 잡도록 하였다. 그러나 21세기를 눈앞에 두고 1989년 소련이 붕괴하고 공산권이 몰락하자 이를 두고 많은 사람들은 매력적인 이데올로기적 대안으로서 공산주의가 종식을 고한 것이라고 해석을 가하고 있다.[1]

공산주의가 몰락했다는 것은 의심의 여지가 없다. 중국은 여전히

---

1) 아마도 이러한 견해의 가장 대표적인 표출은 Francis Fukuyama, *The End of History and the Last Man*(New York: Avon Books, 1992)와 Z(소련의 붕괴 사태에 대한 익명의 관찰자), "To the Stalin Mausoleum," *Daedalus*(Winter 1990), pp. 295-342를 참조.

⟨설명상자 6-1⟩ 주요 공산주의자들과 그들의 주요 저작

블라디미르 레닌(Vladmir I. Lenin, 1870~1924)
　『무엇을 할 것인가』(*What Is to be Done?* 1902)
　『제국주의, 자본주의의 최고단계』(*Imperialism, The Highest Stage of Capitalism*, 1917)
　『국가와 혁명』(*The State and Revolution*, 1917)

로자 룩셈부르크(Rosa Luxemburg, 1879~1919)
　『자본의 축적』(*The Accumulation of Capital*, 1913)

레온 트로츠키(Leon Trotsky, 1879~1940)
　『테러리즘 옹호』(*The Defense of Terrorism*, 1920)
　『러시아혁명사』(*History of the Russian Revolution*, 1933)

조셉 스탈린(Joseph Stalin, 1879~1953)
　『변증법적 역사유물론』(*Dialectical and Historical Materialism*, 1938)
　『소련 사회주의의 경제적 문제』(*Economic Problems of Socialism in the USSR*, 1952)

안토니오 그람시(Antonio Gramsci, 1891~1937)
　『옥중수고』(*The Prison Notebooks*, 1929~1936)

모택동(Mao Zedong, 1893~1976)
　『모순론』(*On Contradiction*, 1937)
　『실천론』(*On Practice*, 1937)
　『중국 농촌에서의 사회주의 봉기』(*The Socialist Upsurge in China's Countryside*, 1956)

에르네스토("체") 게바라(Ernesto("Che") Guevara, 1928~1967)
　『게릴라전쟁』(*Guerrilla Warfare*, 1961)
　『쿠바혁명전쟁 회고』(*Reminiscences of the Cuban Revolutionary War*, 1968)

미하일 고르바초프(Mikhail Gorbachev, 1931~)
　『페레스트로이카』(*Perestroika*, 1987)

명목상으로는 공산주의 국가이면서도 수많은 시장개혁을 수용하고 있다. 소련으로부터의 원조가 없어지자 쿠바는 자본주의로 이행해 가는 것 같아 보인다. 근자에 가장 두드러진 공산주의 혁명운동으로 평가받고 있는 페루의 '빛나는 길(Shining Path)'도 지도자가 구속되면서 라틴아메리카 혁명에 대한 모델로서의 위상을 상실하고 있다.

그럼에도 불구하고 공산주의가 소멸되었다고 주장하기에는 아직 이르다. 중국과 쿠바에서 공산주의정권의 운명은 아직 결정되지 않았기 때문이다. 리투아니아, 폴란드, 헝가리, 루마니아, 우크라이나, 러시아 등 동유럽의 공산당들은 대중선거에서 합리적으로 자신의 몫을 잘 지켜나가고 있다. 이전 공산주의 국가의 정부가 자유시장과 민주주의를 도입하여 나감에 따라 그 나라의 시민들은 계속 어려움을 겪고 있기 때문에 자신들의 역사에서 보다 번영되고 안정된 시대를 다시 꿈꾸는 사람들에게 공산주의는 매력을 끌 수 있다. 요약하면, 공산주의는 현재 '멸종위기에 처해' 있지만 그렇다고 마냥 무시하거나 평가절하해서는 안 된다. 공산주의를 이해하지 않고는 20세기 세계 정치를 파악하기가 어렵다.

I. 정치적 기반

1. 문제점

공산주의는 마르크스의 역사과학이 발전하는 데 배경적 맥락을 이루고 있는 동일한 문제들에 주목하고 있다: 프롤레타리아의 노동조건 문제, 자본주의의 부도덕하고 착취적인 특성, 인간소외, 프롤레타리아의 허위의식이 그것이다. 이들 가운데 공산주의 이론의 가장 중심적인 문제점은 허위의식이지만, 공산주의는 마르크스와는 다른 방식으로 이 문제를 다루고 있다.

마르크스는 자본주의의 객관적인 조건이 그 자체로 프롤레타리아의 혁명의식을 고양시킬 것이라고 믿었던 반면 레닌은 노동자들은 스스로 적정한 혁명의식을 개발할 수 있는 능력이 부족하다고 생각했다. 레닌이 볼 때 프롤레타리아가 혁명을 촉발시키거나 지원하기 위해서 스스로를 계급으로 인식하는 결집된 계급으로 나아가기 위해서는 이를 지도하고 안내할 지도자가 필요했다. 레닌은 공산당이 바로 이러한 기능을 담당할 것으로 보았다.

간단히 얘기하면, 프롤레타리아는 자신의 참된 이익을 알지 못하기 때문에 공산당의 지도자들이 그들을 위해서 행동해야 한다는 것이었다. 공산당 지도부가 역사에서 자유로운 인간의 주도성을 실행에 옮길 수 있고 또 프롤레타리아를 위해서 엘리트 전위(前衛)로서 행동할 수 있다는 주장이야말로 바로 마르크스주의로부터 공산주의를 구별하는 중요한 요인이다.

공산주의자들은 또한 마르크스가 다루지 못했거나 혹은 마르크스의 저작 이후에 제기된 다른 문제에 대해서도 주목하고 있다.

첫째, 자본주의는 마르크스가 예상했던 것보다 훨씬 더 적응력이 뛰어났다. 마르크스에 따르면, 자본주의 내에는 궁극적으로 그 종말로 이어지게 될 근본적인 모순이 존재했다. 자본가들이 노동자들로부터 착취하는 잉여가치는 자본축적과 투자, 경제적 효율성을 허용하고 그럼으로써 많은 양의 소비재 생산을 가능케 하지만, 그러나 이러한 자본축적 과정은 노동계급의 확대와 점진적인 빈곤화를 동반한다. 대부분의 사람들은 자본주의가 생산한 상품을 살 수가 없기 때문에 경제침체와 자본주의 체제의 혁명적 전복은 필연이라는게 마르크스의 주장이다.

그러나 19세기 말 마르크스가 예상했던 대대적인 경제적 붕괴는 일어나지 않았다. 영국의 경제학자 홉슨(John Atkinson Hobson, 1858~1940)은 1902년 『제국주의: 하나의 이야기』(*Imperialism: A Story*)에서 마르크스 이론의 실패를 설파했다. 홉슨에 따르면, 대부분의 시민들의 제한된 구매력은 자본가들에게는 국내시장을 위한 생산을 줄이고 국내투자를 제한할 수 있는 근거가 되었다. 그래서 지속적으로 자본을 축적하기 위해 자본가들은 외국시장에 자신들의 상품을 판매해야 했고 저발전국가에서 이익이 되는 투자기회를 찾아내야만 했다. 간단히 말하면, 자본주의의 생명은 **제국주의**에 의해서 연장되기에 이르렀는데, 여기서 제국주의는 선진자본주의사회가 저발전 국가들에 대해 경제적 지배를 확립하는 기제이다. 투자를 용이하게 하고 자신들의 상품에 대해 준비된 시장을 확고히 하기 위해서 제국주의 국가들은 저발전 국가들을 자기 것으로 만들거나 식민지로 지배하는가 하면 이들 저발전 국가들에 명목상의 정부를 세워서 이에 대해 경제적·군사적 압력을 가하는 등의 방법으로 이들의 복종을 확립해 나갔다.

1913년 폴란드의 혁명 이론가인 로자 룩셈부르크는 『자본의 축적』(*The Accumulation of Capital*)을 썼는데, 이 책은 제국주의가 어떻게 자본주의의 생명을 연장시키고 있는지를 잘 설명해 주고 있다. 그녀는 자본주의가 더 이상 특정 국가 내의 폐쇄적 체제로서 간주되어서는 안 되며, 자본주의는 전 세계적인 현상이라고 역설하였다. 자본축적을 촉진하기 위해서 자본가들은 더 이상 자신들 나라의 노동자들로부터 착취한 잉여에 의존하지 않는다는 것이었다. 전 세계적인 자본주의에서 잉여는 초기 자본주의 사회나 발전도상의 사회에 대한 투자와 판매로부터 얻어진다. 룩셈부르크에 따르면, 발전도상 국가들로부터의 착취가 여전히 유효한 한 성숙된 자본주의는 생존해 나갈 수 있는 것이었다.

그로부터 몇 년이 지난 1917년 레닌은 『제국주의: 자본주의의 최고단계』(*Imperialism: The Highest Stage of Capitalism*)를 집필했는데, 이 책에서 그는 룩셈부르크의 분석에 의견을 같이 하면서 그녀의 분석을 확장시켰다. 레닌에 따르면, 자본주의는 새로운 특성을 띠게 되었다는 것이다. 마르크스가 분석했던 자본주의는 **산업자본주의**인데, 여기서는 시장경쟁이 파산이나 병합으로 이어짐에 따라 거대기업이 점차로 독점체로 발전해 나갔다. 이들 기업의 투자와 병합을 재정적으로 뒷받침하는 자본은 각 기업들이 자신의 노동자들로부터 착취한 잉여로부터 나온 것이었다. 그러나 레닌은 그가 **금융자본주의**라고 명명한 새로운 형태의 자본주의를 발견했다. 이 금융자본주의 체제에서는 금융가와 은행가들이 기업에 자본을 제공해 줌으로써 산업자본가들로 하여금 점점 더 금융자본가에게 의존하게 만들며 결국에는 은행이 산업에 대한 실질적인 통제력을 확보하기에 이른다. 이 새로운 형태의 자본주의는 자신들이 통제하고 있는 생산과정과는 어떤 식으로도 연관을 갖고 있지 않은 소규모의 금융가들의 손에 거대 권력을 집중시킨다.

국제적으로 가장 선진화된 자본주의 국가들의 몇몇 은행들에게로 금융자본이 집중되는 것은 이들 소수의 제국주의국가들이 저발전된 국가들을 지배하는 결과를 낳았다. 발전도상 국가들에게로의 자본수출, 발전도상 국가들로부터 광물 등 천연자원을 추출하기 위한 거대 기업에의 투자, 토착 '민족부르주아지'와의 합작 개발, 발전도상국의 가난한 사람들을 저임금으로 채용하는 것 등을 통해 제국주의 국가들은 발전도상 국가들에 대해 정치·경제적 통제를 확보했다. 식민지로부터의 원자재 추출에 투자된 많은 양의 자본들은 사실 발전도상 국가들의 부가 자본주의 국가들에게로 되돌아갔다는 것을 의미한다.

레닌은 이러한 현상을 "제국주의 또는 금융자본의 지배"라고 부르면서 "자본주의의 최고 단계"라고 간주했다. 레닌의 시대에는 심지어 자유주의적 민주주의 국가들마저도 그러한 제국주의를 따랐다. 예를 들면 영국과 미국의 석유회사들은 중동지방 공략에 적극 나섰고, 네덜란드의 고무회사들은 동남아시아에 거대 플랜테이션(plantation)을 건설했다. 레닌은 식민지의 인민들이 자주 다양한 형태의 민족주의 운동으로 자본주의적 제국주의에 대응한다는 것을 인식했다. 그들은 자본주의에 대항하여 싸울 것이기 때문에 레닌은 이들 민족주의 운동을 공산주의의 동맹세력으로 간주했다.[2]

---

2) V. I. Lenin, *Imperialism: The Highest Stage of Capitalism* (New York: International Publishers, 1939[1917]), pp. 13-14, 78-79.

〈설명상자 6-2〉 종속이론

종속이론은 왜 어떤 국가는 경제적·기술적 저발전을 겪는지, 왜 그들은 보다 지배적인 국가에 대해 고도로 종속된 채 있는지 그리고 왜 그들은 자율적으로 국내 정책과 목표를 수행하고 발전시키는 데 어려움을 겪는지를 설명하려고 한다. 모든 종속이론가들이 마르크스주의자들인 것은 아니지만, 종속이론은 이러한 문제들에 대해서 부분적으로는 마르크스주의의 시각으로 해결책을 찾고자 한다. 종속이론은 국제관계를 경제관계와 계급관계의 관점에서 바라봄으로써 부와 권력에서의 국제적 불평등을 이해할 수 있다고 주장한다.

종속이론은 세계를 경제적으로 지배적인 자본주의 국가들인 '중심'과 경제적으로 저발전되어 있는 국가들인 '주변'으로 구분되어 있는 것으로 바라볼 것을 제안한다. 중심 국가들은 다양한 방식으로 그리고 대개는 착취를 목적으로 이들 주변 국가들을 세계자본주의 체제로 통합시키려고 한다. 종속이론가들은 중심부 국가의 국제 자본가들이 주변부 국가의 계급구조 내에서 가장 부유한 계급들과 동맹을 형성하며, 그리고 이들 국제 자본가들은 이러한 동맹을 중심과 주변부 국가들의 정부를 활용함으로써 주변부의 경제발전을 자신들의 이익에 부합하도록 만들고 관리하여 나간다고 주장한다.

종속이론에서 국제적으로 가장 중요한 관계는 자율적이고 자기이익을 추구하는 국가들 간의 관계가 아니다. 오히려 종속이론은 국가의 다양한 경제계급들이 어떻게 국제적으로 특별한 방식의 상호 관계를 맺는지 그리고 이러한 관계가 국제체제에서의 경제적, 기술적, 심지어는 문화적 불평등을 어떻게 설명해 주는지에 초점을 맞춘다. 예를 들면 어떤 종속이론가들은 저발전 국가의 몇몇 부르주아지들이 자본주의 국가의 부르주아지들과 동맹을 맺고는 이러한 동맹을 통해 주로 농민과 프롤레타리아 계급으로 구성되어 있는 저발전국가에 대해 착취를 확대해 나간다고 주장한다. 종속이론은 상업과 권력 그리고 의사결정의 재량권 사이뿐만 아니라 다양한 국가들의 계급들 간에 그리고 국제경제체제의 구조적 결과로서 국가들 간에 존재하는 비대칭 내지는 불평등에 특히 초점을 맞추고 있다.

마르크스주의자나 공산주의들처럼 종속이론가들은 국제적으로 다양한 사회경제적 계급들 간의 관계와 차이를 설명하기 위해서 경제적 생산의 수단과 방식 그리고 관계에 주목하고 있다. 그들의 주장에 따르면, 경제적으로 강력한 계급들은 국내적으로 뿐만 아니라 국제적으로 지배를 하기 위한 도구로서 정치적 국가를 활용하는 경향이 있다. 이들 계급들은 저발전 사회들을 국제자본주의 체제로 통합시키려고 함에 따라 국가들 간에 존재하는 기술과 자본 그리고 조직 효율성과 산업발전에서의 불평등으로 인해 국가 내에서는 물론이고 국가들 간에도 불평등과 혼란 및 발전상의 불일치가 더욱 심화되어 나간다는 것이다.

20세기 공산주의자들이 직면했던 두 번째 문제점은 자본주의가 내재적 모순으로 인해 붕괴하지 않을 뿐만 아니라 선진자본주의사회의 노동자들도 마르크스의 예견과는 달리 더 가난하게 되지 않는다는 점이다. 오히려 산업화된 국가에서 노동자들의 근로조건과 생활수준은 비약적으로 개선되고 있다. 레닌에 따르면, 이러한 개선은 제국주의를 통해서 가능한 것이었다. 저발전 국가들의 천연자원과 노동자에 대한 착취를 통해 잉여가치를 추출해 냄으로써 자본가들은 자국의 노동자들을 착취할 필요를 덜 가지게 되었다. 선진산업사회에서 프롤레타리아의 혁명의식을 무마시키기 위해서 자본가들은 식민지로부터 얻은 이익을 자국의 노동자들과 나누어 가졌다.

또한 제국주의를 통해 자본가들은 자국에서는 노동조합의 발전을 허용할 수 있었다. **노동조합주의**(trade unionism)는 혁명의식을 약화시킨다. 왜냐하면 노동조합이 있으면 노동자들은 이를 통해 근로조건을 개선하고 임금인상과 기타 이익을 실현하는 데 더 많은 관심을 기울일 것이기 때문이다. 따라서 레닌은 노동조합주의를 본질적으로 프롤레타리아를 '달래려고 무언가를 던져주는' 자본가들의 책략인 것으로 간주했다. 왜냐하면 자본주의하에서 프롤레타리아는 산업생산으로부터 그에 상응하는 정당한 몫을 결코 받지 못할 뿐만 아니라 일반적으로 인간은 계속 소외된 존재로 남을 것이기 때문이다. 제국주의와 노동조합주의란 부르주아 자본가들이 프롤레타리아에 대한 지배를 실현하기 위한 교묘한 방식일 뿐이다.

셋째, 레닌의 사후 사실상의 소련 독재자였던 조셉 스탈린은 자신이 통치하는 저발전 사회를 풍요로운 산업사회로 변형시키고 그러한 사회에서 시민들이 생산적 노동자로 훈련을 받게 되는 그러한 사회 건설을 공산주의 혁명의 중심 문제로 파악하였다. 마르크스주의자들은 그러한 문제를 고려하지 않았다. 왜냐하면 마르크스는 혁명이 풍요로운 사회를 지탱할 만큼의 기술적 기반과 숙련된 프롤레타리아를 보유하고 있는 선진 산업사회에서 일어날 것으로 예견했기 때문이다.

그러나 소련은 전체적으로 볼 때 다가올 공산주의 사회를 준비하기 위해서 산업화를 거쳐야 할 전(前)산업적인 농업사회였다. 소련이나 다른 비산업화 국가에서 산업화에 대한 하나의 장애 요인은 프롤레타리아가 적다는 점이다. 인구의 대다수를 점하고 있는 농민은 마르크스주의의 목표를 받아들이기 보다는 오히려 자신들이 경작하고 있는 토지를 소유하는 문제에 더 관심이 많았다. 이들 전산업사회에서는 경제적·기술적 인프라의 결여도 또 하나의 장애 요인이었다. 그래서 공산당은 강제 개입을 통해 경제발전과 그에 수반하는 물질적 풍요를 추구해야 했다. 국가는 소비재 생산을 제한하고 산업화를 위해서 필요로 하는 물리적 인프라에 투자해야 할 것이었다.

또한 국가는 농민들을 공장이나 집단농장에 강제 투입시켜야 했다. 스탈린 치하에서 대다수 소련 국민들은 농촌으로부터 도시 산업단지로 이주되었다. 또한 스탈린은 포괄적인 노동수용소를 발전시켰는데, 그것은 산업화된 생활에 요구되는 엄격함과 규율 그리고 상대적인 동질성에 맞게 농민들과 일반적인 소련 국민들을 훈련시키기 위해서 도입한 제도였다. 영국 노동자들이 수세대 동안 겪어 왔던 비인간적인 조건들이 소련 시민들에게는 단 한 세대에 경험되었다.[3] 적절하게 지도되기만 한다면 산업화된 경제로의 충분한 전환은 영국이나 독일의 정통 산업혁신가들이 치렀던 것보다 훨씬 짧은 시간 안에 달성될 수 있는 것이었다.

20세기 말 공산주의는 몇 가지 전략적 문제에 직면하게 되었다. 역사과학은 전략과 역사발전의 문제에 대하여 하나의 정확한 대답을 의미한다. 그러나 2차대전 이후 중국과 쿠바, 유고슬라비아 그리고 동유럽의 소련 위성국 등 몇몇 다른 나라들에서 공산주의 정권이 출현하였다. 이들 각각의 나라에서 특정의 정치적·종족적·역사적 그리고 경제적

---

3) Barry Cooper, *The End of History: An Essay on Modern Hegelianism* (Toronto: University of Toronto Press, 1984), pp. 298-327 참조.

상황의 우연성은 각각의 마르크스-레닌주의 이념에서 크고 작은 수정을 가져왔다. 소련의 공산주의 정권은 원래 마르크스주의와 공산주의 이념을 해석하는 데 있어서 세계적 지도자 역할을 자임해 왔었다.

그러나 중국과 유고슬라비아 정권이 자신들 방식의 혁명노선을 추진해 나감에 따라, 서유럽의 공산당들이 소련의 국익인 것으로 파악되는 것으로부터 자신들을 구분하여 나감에 따라, 그리고 동유럽 정권들마저도 해석의 관점에서 차이를 보임에 따라, 세계공산주의운동은 단일의 역사과학이기보다는 일련의 분파적 집단인 것으로 변해가기 시작했다. 1950년대까지 소련은 공산주의 이념에 대해 전세계적 차원에서 해석의 헤게모니를 더 이상 주장하기가 어렵게 되었다.

가장 최근에 공산주의는 전반적으로 집중적이고 관료화되어 있는 폐쇄적 경제의 문제에 직면하게 되었는데, 이는 소련과 동유럽 공산주의 정권의 몰락을 가져온 단일의 가장 결정적인 요인이었다. 혁명은 계급체제를 없애는 데 목표를 두고 있었지만, 공산주의 사회는 당내의 사람과 당외의 사람이라는 두 갈래의 계층화된 집단으로 나뉘는 것 같아 보였다.[4] 혁명은 모든 사람들에게 번영을 가져다주려고 했지만, 소련과 동유럽의 주민들은 점점 더 빈곤하게 되어 갔다. 이에 반해 부유한 서유럽 주민들의 생활수준은 더 개선되어 가든가 아니면 최소한 안정을 유지해 나갔다.

혁명은 노동자들의 천국을 건설하는 데 목표를 두었지만, 공산주의 사회 또는 구 공산주의 사회에서 평균 수명은 일반적으로 서구의 산업화된 사회들에 비해서 낮았고 또 산업화로 인한 환경파괴는 더 높았다. 소련의 붕괴 이후 공산주의자들은 이러한 문제들을 점점 더 강하게 인식하기 시작했다. 아마도 오늘날 공산주의가 직면하는 가장 큰 쟁점은 공산주의가 이러한 문제들을 대처하기 위해서 자신의 이념

---

4) 이 명제는 Milovan Djilas, *The New Class : An Analysis of the Communist System* (New York: Praeger, 1957)에서 가장 설득력 있게 주창되었다.

을 수정해야 할 것인지의 여부이고 또 만약 그렇다면 공산주의의 본질적 이념을 폐기하지 않으면서 이러한 수정보완을 어떻게 진전시킬 것인가의 문제이다.

2. 목표

공산주의의 목표는 마르크스주의를 실천하는 것인데, 여기에는 다음과 같은 3가지 전략이 존재한다. 첫째, 혁명은 일어나야 하며, 공산주의자들은 그러한 혁명을 일으키는 데에서 어떤 역할을 맡아야 한다. 둘째, 이상적인 공산주의 사회로 나아가는 이행기 동안 사회주의 국가들이 건설되어 공산당에 의해 통치되어야 한다. 셋째, 이러한 궁극적인 사회는 결국 실현될 것임에 틀림없다.[5]

마르크스와 달리 레닌이나 스탈린 같은 공산주의자들은 고도로 산업화된 나라들에서도 혁명이 스스로 일어날 것으로 보지 않았다. 혁명이 발발하기 위해서는 역사의 과정을 이해하고 역사를 공산주의 혁명으로 '조종' 해 나갈 수 있는 지식인이라든가 기타 다른 사람들의 도움이 필요하다.[6] 자본가들은 자신들의 식민지에 대해 제국주의적으로 착취해 얻은 부를 사용하여 성숙된 자본주의 사회에서 프롤레타리아를 포섭하고 그럼으로써 혁명을 저지할 수 있기 때문에 레닌과 스탈린은 식민지로부터 자본가들을 분리시키는 전략을 취했다.

그들은 제3세계를 통해서 공산주의 혁명의 씨앗을 심고자 하였다.

---

[5] 이 장에서 '사회주의 국가' 라는 용어는 마르크스주의 이론에서 이상적인 공산주의 이전에 존재하는 이행기의 국가를 지칭한다. 공산주의자들은 공산당이 이와 같은 이행기 국가에서 지배적이어야 한다고 본다. 그래서 공산주의 체제에서 사회주의 국가들은 사회민주적 국가들보다 반대 정당에 대해 덜 관용적인 입장을 취해 왔다. 비평가들은 공산당의 구성원들이 진정으로 이상적인 공산주의의 실현을 추구하는 지에 대해 의문을 표한다. 왜냐하면 이는 공산당 구성원들이 자신들의 권력과 특권을 포기하는 것을 의미하기 때문이다.

[6] Arthur Koestler, *Darkness at Noon*, translated by Daphne Hardy (New York: Macmillan, 1941), pp. 79-81, 125-132 참조.

그들은 비산업화된 사회에서는 농민들을 동원함으로써 공산당이 '미성숙된' 또는 전산업화된 공산주의 혁명을 발생시킬 수 있다고 보았다. 서방권 블록의 자본가들이 식민지를 상실하게 되면, 그들은 자신들 나라의 프롤레타리아를 착취하게 될 것이고, 이는 위기를 불러일으켜 종국에는 마르크스가 예견한 바대로 산업화된 국가에서 '필요로 하는' 혁명을 발생시킬 것으로 생각했다.

산업사회와 그 이전 식민지에서 일어난 '제조업혁명'에 이어 프롤레타리아 독재에 의해 통치되는 사회주의 국가가 확립되어야 한다. 이 단계에서 프롤레타리아를 위해서 일하는 지도자들은 국가기구를 장악하고는 반혁명을 분쇄하기 위해서 국가의 강제수단을 자본가들에게 행사한다. 재산소유가 철폐되고 모든 생산수단은 사회화된다. 레닌 치하의 소련에서 이것이 의미하는 바는 프롤레타리아의 대의기관인 공산당이 모든 국가기구와 모든 경제계획 기능, 언론, 대부분의 사업에 대해 완전한 통제를 장악한다는 것을 의미했다. 모든 소유는 프롤레타리아의 전위대인 공산당에 의해 장악되고 있는 국가로 이전되었다. 공산주의 이념이 주창하고 있는 것처럼, 이러한 조치를 통해 가난한 국가에서는 산업화가 일어날 수 있을 것이고 더 많은 경제적 풍요에 의해 산업화된 국가로 발돋음 하게 될 것이다. 경제계급은 점차 사라질 것이고 궁극적으로는 이상적인 공산주의가 도래할 것이다.

이상적인 공산주의 사회에서 상품의 생산과 분배는 공동체의 손에 놓이게 되고 민주적으로 운영된다. 공동체의 목적을 위해서 생산수단이 집단화되며, 국가는 점진적으로 강제적인 실체로부터 행정적 실체로 바뀌어 나간다. 그리곤 결국은 국가의 최종적 존재 이유가 전혀 의미가 없게 된다. 이런 식으로 국가는 사라진다.[7]

---

7) V. I. Lenin, "The State and Revolution," in *The Lenin Anthology*, edited by Robert Tucker (New York: W. W. Norton, 1975[1917]), pp. 379-384.

II. 철학적 기반

1. 인식론

공산주의자들이란 마르크스주의와 다른 마르크스주의 이데올로기에서 정치적 진리를 찾는 이데올로그(ideologues)라고 묘사될 수 있다. 진리에 대한 그들의 개념은 일원론적이기는 하지만 한 덩어리인 것은 아니다. 이것이 의미하는 바는 진리는 하나밖에 없으며 정책결정을 지도하는 권위적 목소리도 하나밖에 없다는 것이다. 이 권위적인 목소리가 바로 마르크스다. 다른 해설자가 통용되는 이념에 변화를 가하고자 할 때 그들은 광범한 마르크스주의적 틀 내에서 그렇게 하며 자신들의 수정을 정당화하기 위해서 마르크스에 대한 재해석을 제시한다. 그래서 공산주의자들은 마르크스의 저작을 일종의 성전(聖典)으로 간주하며 그렇기 때문에 마르크스의 저작은 모든 정치적 실천에 대한 권위적 지침으로 작용한다.

그러나 진리에 대한 공산주의자들의 이해가 하나의 덩어리로 존재하는 것은 아니다. 왜냐하면 레닌, 스탈린, 모택동, 호치민, 카스트로 등 공산주의 지도자들은 마르크스에 대해 다른 해석을 갖고 있으며 그에 따라 공산주의에 대해 다른 해석을 제시하고 있다. 이러한 해석 차이는 필연적으로 철갑 이념(iron-clad doctrine)에 대한 충성도보다는 각각의 상황적 국면과 국민적 필요에 대한 양해를 반영하고 있다.[8] 그러나 이러한 재해석의 차이에도 불구하고 모든 공산주의자들은 마르

---

8) Joseph Stalin, *Dialectical and Historical Materialism* (Tirana: "8 Nentori" Publishing, 1979[1938]), pp. 26-30 참조. 스탈린의 해석과 같은 대부분의 마르크스주의자들의 해석은 특정 정권의 통치를 정당화하거나 합리화하기 위해서 만들어졌다는 주장도 가능하다. 다른 말로 얘기하면, 왜 마르크스가 예견한 바대로 사태가 그렇게 전개되어 가지 않는지에 대해 설명을 하려고 하거나 또는 새로운 공산주의 질서를 창출하는 데 왜 억압적 조치가 필요한 지를 설명하려고 할 때 새로운 해석이 등장하곤 했다.

크스가 했던 바대로 역사와 현재의 상황에 대해 똑같은 객관적이고 과학적인 진리를 찾으려고 한다.

2. 존재론

공산주의의 기본적 존재론은 기본적으로 마르크스의 **변증법적 유물론**을 수정한 것이다. 마르크스의 존재론에 따르면 역사에 나타난 인간생활의 모든 특성에서 궁극적인 실재와 근원적 뿌리는 물질적이고 경제적이라고 주장하고 있음을 상기해 보자. 경제적 생산력이 각 사회의 계급구조, 종교적 신념과 관행, 법적 체계, 정치적 이데올로기, 국가기구의 조직을 결정한다. 역사는 물질적으로 결정된 과정을 거친다.

마르크스주의에 따르면, 피할 수 없는 경제적 힘에 의해 계급갈등과 필연적 혁명이 일어날 것이었다. 공산주의가 발전해 나가고 또 공산주의자들이 혁명을 수행하고 사회를 통치하는 실질적 문제들에 직면함에 따라 그 지도자들은 변증법적 유물론이라는 기본적 틀을 받아들였다. 그들은 물질적 요인이 공산주의로 귀결하게 될 역사발전을 추동할 것이라고 생각했고 공산주의로 인도되는 역사과정에서 필요한 것은 정부의 개혁이 아니라 혁명이라고 보았다. 그러나 공산주의자들은 변증법적 유물론을 덜 결정론적인 것으로 파악함으로써 마르크스의 입장을 수정했다. 이 절에서 우리는 공산주의자들이 마르크스의 역사과학에 대해 제기했던 4가지의 수정을 논의하게 될 것이다.

첫째, 공산주의자들은 자본가가 역사의 죄수이지만 또한 자본주의를 지속시키고 혁명의 위협을 감소시키는 방식으로 경제적 상황을 수정하려고 행동할 수 있음을 인정한다. 공산주의자들은 변증법적 유물론에 대한 엄격한 해석에 의해서 제시되고 있는 것 이상으로 인간의 주도가 세계사에서 더 중요한 역할을 했음을 보여주는 몇 가지 자본주의적 실행을 확인해 주고 있다. 앞에서 우리가 보아왔던 것처럼, 자본가들은 식민지로부터 부를 착취하고 프롤레타리아를 '매수'하며 자본주의 체제를 유지해 나가기 위한 적응 체제로서 제국주의를 발전시켜 나갔다.

　게다가 자본주의 국가들은 복지정책, 실업급여, 보통교육, 기타 자본주의의 내재적 모순을 약화시키는 정부 프로그램을 실천해 나갔다. 공산주의자들은 이러한 정책 프로그램들을 자본가들이 억압과 지배의 기본적 특징들은 그대로 보유한 채 프롤레타리아의 불만에 대해 일부분만 양보함으로써 자본주의 체제를 유지해 나가기 위한 노력인 것으로 파악하였다. 레닌은 자본주의가 결국은 붕괴하겠지만 그러나 마르크스가 예견한 것보다는 훨씬 더 오래 인위적으로 생존해 나갈 수 있다고 생각했다. 레닌은 만약 자본가들이 혁명을 방지하기 위해서 주도적 역할을 맡게 되면 혁명 지도자들도 자본주의 체제의 붕괴를 가속화하기 위해 그에 대응하는 주도적 역할을 맡아야 한다고 보았다.[9]

　둘째, 공산주의자들은 마르크스가 예견하지 못했던 경제구조에서의 변화와 변이를 인정한다. 마르크스는 자본주의를 단원적인 경제체제로 파악하였다. 그에게 있어 모든 자본주의 사회는 본질적으로 꼭 같은 것이었다. 그러나 공산주의자들은 자본주의를 다양한 자본주의 사회가 경제구조와 관계에서 중요한 차이를 보여주는 **분화된 세계체제**인 것으로 보았다. 경제발전과 역사적 상황에서의 이러한 차이는 마르크스가 자신의 광대한 역사적 접근에서 적절히 평가하지 못했던 이론적 함의를 보여주고 있다.

　예를 들면, 20세기 전환기에 러시아는 아직 산업화가 이루어지지 않은 준봉건적 사회였다. 러시아의 주요한 두 계급은 여전히 귀족과 농민이었다. 짜르 치하의 러시아에서 혁명을 일으키기 위해서는 고도로 산업화되어 있어서 거대하고 자의식이 강한 프롤레타리아 계급을 보유하고 있었던 독일에서 혁명을 일으킬 때와는 다른 방책이 요구되었다. 이와 비슷하게 미국의 동북부를 포함하여 일부 주들은 선진 산

---

9) Lenin, *Imperialism*, p. 127.

업화의 수준에 도달해 있었지만 다른 주들은 여전히 농업적이었다. 전체적으로 미국에서는 자본주의가 노동계급에 대해 부과할 수 있는 압력을 덜어줄 수 있도록 광대하고 개방된 미개척지가 존재하고 있었다. 프롤레타리아 계급들은 자신의 부채로부터 벗어나기 위해서든 아니면 정부기관으로부터 거의 간섭을 받지 않으면서 자신의 토지를 개척해 나가기 위해서든 간에 항상 도시로부터 벗어나서 어디로든 이주해 나갈 여지를 갖고 있었다. 그렇기 때문에 미국에서 프롤레타리아 혁명은 거의 무망해 보였다. 간단히 말하면 자본주의에 도전하고 혁명을 시작할 가능성은 모든 사회에서 꼭 같은 것이 아니었으며, 산업화된 나라에서도 같지 않았다.

셋째, 트로츠키나 레닌과 같은 공산주의자들은 **압축혁명이론**을 발전시켰다. 이 이론에 따르면, 자본주의는 독일이나 영국 또는 미국과 같이 고도로 산업화된 핵심부 국가들에서 가장 강하고 러시아와 같이 주변부 국가들에서 가장 약하다는 것이다. 그래서 이 이론은 자본주의의 '가장 약한 고리' 다시 말해서 자본주의가 아직 충분히 발전되지 못해서 가장 취약한 상태에 있는 주변부에서 "연결망을 끊는 것"이 오히려 가장 쉬울 수 있다고 주장한다. 가장 산업화된 국가에서 혁명이 먼저 오고 그 다음에 다른 나라들이 산업화되어 나감에 따라 전 세계로 혁명이 진전될 것이라고 보았던 마르크스와는 달리 트로츠키는 오히려 가장 산업화가 덜 된 나라에서 혁명이 쉽게 일어날 수 있다고 주장했다. 트로츠키의 이 주장은 3가지의 함의를 갖고 있다.

첫째 봉건주의로부터 공산주의로의 이행은 마르크스가 예견했던 것과 같이 일련의 계급투쟁을 통해서가 아니라 단 한번에 거대한 발걸음으로 성취될 수 있다. 다른 말로 얘기하면, 역사의 혁명적 진전은 첫 번째는 부르주아 혁명과 두 번째로 프롤레타리아 혁명 그리고 그 가운데 장기간에 걸친 자본주의 시대라는 2단계 과정으로 진행되도록 할 게 아니라 단 한번의 장기 혁명으로 '압축' 될 수 있다는 것이다.

둘째 이러한 과정은 **영구혁명**(permanent revolution)을 요청하게 되는 데, 이는 전위대 등과 같은 마르크스주의 혁명가들이 봉건주의로부터 공산주의에로 단 하나의 확대된 단계를 거쳐 나가는 변혁을 달성할 수 있도록 하기 위해서 지속적인 혁명을 유발해 나가는 시기를 지칭한다.

셋째 혁명은 역사적으로 꼭 필요한 사건이 아니며 마르크스가 생각했던 것처럼 명확한 역사적·물질적 요인들에 의해서 결정되는 것도 아니다. 혁명이 '가장 약한 고리'인 이른바 경제적으로 주변부 국가들에서는 불가피한 것이 아니기 때문에 혁명은 주도면밀한 인간의 개입에 의해서 일어나야 할 것이었다.

그 결과 마르크스의 사상에 대한 네 번째 수정으로 레닌은 프롤레타리아 전위대를 제시하였는데, 이는 다소 필연적으로 혁명이 발발할 것으로 파악하는 결정론적인 유물변증이라는 마르크스의 개념과는 대치되는 것으로서 혁명 주의-주의(主意主義, revolutionary voluntarism)를 의미한다. 마르크스는 프롤레타리아들로 하여금 그들에게 그냥 맡겨두는 경우보다는 더 빠르게 계급의식을 개발하도록 도와주는 일단의 지식인들에 의해 혁명이 가속화될 수 있다고 믿었다.

그러나 마르크스는 그러한 혁명 지도자들에게 그 이외의 다른 중요한 과제를 부여하지는 않았다. 이와 대조적으로 레닌은 그가 전위대라고 부른 소규모의 지식인들이 '역사적 계기'라든가 혁명의 조건들 그리고 프롤레타리아의 요구를 이해한다고 주장하면서 그 전위대는 프롤레타리아를 위해서 행동할 수 있고 혁명의 발발을 대폭 앞당길 수 있다고 보았다. 역사발전이 역사적 계기를 '따라 잡을' 수 있도록 기다리는 것은 불필요하고 오히려 바보스러운 것일 수도 있다는 것이었다.[10] 이들 전위대에게 마르크스가 생각하는 것보다 더 중요한 역할을 부여함으로써 레닌은 정치적 영역에서 자발적인 인간의지의 역할에 대해 마르크스에 대한 '온건한 결정론적' 해석보다도 더 많은 여

---

10) Lenin, "What Is to Be Done?" in *The Lenin Anthology*, pp. 49-54, 72-79.

〈설명상자 6-3〉 변증법적 유물론으로부터 모택동의 이탈

공산주의 지도자들이 변증법적 유물론이라는 마르크스의 존재론을 수정할 필요성은 특히 중국혁명에서 명백했다. 중국의 청(淸)제국에 대한 혁명은 공화주의 세력들에 의해 1911년에 시작되었다. 1921년에 창건된 중국공산당은 처음에는 청제국에 반대하기 위해서 공화주의자들과 연합하였다. 그러나 장개석(1887~1975)이 이끄는 공화주의자들은 1927년 공산주의자 동지들에게 공격을 가해서 거의 전멸 직전으로까지 몰고 갔다. 살아남은 소수의 공산주의 지도자들은 농촌으로 도피했다.

이러한 사건과 함께 중국 농민의 혁명적 잠재력에 대한 면밀한 검토를 통해서 중국공산당의 지도자인 모택동은 중국에서 진정한 혁명세력은 도시 프롤레타리아가 아니라 농촌의 농민임을 확신하게 되었다. 그 이후 10년 동안 중국 공산당은 공화주의적 국민당의 공세 속에 일련의 군사적 패배를 면치 못했다. 2차대전의 발발과 국제정치적 책략 그리고 결정적인 군사적 승리 등 일련의 행운의 역전으로 인해 중국 공산당은 1949년 최종 승리를 거두었다.

이 기간 동안 가장 마르크스주의적인 혁명적 행위를 보이면서 중국공산당에게 지지를 제공한 것은 도시의 프롤레타리아가 아니라 농촌의 농민이었다. 더욱이 중국공산당은 피난처는 물론이고 전력 회복을 위해 필요한 재원과 최종 승리의 거점을 도시가 아니라 농촌에서 찾았다. 농민은 중국공산당에 대한 가장 커다란 지원세력이었고 또 모택동에 따르면 농민은 혁명적 변혁을 위한 최적의 장소였다.

중국의 6억 인민은 두 가지의 놀라운 특성을 보유하고 있다. 무엇보다도 그들은 가난하다. 두 번째로 그들은 비어있다. 그러한 특성은 안 좋은 것처럼 보일 수도 있지만, 실제로는 좋은 것이다. 가난한 사람은 변화를 원하고 무언가 행동하길 원하며 혁명을 희구한다. 깨끗한 종이에는 아무런 얼룩이 없기 때문에 그 위에 가장 새롭고 가장 아름다운 말로 채울 수 있다. 가장 새롭고 가장 아름다운 그림을 그릴 수 있다.*

프롤레타리아에 기반한 혁명으로부터 농민에 기반한 혁명으로의 이전은 명백히 마르크스주의 정통이론으로부터의 중요한 이탈이었다. 이는 레닌이 혁명에서 농민에게 역할을 부여하면서도 모택동처럼 농민에게 중심적 리더십을 부여하지는 않았다는 점에서 레닌까지도 넘어서는 진전이었다.

* Stuart R. Schram, *The Political Thought of Mao Tse-Tung*, rev.ed.(New York: Praeger, 1969), p. 352에서 재인용.

지를 부여해 주었다.

요약하면, 역사적 변화에 대한 마르크스의 이론은 공산주의자들에 의해 상당한 정도로 수정되었다. 사실 변화하는 경제적 상황은 다분히 비결정론적이어서 성공적인 혁명은 프롤레타리아나 심지어는 농민 집단에 대해서도 그들을 적절한 방향으로 지도하고 또 자본가들의 책략을 방지하거나 무너뜨릴 수 있는 리더십이 역사적 과정에 개입할 것을 요구하였다. 인간행동은 마르크스가 고려하지 않았던 방식으로 역사를 만들어 갈 수 있는 것이었다.

3. 사회

공산주의자들은 사회가 지배권을 둘러싸고 투쟁을 벌이고 있는 계급으로 구성되어 있다는 마르크스주의 이념을 추종한다. 마르크스는 자본주의 사회에서 유일하게 남아있는 계급투쟁은 부르주아와 프롤레타리아 사이의 투쟁이라고 믿었다. 그러나 혁명을 일으키려고 하는 공산주의 지도자들에게는 상황이 보다 복잡했다. 아직 산업화가 이루어지지 않은 사회에서는 마르크스가 그러하리라 예견한 대로 다양한 이해관계를 가진 계급들이 많이 있지만, 이들 가운데 어떤 형태의 혁명에 관심을 가진 계급들은 드물었다.

비산업화된 사회에서 가장 중요한 계급은 농민이었다. 레닌과 특히 모택동은 제국주의적인 산업사회의 자본가들에게 저항하는 데는 농민이 저항과 혁명의 가장 중요한 원천이라고 보았다. 따라서 그들은 보다 복잡한 혁명모델을 개발하여 러시아와 중국에서 인구의 광대한 다수를 차지하고 있는 농민에게 역할을 부여하였다. 레닌은 러시아의 프롤레타리아가 자본가를 압도할 수가 없고 또 농민의 적극적인 지원이 없으면 혁명을 수행하기도 어려울 것이라고 보았던 반면,[11] 모택동

---

11) Lenin, "Introducing the New Economic Policy," in *The Lenin Anthropology*, p. 504.

은 한걸음 더 나아가 전적으로 농민에 기반을 둔 혁명이론을 개발하였다. 강조점에서 이러한 전이를 통해 모택동은 프롤레타리아만이 혁명을 주도할 수 있고 공산주의에로의 변혁을 달성할 수 있다고 주장한 마르크스로부터 멀리 벗어날 수 있었다.

그러나 자본주의 사회에서도 공산주의자들은 마르크스가 예견한 것보다 사회구조가 더 복잡하다는 것을 인식하게 되었다. 독일이나 영국 또는 미국과 같은 나라에서는 규모가 꽤 되면서 복잡한 신중간층이 발전하고 있었는데, 이는 자본주의가 모든 사람들을 거대한 규모의 프롤레타리아와 소규모의 부르주아 자본가 두 계급으로 양극화시켜 나갈 것으로 본 마르크스의 예견과는 대치되는 것이었다. 대신에 점증하는 중간계급은 관리자계급, 숙련공계급, 봉급 받는 전문직 노동자계급, 소기업가 계급, 기타 다른 계급 등 다양한 계급으로 분화되어 나갔다. 마르크스주의는 이러한 발전을 설명할 수 없었고, 그래서 혁명으로의 진전을 위해서는 새로운 이론과 전략을 고안할 필요가 있었다. 유럽에서 공산당은 선거정치의 민주적 과정, 정치적 타협 그리고 정치개혁의 약속을 통해 정치권력을 획득하는 전략을 짜 나갔다. 그들은 즉각적인 프롤레타리아의 지배보다는 대중조합을 통해서 활동하는 등의 가능성을 고려하였다.

마르크스처럼 공산주의자들은 모든 계급적 차별이 철폐되는 사회를 이상사회라고 파악한다. 이는 모든 사람이 자유롭게 창조적으로 노동을 하기 때문에 더 이상 자신으로부터는 물론이고 자신의 동료나 자신의 생산물로부터 소외되지 않는 그러한 사회이다. 그것은 갈등과 욕구 그리고 불만족으로부터 해방된 사회이다. 공산주의자들은 이러한 사회에 도달하기 위해서 요구되는 이행기 국면이라든가 그러한 사회가 가능할 수 있도록 하는 전략의 측면에 대해 마르크스보다 더 많은 관심을 기울인다.

4. 인간본성

저명한 이탈리아 공산주의 이론가인 안토니오 그람시(Antonio Gramsci)는 다음과 같이 썼다.

> 그것을 반영하면서 우리는 '인간은 무엇이냐'는 물음을 던질 때 우리가 의미하는 것은 인간은 무엇이 될 수 있느냐고 묻는 것이다. 즉, 인간은 자신의 운명을 지배할 수 있으냐, 인간은 '스스로를 만들어' 나갈 수 있느냐, 인간은 자신의 삶을 창조할 수 있느냐고 묻는 것이다. 그렇기 때문에 우리는 인간은 과정이고 보다 정확히 얘기하자면 자신의 행동의 과정이라고 주장한다.[12]

이 인용문이 제시하는 것처럼, 공산주의자들은 '인간본성이 본질적으로 바뀔 수 있는' 것으로 파악한다.[13] 마르크스주의자들처럼 공산주의자들은 인간 정체성의 핵심을 노동을 통하여 무언가를 만들어 내는 인간의 능력인 것으로 바라본다. 그러나 이러한 능력은 불변의 것이 아니며 그래서 공산주의 혁명을 통해 충분하게 그리고 소외되지 않게 표현되도록 해야 한다. 사람은 자유롭고 창조적인 노동자가 될 수 있지만, 이는 사회를 총체적이고 혁명적으로 변혁시켜야만 가능하다. 공산주의자들은 마르크스의 소외이론과 혁명적 변혁이론을 받아들이지만 이러한 변혁이 필연적인 역사과정을 통해 결정론적인 방식으로 일어난다는 마르크스의 생각은 거부한다. 공산주의자들은 인간본성을 변혁시키는 데는 다양한 방식이 있다고 생각한다.

---

12) Antonio Gramsci, "The Study of Philosophy," in *Selections from the Prison Notebooks of Antonio Gramsci*, edited and translated by Quinton Hoare and Geoffrey Nowell Smith (New York: International, 1971 〔1929~1936〕), p.351.
13) '인간본성'이라는 개념이 인간의 어떤 '본질'을 의미하는 한, 인간본성이 바뀔 수 있는 것으로 본다는 것은 물론 어떤 본질적인 또는 변화하지 않는 인간본성이란 존재하지 않는다는 것을 뜻한다.

이러한 수단에 대해서 가장 악명 높은 것이 레닌과 스탈린의 것이다. 정치적인 위협, 수백만의 소련 국민들에 대한 강제 수용소로의 이주, 전체 사회를 공포로 몰아가기 위해서 비밀경찰에 의한 감시 등은 일부 공산주의자들에 의해 인간본성과 인간존재를 변혁시키는 데 유용한 수단으로 간주되었다.

지속혁명(continuous revolution)에 대한 모택동의 이론은 인간의 동기와 정체성에서 혁명적 변화를 일으키려는 또 하나의 시도였다. 지속혁명은 지속적인 기반 위에 놓여 있는 정치적·사회적 기구와 관습들을 다양한 정책을 통해서 깨뜨리려고 의도했다. 아마도 이들 프로그램 중에서 가장 급진적이고 경제적으로 커다란 재난을 가져온 것은 1960년에 도입된 대약진운동과 1968년에 시작된 문화대혁명이다. 이들 혁명 시기의 정책들은 공장 노동자와 지식인들을 농장으로 보내고 그들을 농민과 대체함으로써 일상생활을 뒤흔들어 놓았다. 이들 정책들은 '조직중심주의의 사슬'을 깨고 그 누구도 자신의 위치에서 지나치게 편안함을 추구하지 못하도록 하는 데 목표를 둔 것이었다. 역할을 뒤바꿈으로써 사람들은 보다 더 광범한 사회적 의식을 얻을 것이었다. 사람들은 지속적으로 뒤바뀌는 상태에 놓여있게 될 터인데, 그럼으로써 그들의 근본적인 정체성은 혁명의 요구와 일치하게 재정립될 수 있는 것으로 기대되었다.[14]

이상적인 공산주의 사회를 위해서 요구되는 바대로 인간의 의식을 변혁시키는 세 번째 수단은 티토 치하 유고슬라비아의 **노동자자치평의회**(self-managed worker's councils)이다. 티토는 정부와 공산당 내에서의 집중뿐만 아니라 경제와 산업상의 집중에 대해서도 반대했다. 그

---

14) 1976년 모택동의 사후 중국은 상대적으로 온건과 점진주의 노선을 채택했고 자유시장을 육성하기 위해서 제한적이나마 경제개혁을 추진하기도 했다. 아마도 이러한 정책 변화는 인간의 기본적인 필요와 욕구가 공산주의 혁명가들의 생각하는 것과는 일치하지 않음을 시사해 주고 있다. 아마도 인간본성은 그들이 기대했던 것보다는 더 정태적이지 않나 싶다.

는 관료적 경직성에 대한 모택동의 우려에 동감을 했지만, 모택동과는 달리 그에 대한 해결책으로 사회를 지속적으로 중앙으로부터 분열시키려고 하지는 않았다. 대신에 티토는 정치적 통제를 일종의 느슨한 연방제로 분권화시켰으며, 경제적 통제권도 지방 공장 수준의 노동자평의회에게 넘겨주었다. 이처럼 분권화된 제도를 지지했던 하나의 논거는 그래야 소외되지 않은 노동자의 발전이 이루어질 것이라는 점이었다. 노동자에게 국가 소유의 작업장에 대한 통제권을 부여함으로써 티토는 노동자들이 자본가나 또는 중앙집중된 국가의 관료에 의해서 지배될 때 발생하게 될 소외를 줄이고자 하였다. 유고슬라비아의 작업장 민주주의는 다음과 같은 전제에 입각한 것이었는데, 즉 다른 사람에 의해 통제되는 것보다는 스스로를 통제하도록 허용될 때 사람은 덜 소외되고 창조적인 노동자가 될 것이라는 것이었다.

'새로운 사회주의 인간'을 창조하는 네 번째 방법은 카리스마적 리더십을 혁명적 맥락에서 활용하는 것과 관련되어 있다. 예를 들면 수많은 의식을 통해서 피델 카스트로는 백만이 넘게 운집해 있는 쿠바인들에게 장시간 연설을 했다. 이러한 연설을 통해서 그는 미국 제국주의자들이 쿠바인들에게 가했던 침해를 반복해 말했다. 그러면서 카스트로는 혁명이 어떻게 쿠바인들의 용기와 희생정신, 비전, 영웅주의 그리고 목적의 통일성의지와 같은 잠재력을 드러내 보여주었는지를 설명했다.

쿠바 공산주의에 따르면, "공산주의자 의식을 갖는 것은 제국주의에 대한 투쟁을 통해서라는 것이었다."[15] 카스트로는 사회주의 프로그램을 행동으로 경험할 때 인간의식이 변형될 수 있다고 보았다. 카스트로는 전기와 공공운송, 교육을 무료로 제공함으로써 공산주의 쿠바가 "사회주의적이고 공산주의적인 의식"을 조성해 나가고, 그럼으로

---

15) Tony Smith, *Thinking Like a Communist* (New York: W.W.Norton, 1987), p.151.

써 쿠바 시민들이 "정말로 우애적이고 인간적인 규범에 따라 살아 갈 수 있으며 또 그러한 사회에서는 각 사람이 서로를 형제자매로 생각하게 될 것"이라고 믿었다.... "이 경우 노동은 결코 고통이 아니며 오히려 사람들이 가장 즐거워하는 고귀하고 창조적인 행위가 될 것이었다."[16]

III. 실질적인 정치적 원칙

1. 변화

공산주의가 본질적으로 혁명적 이데올로기인 한, 변화는 공산주의자들에게는 가장 중요한 정치적 원칙인 것으로 인식되고 있다. 마르크스주의자들처럼 공산주의자들도 모든 사회가 근본적이고 진보적인 변화를 경험하게 된다는 개념을 받아들인다. 그러나 마르크스주의자들과는 달리 공산주의자들은 특히 공산주의 사회로의 이행이라는 궁극의 변화를 포함하여 변화가 경제적·역사적 조건이 '무르익을' 때나 아니면 프롤레타리아 계급의식이 충분히 발전될 때에만 일어날 수 있다는 생각은 거부한다. 대신에 변화는 필요로 하는 정치적 통찰력을 보유하면서 동시에 혁명을 위해서 필요로 하는 조건에 대해서도 적절한 이해를 갖추고 있는 전위적 지도자들에 의해 일어날 수 있는 것으로 보았다.

변화가 더 이상 단순한 역사적 진전의 산물이 아니라 인간의 행동에 의해서 초래될 수 있고 또 그래야 하는 것이기 때문에, 공산주의자에게 있어 문제는 "공산주의 사회를 확립하게 될 혁명을 어떻게 일으킬 것인가?" 하는 것이다. 이에 대한 몇가지 전략들이 자주 공산주의자 이데올로그와 통치자들에게 제시되었다. 이들 전략들의 명백한 특

---

[16] From *Castro Speaks*, quoted in Smith, *Thinking Like a Communist*, p. 154.

성은 많은 경우 혁명가들이 자신들이 보기에 바람직해 보이는 변화를 만들어 내려고 하는 사회의 특징들을 반영하고 있었다.

  변화를 위한 레닌의 전략은 상대적으로 소규모이고 비공개이며 전문화되고 **규율잡힌 볼셰비키정당**을 조직하고 훈련시키는 것이었다. 이 정당은 프롤레타리아가 아니라 레닌처럼 프롤레타리아의 이익과 혁명의 요구를 잘 이해하는 중간계급의 지식인들에 의해 주도될 것이었다. 그들의 적이 약할 때 볼셰비키들은 정변을 일으켰다. 이 정변이 성공하면 그 정당은 권력을 집중했다. 왜냐하면 강제수용소라든가 비밀경찰 또는 소수종족에 대한 대대적인 강제이주 등 폭력기구를 통해서 사회의 점진적인 변혁을 추진해 나가야 했기 때문이었다.

  모택동은 중국에 변화를 가져오기 위해서 3부문 전략을 취했다. 첫째, 그는 **농민**이 혁명에서 중요한 역할을 맡는 것으로 파악했다. 모택동의 혁명이념에서 이 측면은 명백히 마르크스의 생각에 배치되는 것이었다. 왜냐하면 마르크스는 농촌에 사는 농민보다는 도시 프롤레타리아에 의해서 혁명이 수행되어야 할 것으로 보았기 때문이다.

  농민에 대한 모택동의 강조는 러시아 농민도 때로는 볼셰비키에게 도움이 될 수 있다고 본 레닌의 생각을 넘어서는 것이었다. 러시아에 비해서 중국에는 충분하게 성숙된 프롤레타리아가 존재하지 않았고, 오히려 거대하고 소외된 농민들로 가득차 있었다. 중국의 지주들이 수세기 동안 이들 농민들을 착취하고 분열시켜 왔기 때문에 모택동은 농민들이 혁명에 참여할 동기를 갖고 있다고 믿었다. 그리고 모택동은 농민들에게서 내재적인 선량함과 자기희생 그리고 용기와 기민성을 간파했다. 이러한 특성들을 고려할 때 공산당 지도자들은 정치적 행동을 위해서 농민들을 동원만 하면 되었다.

  둘째, 모택동은 식민지 국가의 혁명 투쟁에서는 **게릴라전**이 적절한 수단이라고 보았다. 레닌이 소규모의 규율된 정당을 활용하여 정변을 통해서 권력을 장악하였던 데 반해 모택동의 게릴라전 이론은 장기간에 걸친 대중의 노력과 지방적 수준에서 농민에 위한 포괄적인 참여 그리고 기회가 주어지는 한 제국주의 적들이나 지방의 권위주의적 정권과의 지속적인 충돌을 요구했다. 게릴라전은 군사적 요소와 사회적 요소 모두를 갖춘 것이었다. "권력은 총부리로부터 나온다"고 선언함으로써 그리고 게릴라 전사들에게 항상 이동할 준비를 해야 하며 승리가 확실할 때만 직접 전투에 임해야 한다고 가르치면서, 모택동은 '효과적인 폭력'을 강조했다. 그러나 성공적인 게릴라전은 농촌 주민들의 지지와 협력에 의존하기 때문에 모택동의 '해방군'은 농민과의 포괄적인 사회적 네트워크를 만들어 그들로부터 충성을 확보해 나갔는데, 그럼으로써 이들 농민들은 게릴라 전사들에게 필요한 정보와 식량 그리고 피난처와 신규 해방군의 인적 자원을 충원해 주었다.[17]

셋째, 중국 공산당들은 그리고 다른 사람들도 '인민전쟁'에 대한 모택동의 이념이 중국과 비슷한 특징들을 보유하고 있는 베트남이나 캄보디아 같은 제3세계 국가들에게 수출될 수 있는 것으로 보았다.[18] 다른 식민지 국가로의 성공적인 수출은 다음의 두 가지 이유로 자본가들을 패퇴시킬 것이었다. 즉, 하나는 제국주의를 손상시킬 것이며, 다른 하나는 이들 저발전 국가들이 마르크스가 혁명이 일어나기 위해서 필요로 한다고 보았던 자본주의의 고유한 국면을 뛰어 넘어서 직접 혁명으로 '도약'할 것이었다.

모택동의 혁명 전략은 카스트로와 체 게바라에 의해 채택되고 수정 보완되었다. 이들은 라틴 아메리카나 아프리카 그리고 여타 지역의 발전도상 국가들에게 공산주의 혁명을 수출하는 이른바 **'쿠바모델'**을 개발했다. 쿠바모델의 특징적인 측면은 공산당의 역할을 덜 강조하는 것이었다. 카스트로가 1959년 민중반란을 통해서 권력을 장악했다 하더라도 그는 1961년 미국의 적대로 인해 소련 진영으로 갈 수밖에 없도록 된 피그만 사건까지만 해도 스스로를 마르크스-레닌주의자라고

---

17) Chalmers Johnson, *Autopsy on People's War* (Berkeley: University of California Press, 1973), pp. 14-15, 29, 47-53.
18) Johnson, *Autopsy,* pp. 22-30.

선언하지 않았다. 그때만 해도 카스트로와 체 게바라는 쿠바를 통치하거나 또는 다른 지역에 혁명을 수출하기 위해서 공산당에 의존하지 않았다.

체 게바라는 소위 저발전 국가들이야말로 진정으로 "식민지 종속국가"이며 서구에 대한 투쟁은 공산주의자들로 하여금 "반제국주의 통일전선" 내에서 싸울 것을 요구한다고 주장했다.[19] 이러한 통일전선은 중앙집중적인 당에 의해서 통제되어서는 안 되었다. 왜냐하면 중앙집중적인 정당은 정부의 무자비한 억압을 부추길 것이기 때문이다. 대신 혁명가들은 통일전선을 자발적이고 독립적이며 분권화된 게릴라 거점(focos)들로 구성하며, 이들 게릴라 거점들은 소규모이고 평등하며 유동적이며 그럼으로써 적들을 게릴라전에 묶어 놓을 것이다. 카스트로에 따르면, 혁명에 대한 이와 같은 분권적 접근은 '미제국주의자들을' 패퇴시키는 데 보다 효과적일 뿐만 아니라 혁명이 성공할 경우 혁명가들이 민주적 원칙으로부터 멀어져 갈 위험성을 줄이게 될 것이었다.

서유럽에서는 20세기가 지남에 따라 마르크스나 레닌의 모델에 부합하는 혁명적 변화는 점차 가능성이 희박하게 되었다. 안토니오 그람시(Antonio Gramsci)는 이러한 사태의 발전에 대해 중요한 설명을 제공해 준 공산주의 이론가이다. 그람시에 따르면, **부르주아 헤게모니는 대중적 기반의 혁명을 어렵게 만들고 있다는 것이다.** 대부분의 시민들은 자본주의를 옹호하고 자유민주주의를 합법화하며 그리고 재산이라든가 가족생활, 교육, 법, 규율, 문화와 관련된 현행의 사회적 기구들을 정당화하는 부르주아 이데올로기를 철저히 받아들이고 있기 때문에 자본가들은 무력에 의해서 지배하는 것이 아니라 동의에 의해서 지배한다. 다시 말해서 부르주아 헤게모니가 의미하는 바는, 사회

---

19) *Che Guevara Speaks,* edited by George Lavan (New York: Pathfinder Press, 1983), p. 31.

화 과정, 교육기관, 의사소통 수단 모두가 서유럽 사람들에게 자유민주주의 내지는 자본주의의 가치를 심어주고 있다는 것이다.

그람시 역시 부르주아 헤게모니 때문에 계급의식을 결여하고 있는 프롤레타리아를 위해서 공산당이 전위로서 행동하는 것은 별 소용이 없고 위험할 수 있다고 보았다. 위험하다는 것은 레닌과 스탈린의 과잉에서 보듯이 성공적인 전위대가 강제와 폭력에 의해 권력을 유지해 나가는 것은 불가피한 것으로 옹호되었기 때문이다. 그 결과 자본주의를 폐기하고 민주적인 사회주의 국가를 건설하기 위해서는 정치혁명 이전에 이데올로기 혁명이 선행되어야 할 것을 요구한다. 시민사회를 변혁해 나가는 점진적인 과정을 통해 대중들이 부르주아 헤게모니로부터 자유로워져야 한다. 이런 식으로 그람시는 사회의 이데올로기적·정치적·사회적 상부구조가 전적으로 경제적 하부구조에 의존하고 있다는 마르크스의 주장을 수정하였다.

그람시는 상부구조가 경제력으로부터 얼마간 독립적일 뿐만 아니라 시민사회의 제도 내에서 일하고 있는 공산주의자들에 의해서 변혁될 수 있는 것으로 파악하였다. 그람시는 공산당에게 부정의와 자본주의 사회의 붕괴에 대해서 대중들을 가르치고 기존 제도들의 정향들을 수정해 나가는 새로운 역할을 부여해 주었다. 예를 들면 공산주의자들은 시민들의 이익을 위협하는 지방 수준의 경제성장을 막는 등 지방정치에서 능동적인 역할을 할 수 있다. 또한 공산주의들은 작업장을 민주화하고 교회로 하여금 가난한 사람들을 대변하도록 하며 새로운 양식의 문화적 표현이 자본주의의 해악을 그려내도록 조장할 수도 있다. 이러한 행동들에 개입함으로써 공산주의자들은 어떤 정치적 혁명을 추동하기 이전에 대중들의 가치와 신념을 바꾸어 나갈 수 있다.[20] 그람시의 사상은 혁명의 방법이 아니라 인민의 수용과 선거에서

---

20) Antonio Gramsci, "Problems of Marxism," in *Selections from the Prison Notebooks*, pp. 381ff.

의 승리를 통해 권력을 장악하기를 희망하는 서유럽 공산주의자들에게 지속적으로 영향을 미쳤다. 아마도 이런 사상 때문에 오늘날의 '유로코뮤니스트들'은 이념적으로 공산주의의 혁명적 창시자들보다는 민주사회주의자들에게 더 가깝게 위치하고 있다.

레닌, 모택동, 카스트로, 그람시의 변화이론은 정통 마르크스주의에 비해 덜 결정론적이고 더 주의 - 주의적(voluntaristic) 세계관에 기초하고 있다. 역사의 물질적 힘은 상당한 정도로 인간의 의지에 의해서 조작될 수 있으며, 심지어 혁명은 그 필요조건을 갖춘 사회서만 일어나는 고유의 사건이 아니라고 주장하였다. 오히려 혁명은 외부로부터 어떤 나라에 '수출' 될 수도 있는 것이었다.

2. 구조

마르크스주의자들처럼 공산주의자들은 인간의 폐해가 사회구조로부터 연원한다고 믿는다. 이러한 해악을 제거하기 위해서는 이들 구조들은 변형되어야 할 것이었다. 마르크스주의자들에 비해 공산주의자들은 이들 변형된 사회구조가 어떠해야 할 것인가에 대해서 더 많은 얘기를 하고 있다. 공산주의 정부의 구조와 혁명적 행동은 국내적 시각과 국제적 시각 모두로부터 이해되어야 한다.

국내적 측면에서 볼 때 대부분의 공산주의 국가의 정부구조는 정부기관 모두를 통제하는 공산당 구조로 이해될 수 있다. 레닌에 따르면, 프롤레타리아의 전위인 공산당은 **민주집중제** 원칙에 따라 조직되어야 한다. 첫째, 모든 결정은 당 대회에서의 자유롭고 공개된 토론을 통해서 이루어져야 한다. 둘째, 당 대회의 모든 결정은 공산당과 정부의 관리들이나 모든 하급 기관에 대해 구속력을 가져야 한다. 셋째, 당내 분파는 절대 허용되지 않는다. 어떤 수수파도 공공연히 자신들의 불만을 토로하거나 또는 당으로부터 분리되도록 허용되어서는 안 된다. 넷째, 최하위의 당원들로부터 상층까지의 모든 당 관리들은 간접적으로 선출되어야 한다.[21] 다섯째, 당 집행 관리들의 모든 결정과 지침들은 모든 하위 당 및 국가 기관과 관리들에 대해 구속력을 가져야 한다. 여섯째, 당 집행 관리들은 공식적인 당 위계질서를 따르지 않는 당원들을 축출할 수 있도록 권위를 갖고 있어야 한다. 원칙적으로 보면 이러한 구조는 민주적이다. 왜냐하면 공개 토론을 허용하고 또 리더십이 공식적으로 일반 당원들에게 책임을 지고 있기 때문이다. 그러나 이 구조는 집중적이다. 왜냐하면 결정이 소수 지도자들에 의해 이루어지며 모든 사람의 이익을 위해서 강제되기 때문이다.

　이와 같은 레닌의 이념으로부터 출발하여 정부구조에 관한 공산주의자들 사이의 큰 논쟁이 집중화와 분권화를 둘러싸고 제기되었다. 마르크스주의자들처럼 공산주의자들도 계급억압이라든가 소외와 같은 인간의 문제점들의 근원적 뿌리를 사회구조에서 찾는다. 공산주의자들에게 있어 문제는 이러한 사회구조가 공산당과 같은 집중화된 힘을 통해서 극복되는 게 좋은가 아니면 분권화된 방식으로 하는 게 좋은가 하는 것이다. 후자의 방식으로는 중앙의 당기구로부터 통제를 받지 않는 노동의 조합화 내지는 집단화 그리고 지방적 수준에서의 민주적인 의사결정의 활용 등을 들 수 있다.

　마르크스는 혁명 이후 사회의 정치경제가 중앙집중화된 국가에 의해서 지배되는 것이 불가피하다고 생각했다. 왜냐하면 최종적으로 보편적인 공산주의 국가에게 요구되는 것은 집중화라고 보았기 때문이다. 그러나 공산주의의 경험에서 볼 때 이러한 집중화는 보통 거대하고 비효율적인 관료, 정부의 낭비 그리고 가난한 경제를 낳는다. 이러한 이유 때문에 공산주의 사회를 구조 개혁함에 있어서 이러한 집중화의 방식을 활용하는 게 얼마나 도움이 될지에 대해서는 회의가 많다.

---

21) 소련에서 민주집중제는 당원들이 당대회에 보낼 대표를 선출하고 이들 대표들은 중앙위원회 위원들을 뽑으며 그리고 이들 위원들은 당 최고회의 위원들과 서기들을 선출하는 것을 의미했다. 그러나 소련에서 당 직위의 후보자는 위로부터 거명되었다.

공산주의 정권을 분권화하려는 노력 가운데 가장 돋보였던 것은 페레스트로이카(perestroika: restructuring)인데, 1987년 고르바초프 구소련 지도자에 의해 도입되었던 경제적 구조개혁을 지칭하는 말이다. 페레스트로이카의 원래 목표는 거대하고 집중화된 소련의 관료를 줄이는 것이었다. 관료가 모든 경제활동을 계획하고 지시하기 보다는 지방 공장의 관리자들이 자유로이 생산 계획, 원자재 구매, 노동자 고용, 가격 결정 등을 할 수 있도록 한다는 것이었다. 이러한 개혁은 소련의 정치경제에 얼마간의 분권화를 가져다 주었지만, 그렇다고 그것을 사유화로 이끌려는 의도는 애초에는 없었다. 1989년 11월 고르바초프가 '혁명적 페레스트로이카'를 통해 생산수단의 사유화와 자유시장체제의 도입을 추진하면서 비로소 소련은 핵심적인 공산주의 원칙으로부터 확실하게 떨어져 나갔다.

공산주의자들이 직면하게 된 또 하나의 구조적 쟁점은 내부 조직에 관한 것이었다. 마르크스주의처럼 공산주의는 종족과 민족의 경계를 넘어서는 계급운동을 지향해 왔다. 실제로 마르크스는 종족 내지는 민족적 경계를 공산주의의 도래와 함께 사라지게 될 부르주아적 조직 형태에 불과한 것으로 파악하였다. 따라서 공산주의자들은 국제공산주의운동이나 코민테른과 같은 국제적인 조직을 형성하여 혁명적 행동에 대해 논쟁을 벌이거나 그러한 정책을 마련하고자 하였다.

마르크스는 1864년 국제노동자협회로 알려진 제1인터내셔널(First International)을 조직하는 데 힘을 기울였다. 제1인터내셔널은 내부적으로는 파벌에 휩싸였고 외부적으로는 적대적인 정부로부터 억압과 핍박을 받았다. 제1인터내셔널은 9년 동안 여섯 차례의 대회를 갖고는 1873년에 해산했다.[22] 엥겔스는 마르크스가 죽은 지 6년 후인 1889년에 제2인터내셔널을 창설하는 데 기여했다.

---

22) 제1인터내셔널의 역사를 상세히 알아보려면, Franz Mehring, *Karl Marx: The Story of His Life*, translated by Edward Fitzgerald (Ann Arbor: University of Michigan Press, 1962), and David McClellan, *Karl Marx: His Life and Thought* (New York: Harper and Row, 1973), pp. 360-411 참조.

제2인터내셔널은 국제주의적이고 평화애호적인 정책을 강하게 채택했다. 제1차 세계대전이 일어나기 2년 전인 1912년 제2인터내셔널은 노동자계급에게 어떤 전쟁에도 가담하지 말기를 촉구하는 결의를 내걸었다. 이 결의에서 의미하는 전쟁이란 "자본가들의 이익을 위해서 또는 왕조의 야망을 위해서 아니면 비밀 외교조약의 목표를 달성하기 위해서 노동자들로 하여금 서로 총을 겨누게 하는"[23] 것이었다. 제1차 세계대전의 발발로 대부분의 공산주의자 간부들과 당원들은 평화주의를 포기하고 자신들이 속해 있는 나라의 군사적 움직임을 지지했다. 제2인터내셔널은 민족주의적 충성을 둘러싸고 회원들 간에 갈등이 야기되는 상황에서 1914년 해체되었다.

제3인터내셔널은 1915년 반전 입장의 공산주의자 대회와 함께 창설되어 1919년 공식적으로 제1차 대회가 소집되었다. 그러나 1920년 제2차 대회가 열릴 때까지 공식적인 활동은 전무했다. 제3인터내셔널의 창설에는 35개 정당이 참석했지만, 이 제3인터내셔널은 러시아 내전에서 이제 막 승리를 거두면서 최초의 성공적인 공산주의 혁명을 이룩한 러시아 공산주의자들에 의해 장악되었다. 레닌의 걱정처럼, 제3인터내셔널은 소련 외교정책의 도구가 되고 말았다. 제3인터내셔널의 이러한 변질은 결국 비소련 마르크스주의자들로부터 신뢰를 잃게 되면서 국제공산주의운동의 결속을 무너뜨리는 결과를 초래했다.

그럼에도 불구하고 1939년 코민테른에는 근 60개 정당이 참여하고 있었다. 이러한 공통의 회원의식은 혁명을 집중화하는 데 도움을 주었으며 다양한 국가의 공산당들에게 전 세계적인 차원의 혁명을 도모해 나가는 자신들의 노력에서 다른 공산당들과의 이데올로기적·재정적 그리고 조직상의 연계를 제공해 주었다. 그러나 1943년 소련은 나치를 패퇴시키고 자신의 생존을 도모하는 데 더 많은 관심을 기울

---

23) Edmund Wilson, *To the Finland Station* (London: Macmillan, 1972), pp. 499-500.

였다. 결국 소련은 서구 동맹국들과 손을 잡기 위해서 잠정적으로 세계혁명의 이념을 버렸으며 자신의 의사를 확인시켜 주기 위해서 제3인터내셔널을 해체하였다.

2차대전이 끝난 후 소련은 계속 전 세계의 공산주의 운동을 지배하려고 애썼지만, 소련과 중국, 유고슬라비아 등 여타 공산주의 국가들과의 차이는 이러한 소련의 의도를 어렵게 만들었다. 간단히 말해서 공산주의자들이 하나의 통합된 국제공산주의운동을 창설하고 유지해 나가는 것은 매우 어려운 과제였다. 국제공산주의운동은 공산주의 사회들에서도 민족적 차이나 민족자치를 극복하는 데 제한적인 성공밖에 거두지 못했다.

3. 통치자

스탈린, 레닌, 모택동 같은 공산주의자들은 정통 마르크스주의자들과 마찬가지로 모든 사회는 자신들의 이익을 위해서 지배계급에 의해 통치되며 그리고 혁명 이후에 존재하는 정부는 두개의 구별되는 단계를 거치면서 발전해 나간다고 믿었다. 첫 번째 단계의 정부는 프롤레타리아 독재로서 이를 통해 자본주의와 봉건주의의 모든 잔재―이는 혁명이 일어나는 사회의 유형에 따라 다르겠지만―를 일소해야 하고 또 인민의 사고방식을 소외되지 않고 창조적인 노동자로 존재하는 공산주의 방식으로 변형시켜야 한다. 두 번째의 최종 단계에서 인민이 공산주의 사회에서 살게 됨에 따라 정부는 강제로 수행해야 할 과제를 더 이상 갖고 있지 않으며 통치자도 더 이상 필요하지 않을 뿐만 아니라 국가 '구조'도 해체될 것이다. 이상적인 공산주의 사회에서는 무정부주의가 가능할 것이다.

공산주의자들은 혁명이 어떻게 실현될 것인가와 혁명과정 동안과 그 이후에 누가 통치할 것인가와 관련하여 마르크스주의자들과 의견을 달리한다. 마르크스는 혁명을 지도해 나갈 지식인 계급에 의해서 혁명이 진행되어 나갈 것으로 보지 않았던 반면 레닌, 스탈린, 모택동등 공산주의자들은 지식인 전위(intellectual vanguard)를 요구하는 사회에서 혁명을 지도해 나갔다.

혁명을 어떻게 진전시켜 나갈 것인가에 대해서도 마르크스의 견해와는 달리 스탈린은 혁명과정의 지침을 강제하기 위해서는 일당국가가 필요한 것으로 파악하였다. 이러한 주장이 의미하는 바 인민대중에 대한 강제는 단지 소규모의 부르주아 집단에 대해서만 어떤 심각한 방식으로 강제를 가할 수 있는 것으로 바라본 마르크스의 일반적인 민중혁명관과는 거리가 먼 것이었다. 다수의 대중들, 특히 프롤레타리아 가운데서 말을 듣지 않는 사람들에게 억압을 가하는 것은 마르크스가 프롤레타리아 민중혁명을 얘기하면서 생각했던 정치적 조치와는 사뭇 다른 것이었다.

혁명의 전위대로서 공산당의 역할을 강조하는 논리적 결과는 최초의 혁명 단계에서는 그 지도자들이 사회의 절대적 통치자가 된다는 것이었다. 레닌의 설명에 따르면, 이 초기 단계가 지나고 프롤레타리아가 충분하게 스스로의 계급의식을 갖게 될 때 비로소 프롤레타리아가 통치를 맡게 되며 국가는 완성된 공산주의로 진전되어 나가고 그럼으로써 당의 기능은 줄어들게 된다는 것이다. 통치권은 혁명 과정이 진행되어 나감에 따라 전위대나 당으로부터 프롤레타리아 자신들에게로 이전하게 되고, 종국적으로는 공산주의의 완성이 이루어지고 국가의 필요성을 포함하여 어떤 형태의 통치도 불필요하게 됨에 따라 통치자의 부재로 귀결된다는 것이었다.[24]

4. 정의

만약 마르크스의 저작에서 설명되는 정의의 실질적인 개념에 동의한다면, 이는 공산주의자들이 기본적으로 자본주의 또는 전자본주의 사회의 부정의에 대한 마르크스의 비판뿐만 아니라 혁명 이후의 정의

---

24) Lenin, "The State and Revolution," pp. 371-375, 383-384.

로운 사회에 대한 마르크스의 상상을 받아들이는 것으로 이해될 수 있다. 자본주의 또는 그 이전의 경제체제하에서 노동자들은 자신의 노동의 충분한 가치를 받지 못하며 단지 생존해 나갈 만큼만 보상받는다. 마르크스주의자들처럼 공산주의자들도 자본주의 사회에서 노동자에 대한 그러한 착취를 부당한 것으로 강조한다. 그러나 공산주의자들은 마르크스를 넘어서서 저발전 사회에서 농민이나 다른 토착적 주민들이 제국주의자들에 의해 꼭 같이 착취당하고 있음에 주목하였다.

혁명 이후 뒤따르는 이행기의 사회주의 단계에서 마르크스는 노동자들이 자신들의 노동의 양과 질에 따라 상응한 보상을 받아야 한다고 주장했다. 레닌, 스탈린, 모택동, 카스트로의 공산주의 정권하에서 정부는 모든 생산수단과 재산을 장악했다. 그 의도는 정부가 각자가 수행한 노동의 양과 질에 상응하여 비례적으로 임금을 제공하는 데 있는 것이었다. 자신들의 노동의 과실을 자본가가 갖도록 하기보다는 노동자들이 공평한 보상을 받도록 하기 위해서였다. 그럼에도 불구하고 마르크스는 노동자들이 자신들의 노동으로부터 받는 보상은 그러한 노동의 충분한 가치와 꼭 같은 것이 아니고 오히려 어떤 식의 사회적 공제를 받아야 할 것으로 보았다.

예를 들면 국가는 상품 생산을 위해서 사용된 기술을 대치하고 개발하기 위해서라든가 또는 "학교, 의료 등 필수품에 대한 공공의 만족"[25]을 위해서 기금을 보유해야 할 것이었다. 그러한 공제가 미래의 이상적인 사회를 증진시킬 것이기 때문에 그것은 전혀 부당한 것이 아니었다. 공산주의 정권은 노동자로부터 '강제저축'을 추출하는 데 마르크스의 이러한 생각을 활용하였다. 노동자들이 생산에 기여한 것과 그들이 보상으로서 받은 것 사이의 차이 역시 자본가 고용주에게 뺏긴 것처럼 착취된 잉여가치로 간주되어야 함에도 불구하고 이러한

---

25) Marx, *Critique of the Gotha Programme*, in *The Marx-Engels Reader*, 2d ed. edited by Robert C. Tucker (New York: W.W.Norton, 1978[1875]), p. 529.

차이가 자신의 취약한 경제를 산업화하고 포괄적인 복지 서비스를 제공하기 위해서 국가에 의해 보유될 때는 그것은 사회적 기여로 간주되었다.

사회주의의 이행기 이후 인민들은 자아실현적이고 창조적인 노동에 기꺼이 종사할 것이며 정부는 점차로 사라지게 될 것이다. 노동자가 다 자신의 노동에 대해 공평한 분배를 받도록 보장하기 위한 기구로서 정부는 더 이상 필요 없게 될 것이다. 왜냐하면 모든 사람들은 자신의 재능과 능력에 따라 사회에 기여할 것이고 사회의 각 구성원들은 자신들의 필요에 따라 제공받을 것이기 때문이다. 그래서 이와 같은 최종의 이상적인 공산주의 사회에서 정의의 원칙은 "각자의 능력에 따라 각자로부터, 각자의 필요에 따라 각자에게로"[26] 라는 마르크스의 약속을 실현하는 것이 될 것이다.

이러한 정의를 실현하기 위해서 공산주의자들은 인간의 사고와 행위에 대해 포괄적으로 사회적 통제를 해야 할 것으로 보았고 또 그렇게 실천했다.[27] 자유주의자나 사회주의자들은 물론이고 보수주의자들도 이러한 사회적 통제를 유해하고 비효과적이며 부당한 것으로 비난을 하지만, 공산주의자들은 진정한 공산주의 사회를 건설하기 위해서 사회에 살고 있는 사람들의 의식과 생활을 근본적인 방식으로 변혁시켜 나가야 한다고 주장한다. 이러한 변혁에는 재원분배에 대한 사람들의 사고방식에서의 변화도 포함된다. 이러한 종류의 사회적 통제나 의식전환이 혁명적 시기에는 부당해 보일지 몰라도, 이는 어떤 현행 체제보다도 더 정당하다고 생각되는 이상적인 공산주의 사회로의 변혁을 일으키는 데 유용하다는 것이었다. 공산주의 사회가 궁극적으로

---

26) Lenin, *The State and Revolution*, p. 379.
27) '프롤레타리아 독재'와 1917년 혁명 이후 러시아에서의 공산당 독재에 대해서는, Leszek Kolakowski, *Main Currents of Marxism*, vol.2, *The Golden Age*, translated by P. S. Falla (Oxford: Oxford University Press, 1978), pp. 485-491 참조.

〈설명상자 6-4〉 해방신학

모든 일신론적 종교는 한편으로는 신과 세계, 인간 그리고 이들 간의 관계에 대한 믿음과 같은 신념과 다른 한편으로는 주어진 종교적 신념을 고려할 때 우리가 어떻게 행동해야 하는가와 같은 실천 사이의 관계를 갖고 씨름을 해야 한다. 1950년대와 1960년대 라틴아메리카의 가톨릭 신학자들에게서부터 기원한 해방신학은 이러한 문제에 관심을 피력한 최초의 신학적 논의가 아니며 또 올바른 신념(orthodoxy)보다는 올바른 실천(orthopraxis)이 더 중요하다고 강조한 최초의 논의도 아니다. 더구나 해방신학자들은 가난한 사람들의 절박한 필요라든가 그들을 옭아매고 있는 부정의를 인식한 최초의 사람들도 아니다.

그러나 해방신학이 기독교 교리전통에 기여한 독특한 측면은 의식적으로 마르크스의 사회 분석으로부터 빌려온 언어와 개념으로 이러한 문제에 관심을 표명했다는 점이다. 해방신학은 부자와 빈자 간의 '계급투쟁,' 가난한 사람들의 소외, 가난한 사람 또는 프롤레타리아를 의식화할 필요성, 국제 '자본주의의 억압'과 '제국주의,' 그리고 아마도 혁명적 활동을 통해서 '새로운 사회질서'를 건설할 필요성에 대해서 얘기를 한다.

빈곤, 부정의, 사회적 책임은 다양한 기독교 전통에서 중요한 테마이지만, 해방신학은 특히 마르크스의 분석과 언어를 채택하고 있다는 점에서 다양한 기독교 전통에 있는 학자나 성직자들에 의해 본질적으로 마르크스 사상의 한 분파이든가 아니면 마르크스와 너무 밀접하게 연관되어 있어서 해방신학의 기독교적 뿌리는 감춰져 있거나 별로 중요하지 않은 것으로 된 이념인 것으로 간주되고 있다.

이러한 평가가 공정한 것인지 아닌지 여부에 관계없이 해방신학은 기독교인들에게 이념의 문제를 넘어서서 사회적 행동의 문제로 나아갈 필요성을 일깨워 주었다. 더구나 기독교인들이 마르크스주의 분석과 행동의 필요성을 받아들이든지 않든지 간에, 그리고 그들이 기독교 교리를 활용하여 자신들의 억압 상태를 극복할 수 있도록 하기 위하여 가난한 사람들을 집단적으로 동원하고 도움을 주도록 해야 한다는 해방신학의 중심 주장을 수용하든지 않든지 간에, 라틴아메리카와 기타 지역의 해방신학자들은 남아메리카와 아프리카, 아시아의 많은 발전도상 국가들에서 뿐만 아니라 가난한 유럽의 도시에서 가난한 사람들을 위한 정치적 대변인이자 활동가로 크게 활약했다. 그들은 다른 기독교인들에게 사회적 윤리의 실천과 사회적 정의에 대한 관심에서 기독교 윤리의 중요성을 일깨워 주었다.

제공하는 물질적 풍요와 인간해방은 현행의 과도기적인 사회적 통제를 충분히 보상하고도 남는다고 보았다.[28]

5. 권위

마르크스주의자들처럼 공산주의자들은 자유민주주의 사회에서 국가 권위는 자본가의 이익에 봉사하는 데 사용된다고 보았다. 그러나 혁명 이후 국가권위는 공산당에게 주어질 것이고, 이러한 권위는 더 이상 국가권위가 미래의 이상사회로의 이행을 추진하는 데 사용될 것이었다. 이러한 권위는 경제적으로 풍요롭고 인간존재가 변혁되어 있는 이상적 사회에서는 필요하지 않게 될 터인데, 왜냐하면 실제적으로 모든 사람들이 창조적인 자아실현과 물질적 풍요를 통해 소외되지 않은 삶을 살게 되는 공산주의의 보편적 진실을 받아들이게 될 것이기 때문이다.

공산주의자들은 이상사회로의 이행기 동안 국가의 역할에 대한 마르크스의 견해를 발전시킴으로써 국가권위에 대한 이러한 마르크스주의 논지를 확대시켰다. 공산주의자들은 이행기 동안 국가권위는 절대적이며 다음과 같이 사회적·경제적·해석적 차원의 3가지에서 그래야 한다고 생각했다.

첫째, 공산주의 국가는 이상사회의 실현을 가능하게 하는 방식으로 사회생활을 구조화하기 위해서 자신의 권위를 사용해야 한다. 국가는 가족, 학교, 종교, 기타 지방적 협의체 등 다양한 사회적 기구들에 대해 통제를 구사해야 하며 그럼으로써 '새로운 인간'의 발전을 도모해 나가야 한다.

둘째, 공산주의 국가는 전자본주의 경제를 산업화하고 그럼으로써 이상적인 공산주의가 전제로 삼고 있는 풍요를 창출하는 데 자신의 권위를 사용해야 한다. 이러한 사례의 원형은 1929년 스탈린에 의해서

---

28) Lenin, *The State and Revolution*, pp. 378-384.

확립된 **집단주의적 소비에트 국가**인데, 이는 1980년대 중반 고르바초프에 의해 개혁이 도입될 때까지 대체적으로 존속되어 왔다. 스탈린은 모든 산업적 사유재산을 국유화했으며 농업을 집단화했고 국가경제에 대해 엄격하고 집중화된 관료적 통제를 가했다. 중앙계획자들이 생산의 우선순위를 정하고 생산 목표와 생산량을 할당하는 5개년 계획을 확정했다. 다양한 직종의 월급이 국가에 의해 정해졌다. 지방 산업에 대한 감시감독이 소비자의 만족이나 불만족에 의해서 아래에서부터 주어지는 것이 아니라 국가의 당관료에 의해 위로부터 주어졌다.

경제에 대한 이러한 국가통제는 창의와 노력에 대한 보상을 제대로 해 주지 못하는 등의 이유로 많은 비판을 받아왔지만,[29] 이러한 계획경제가 적어도 수년 동안은 경제적 개선을 가져왔다는 몇몇 사례가 존재한다. 예를 들면 1960~1973년 기간 동안 소련은 미국을 포함하여 발전된 자본주의 국가보다 더 높게 연평균 5.3%의 경제성장을 이룩했다는 평가도 있다. 게다가 소련은 이 기간 동안 고정투자에 대한 지출을 증대시킴으로써 실제로 1977년까지는 미국의 투자수준을 넘어설 수 있었다. 1955~75년 기간 동안 소련의 소비는 미국의 수준에 결코 도달하지 못했지만, 소련은 미국과의 소비수준 격차를 상당한 정도로 줄여나갔다.[30]

그럼에도 불구하고 소련의 중앙 계획과 통제는 1980년대에 이르면 경제성장을 지속시켜 나가지 못해서 이상적인 공산주의의 달성을 위해서 요구되는 풍요는 말할 것도 없고 자본주의 경제와 대등한 수준으로도 도달하지 못했다. 이러한 실망 때문에 소련 국민들은 미래의

---

29) 아마도 소련의 계획경제에 대한 가장 비판적인 평가 가운데 하나로, Alec Nove, *The Economics of Feasible Socialism Revisited* (New York: Harper-Collins, 1991), pp. 73-126 참조.
30) 소련 계획경제의 성공에 대한 자료는 Charles McCoy, *Contemporary ISMS: A Political Economy Perspective* (New York: Franklin Watts, 1982), pp. 70-94 참조. 보다 비판적인 평가 자료는 Z, "To The Stalin Mausoleum"을 볼 것.

이상사회라는 구호 아래 자신들에게 가했던 희생에 대해 의문을 표하기 시작했으며 또 이러한 희생에 대한 공산주의 이데올로기의 정당화가 신화이든가 아니면 사기가 아닌가 하는 의문을 갖게 되었다. 이러한 상황에서 공산주의 지도자들은 경제에 대한 국가통제라는 자신들의 정책을 재평가하기에 이른다.

경제에 대한 국가통제가 어느 정도여야 하는가는 공산주의의 중심원칙이 아니라는 주장이 제기될 수도 있다. 자신의 페레스트로이카 개혁을 통해서 국가통제를 줄이려는 고르바초프의 개혁 이전에도 경제에 대해 덜 포괄적인 국가개입을 선택한 공산주의 정부 사례로서 레닌의 신경제정책(NEP)이라든가 티토의 노동자평의회에 기반한 자치관리 등이 존재한다. 레닌의 신경제정책은 1921년에 도입되었는데, 이는 볼셰비키 혁명 초기 '전시 공산주의' 하에서 소련경제에 가해졌던 극단적인 국가통제에 대한 대응으로서 채택된 것이었다. 1928년까지 지속된 신경제정책은 자유무역에 대한 많은 제약들을 제거했고 몇몇 소규모의 기업들을 국유화했으며 농업에서도 더 많은 시장 자유화를 허용했다.

앞에서 언급한 티토의 노동자평의회는 산업노동자들로 하여금 자신들의 관리를 뽑고 해임할 수 있도록 했으며, 또 무엇을 생산하고 수입을 어떻게 분배하며 수입 가운데 얼마를 재투자에 투입할 것인지, 그리고 누구를 고용하고 승진시키고 할 것인지 등 지방기업의 모든 결정사항들을 심의하도록 하였다. 고르바초프의 페레스트로이카는 지방 관리들로 하여금 소비자 수요에 맞춰 생산을 하고 생산성을 높이는 방법으로 임금과 보너스 정책을 채택하도록 허용했다. 그렇기 때문에 공산주의가 포괄적인 국가경제계획을 요구할 것인가 혹은 안할 것인가, 또는 국가가 지방 기업에 대해 더 많은 자율성을 부여할 것인가 혹은 말 것인가는 해석의 문제로 환원된다.

그래서 공산주의자들에게는 마르크스를 해석하는 능력이 권위의 세 번째이면서도 아마도 가장 중요한 측면이 된다. 그들은 혁명이나 혁명적 실천에 관한 문제에서 마르크스를 적절히 해석하는 것은 정치 이론 가들이 아니라 공산당의 몫이라고 주장한다. 다른 사회적 관심사에서 뿐만 아니라 경제 문제에서도 공산당은 무엇을 할 것인지를 선언한다. 공산당은 역사 과정에 대한 자신들의 무오류적 이해에 기반하여 자신의 절대적 언명을 제시하는데, 이러한 무오류의 단정은 한편으로는 현행의 구체적 조건에 대한 통찰력에 의해 그리고 다른 한편으로는 마르크스에 대한 자신들의 무오류적 이해에 기초하고 있다.[31]

그래서 스탈린주의자들은 집단소유라든가 중앙통제의 중요성과 관련하여 마르크스에게서 그 타당성을 찾았는가 하면, 고르바초프는 경제정책 결정에서 보다 많은 분권화를 바라는 마르크스와 특히 레닌에게서 그 타당성을 구했다.[32] 다른 나라의 공산당 지도자들이 마르크스로부터 각기 다른 해석을 끄집어 내었지만, 어떻든 마르크스 해석에서의 권위는 이들 공산당 지도자들만이 갖고 있다는 것이 공산주의에서 중요한 원칙이었다. 공산당에게 주어진 하나의 과제는 잘못된 모든 해석들뿐만 아니라 의도한 것이든 혹은 우연이든 마르크스주의와 현재 주어진 조건 및 필요를 잘못 이해함으로써 이상적인 공산주의 사회로 나아가는 데 방해가 되는 사람들 모두를 제거하는 데 있었다.[33]

그래서 공산당의 해석 권위는 국가의 사회·경제적 권위보다 더 공산주의에 중심적인 것이었다. 마르크스 저작을 해석하는 데 있어서 공산당의 권위는 역사과정이라든가 또는 이상적인 공산주의가 실현되는 '역사의 종언'에 이르기 위해서 무엇을 해야 할지에 대해서 당

---

31) Koestler, *Darkness at Noon*, pp. 67-68 참조.
32) 마르크스와 레닌이 이데올로기적으로 페레스트로이카를 지지하는 것으로 해석하려는 고르바초프의 시도에 대해서는, Gorbachev, "The Socialist Idea and Revolutionary Perestroika," published in *National Affairs* (Nov. 17, 1989), pp. 70-80 참조.
33) Lenin, "'Left-Wing' Communism: An Infantile Disorder," in *The Lenin Anthology*, p. 609.

이 절대 권위를 가진다는 언명에서 명백하게 나타났다. 마르크스 저작에 대한 해석과 관련한 당의 권위는 각기 다른 환경과 다른 시점에서 사회·경제적 생활에 대해 적절하게 행사할 수 있는 국가의 권위를 결정한다.[34]

6. 시민권

마르크스와 엥겔스처럼 공산주의자들은 자유민주주의에서 시민참여는 대개의 경우 상징적이며 효과가 없는 것으로 파악하고 있다. 형식적 민주주의는 다수에 대한 소수의 지배를 정당화해 주는 경향이 있다. 이러한 의미에서 마르크스주의자들에게 '시민'이라는 말은 그 자체로 문제가 있다. 왜냐하면 시민이라는 말은 본질적으로 특정의 지배체제하에서 개인의 법적인 권리와 의무를 지칭하는 것이기 때문이다. 시민이란 단순히 부르주아 지배의 또 하나의 형태이다.

부르주아 지배를 넘어서서 공산주의자들은 사람들이 특정의 의무들을 수행해야 한다고 본다. 예를 들면 러시아혁명 이전이나 그 혁명 기간 동안 모든 곳의 공산당원들은 1921년 제3인터내셔널의 '21개 조건'에 목록화된 사항들을 실천에 옮길 의무를 지도록 기대된다는 것이다. 이러한 의무들에는 공산주의에 대한 절대적인 이데올로기적 헌신; 당간부들로부터 모든 개혁주의자, 수정주의자, 노동조합주의들을 제거하는 것을 포함하여 민주집중제의 원칙과 실행에 대한 지지; 각자의 민족성에도 불구하고 모든 공산주의자들로부터 소련에 대한 지지; 군대는 공산주의자들도 시민으로 있는 자본주의 국가를 방어하고

---

34) 이것이 의미하는 바는 고르바초프가 공산주의로부터 이탈하게 된 것은 페레스트로이카 정책 때문이 아니라 글라스노스트 정책 때문이다. 문자 그대로 페레스트로이카는 어떤 다른 방향으로 경제가 '옮겨가는' 것이지만, '공개 또는 개방성'으로 지칭되는 글라스노스트하에서 비로소 소련 공산당은 자신의 최종적 해석 권위를 폐기하고 사회·경제적 쟁점에 대해 공개 토론을 허용하였다.

있기 때문에 이러한 군대를 약화시키고 파멸시키는 것을 포함하여 혁명 이전의 활동을 준비함에 있어 지하조직과 불법적 조직까지도 정비해야 할 의무; 제국주의 세력하의 식민지 인민들로부터 전개되는 혁명활동에 대한 지지와 지원 등이 포함된다.[35] 모든 공산당 프로그램은 제3인터내셔널 집행위원회로부터 점검과 시인을 받아야 한다.[36]

혁명이 발발할 때 공산당의 권위에 대한 시민들의 복종과 의무가 가장 중요하다. 그러나 공산주의에로의 이행이 진전될수록 그들은 점점 더 많은 자유를 향유하게 될 것이고, 종국에는 공산주의자들이 예시한 대로 자율적이고 자유로운 창조적 노동자로 바뀌게 될 것이다. 같은 방식으로 혁명이 끝났을 때와 혁명이 시작할 때를 보면 개인들의 특성에서도 상당한 차이가 존재한다. 비록 공산주의자들 간에 견해 차이가 없는 것이 아니지만, 시민참여에 대한 지배적 패러다임은 레닌에게서 기원한다. 시민들은 혁명을 일으키려는 자신들의 노력에서 당의 조직과 의지 및 리더십에 모든 것을 바쳐야 한다.

전자본제 사회에서 수적으로 지배적인 사회계급인 농민들은 자본주의와 제국주의에 대항하여 혁명을 증진시켜 나가야 할 것이었다. 그들은 자주 민족주의 이름으로 그렇게 했고 또 그렇게 할 수도 있었

---

[35] 혁명 원칙과 전략에 대한 철저한 논의와 함께 이와 같은 사회주의적 '이단들'에 대한 통렬한 비판은, Lenin, "Left-Wing Communism," pp. 550-618 참조. 이러한 목록은 책으로 출간되어 1920년 7월 모스크바에서 열린 제3공산주의자인터내셔널의 2차 당대회 대표자들에게 배포되었다.

[36] Leszek Kolakowski, *Main Currents of Marxism*, vol.3, *The Breakdown*, translated by P. S. Falla (Oxford: Oxford University Press, 1978), pp. 107-108. 소련공산당은 제3인터내셔널에서 지배적인 세력이기 때문에 그리고 그 시점에서 혁명은 소련에서만 '성공'했기 때문에 이러한 원칙들은 자국의 이익에 편향된 소련공산당의 영향을 강하게 받았으며 그리고 러시아의 소비에트 혁명의 독특한 특성과 그 여파로부터 벗어나지 못했다. 레닌은 이러한 영향력이 국제공산주의의 미래를 위해서 최선의 이해관계를 갖지 못할 것으로 비관적 입장을 통찰력 있게 피력하였다. V.I.Lenin, "Foreign Communist Parties and the Russian Spirit," in *The Lenin Anthology*, pp. 626-627.

는데, 이 경우 민족주의는 이상적인 공산주의 사회를 달성하는 데 활용이 가능한 일종의 '중간적 이데올로기'였다. 사회에서 보다 지적이거나 조직화된 재능을 보유하고 있는 사람들은 역사를 이해하고 그럼으로써 사회주의와 공산주의의 발전을 위해서 취해야 할 길이 무엇인지를 결정할 수 있는 사람들이기 때문에 혁명을 위한 엘리트 전위로서 프롤레타리아와 농민들을 대변하고 그들을 위해서 일해야 할 의무가 있다. 재능 있는 사람들의 집단인 공산당은 이의나 불만 없이 지도자가 설정한 목표를 추구해 가야 할 것이었다.

예를 들면 스탈린체제하에서 그러한 맹목적인 순종이 엄격하게 강제되었는가 하면 또 지방의 수준에서든 전국적 수준에서든 노동자들은 의사결정에 참여할 수 있는 권리를 박탈당했다. 노동자들은 자신의 이익에 대해서는 아무런 고려가 없이 모든 사람들을 위해서 일해야 할 뿐만 아니라 스탈린이나 당의 이념 내지는 정책에 전적으로 따라야 할 것으로 요구되었다. 그러나 티토의 통치하에서 유고슬라비아 노동자들은 상대적으로 보다 많은 자율성과 정책결정의 자유재량권을 보유하고 있었다. 그렇기 때문에 '시민'의 의미는 다분히 특정의 공산주의 정부가 채택하는 마르크스 해석에 의존하는 경향이 있다.

IV. 요약과 결론

이 책에서 논의를 하고 있는 이데올로기 가운데 공산주의가 역사발전에 의해 가장 크게 영향을 받아왔다는 것도 하나의 역설이다. 자신의 전략을 수행함에 있어서 가장 명확하게 '역사과학'으로 동일시하였던 이데올로기가 역사 그 자체의 발전에 의해서 가장 큰 영향을 받았기 때문이다.

소련과 동유럽 공산주의의 명백한 붕괴와 중국에서의 경제개혁, 휘청대는 쿠바경제는 공산주의에 대해 불확실한 정치적 미래를 암시해 주고 있다. 대부분의 경우 자유시장 경제나 또는 민주사회주의자들이 옹호하는 혼합경제가 중앙계획을 대치하고 있다. '프롤레타리아 독재'는 선의의 권위주의나 의회민주주의의 어떤 변형으로 바뀌고 있다. 공산주의는 자신이 변혁시키고자 했던 바로 그 역사의 이데올로기적 잔재로 되고 있다.

　마르크스주의가 자본주의와 자유사회에 대한 다양한 비판의 형태로 살아남고 있는 데 반해, 공산주의는 현재로서는 정치적으로나 지적으로 신뢰를 상실하고 있다. 혁명은 공산주의자들이 희망하고 예측한 대로 일어나지 않았다. 그 대신에 전제적이고 전체주의적인 정부가 자유로운 창의성과 모든 사람을 위한 풍요가 갖추어진 사회가 전혀 보이지 않는 가운데 스스로에 단단히 얽매어 있다. 결국 우리들은 외견상으로 보면 자체 모순적인 것 같아 보이는 이른바 공산주의 '보수주의자들'이 자신들에 반대하는 대중의 소요에 직면하면서도 어떻게든 정치적 권력을 유지해 나가려고 애쓰고 있는 특이한 양상을 관찰할 수 있을 뿐이다.

제7장
파시즘과 나치즘

많은 사람들은 독일의 나치즘이나 이탈리아의 파시즘의 등장과 관련하여 일어난 대량학살과 제2차 세계대전을 인류 역사의 가장 암울한 시기를 상징하는 것으로 간주한다. 사람들이 잔인하고 야만적인 방법으로 오래 전부터 서로에게 해를 가해 왔지만, 이러한 이데올로기가 일반적으로는 세계에 대해서 그리고 특수하게는 유대인들에 대해서 가해진 해악의 규모와 범위는 전대미문의 것이었다. 아마도 가장 소름끼치는 것은 이러한 해악이 고도로 발전되고 문화 수준이 높은 사회의 시민들에 의해서 저질러졌다는 점이다.

나치즘과 파시즘이 공유하고 있는 어떤 이념들이 이들로부터 동의와 때로는 확고한 충성을 끄집어 내었을까? 둘 다 개인에 대한 집단의 우월성을 강조함으로써 자유주의를 거부했다. 그들은 계급갈등과 부정의에 대한 마르크스주의 개념이 사회의 통합을 저해하고 공동선의 달성을 방해한다고 주장하면서 공산주의를 거부했다. 둘 다 민주주의를 거부했는데, 그 이유는 민주주의가 인간의 약점과 특정의 이해관계에 영합한다고 보았기 때문이다.

그들은 엘리트가 규정한 목적을 위하여 대중을 동원하는 권위주의적 지도자의 통치를 지지했다. 그들은 인간의 이성이 정치생활에서 제한적인 역할만을 할 뿐이라고 생각했다. 그들은 집단적 위대성은 인간의 운명에 대한 통찰력 있는 이해에 의존하며 군사적 정복이나 국민통합과 같은 목표를 중심으로 시민들을 하나로 뭉치도록 인간의 감정과 의지를 활기차게 하는 데 달려있다고 역설했다.

그러나 나치즘과 파시즘은 동일한 이데올로기가 아니다. 파시즘은 국민을 구성원들이 경의를 표하고 봉사해야 할 집합인 것으로 찬양하지만, 나치즘은 소위 '아리안족'을 장려되어야 할 집합인 것으로 찬양한다.[1]

나치즘의 기원은 1920년대 동안 독일에 영향력을 행사했고 1933~1945년 동안 독일 제3제국의 독재자였던 아돌프 히틀러(Adolf Hitler, 1889~1945)의 사상과 통치방식에 기반을 두고 있다.[2] 히틀러는 (일차적으로는 아리안족과 유태인들 간의) **인종투쟁**을 정치의 중심 주제인 것으로 파악하였다. 나치즘은 독일의 많은 문제들이 "유태인들의 음모"[3] 탓이라고 주장하면서 인류에게 위대함을 가져다 줄 수 있는 우월하고

---

1) 기술적으로 아리안족은 남서인도와 이란으로부터 연원하는 인도유럽인들이다. 그러나 나치즘은 얼굴이 거무잡잡한 사람들을 찬양하기보다는 스칸디나비아로부터 기원하는 하얀빛의 독일 사람들의 인종적 우월성을 주창했다. 그럼에도 불구하고 그들은 스스로를 '아리안'이라고 불렀다.
2) 독일의 '제1제국'은 10세기와 13세기 사이 다양한 독일 영토에서 독일왕들에 의해 명백하게 나타나고 있는 바와 같이 중앙집중화 경향에 의하여 특징지어지는 시기를 지칭한다. 제2제국은 1871~1918년 사이 비스마르크(Otto von Bismarck)의 정책에 의해서 성립되고 1차 세계대전 이후 베르사이유조약에 의해 해체된 독일제국을 말한다.
3) 유태인들의 음모를 입증하기 위해서 나치주의자들은 세계를 정복하려는 유태인들의 계획을 기록한 것으로 알려져 있는 『시온의 원로들의 칙서』(Protocols of the Elders of Zion)를 인용했다. 그러나 이 『칙서』는 유태인의 공분을 불러일으키기 위해서 19세기 말 반유태주의자들에 의해 날조된 허위의 것이었다.

〈설명상자 7-1〉
파시즘과 나치즘의 주요 선구자들과 옹호자들 그리고 그들의 주요 저작

선구자

아더 쇼펜하우어(Arthur Schopenhauer, 1788~1860)
  『의지와 표상으로서의 세계』(World as Will and Representation, 1818)
아더 드 고비노(Arthur de Gobineau, 1816~1882)
  『인종 불평등론』(Eaasy on the Inequality of Human Races, 1854)
주세페 마치니(Guiseppe Mazzini, 1805~1872)
  『인간의 의무』(The Duties of Man, 1875)
프리드리히 니체(Friedrich Nietzsche, 1844~1900)
  『도덕의 계보』(Genealogy of Morals, 1887)
조지-유진 소렐(Georges-Eugene Sorel, 1847~1922)
  『폭력론』(Reflections on Violence, 1906)
빌프레도 파레토(Vilfredo Pareto, 1848~1923)
  『마음과 사회』(The Mind and Society, 1916)
휴스톤 스튜어트 챔벌린(Houston Stewart Chamberlin, 1855~1927)
  『19세기의 기반』(Foundations of the Nineteenth Century, 1899)
가에타노 모스카(Gaetano Mosca, 1858~1941)
  『지배계급』(The Ruling Class, 1896)

파시스트

베니토 무솔리니(Benito Mussolini, 1883~1945)
  『파시즘의 교의(敎義)』(The Doctrine of Fascism, 1928)
지오바니 젠틸레(Giovanni Gentile, 1875~1944)
  『파시즘의 철학적 기반』(The Philosophical Basis of Fascism, 1928)

나치스

아돌프 히틀러(Adolf Hitler, 1889~1945)
  『나의 투쟁』(Mein Kampf, 1925~1926)
루돌프 후버(Rudolf Huber, 1903~)
  『위대한 독일제국의 헌법』(Constitutional Law of the Greater German Reich, 1939)

순수한 아리안족의 발전을 중요한 목표로 설정했다. 유태인의 말살을 계획한 대학살 동안 600만에 달하는 유럽 거주 유태인을 살해함으로써 나치주의자들은 (유태인과 집시 등에 대한) 인종청소와 (아리안족의) 인종적 우월성을 그들 이데올로기의 중심 주제로 만들었다. 다른 이데올로기들도 정신적 우민화라든가 사법권의 남용, 전제정치로 연결된다는 점에서 비난을 받는 경우가 있지만, 수많은 사람들을 조직적으로 살해하는 것을 정당화하는 나치즘은 이데올로기적 사고의 어두운 면을 극적으로 보여주고 있다.

파시즘의 기반은 1922~1945년의 기간 동안 이탈리아의 독재자였던 베니토 무솔리니(Benito Mussolini, 1883~1945)의 사상과 통치관행에 집약되어 있다. 지오바니 젠틸레(Giovanni Gentile, 1875~1944)와 같은 파시스트 철학자는 진정한 파시스트는 나치즘의 인종주의적 사상을 거부한다는 점을 명백히 하였다. 파시스트들은 인종주의자가 아니라 민족의 힘을 자신들 원칙의 중심에 놓는 민족주의자들이었다. 민족에 대한 강조가 인종주의적 색조를 띨 수는 있겠지만 그것이 반드시 인종투쟁이나 또는 (유전학적 통제나 유전형질의 조작에 의한 인종개선을 뜻하는) '인종우생학'에 대한 믿음으로 귀결되는 것은 아니다. 실제로 무솔리니 정부와 한동안은 헝가리의 파시스트 정부도 독일 나치즘에 비해 유태인들을 보다 우호적으로 대했다.[4]

1945년 제2차 세계대전의 종결과 함께 독일 나치즘과 이탈리아 파시즘의 패배로 인해 많은 사람들의 마음에서 이러한 이데올로기들은 사라졌다. 그러나 나치즘과 파시즘은 20세기 후반 많은 급진적인 우익운동과 다양한 형태의 정권에 기반으로 작용하는 사상들을 제공해 주었다. 스페인의 파시스트당인 팔랑제(Falange)는 1936년 스페인공화

---

4) Hannah Arendt, *Eichmann in Jerusalem* (New York and London: Penguin Books, 1963), pp. 138-140; David E. Ingersol and Richard K. Matthews, *The Philosophic Roots of Modern Ideology: Liberalism, Communism, Fascism*, 2d ed. (Englewood Cliffs, N.J.: Prentice Hall, 1991), pp. 246-247.

국에 대항하는 반란을 이끌었고 1975년 죽을 때까지 집권을 했던 프랑코(Francisco Franco)에게 권력을 갖다 주었다.

아르헨티나의 페론(Juan Peron, 1895~1974)은 1945~1955년과 1973~1976년의 기간 동안 아르헨티나를 통치했던 페론당에 많은 파시스트 사상을 통합시켰다. 이라크의 사담 후세인(Saddam Hussein)과 같은 많은 제3세계 군사독재자들은 많은 경우 전체적으로는 파시즘에 대한 충성을 주창하지는 않았지만 실제로는 자신의 정부에 파시스트 원칙들을 통합시켰다. 가장 최근까지도 남아프리카공화국의 국민당은 백인과 유색인을 철저히 분리시키는 **인종차별정책**(apartheid)을 통해 소수백인의 지배와 다수흑인에 대한 억압을 지속시켜 왔다.

지난날 대유고슬로비아의 한 공화국이었던 보스니아에서 세르비아인들의 '인종청소' 정책은 나치와 유사한 인종적 목적들이 탈냉전의 전쟁 시기에도 여전히 살아 있음을 극명하게 보여 주었다. 독일이나 미국과 같은 산업화된 민주국가들도 인종주의적 정치이념으로 수많은 사람들을 동원하는 신나치 운동과 조직에 의해 계속 영향을 받고 있다. 이 장에서 우리들은 독일의 나치즘과 이탈리아의 파시즘에 초점을 맞추게 되겠지만, 세계정치에서 이들 이데올로기의 원칙들이 계속 중요한 역할을 하고 있음을 상기하는 것은 중요하다.

I. 정치적 기반

1. 문제점

파시즘과 나치즘은 통상 19세기 말과 20세기 초의 특정의 사회적·경제적·역사적 발전과 긴밀히 연결되어 있다. 이 두 이데올로기의 출현을 이해하기 위해서는 당시에 직면하고 있었던 문제점들이 무엇인지부터 시작하기로 하자.

원래 파시즘과 나치즘은 특정의 역사적 문제들에 대한 거의 임시방편적인 대응으로 나타난 것 같아 보인다. 그래서 비슷한 상황이 재발하지 않는다면, 파시즘과 나치즘이 이데올로기로서 재등장할 가능성은 높지 않은 것으로 생각할 수도 있다. 이러한 생각은 물론 지나친 단순화이지만, 이탈리아의 파시즘과 독일의 나치즘의 대두를 초래한 몇 가지 역사적 조건들을 주의깊게 살펴보는 것은 이들 이데올로기를 이해하는 데 도움이 될 것이다.

첫 번째 조건은 제1차 세계대전을 종식시키면서 1919년에 조인된 베르사이유 조약이 응징적인 조치를 취함으로써 국제적 부정의(不正義)의 감정을 야기시켰다는 점이다. 특히 많은 독일 국민들은 베르사이유 조약이 독일에 대해 불공정하게 전쟁 책임을 지우고 과다하게 벌을 가하고 있다고 생각했다. 독일은 전전(戰前)과 비교할 때 경작토지의 1% 정도를 잃었고 인구의 10%가 죽음을 당했으며 해외의 모든 식민지와 투자를 상실했으며 군함과 상선의 대부분이 파괴되었다. 또한 독일은 프랑스와 영국에 막대한 금액의 전쟁보상금을 지불하도록 강요받았다. 이러한 조약에 서명하는 것을 독일 국민들은 못마땅하게 생각하고 있었다.

독일과의 조약을 깨고 1915년 연합국에 가담함으로써 제1차 세계대전에서 승자의 편에 서게 된 이탈리아도 1차대전 이후의 조약에 대해 불만을 갖고 있었다. 연합국과의 비밀조약에서 이탈리아는 만약 연합국이 승리하게 되면 오늘날의 슬로베니아의 영토를 약속받았었다. 그러나 1차대전 이후 연합국은 이러한 약속을 지키지 않았다. 이러한 결정은 이탈리아를 분노케 하였고 국민적 자존심을 손상시켰으며 연합국에 대해 배신감을 갖게 하였다. 요약하면 국제적 부정의에 대한 광범한 인식은 강력한 민족적 감정을 들끓게 하였고, 나치즘과 파시즘은 이를 활용할 수 있었다.

두 번째의 역사적 조건은 경제적 불안정과 연결된 점증하는 경제적 기대의 존재였다. 1차대전 동안 독일과 이탈리아에서 계급구분이 엷어졌으며 평등주의 정신이 고양되었고 가난하고 교육을 제대로 받지 못한 하층계급 출신들의 경제적 열망이 높아졌다. 이탈리아와 독일의 국민들은 전쟁 동안 광범한 희생을 받아들였지만, 전쟁이 끝나자 경제적 안정에 대한 요구가 대두하게 되었다. 물론 1920년대 독일과 이탈리아인 경우 경제적 생산성과 삶의 수준에서 상당한 개선이 이루어졌지만, 경제적 문제들은 여전히 해결되지 않은 채 있었다.

예를 들면 이탈리아의 경우 산업화는 북부의 몇몇 도시에서만 이루어졌고 북부의 농업지역과 남부지역에서는 경제성장에 의미있게 참여하지 못한 농민경제가 그대로 지속되고 있었다. 이탈리아의 자유민주적 정부의 막대한 재정적자는 고율의 세금과 지출감소를 불가피하게 만들었다. 이탈리아는 또한 국제무역 수지에서도 어려움을 겪었고 이탈리아의 화폐인 리라(lira)는 평가절하를 면치 못했다. 이러한 문제들은 이탈리아 국민들 사이에 광범한 불만과 환멸을 불러일으켰으며 노동조합의 급증과 노동쟁의의 확산을 조장했다. 이러한 상황에서 중간층들은 좌파의 사회주의정당에 대한 대안을 모색하였으며 노동계급들은 이탈리아의 경제적 자족을 약속하는 정당을 찾아나섰다. 파시스트는 이들 두 계급 모두에게 호소력을 가졌다.

제1차 세계대전 직후 독일경제는 독일의 능력을 넘어서는 과다한 배상금 요구라든가 국제무역에 대한 광범한 제약의 부과, 그리고 독일이 배상금 지불을 이행하지 못하자 결국 이에 대한 반응으로 프랑스가 루르(Ruhr) 지방을 점령하는 등의 여러 가지 요인으로 인해 황폐해 있었다. 바이마르정부는 정부지출을 감당하기 위해서 통화남발로 대응했는데, 이러한 정책은 1922~23년 물가폭등으로 이어졌다.

고물가는 저축과 연금, 기타 경제적 투자의 기반을 무너뜨렸다. 1923년 물물교환이 다른 상업적 교환을 대치하였으며 식량폭동이 발발하였다. 이러한 고물가로 중간계급은 커다란 어려움을 겪었으며, 노동자들은 실질임금의 감소에 처하였다. 1920년대 중반에 일시적인 경제회복이 있었지만, 1929년 세계적인 경제불황은 600만 명의 독일 노동자의 실직을 초래했다. 1932년에는 독일 노동자의 25% 이상이 직장을 잃었다. 이러한 경제적 상황에서 자유민주주의에 대한 독일 국민들의 지지도 약해졌다.

경제적 불안정과 침체는 1919~33년 시기 동안 지속되어 왔던 바이마르 공화국 초기 동안 독일 국민들의 절대적인 충성과 사랑을 확보해 왔던 자유민주주의와 그 제도들에 대한 독일 국민들의 불신을 더욱 강화시켰다. 안정된 자유민주주의 전통의 부재는 나치스의 권위주의적 구호에 대한 대중들의 수용을 상대적으로 용이하게 하였다. 이를 위해 나치스들은 경제적 문제들의 원인과 관련하여 유태인들의 경제지배와 같은 방식으로 상정하여 이를 공격하였는가 하면 또 사적생산과 사기업을 용인하면서도 경제에 대한 포괄적인 국가통제를 의미하는 이른바 '국가사회주의' 프로그램을 개발함으로써 독일의 경제적 문제들을 해결할 수 있다고 주장했다.

파시스트와 나치스가 제기했던 세 번째 문제점은 의회민주주의의 명백한 비효율성과 무력증이었다. 1차대전 이후 이탈리아와 독일은 다수득표의 1인 선출이 아니라 전국적인 득표에 비례하여 정당에 의석을 부여하는 독일 바이마르 공화국에서 정당은 전국적으로 6,000표를 얻을 때마다 의석 1개를 부여받았다. 그 결과 유권자들은 군소정당을 위한 투표가 '사장' 되지 않는다는 것을 알았고 그래서 군소정당들이 독일 제국의회에 대거 참여했다. 예를 들어 1932년에는 38개 정당이 선거에 뛰어들었는데, 그 가운데 18개 정당이 의석을 확보했다.

바이마르 공화국에서는 어느 정당도 절대다수를 확보하지 못했으며, 그래서 정부를 구성할 수 있을 만큼 충분한 연합을 만들기 위해서는 일단의 정당들이 서로 손을 잡아야 했다. 협력은 쉽지 않았다. 정당 간의 알력, 경계와 시샘, 정책적 차이, 영향력을 확보하기 위한 협상과 위치선정은 연합을 흔들어 놓았고, 그래서 1928년 5월까지 15개의 정부가 들어설 정도로 정부가 자주 붕괴되었다. 권위를 갖고 단호하게 통치하는 것을 거의 불가능하게 만드는 이러한 제도 아래에서 정부의 무능력과 정치적 다툼의 광경을 지켜보면서 독일 국민들은 의회지배에 대해 신뢰를 가질 수가 없었다.

이탈리아와 독일에서 1920년대의 경제위기는 유권자와 의회 대표들을 좌-우의 극단적인 양극화로 몰아갔다. 이러한 양극화는 절대 다수가 없는 다당제 의회가 효율적으로 작동하기 위해서 요구되는 타협과 협상의 여지를 조금도 제공해 주지 않았다. 이러한 결함과 대중적 지지의 결여로 인해 나치스와 파시스트들은 자유민주주의를 파당적이고 비효율적이며 제대로 작동할 수가 없는 제도인 것으로 치부할 수 있었다. 그들은 효율적인 정부에는 영도자라든가 일당국가 또는 긴밀하게 통합된 국내정책과 같은 국민통합적 제도들이 요구된다고 보았다.

실제로 이탈리아에서는 의회정부가 단지 6년 정도만 존속했다. 사회주의 정당은 절대 다수는 아니지만 1919년 11월에 최대 정당이 되었다. 이러한 좌파의 승리와 중도적 정당의 해체로 인해 이탈리아의 보수적 통치자들과 경제 엘리트들은 자신들이 원하지 않는 급진적인 사회·경제적 개혁의 가능성에 직면하게 되었다. 이러한 개혁을 방지하기 위하여 그들은 무솔리니가 불법적이고 초의회적인 방식과 타락선거를 통해 권력을 장악하도록 거들어 주었다.

나치즘과 파시즘이 직면했던 네 번째의 문제점은 근대화와 산업화를 거치면서 많은 독일 국민들과 이탈리아 국민들이 느끼고 있었던 (자신보다 더 큰 공동체에 소속되어 있지 않다거나 아니면 목적을 상실한 것과 같은) 전통적인 사회구조부터의 소외감이었다. 산업화로 인해 독일과 이탈리아의 많은 사람들은 그들의 농촌공동체나 지방의 교회 또는 대가족으로부터 뿌리채 뽑혀지고 말았다. 그들은 집단적 충성이나 소속감이 전혀 없이 거대한 도시 군중 속으로 빨려들어 갔다. 특히 광범한 실직 상황에 처하게 된 도시 군중들은 소외로부터 벗어나기 위해 세계 속에서 안전하고 의미있는 위상을 찾아나섰다.

나치즘과 파시즘은 이러한 의미있는 무엇인가를 충족시켜 나가기 위한 방법으로 인종이나 국가의 '더 높은' 목적을 원하는 사람들에게 호소력을 가졌다. 그들은 세계의 해악이 무엇인가에 대해 단순한 설명을 제시했다. 파시스트들은 만약 이탈리아 국민들이 국가나 아니면 세계에서의 이탈리아의 열망과 동일시한다면 자신들의 삶에서 의미를 발견할 수 있다고 주장했다. 만약 이탈리아가 로마제국의 영광과 권력을 되찾을 수 있다면, 이러한 이탈리아의 세계적 제패로의 복귀를 통해 모든 이탈리아 국민들도 영광과 권력을 보유하게 될 것이라는 것이다.

나치스는 인종적 요인에 초점을 맞춤으로써 독일의 소외와 문제점들을 설명했다. 그들은 독일의 경제적 문제들의 원인이 산업화나 자본주의가 아니라 기업에 대한 유태인들 때문이며 산업화로부터 야기되는 소외도 유태인들로부터 비롯되는 것이라고 주장했다. 유태인들은 또한 (국민들 간의 조화보다는 계급투쟁을 설파하는 정치적 이념이라고 할 수 있는) 마르크스주의와 사회주의에 지적인 기반을 제공함으로써 공공불안을 조장해 왔다는 것이다. 나치스들이 보건대 로자 룩셈부르크나 에드워드 베른스타인 그리고 칼 마르크스 모두가 유태인 출신이라는 것은 우연이 아니었다. 나치스는 또한 독일 국민들이 서로를 위하지 않게 된 것도 인종적으로 섞여졌기 때문이라고 강조했다. 아리안족의 순수함이 보존되고(일차적으로는 유태인이지만) 비아리안족의 파괴적인 영향이 제거될 때야 비로소 각각의 아리안족 독일 국민들은 강력하고 통합된 독일을 구성하고 있는 우월한 인종임을 자랑스럽게 여기게 될 것이다.

국제적 부정의, 경제불안, 정치적 비효율, 사회적 소외와 같은 문제점들은 실재하는 것이었고 또 이러한 것들이 파시스트와 나치스에게 자신들의 이데올로기를 개발해 나갈 수 있는 비옥한 토양으로 작용한 것이 사실이다. 또한 파시스트와 나치스는 자신들이 독특하게 직면하고 있는 문제점들을 인식시키는 데 특별한 재주가 있었다. 파시스트는 자신들의 공격적인 민족주의적 정책을 정당화하기 위해서 과거의 로마제국을 '문제'로 강조했다. 나치스는 아리안족이 인종적 혼합과 유태인들의 음모에 의해서 약화되었다는 것을 '문제'로 강조했다.

이탈리아와 독일의 많은 국민들은 왜 이러한 것들을 문제인 것으로 받아들였을까? (진실로 자유민주적 정부제도를 지지하고 좌-우의 양극단에 기울어지지 않았던 민주적 자유주의자들과 기타 다른 사람들인) '민주적 중간계급'이 정치적으로 무능력하고 정치적 의지를 결여하고 있었기 때문에 독일과 이탈리아의 국민들은 이러한 문제들에 동화되어 나갔다. 자유주의적이고 민주적인 제도에 대해 불신을 표하고 있었던 보수적이고 권위주의적인 태도들이 이러한 관심들의 호소력을 조장했다.

1922년 이탈리아에서 무솔리니가 권력을 장악하고 1933년 히틀러가 독일에서 권력을 장악할 수 있었던 것은 광범한 대중적 지지가 있었기 때문만은 아니었다. 파시스트는 1921년 이탈리아에서 20%도 안 되는 득표에 머물렀다. 무솔리니가 권력을 잡을 수 있었던 것은 빅토르 엠마뉴엘 3세(Victor Emmanuel III)가 사회주의자와 공산주의자 그리고 기타 다른 좌파 조직에 의해서 촉발된 위협적인 총파업 동안 무솔리니에게 정부를 맡아 달라고 요청했기 때문이었다.

1932년 히틀러는 37%가 못되는 득표를 하였고 이 선거 이후 나치스는 독일에서 최대 정당으로 부상했지만 절대 다수당은 아니었다. 상당히 음모적이고 초헌법적인 조작이 앞서거니 뒷서거니 하면서 이러한 선거결과는 나이가 많고 노쇠한 힌덴부르크(Paul von Hindenburg) 대통령으로 하여금 1933년 1월 30일 히틀러에게 보수적-민족주의적 정부의 수상직을 부여하도록 하였다. 2개월도 안 되어 히틀러는 독재적 권력을 부여받았고 천년제국의 짧은 시대가 시작되었다.[5]

2. 목표

나치스와 파시스트는 비슷한 목표를 갖고 있다. 그래서 이들이 동

---

5) 이 시기에 대한 간략하지만 통찰력있는 분석으로는, David P. Conradt, *The German Polity*, 5th ed. (New York and London: Longman, 1993), pp. 1-10 그리고 Karl Dietrich Brader, *The German Dictatorship* (New York: Praeger, 1970) 참조.

일한 이데올로기이면서 모양만 다를 뿐이라는 인식을 낳고 있다. 이들의 목표는 그들이 다루고 있는 문제점으로부터 직접 추출된다. 가장 근본적으로 나치스와 파시스트는 **국민단합**을 추구한다. 이는 국가 내의 계급과 개인 간의 경쟁의 종식을 의미하고 국제체계에서 다른 국가들에 대한 경쟁적 경향과 자원의 재조정을 의미한다. 이러한 목표는 모든 시민들의 에너지가 국가권력의 보존과 강화 쪽으로 할 것을 요구한다. 사회의 모든 부문들은 단합하여 일하도록 해야 한다. 이렇게 보편적이고 강제적인 협력을 통해 보다 더 커다란 전체의 이익이 확보될 수 있다.

그러나 이런 경우에도 두 이데올로기는 동일하지 않다. 일반적으로 파시스트는 세계 속에서 민족의 힘과 권위 그리고 민족의 확장을 촉진하는 잘 정식화된 프로그램을 갖고 있지 않는 반면에 나치스는 좋은 사회에 대한 그들의 해석을 실현할 수 있는 명확한 프로그램을 보유하고 있었다. 예를 들면 무솔리니는 이탈리아의 대내외 정책의 명확한 목적을 미리 정식화시켜 주는 이념을 갖고 있지 않았다. 이탈리아 국민들은 국제적 영역에서의 투쟁과 행동을 통해서야 비로소 자신들의 목표가 무엇인지를 알 수 있었다. 국가들 간의 정치·군사적 투쟁에서 적자생존은 관련 당사국들의 상대적 장점을 결정할 것이었다. 그러나 파시스트는 국제적 투쟁의 종국적 산물이라고 할 수 있는 특정의 과제나 유토피아에 대해 미리 정해진 비전을 갖고 있지 않았다. 무솔리니의 언명에 따르면, "우리들의 프로그램은 간단하다. 우리는 이탈리아를 통치하길 원한다. 그들은 우리에게 프로그램이 무엇이냐고 물어보겠지만, 이미 많은 프로그램이 존재한다. 이탈리아의 구원을 위해서 필요로 하는 것은 프로그램이 아니라 인간과 의지이다."[6]

반면에 나치스는 훨씬 더 명확하게 규정된 목표를 간직하고 있었

---

6) James D. Forman, *Fascism: The Meaning and the Experience of Reactionary Revolution* (New York: Dell, 1974), p. 34에서 재인용.

다. 그들의 대내외 정책의 목표는 국가의 힘 못지 않게 아리안족의 우월성이었다. 그것은 모든 다른 인종들이 아리안족에게 정복되면 성취될 수 있는 것이었다. 정복에 이어 제거가 뒤따를 것이었는데, 종국에는 아리안족과 아마도 노예로 삼을 피지배 인종들만이 세상에 남을 것이었다. 이리안족의 '가장 큰 적대인종'인 유태인들은 확실하게 제거되어야 했다. 이러한 파괴의 목표는 17세기이래 유럽에서 통용되고 있었던 다양한 형태의 인종 개념의 연장선상에서 인간생활의 본성에 관한 더 커다란 담론과 연결되었다. 나치스는 독일의 문제와 그 해결을 이러한 인종 '이론'의 관점에서 설명하였다. 우리는 '존재론'의 절에서 나치의 인종론을 면밀하게 검토할 것이다.

공공정책의 수준에서 나치스는 인종문제와 국민통합의 필요에 대해 몇 가지 동시적인 대응책을 마련했다. 가장 가증스러운 것은 최종해결이었는데, 그것은(육체적으로나 정신적으로 장애인들과 병약자, 육체적 '불구자,' '일탈적' 행동을 하는 사람들을 모두 제거하는 것을 포함하여) 모든 유태인과 집시들 그리고 기타 하위 인종들을 물리적으로 제거할 것을 요구하였고 아리안족을 유전학적으로 정화해야 할 것이라고 주장하였다.[7] 이에 따른 대량학살에서 약 600만 명의 유태인은 물론이고 '사

---

7) 한나 아렌트에 따르면, "나치스는 독일사람들이 세상을 지배할 중심 인종이라고 생각하지 않았다. 다른 국민들처럼 독일 국민들도 중심 인종의 지도를 받아야 하며 그리고 이러한 중심 인종은 지금 막 태어나려고 하고 있는 것으로 생각했다." 이러한 관찰에 대한 각주에서 아렌트는 다음과 같은 얘기를 하고 있다. "1941년 8월 9일 칙령에서… 히틀러는 '독일인종'이라는 말을 더 이상 쓰지 못하도록 하였는데, 그 이유는 독일인종이라는 개념이 '단지 민족성 원칙을 위해서 인종 개념을 희생시킬 뿐만 아니라 우리의 전체적인 인종-민속 정책에서 중요한 개념적 전제들을 파괴할 것이라고 보았기 때문이었다. 독일인종이라는 개념은 다음과 같이 미래를 위해서 현재 계획되고 있는 것으로서 독일 국민들 사이에서 바람직하지 않은 부분을 제거하고 진보적인 부분을 '취사선택'하는 데 장애가 될 것이 분명하다." Hannah Arendt, *The Origins of Totalitarianism* (New York and London: Harcourt, Brace, Jovanovich, 1951), p. 412.

악한 사람들'과 나치스에 반대한 사람들을 포함하여 600만 명이 살해되었다. 유럽 전역에 걸쳐 대부분의 사람들이 강제수용소의 잔혹한 상황에서 질병과 기아, 체계적인 고문으로 사망했다. 1942년 완시(Wannsee)에서 최종해결이 결정되기 이전에 시행된 공공정책으로 1935년에 뉘른베르크(Nuremberg) 인종법이 제정되고 1938년 11월에는 크리스탈나흐트(Kristallnacht)의 유태인 공동체에 대한 대대적인 파괴와 관련하여 정부의 지원이 있었다.

나치스는 또한 독일과 유럽의 모든 유태인들을 아마도 팔레스타인이나 심지어는 마다가스카르와 같은 그들의 고향으로 강제 추방하는 것까지도 고려하였다. 모든 경우에 국가의 목적을 위해 사회의 모든 부문을 조정하고 재프로그램화 하는 것을 의미하는 히틀러의 통제(Gleichschaltung)는 아리안 국가의 힘과 명확한 목표 그리고 아리안 시민 모두를 위한 소속감과 목적의식을 확보해 주는 것이었다.

이러한 나치스의 정책과 행위들은 나치스와 파시스트 간의 결정적 차이를 명확히 해주고 있다. 즉, 파시스트에게는 국가가 그 자체로 목적이지만, 나치스에게 있어 국가는 단지 인종을 위한 '용기(vessel)'에 불과하다.[8] 나치스에게 있어 국가는 최고의 정치적 실체인 인종의 생존과 번영이라는 보다 더 높은 목적을 위한 도구이다. 나치의 정책은 국가뿐만 아니라 인종을 보존하려는 목적을 갖고 있다.

국민적 단결의 목표가 단순히 국가권력을 강화시키는 데 있든 아니면 아리안족의 우월성을 획득하는 데 있든 파시스트와 나치스 모두에게 있어 이러한 목표는 다른 수많은 목표들을 능가한다.

첫째, 국민적 단결의 성취는 사회적·정치적 질서를 강화할 것이었다. 작업중지와 파업으로 나타났던 관리와 노동 간의 알력은 고용주와 피고용자 간의 협력으로 대치될 것이다. 농촌과 도시 간의 적대는

---

8) Adolf Hitler, *Mein Kampf,* translated by Ralph Mannheim (Boston: Houghton Mofflin, 1971〔1925-26〕), p. 393 참조.

전체적으로 국민을 건설하려는 협동적 노력에 의해 대체될 것이다. 무질서한 민주적 과정에 수반하여 나타나는 당파적 다툼이라든가 특수이익들 간의 경쟁은 히틀러와 무솔리니가 표명한 국민적 목표를 중심으로 뭉친 입법자 회의로 대치될 것이다.

둘째, 국민적 단합의 성취는 효율성으로 귀결될 것이었다. 기차는 시간에 맞추어 움직일 것이다. 경제적·군사적 재화는 계획대로 그리고 국가적 필요에 부응하여 생산될 것이다. 파업과 태업 또는 기업 간의 낭비적 경쟁으로 인해 많은 비용을 가져오는 생산상의 와해는 사라질 것이다.

셋째, 국민적 단합의 성취는 정신을 앙양하는 인간윤리의 발전을 가져올 것이었다. 자유주의적인 자본주의 사회에서 개인의 물질적이고 이기적인 집착은 보다 공동체적인 가치에 의해 대치될 것이었다. 개인은 국가나 인종의 선에 기여함으로써 만족을 느끼게 됨에 따라 다른 사람에 대해 보다 더 많은 의무와 책임감을 갖게 될 것이다. 자신의 산뜻하고 안락한 부르주아적 존재방식을 버리고 국민적 위대성을 추구함에 있어 군인으로서 자신을 기다리고 있었던 위대한 모험을 받아들임에 따라 각자는 보다 영웅적으로 된다.

II. 철학적 기반

나치즘과 파시즘은 행동지향적 이데올로기이다. 그들은 정치의 실제 세계에서 권력을 획득하는 데 초점을 두고 있으며 심오한 철학적 고찰에는 별로 관심을 두지 않는다. 그럼에도 불구하고 그들은 독일 낭만주의라든가 프랑스와 이탈리아의 엘리트이론, 유럽의 인종이론 등 다양한 원천으로부터 수많은 사상과 상징들을 빌려와 재구성하였다.

파시즘과 나치즘의 철학적 기반에 대한 다음의 절에서 우리는 이러한 이데올로기의 구성요소들이 19세기와 20세기 초 유럽에서 널리 호응을 받았던 다양한 철학적·과학적·문학적 사상들로부터 어떻게 도출되었는지를 살펴보게 될 것이다. 나치스와 파시스트가 이러한 사상들에 부여한 의미나 응용은 원 저자들이 원래 의도했던 의미나 사용과는 동떨어진 경우가 많다. 그래서 나치즘이나 파시즘의 철학적 기반에 기여한 사람들을 보고 그들을 나치스나 파시스트라고 부르는 것은 잘못된 것이다. 이 점을 염두에 두면서 나치스와 파시스트가 세계사를 규정짓는 우주의 궁극적인 힘에 대해서 어떻게 생각을 했는지를 살펴보기로 하자.

1. 존재론

나치와 파시스트의 존재론을 이해하기 위해서는 역사를 '사건의 총체(res gestae)'로 볼 것인가 아니면 '사건의 설명 내지는 기록'(historia rerum gestarum)으로 볼 것인가의 두 가지 역사관 사이의 결정적인 차이가 무엇인지를 규명하는 것이 도움이 될 것이다.

전자의 경우 역사는 객관적인 실재를 갖는 연구대상이다. 이 경우 우리는 역사를 이미 이루어진 것으로 그리고 인간 드라마의 개화를 구성하는 사건의 총체로 바라본다. 역사는 어느 정도 필연적이고 결정적인 방식으로 전개된다. 그래서 우리들은 다양한 역사적 사건과 과정을 정당화될 수 있는 것으로 파악한다. 왜냐하면 이들은 그 다음 역사의 필연적인 전조가 되기 때문이다. '우리는 어디에서 왔는가?' 그리고 '우리는 어디로 가고 있는가?'의 질문과 관련하여 우리가 역사라고 부르는 정해진 길에서 기원과 역동성, 방향 그리고 심지어는 종착지까지도 알 수 있기 때문에 거기에서 대답을 찾을 수 있다.

반면 후자의 경우 역사는 사건의 기록으로 간주되며, 따라서 이들 사건들에 대한 인식된 필연성은 존재하지 않는다. 일련의 인간사들을 역사의 기록 속에 담아 재구성하는 작업을 통해 인간사의 단선적인 필연성보다는 인간조건의 비결정성을 드러내 보인다는 것이다. 이 경우 우리는 역사를 필연적인 개화로서가 아니라 인간이 계속적인 선택을 해 왔고 앞으로도 그렇게 선택을 해 나갈 불확정적인 사건의 기록인 것으로 보고 있다.

정통 마르크스주의는 역사를 계급투쟁의 정해진 과정으로 파악함으로써 역사를 '사건의 총체'로 해석하는 전형적인 예이다. 고전적 자유주의자들도 역사를 이런 맥락에서 바라보는 경향이 있지만, 그 이유는 물질적 세계에 대한 관심과 자연법에 대한 옹호 그리고 '인간신분'이라는 문제를 해결하는 방향으로의 세계의 진보 가능성에 주목하기 때문이다.[9]

이와 대조적으로 역사를 우리들이 의지를 갖고 행동하는 맥락으로 파악함으로써 파시즘은 역사를 '사건의 설명 내지는 기록'으로 바라보는 전형적인 예이다. 나치즘은 이 두 가지 견해의 중간쯤에 있다. 나치즘은 한편으로는 인종과 관련한 역사적 필연성의 시각과 다른 한편으로는 인종 간 투쟁 과정에서 인간의 자발성이 수반되는 것과 관련한 인간의지의 개념을 결합시키고 있다.

무솔리니는 적어도 1914년까지 마르크스-레닌주의자였으며 그래서 레닌의 '주의주의적인(voluntaristic)' 혁명이론에 의해 영향을 받고 있었기 때문에 인간역사의 과정에 영향을 미치는 인간의지의 역할을 강조하였다. 레닌과 마찬가지로 무솔리니는 사회적·경제적 조건에 의하여 혁명이 결정된다고 보는 이른바 변증법적 유물론이라는 정통 마르크스주의 견해를 거부했다. 무솔리니는 오히려 엘리트가 역사적 사건을 변형시키는 데 결정적인 영향을 미칠 수 있다고 주장했다. 그는 프리드리히 니체(Friedrich Nietzsche, 1844~1900)의 저작이 인간사에서의 의지의 역할을 강조하는 데 유용함을 발견하였다.

---

9) 자유주의자들의 견해에 대해서는 Rene Descartes, *Discourse on Method*, translated by Donald A. Cress (Indianapolis: Hackett Publishing, 1980 〔1637〕), p. 33을 참조. 그리고 역사에서의 진보에 대한 자유주의자들의 견해에 대해서는 Thomas A. Spragens, Jr., *The Irony of Liberal Reason* (Chicago: University of Chicago Press, 1981), esp. pp. 50-58 참조.

무솔리니의 니체 해석에 따르면, 위대한 인간은 자신이 당면한 환경을 초극할 수 있고 자신의 의지에 따라 세계를 재구성할 수 있다는 주장을 한 것으로 파악되었다. 이러한 해석에서는 인간의지가 역사의 결정자가 된다. 위대한 개인들의 창조적 행위는 인간이 스스로를 이끌어 나가면서 자신의 염원과 열망 그리고 목표를 행동으로 옮기는 심미적이고 정치적인 경계를 결정한다.

니체로부터 창조적이고 의지를 가진 인간행동에 대해 강조점을 도출해냄으로써 무솔리니는 이러한 강조를 개인의 영역으로부터 집단의 영역으로 옮겨 놓았다.[10] 역사를 변화시키고 인간존재의 지평을 확대하는 데 창조적인 개인에 의존하기보다는 변화와 창조적 행동을 하도록 하기 위해서 대중은 동원되어야 한다. 국가는 그러한 대중적 행동의 중심축으로 작용한다. 그래서 무솔리니의 '주의주의(voluntarism)' 이론에서는 강력한 국가지도자가 대중을 동원해야 하며 그들과의 협력을 통해 역사과정을 결정하고 최소한 변화시켜 나가야 한다.

역사는 의지를 가진 인간행동에 의해 만들어질 수 있는 것이기 때문에 파시스트들은 역사에서 예측가능하고 정해진 목적이 존재한다는 마르크스주의 사상을 거부한다. 그렇다고 파시스트나 특히 나치스가 인간이 자신이 원하는 대로 역사를 자유롭게 만들 수 있다고 주장한 것은 아니다. 환경은 인간이 자신의 의지에 따라 역사과정을 어떻게 조작할 수 있는지를 제약한다. 무솔리니에 따르면, "자연세계에서 행동하는 것처럼 인간들 사이에서 행동하려면, 실재의 과정에 들어가서 기존에 작동하고 있는 힘에 숙달할 필요가 있다." 그래서 무솔리니

---

10) 이러한 이전이야말로 니체와 파시즘의 차이를 분명히 하고 있다. 자신의 생각 가운데 어떤 부분이 파시스트에 의해서 활용된 것은 사실이지만, 그렇다고 니체는 파시스트가 아니며 '친파시스트'도 아니다. 그는 문화적 귀족정의 통치를 선호하였으며 정치에 대한 어떤 형태의 대중참여도 배격했다. 더욱이 그는 반유태주의나 국수주의 또는 다원주의적 인종경쟁이론이나 사회적 경쟁이론에 대해 비판적인 입장을 취했다.

의 파시즘은 '총체적 자유'의 개념을 받아들이지 않는다. 무솔리니에 따르면, "사람은 가족의 영역이든 사회적 영역이든 혹은 국가든 아니면 모든 국가들이 기여하는 일반적 역사에서든 간에 자신이 기여하는 정신적 과정에서 한 요인이 되지 않는다면 인간이 될 수 없다, 역사의 일부분이 아닌 사람은 아무 것도 아니다(nothing)."[11] 그래서 역사과정은 인간의지를 제한하거나 최소한 전승한다.

파시스트에게 있어 인간이 기여할 수 있는 정신적 과정이란 이탈리아의 국민통합과 힘을 실현하는 것이다. 나치스에게 있어 이러한 과정은 세계사의 지배적인 힘으로서 아리안족의 대두를 뜻하였다. 그래서 나치즘의 존재론은 인종이론에서 찾게 되었다. 유럽 지성사에서 인종 개념은 복잡하다. 그러나 나치스가 인종 개념을 어떻게 차용했는가 하는 것은 다음과 같은 3가지 흐름의 인종이론을 요약함으로써 간단히 밝힐 수 있다.

첫째는 애매하게 규정된 인종 개념에 기반하여 정치적·역사적 현상을 설명하려는 광범한 민족학적 역사연구로 구성되어 있다. 이러한 **민족지학(誌學)적 연구**(ethnographic studies)의 주요 선구자는 프랑스의 외교관이자 사회이론가인 아더 드 고비노 백작이었다. 고비노나 이러한 전통에 있는 사람들은 '인종'을 사람들의 문화적·정치적·역사적 발전과 가능성을 결정짓는 일련의 공통된 육체적·지적·정신적 특성을 공유하고 있으며 또 이러한 것을 재생산 과정을 통해 계승해오고 있는 일군의 사람들이라고 이해했다. 인종적 특징은 원래 기후적·유전적·지리적 요인들의 상호작용에 의해서 결정되지만 성적 재생산을 통해 고정된 특성으로서 대대로 전승된다.

고비노의 생각으로는 백인종이 가장 뛰어나고 그 다음이 황인종이며 흑인종이 뒤떨어지는 인종 간 위계가 존재한다고 보았다. 고비노

---

11) Benito Mussolini, "The Doctrine of Fascism," in *Readings on Fascism and National Socialism* (Chicago: Swallow Press, 1952〔1928〕), p. 10.

는 인종적·종족적 혼혈이 문명의 역사적 쇠퇴를 가져왔다고 보았다. 우월한 인종이 열등한 인종과 혼합되기 시작하면서 그 문명이 쇠퇴하기 시작했다는 것이다. 백인종 내의 대부분의 종족집단은 이러한 인종적 혼합의 산물이다. 인종적으로 가장 순수한 종족들은 문명을 발전시켜 나갈 가장 큰 잠재력을 갖고 있다. 이들 가운데 가장 뛰어난 종족은 독일인과 스칸디나비아인 그리고 영국인을 포함한 튜턴(Teuton)족이다. 인종적으로 혼합된 종족들은 인종적 퇴화를 전달할 뿐만 아니라 문명의 쇠퇴를 가속화한다. 이들 종족 가운데 대표적인 것은 슬라브족과 켈트족이다. 그렇기 때문에 현행 문명의 쇠퇴는 우월한 인종과 열등한 인종간의 혼합에 그 원인이 있다. '우수한' 문화를 유지해 나가기 위해서 튜턴족은 그 자신의 순수성을 지켜나가야 한다.[12]

바이로이트 학파(Bayreuth Circle)로 알려진 일군의 예술가와 학자들 덕분에 고비노의 분석은 이데올로기적·정치적으로 보다 더 많은 주목을 받게 되었다. 바이로이트파의 창시자는 작곡가이자 수필가인 리차드 바그너(Richard Wagner, 1813~1883)였다. 그의 오페라는 선과 악의 인습적인 개념을 초월하는 영웅적 인물로서 고대의 고상하고 순수한 독일인의 신화를 강조했다. 바그너의 목적은 자신의 음악을 활용하여 독일 음악의 부흥을 일으키자는 것이었다. 히틀러는 특히 바그너의 음악에 심취하였다. 바이로이트파와 관련된 또 한 사람은 휴스톤 스튜어트 챔벌린(Houston Stewart Chamberlain, 1855~1927)이었다. 그는 독일인과는 다른 유럽 백인을 포함하여 서아리안족이 유럽의 지적이고 창의적인 성취를 담당해야 한다고 주장했으며, 유럽에 대한 유태인의

---

12) 고비노의 저술은 그의 이론을 더욱 조잡하게 만들었던 다른 사람들에게 매력을 주었다. 예를 들면 그는 특별히 반유태주의자가 아니었으며, 현행 유태인의 열등성은 흑인종과의 혼합 때문이지 유태인 그 자체에 어떤 약점이 내재하여 있는 것은 아니라고 주장하였다. 그러나 다른 사람들은 그의 인종 개념을 차용하여 이를 반유태주의와 우생학, 인종전쟁 등의 주장을 정당화하는데 이용하였다.

영향은 압도적으로 부정적이라는 견해를 피력했다.

유럽 인종이론의 두 번째 흐름은 인간에 대한 자연-과학적인 연구와 밀접하게 연관되어 있다. 다른 두 흐름의 인종이론도 자신들의 인종이론의 유효성을 입증하기 위해서 이러한 자연-과학적 연구에 의존하였다. 이런 전통의 중심에는 찰스 다윈(Charles Darwin, 1809~1882)의 진화론이 자리하고 있다. 다윈의 저술에는 유태인에 대한 언급이 전혀 없지만, 어떤 인종은 다른 인종에 비해 진화 정도에 있어 '보다 더 앞서' 있다는 개념은 어떤 하위인종이나 종족은 다른 종족보다 더 진화되어 있고 지성적이라는 이론으로 연결되었다. 예를 들면 사무엘 모턴(Samuel Morton, 1799~1851)은 두개골학이라는 사이비과학을 발전시켰는데, 이에 따르면 인종과 뇌(머리를 둘러싸고 있는 두개골의 부분)의 크기 그리고 뇌의 크기와 지성 간에는 의미있는 상호연관이 존재한다는 것이다. 이러한 과학에 따르면, 백인종은 가장 커다란 뇌를 보유하고 있기 때문에 다른 인종에 비해 더 지성적이다. 이들 '이론'들은 나치즘이 대두하는 시기에 이에 대한 대중적 반응을 널리 유포하도록 부추겼다.[13]

일반대중(Volk)은 세 번째 인종이론의 개념을 이루고 있다. 그것은 '인민' 또는 '주민'을 지칭하는 독일어로서 생물학적·문화적·정신적·언어적으로 동질적인 사람들이라는 개념을 지칭한다. 이러한 개념은 다른 나라 사람들이나 다른 국가들에 대항하여 자국민들을 통합

---

13) 인종주의에 대한 과학적 근거를 거부하는 데는 최소한 2가지 이유가 있다. 첫째, 인종주의는 race(인종)과 species(류의 하위단위로서 종)이 과학적으로 같은 것임을 보여주어야 한다. 그러나 이 둘은 서로 다르다. 둘째, 인종주의는 인종의 유전학적인 재료나 또는 그 생리학적인 표출이 어떻게 개인과 집단의 비물질적·정신적·지적인 특성을 결정하는지 보여주어야 한다. 나치즘이 인종적 신화학을 과학적으로 정당화하기 위해서 의존하고 있는 인종이론 가운데 그 어느 것도 이러한 요구를 충족시켜 주지 못하고 있다. 인종은 과학적 개념이기보다는 어떤 정치적 공동체 개념을 중심으로 사람들을 규합하기 위해서 사용되는 정치적 상징일 뿐이다.

시킴으로써 자신들의 열망을 구현하고자 하는 신비화된 민족주의로 연결된다. 초기 독일 낭만주의 철학자인 요한 피히테(Johann Fichte, 1762~1814)는 정치적으로 주목을 받을 수 있도록 이 개념을 사용한 최초의 사람들 가운데 하나이다. 자주 생물학과 민족지학적(ethonograghic) 연구와 결합되면서 당시의 예술과 문학 그리고 정치적 수사에서 이 개념이 자주 사용됨에 따라 '국민'은 독일의 가장 일상적인 정치적 용어 가운데 하나가 되었다. 나치스는 대중집회에서 이 일상화된 용어를 사용했고 나치당의 여러 가지 행사에서 독일 국민들에게 통합과 위대함 그리고 외부적 위협을 즉각적인 감정과 이미지로서 전달하기 위해 이 용어를 사용했다.

이러한 3가지 흐름의 인종이론은 국가사회주의를 통해 수렴되면서 인종의 존재론을 구성하였다. 나치즘의 반마르크스주의적 입장에도 불구하고 인종투쟁에 대한 나치의 개념은 계급투쟁에 대한 마르크스의 세계사 이론과 흡사하다. 마르크스의 계급 개념처럼 인종 개념은 나치스에게 광범한 사회정치적 현상을 설명하는 도구로서 기여했다. 나치스에게 있어 역사의 본질은 인종들 간의 우월을 위한 투쟁이며, 그것은 '가장 순수하고' '가장 문명화되어 있으며' 또 '가장 우월한' 인종인 아리안족과 '인간 이하'의 인종인 유태인 간의 투쟁으로 절정에 이르는 투쟁이다.

슬라브족이나 집시족 또는 흑인들처럼 세계사적으로 덜 중요한 다른 인종들도 이 투쟁에 참여하지만, 유태인－아리안족 투쟁이 정점을 이룬다. 이러한 투쟁 과정을 거치면서 아리안족도 '순화'되어야 한다. 정신적·육체적 불구나 선천적 병약 등과 같은 유전적인 결함들도 제거되어야 한다. 이 모든 것은 인종의 위대함과 힘을 위한 것이다. 이러한 인종이론이 순수하고 있는 그대로 독일 국민들에게 널리 전파된 것은 아니었고 또 1933년 국가사회주의자들의 권력장악에서 어떤 직접적인 역할을 하지도 않았다. 그럼에도 이러한 인종이론은 1933년 이후 나치의 국내외 정책의 기본적 토대로서 역할하였다.

2. 인식론

파시스트는 진리에 대해 강한 개념과 약한 개념 모두를 갖고 있었던 것으로 볼 것이다. 약한 개념의 측면에서 보면 그들은 일반적으로 인간을 위한 선이나 정치적 목적을 결정하는 합리적이고 자연적인 기반이 존재한다고 보지 않았다. 지식은 주관적이며, 그래서 과학이나 이성, 측정 또는 경험적 관찰은 어렴풋한 지식만을 제공해 줄 뿐이다. 진리는 궁극적으로 직관을 통해서 알게 된다. 직관에 대한 이러한 개념은 진리에 대한 강한 개념으로 연결된다. 지도자의 견해는 절대적인 진리로 간주된다. 지도자는 대중들이 추종해야 할 집단의지라든가 집단선의 형상을 직관으로 알 수 있다.

여기서 국민적 의지를 파악하고 이것을 대중들에게 전달해 주며 나아가 이러한 국민적 의지에 따라 국민들이 그 역사적 운명을 달성할 수 있도록 보장해 주는 것이 지도자의 의무가 된다. 집단의지에 대한 지도자의 직관이 논리적 또는 경험적 입증에 종속되지 않기 때문에 그것은 권위적 진리로 받아들여져야 한다. 진리는 객관적으로 올바른 사고나 자연에 존재하는 것이 아니라 진리를 보유하고 있다고 주장하는 사람들의 권위와 이러한 주장을 사람들이 수용하는 데서 존재한다.

파시스트는 지도자의 직관을 절대적인 진리로 받아들이기 때문에 그것은 권위적 이데올로기로 범주화된다. 나치스는 지도자의 역할과 그의 직관적인 지식에 대한 이러한 이론을 공유하면서도 인종 간의 세계사적 투쟁과 관련하여 최소한 확정적이고 정치적으로 결정적인 어떤 것이 알려질 수 있다는 점을 명백히 하였다. 지도자는 이러한 지식의 관점에서 직관적으로 인종을 그 적절한 목적을 향해 나아가도록 이끌어 갈 책임이 있다.[14]

---

14) 파시즘이나 나치즘과는 달리 자유주의와 (어떤 해석에 따르면) 마르크스주의도 '생각과 행동'을 연결시키려는 아리스토텔레스의 기본적 관심을 공유하고 있다. 간단히 얘기하면 인간은 자신의 생각이 행동을 이끌고 자신의 행동이 생각에 영향을 줄 때 자유롭고 책임감을 갖게 된다는 것이다. 인간은 자신

인종과 인종주의의 경우처럼 의지와 직관에 관한 나치와 파시스트의 이론은 이들 이데올로기의 궁극적 형성과는 별로 관련이 없는 철학에 기원을 두고 있다. 나치와 파시스트 인식론의 일차적 기원은 특히 아더 쇼펜하우어(Arthur Schopenhauer, 1788~1860)의 철학저술을 통해 발전되어 나온 **독일낭만주의**이다. 독일 낭만주의는 부분적으로는 18세기 계몽주의의 과도한 합리주의, 실증주의, 과학주의 그리고 공리주의로 인식되고 있는 것에 대한 반발인 것으로 이해될 수 있다.

낭만주의자들은 인간생활에서 감성, 직관, 다른 비합리적인 힘을 강조하는 경향이 있다. 낭만주의자들은 정신력이 그것이 제공하는 힘과 지식에 있어서 과학보다 우월하다고 주장한다. 그래서 그들은 세계의 '참된' 지식을 위해서 예술, 음악, 시, 신비와 같은 것들을 중시한다. 낭만주의는 계몽과학이 주창하는 기계적인 자연관을 거부하고 자연과 사회에 관한 유기체적 견해를 지지한다. 예를 들면 쇼펜하우

과 다른 사람의 모순적인 요구나 행동을 못마땅하게 생각하며 또 자신과 다른 사람의 잘못으로부터 교훈을 얻는다. 파시즘과 나치즘은 생각과 행동 간의 이러한 연결을 끊는다. 리더는 그의 직관적 인식으로 인해 윤리적 비난을 넘어서기 때문에 그가 견해나 전략 또는 원칙을 바꾼다고 하여 비판되어서는 안된다. 지도자는 항상 옳다. 실제로 무솔리니는 자신이 '탁월한 시간포착'의 사람(tempista)이라고 주장했다. 그는 무엇을 해야 할지 그리고 언제 그것을 할지를 직관으로 안다는 것이다. 따라서 파시스트나 나치스의 이데올로기 입장에서 보면 어떤 윤리적 범주도 지도자인 총통의 언명이나 행동에 적용될 수 없는 것이었다. 파시즘이나 나치즘의 추종자가 윤리적 판단을 하는 것은 불가능하고 바람직하지도 않다. 아리스토텔레스의 용어를 빌면 추종자는 행동에 대해 윤리적으로나 비판적으로 생각할 수 있는 능력을 결여하고 있는 어린애든가 아니면 노예이다. 그들은 단순히 지도자의 명령에 순종할 따름이다. Aristotle, *Nichomachean Ethics*, *1135a16*-1135b12; and *Politics*, 1254b2-1255a3; 1260a10-15,33 참조. 유용한 논평에 대해서는, T. H. Irwin, "Reason and Responsibility in Aristotle," in *Essays on Aristotle's Ethics*, edited by Amelie Oksenberg Rorty (Berkeley: University of California Press, 1980), pp. 117-155; and David Wiggins, "Deliberation and Practical Reason," in *Essay on Aristotle's Ethics*, pp. 221-240 참조.

어는 실증과학이 사물의 외형적 실체에만 접근할 수 있도록 할 뿐이라고 본다. 그는 보편적 의지를 통해 모든 인간과 자연적 현상의 진정한 본질을 찾아내려고 한다. 이러한 의지 개념은 느슨하게 자발적인 인간경험에 근거하고 있는 것이지만, 쇼펜하우어에 의해서 우주의 모든 현상을 통합시키는 보편적 힘 개념으로 전환되고 있다:

> 의지와 표상 이외에는 우리에게 아무 것도 알려져 있지 않고 생각할 수도 없다. 만약 우리가 직접적으로 하나의 생각에만 존재하는 물질세계를 통해서 가장 알려진 실재를 제공하고자 한다면, 그것은 우리들 자신의 신체가 우리들 각각에 대해 갖고 있는 실재를 제공하고 있는 것이다. 왜냐하면 그것은 모든 사람들에게 가장 실재하는 것이기 때문이다. 그러나 만약 우리들 신체의 실재나 그 행동을 분석한다면, 그것이 생각이라는 것을 넘어서서 의지라는 것을 제외하고는 거기에서 아무 것도 발견할 수 없다. 의지와 더불어 그것의 실재는 다 소진하고 만다. 그렇기 때문에 어느 곳에서도 물질세계에 기여할 수 있는 어떤 다른 실재를 발견할 수가 없다.[15]

앙리 베르그송(Henri Bergson, 1859~1941) 같은 사상가의 **직관주의**(intuitionism)는 나치와 파시스트의 인식론의 또 하나의 중요한 원천이다. 베르그송의 철학은 상당한 정도로는 19세기 프랑스 대학들의 과학주의와 실증주의에 대한 반응이다. 인간이 사물의 참된 본질을 아는 것은 불가능하며 그래서 우리들은 사물의 외형적 실재만을 측정하고 서술할 수 있을 뿐이라고 주장하는 과학자들에 대항하여 베르그송은 "존재의 내부 핵심으로 파헤쳐 들어갈"[16]수 있다고 반박한다.

---

15) Arthur Schopenhauer, *World as Will and Representation*, translated by R. B. Haldane and J. Kemp (London: Kegan Paul, Trench, Trubner, 1883〔1818〕), p. 136.
16) Chatles A. Fecher, *The Philosophy of Jacques Maritain* (New York: Green-

이러한 침투는 지성을 통해서는 가능하지 않다. 왜냐하면 지성은 과학자와 실증주의자들이 주장하는 것만을 성취할 수 있을 뿐이기 때문이다. 그래서 우리는 목적론적이고 절대적인 세계를 알 수 있도록 해 주는 '직관'을 요구하게 된다. 결국 베르그송의 '직관주의'는 19세기의 실증주의적이면서 동시에 점차로 기술관료화되어 가는 철학에 대항하여 인간경험의 정서적이고 정신적인 차원을 안정적으로 인정하려는 시도로서 이해될 수 있다.[17]

나치스와 파시스트는 모두 낭만주의 철학자들의 신비적이고 신화적인 상징과 베르그송과 같은 철학자들의 직관주의를 응용하여 인간경험의 비합리적인 요인을 재발견하고 인간심리의 불합리한 측면에 호소하였다. 이들 상징들은 국민적 또는 인종적 위대성과 통합의식을 제고시키는 강력한 도구로서 역할하였다. 그래서 나치스와 파시스트의 반자유주의와 반합리주의는 그들의 이데올로기적 도그마의 한 부분일 뿐만 아니라 그들 실천의 중요한 구성요소이다. 예를 들면 나치스의 유명한 뉘른베르크 집회는 깃발과 등불, 음악, 연설을 한데 모아 거기에 모인 사람들을 압도할 수 있도록 분위기를 연출하였다.[18]

계몽주의에 대한 낭만주의의 반발로부터 나치와 파시스트는 자신들의 프로그램에 반영하였던 의지, 급진적 주관주의 그리고 감정주의의 이념을 얻어냈다. 대중의 감정에 대한 호소에는 국민적 우월성, 인종적 순수성과 지고성, (인종적)초인의 출현에 대한 요구 (내지는 미래의 약속)이 포함되었다. 이러한 모든 주제들은 낭만파의 저술들의 여기

---

wood Press, 1953), p. 22.
17) Henri Bergson, *The Two Sources of Morality and Religion*, translated by R. Ashley Audra and Cloudesley Brereton (Garden City, N.Y.: Doubleday, 1954 1935, esp. pp. 312-317, 209ff 참조.
18) 히틀러의 주요한 설계자인 알버트 스피어(Albert Speer)가 뉘른베르크 집회를 묘사한 것을 보면 특히 이러한 점이 잘 나타나 있다. Albert Speer, *Inside the Third Reich: Memoirs*, translated by Richard and Clara Winston (New York: Macmillan, 1970), pp. 58-62 참조.

저기에 존재하고 있는 것이었다.

3. 인간본성

나치스와 파시스트가 자유주의적 인식론의 합리주의를 단호하게 반박한 것처럼 그들은 인간본성에 대한 자유주의적 견해를 거부하였다. 파시스트에 따르면, 인간은 자신의 이익에 대한 합리주의적 추구에 의해 구별되는 것이 아니라 자신의 의지에 대한 감정적인 호소에 의해서 움직이는 것으로 파악되었다. 인간은 개인주의에 의해서 특징되는 것이 아니라 국민이라든가 인종집단과 같은 집단적 실체와의 연관을 특징으로 한다. 인간은 기본적으로 불평등하다. 왜냐하면 의지력이나 용기, 창조적 통찰력과 같은 인간덕성의 보유에서 볼 때 어떤 사람은 우월하고 또 어떤 사람은 열등하기 때문이다.

파시스트에게 있어 모든 인간의 중심적 특징은 인간이 의지를 보유하고 있다는 점이다. 간단히 얘기하면 의지의 소유를 통해 각 사람은 선택과 결정을 하고 또 일련의 행동을 추구해 나갈 수 있는 능력을 보유한다. 인간본성의 핵심으로서 의지 개념은 최소한 르네 데카르트로까지 거슬러 올라가는 연원을 갖고 있다.[19] 고전적 자유주의자들은 개인의 의지를 개인의 욕구나 효용과 같은 것으로 취급했다. 자유주의자

---

19) "실제로 나는 신으로부터 불충분하고 불완전한 의지와 자유선택을 받았다고 하여 이를 불평할 수 없다. 왜냐하면 그렇다고 그것이 어떤 경계에 의해 제약되어 있는 것은 아니기 때문이다.... 만약 우리가 기억이나 상상 또는 어떤 다른 능력을 검토해 보면, 나에게는 연약하고 제한되어 있고 신에게는 광대한 것으로 생각되는 것만을 분명하게 발견할 수 있다. 여기서 유일한 예외는 의지이고 자유선택이다. 내가 보기에 이것은 너무나 위대한 것이어서 이 보다 더 위대한 어떤 것을 생각할 수가 없다. 적어도 의지라는 것이 일차적으로는 신과 유사하거나 신의 이미지에 어울리는 어떤 것을 생각하도록 하는 토대로서 작용하는 만큼은 그렇다." Rene Descartes, *Meditation on First Philosophy*, translated by Donald A. Cress, (Indianapolis: Hackett Publishing, 1980 1641), pp. 80-81.

들은 개인 의지의 합리성을 믿었다. 그들은 각 개인이 자신의 즐거움을 극대화시키고 고통을 극소화하는 일련의 행동을 선택할 것으로 보았다.

마르크스도 일반적으로 이 점에 관한 한 자유주의자들과 의견을 같이 했다. 다만 그는 인간의지의 행사에 경제적·정치적·사회적 요인들이 제약을 가함에 따라 나타나는 인간소외에 초점을 맞추었을 뿐이다. 파시스트들은 인간의 의지가 자유주의자나 마르크스주의자들이 생각하는 것보다 덜 합리적이고 덜 이기적이며 덜 공리적이고 덜 제한되어 있다는 점을 부각시킴으로써 자유주의나 마르크스주의 심리학의 함축과 곤란을 극복하고자 하였다. 인간의 의지는 자유주의자들이 주장하는 것처럼 합리적이고 개인주의적이며 공리적인 목적에 의해서가 아니라 광범한 욕구와 필요에 의해서 동기유발이 된다.

의지는 단순히 개인적 욕구의 만족에 의해서 동기화되기 보다는 개인을 넘어서서 일관되고 인정할 만한 집단에 속할 필요성이라든가 집단적이거나 개인적인 영광을 위해서 또는 질서와 안전이 필요하기 때문에도 동기화된다. 인간의 동기에는 단순히 물질적인 이익뿐만 아니라 용기, 감정, 본능, 폭력을 위한 집단적 필요 등이 포함된다. 어디엔가 귀속되고 질서를 갖추어야 할 필요는 나치스와 파시스트가 자유주의에 의해 부과한 자유선택과 자유의 '짐'을 개인에게서 덜어주는 집단적 가치와 권위에 복귀함으로써 충족되었다.

폭력행동의 필요는 전쟁을 통해서 충족되었는데, 무솔리니에 따르면 이러한 전쟁만이 모든 인간의 에너지를 최대의 긴장으로 옮겨가며 전쟁에 기꺼이 임하려는 덕성을 갖춘 사람들에게 고귀한 표징을 가져다 준다.[20] 전쟁과 폭력은 또한 통합적 역할을 수행한다. 지오바니 젠틸레(Giovanni Gentile)가 지적했듯이, 모든 사람들에게 사적인 이익을 넘어서는 공통적인 무엇인가를 보유하고 있다는 점을 강조함으로써

---

20) Mussolini, "The Doctrine of Fascism," p. 15.

(피를 통한 검증으로서) 전쟁만이 모든 시민들을 하나의 생각과 하나의 열정 그리고 하나의 희망으로의 통합을 가져올 수 있다.[21]

파시즘은 각 개인이 자신의 이익을 가장 잘 판단할 수 있다든가 또는 각 개인의 내부로 들어가서 즐거움과 고통을 가져다 주는 것이 무엇인지를 발견하게 되면 각 개인의 동기도 알 수 있다는 등의 자유주의적 가정을 거부한다. 그 대신에 파시스트들은 사회의 대부분의 사람들은 한 무리의 양떼와 같다고 생각한다. 자아실현이 결여되어 있음으로 해서 군중의 의지는 유순하고 개방되어 있기 때문에 엘리트들이 이들을 위해서 선택한 가치와 동기, 정책과 프로그램에 의해서 규정된다.

그래서 인간은 본질적으로 권력의 의지라는 측면에서 두 집단으로 나뉜다. 열등한 군중은 강력한 의지를 결여하고 있으며 그들이 추구하는 행동은 다른 사람의 지도하에 이루어진다. 대부분의 사람들의 군중심리를 고려하면 사람들은 전체 사회의 이익을 추구하는 국가 지도자들로부터 지도를 받는 것이 가장 좋다. 국가의 뛰어난 지도자들은 집단의 요구가 무엇인지를 판별해 내고 불굴의 용기와 결단력을 갖고 이러한 요구를 추구해 나갈 수 있는 강력한 의지를 보유하고 있다. 이들 지도자들은 감정적 호소를 활용함으로써 집단의지를 위해 대중들이 협력적으로 행동하도록 유도한다.

인간본성에 있어서 의지의 중심성에 강조를 두고 있고, 인간의 의지가 항상 합리적이지 않다고 보며, 그리고 감정에의 호소를 통해 사람들에게 동기를 부여해 나가는 능력을 중시하고 있기 때문에 파시즘과 나치즘은 '비합리성의 이데올로기'로 명명되고 있다. 그러나 이러한 명명은 좀 잘못된 측면이 있다. 왜냐하면 특히 나치 독일에서는 국민적인 역량에 대한 강조와 실제적인 조직화의 많은 부분은 기술적으

---

21) "Giovanni Gentile, "The Philosophical Basis of Fascism," in *Readings on Fascism and National Socialism* (Chicago: Swallow Press, 1952〔1928〕), p. 48.

로는 가장 합리적인 원칙들을 결합시켜 나갔기 때문이다.

사형수용소(death camp)는 윤리적이고 인간적인 원칙에서 보면 비합리적이며 노동의 성과라는 점에서도 완전히 비효율적인 것이지만, 그러나 그것은 대량학살과 사회적·심리적 혹은 의학적 실험이라는 측면에서는 기술상에서 상대적으로 효과적인 도구였다.[22] 선전과 신화, 표어, 다른 감정적 호소의 활용은 나치에 의해서 가장 효과적으로 이루어졌고, 그래서 그것들은 윤리적으로는 비합리적인 국가적 목표였지만 그것을 위해서 시민들을 동원하는 데는 수단 상에서 합리적인 도구였다.

많은 사람들에게는 인간본성에 대한 파시스트와 나치의 개념은 자유주의자들이 제시했던 합리적이고 물질주의적이며 이기적인 인간본성 개념이라든가 또는 계급없는 노동자사회라는 마르크스주의자들의 애매모호한 약속에 대해 하나의 매력적인 대안이었다. 인간본성에는 감정적인 요소가 존재한다는 것을 인정함으로써 파시즘은 자유주의적 사회 밖에서 보다 더 진정한 삶을 영위할 수 있다고 주장했다. 의지가 물질적인 자아를 넘어서서 정신적이고 사회적인 가치에 의해서 동기부여 될 수 있음을 인정함으로써 파시즘은 인간적·문화적 우월성을 조장하는 방식으로 인간을 재구성하고 새 생명을 얻을 수 있다고 주장했다. 인간이 자신의 조그마한 경제적 이해관계를 넘어설 수 있고 공산주의혁명의 계급전쟁을 거치지 않고도 다른 사람과의 정신적 조화를 통해 더 고귀한 가능성을 용기있게 추구해 나갈 수 있다는 생각은 설득력이 있는 것 같아 보였다.

4. 사회

파시스트에게 있어 사회조직의 가장 기본적인 단위가 국민이었다

---

22) Arendt, *Origins of Totalitarianism*, pp. 437-459; Jay Lifton, *The Nazi Doctors: Medical Killing and the Psychological of Genocide* (New York: Basic Books, 1986), passim.

면, 나치에게 있어서는 인종집단이었다. 국민이나 인종 개념은 그 구성원들이 갖고 있는 가장 중요한 정체성이다. 국민이나 인종이 그 구성원들의 정신을 규정하는 역사와 문화를 갖고 있다면, 국민이나 인종은 그 구성원들의 총합 이상이다. '실재'하는 것은 구성원인 개인이 아니라 국민이나 인종이다. 요약하면 사회는 국민적 또는 인종적 특징에 의해서 규정되며, 이러한 특징들은 사회를 구성하는 개인들보다 선행하며 이들을 결정한다.

우리가 반복해서 강조하듯이 파시스트와 나치스의 중요한 차이점은 동질성 문제를 둘러싸고 갈린다. 일반적으로 파시스트는 인종주의자가 아니며, 그렇기 때문에 나치처럼 사회적 동질성을 강조하지 않는다. 예를 들면 무솔리니는 통상 이탈리아 국민이라는 이름하에 모든 이탈리아 시민들을 포함시켰으며, 인종적 순수성에 대해서는 그다지 관심이 없었다.

반면에 국가사회주의자들은 국민을 인종의 관점에서 규정했고, 그렇기 때문에 그들은 아리안 국민의 순수성과 동질성을 확보하는 데 많은 공을 들였다. 파시스트들은 국민적 힘과 영광이라는 목표를 중심으로 사람들을 통합시키는 데 더 많은 관심을 기울였으며, 이러한 목표를 달성하기 위해서 모든 사람들의 에너지를 동원하고자 하였다. 나치스는 이러한 목표마저도 인종의 순수성이라는 보다 더 높은 목적에 종속시켰다.[23] 간단히 말하면 파시스트는 사회 개념을 국민으로 축소시켰고, 나치스는 인종집단으로 축소시켰다.[24]

---

23) 이러한 경향은 국가사회주의 정부가 1944~45년 점차 필사적으로 생사투쟁해 나가는 전쟁의 와중에서 수백만의 유태인과 다른 '바람직하지 않은 사람들'을 수용소에서 학살하는 데 더 중점을 두게 되면서 더욱 충격적인 방식으로 나타났다.
24) 국민과 인종에 대한 파시스트와 나치스의 강조는 다른 이데올로기적 시각을 갖고 있는 사람들에게는 가증스러운 것이다. 자유주의자들은 개인이 존재론적으로 사회나 국민보다 선행하며 각자 개인적 목적을 달성하기 위해서 집단을 형성하는 것으로 본다. 따라서 자유주의자들은 개인의 이익과 요구가 이

III. 실질적인 정치적 원칙

1. 권위

'파시스트'라는 말은 라틴어인 파시스(fasces)에서 유래하는데, 이는 머리가 위로부터 불쑥 나와 있는 전투용 도끼를 둘러싸고 있는 막대기 다발을 뜻한다. 이러한 표상은 고대 로마의 행정관들에 의해서 자신들의 권위의 공적 상징으로 사용되었었다. 이탈리아의 파시스트에게는 파시스가 그들이 부활시키려고 애쓰고 있는 고대 로마의 영광을 회고적이고 감정적으로 연상시켜 주는 데 기여하였다. 그리고 단단하게 묶어진 다발은 권력과 권위를 유발하는 국가에서 개인들의 공

보다 우월한 국가 이익에 양보해야 한다는 주장을 받아들이지 않는다. 마르크스주의자들은 국민과 인종에 대한 강조가 이들 집단 내의 중요한 계급 차이를 무시한다고 생각한다. 한 국민이나 인종집단 내에서 가장 강력하고 특권적인 사람들은 단순히 힘없고 가난한 사람들로 하여금 자신들의 보다 긴급한 계급이익보다는 엘리트가 규정한 국민적 또는 인종적 목표를 추구하도록 유도하기 위해서 국민적 또는 인종적 동질성에 대한 호소력을 활용하고 있을 뿐이다. 아마도 이 문제와 관련해서는 보수주의자들이 파시즘과 나치즘에 대해 가장 중요한 비판을 제공하고 있다. 파시스트나 나치스처럼 전통적 보수주의자들은 집단주의자들이지 개인주의자들이 아니다. 그러나 전통적 보수주의자들은 사람들이 단순하게 국가에만 귀속되는 것이 아니라 광범한 사회적 실체에도 귀속된다고 주장한다. 보수주의자들은 사회를 다원적으로 많은 집단과 조직, 결사체들로 구성된다고 본다. 개인들은 자신들보다 더 큰 어떤 것의 일부분이라고 생각하지만, 이렇게 큰 실체가 단지 국가나 인종집단에 한정되지 않으며 그래서도 안 된다. 개인들은 파시스트나 나치스가 강조하는 것처럼 더 커다란 사회에서 뿐만 아니라 교회나 학교, 기업체, 노동조합, 자발적 결사체, 지방적 공동체에서도 사회적·정신적 동질성과 의미를 발견한다. 보수주의자들은 개인과 국가 또는 인종집단 사이에 존재하는 모든 이차적 사회집단을 없애거나 또는 최소한 종속시키려는 파시스트와 나치스의 시도들에 대해 가장 격렬하게 반대한다. Robert Nisbet, *Conservatism* (Minneapolis: University of Minnesota Press, 1986), pp. 49-74 참조. 국가와 개인 사이의 중간적 결사체의 중요성에 대해서는 William Kornhauser, *The Politics of Mass Society* (Glencoe, Ill.: Free Press, 1959) 참조.

동체적 단합을 상징하는 것으로 역할하였다.

일반적으로 국가는 "공동의 목적을 달성하기 위한 사회의 특정한 도구"[25]로서 특징화할 수 있다. 특히 파시스트들은 국가의 권위를 국가에게 힘을 실려주고 국가의 목표를 달성하기 위한 수단으로서 간주한다. 무솔리니에 따르면,

> 파시즘에 의해서 인식되고 법제화된 국가는 정신적이고 도덕적인 실체이다. 왜냐하면 그것은 그 나라의 정치적·사법적·경제적 조직에게 구체적인 틀을 제공하기 때문이다. 나아가 국가를 통해 생성되고 발전되어 나가는 이 조직은 정신의 표출이다. 국가는 내·외적 안전의 수호자이지만, 또한 국가는 수 세대에 걸쳐 언어와 관습, 신념을 통해 발전되어 온 인민의 정신의 담지자이자 전달자이다. 국가는 현재이고 과거일 뿐만 아니라 또한 미래이다. 국가는 개인적 삶의 단기적 제약을 넘어서는 한 그것은 국민의 내재적인 양심을 대변한다.[26]

나치스는 국가를 인종이 지배와 안전을 추구할 때 사용하는 도구인 것으로 간주한다. 히틀러에 따르면,

> 국가는 목적을 위한 수단이다. 여기서 목적이란 신체적으로 그리고 정신적으로 동질적인 사람들의 공동체를 보존하고 발전시키는 데 있다. 공동체의 보존은 무엇보다도 먼저 인종으로서의 존재를 의미하며 그 다음으로는 이러한 인종에 내재하여 있는 모든 잠재력의 자유로운 발전을 허용하는 것이다. 이러한 목적 가운데 하나는 항상 일차적으로는 육체적 생존을 보장해 주는 것이고, 그 다음의 목적은 정신적 발

---

25) Mark O. Dickerson and Thomas Flanagan, *An Introduction to Government and Politics: A Conceptual Approach* (Toronto: Methuen Publications, 1982), p. 24.
26) Mussolini, "The Doctrine of Fascism," pp. 236-237.

전을 중진시켜 나가는 것이다. 실제에 있어 하나는 항상 다른 하나의 전제조건으로 작용한다.

　이러한 목적에 기여하지 않는 국가는 실제로는 잘못된 괴물이다. 산적단의 성공이 강탈을 정당화할 수 없듯이 국가가 존재하고 있다고 하여 그것이 이러한 목적을 바꾸지는 못한다.[27]

이렇게 파시스트와 나치스는 국가를 국민이나 인종의 정치적 표출인 것으로 생각했다. 국가 권위는 국민의 의지를 표현하기 위해서 그리고 국가적 목표를 달성하기 위해서 필요로 하는 힘을 제공하기 위해서 사용되어야 했다. 파시즘의 목적이 강력한 국민을 만들어내는 데 있었기 때문에 국가는 이러한 목적을 이루기 위해서 필요로 하는 총체적 권위를 보유해야 한다. 그래서 젠틸레는 국가를 '전체주의적' 실체라고 묘사했다.

　이렇게 국가와 시민―여기서 시민은 이런 시민이나 저런 시민이 아니라 모든 시민들―사이의 관계는 너무나 긴밀하기 때문에 국가는 시민이 존재하도록 허용하는 한 그러한 만큼만 존재한다. 그렇기 때문에 국가의 형성은 개인과 대중에게서 국가에 대한 의식이 형성되는 것을 뜻한다. 그래서 당이 필요하고, 파시즘이 총통의 생각과 의지를 대중의 생각과 의지로 만들기 위해서 사용하는 선전과 교육의 모든 도구들이 필요하게 된다.[28]

국가는 특히 사회와 경제, 정치의 유기적 통합을 달성하는 것과 같은 국가 목표를 위한 배타적인 안내자가 되길 희망해야 한다. 국가는 사회적·경제적·종교적·개인적 생활의 모든 측면에 대해 총체적으

---

27) Hitler, *Mein Kampf*, p. 393; cf. 386ff.
28) Gentile, "The Philosophical Basis of Fascism," p. 60.

로 그리고 배타적인 통제력을 행사해야 한다. 가정과 교회, 기타 모든 정치적·사회적·사적인 조직이나 행동들은 국가의 감독하에 있어야 한다. 그래서 정부의 역할은 국민의 유기적인 통합이 어떤 수단을 쓰더라도 국가에 의해 확보되도록 하는 데 있다. **동질화**(Gleichschaltung) —나치의 목적을 달성하는 방향으로 국가에 의해 모든 사적·사회적·정치적 제도와 행동들을 동질화하는 것—이라는 나치스의 이념도 비슷한 의도를 표명하고 있었다. 더욱이 인종적 순수성의 목표는 전체주의적 압력을 강화시켰는데, 왜냐하면 이러한 목표를 달성하려면 국민적 통합이라는 목표를 달성하려고 할 때보다 더 많은 국가의 통제를 요구하기 때문이다.

요약하면 국가 권위와 관련한 파시스트와 나치스의 원칙들은 서로 비슷할 뿐만 아니라 단순하게 표명되고 있다. 원칙적으로 국가는 국민이나 인종집단의 목표를 추구하기 위해서 무제한의 권위를 부여받아야 한다. 이것이 의미하는 바는 국가가 생산과 소비, 투자를 계획하고 통제하는 등 경제생활을 지배해야 한다는 것이다. 실제적으로 나치스나 파시스트는 산업을 국유화하지는 않았다. 산업의 사적 소유는 규범이었다. 산업을 국유화하기 위해서 국가권위를 사용하는 대신에 파시스트와 나치스는 산업 생산이 국가적 필요에 부응하도록 하는 방향으로 경제를 통제하기 위해서 국가권위를 사용했다.[29] 이와 유사하게 파시스트와 나치스는 교회를 없애기 위해서 국가권위를 사용하지도 않았고, 그 대신에 종교 지도자들을 위협하여 자신들의 정부를 수동적으로라도 수용하도록 하는 데 만족했다.

그러나 파시즘과 나치즘의 전체주의적 측면을 제대로 파악하기 위해서는, 첫째 국가권위가 잠재적으로 무제한적이며 총체적이라는 것과 둘째 국가권위의 사용에 어떤 제한이 주어졌다면 이는 최소한 단

---

29) 앞으로 살펴보게 되겠지만 이탈리아의 파시스트 기업들에서는 공·사의 구별이 상당한 정도로 모호하였다.

기적으로 보면 국가 외부의 조직이나 행동에 어느 정도의 재량권을 부여하는 것이 국가목표를 가장 효과적으로 달성할 수 있다는 계산하에서 이루어진 실용주의적 양보라는 것을 이해해야 한다.

2. 정의

파시스트나 국가사회주의 이데올로기 어디에도 정의와 관련하여 명확하게 규정된 이론이 존재하지 않는다.[30] 이들 가운데 어느 것도 개인의 복지에 특별한 관심을 기울이지 않으며 그 대신에 집단의 복지와 권력에 초점을 맞춘다. 국가나 인종의 힘을 극대화하는 데 관심을 기울이고 있기 때문에 정의에 관련한 문제들이 개인에게 영향을 미치는 한 분배적 정의나 인과응보적 정의의 문제에는 그만큼 관심을 기울이지 않는다. 자원에 대한 어떤 종류의 분배나 재분배 또는 일반적으로 법의 역할에 관한 이론화는 항상 집단의 이익이라는 관점에서 이루어진다. 만약 국가기관이 생산력과 국가의 힘을 극대화하는 정책을 수행한다면 모든 사람들이 이득을 볼 것으로 간주되었다. 그래서 부의 공정한 분배와 같은 문제들은 그것들이 전체의 힘과 생산성에 영향을 미칠 경우라야 문제가 될 뿐이다. 그렇지 않다면 그것들은 국가의 관심 대상이 되지 않았다.

그렇다고 이러한 얘기가 파시스트와 나치스가 권력을 장악하기 위한 초기의 노력에서 분배적 정의의 수사를 사용하지 않았다는 것을 의미하는 것은 아니다. 독일과 이탈리아에서 나치스와 파시스트는 경제적 불안정에 처해 있든지 아니면 좌익 정당들의 재분배 정책에 의해 위협을 느끼고 있었던 사람들로부터 지지를 얻으려고 하였다. 특히 파시스트들은 사회의 여러 계층들에게 재분배의 약속을 하였다. 다만 이러한 약속은 전쟁의 노획물로 보상되었다. 그럼에도 불구하고

---

30) 나치 독일에서는 법적 제도도 도덕적 타락과 직업상의 퇴행으로 특징지어 진다. Ingo Mueller, *Hitler's Justice* (Cambridge: Harvard University Press, 1991) 참조.

개인적 수준에서 분배적 정의에 대한 관심은 항상 국가의 통합과 힘에 대한 관심에 종속되었다.

이러한 경향은 파시스트와 나치스가 권력을 장악함에 따라 더욱 강화되었다. 일단 권력을 장악하면 파시스트와 나치스 모두 노동자의 권리라든가 경제적 형평에 대해서는 관심을 거의 두지 않았다.[31] 예를 들면 파시스트들은 어떤 산업 분야에서는 임금을 올려주었지만, 이는 공평이라는 차원에서 한 것이 아니라 국가이익을 위한 생산성을 높이기 위해서였다. 이와 유사하게 나치스도 그 이후 미국의 각 주를 연결하는 고속도로와 같은 '아우토반(Autovahn)' 체계를 건설하였는데, 이는 군사적 필요에 의한 것이지 국내생산품의 원활한 수송을 위한 것이거나 아니면 독일 시민들에게 더 많은 이동성을 제공하기 위한 것은 아니었다. '아우토반' 체계의 목적은 군대와 군사물자를 보다 더 신속하게 이동할 수 있도록 하는 데 있는 것이지 공공통행이 편리하도록 하는 것은 아니었다. 나치스의 많은 다른 공공사업 프로젝트나 공공조직 모두 궁극적인 목표는 사회를 나치스의 의제에 맞추어 통합하는 데 있었고 개인이 전체의 이익을 위해 참여하는 경우를 제외하고는 개인의 복지를 증진시키는 데 있는 것은 아니었다.

3. 통치자

파시스트와 나치스는 정치권력이 예를 들면 이탈리아의 무솔리니 총통이나 독일의 히틀러 총통과 같은 사람의 지배자에 집중되는 엘리트주의 형태를 옹호하고 민주적 형태의 정부를 거부했다. 이러한 엘리트주의에는 3가지의 중심적 주장이 존재한다. 첫째는 선거상의 책임이라는 생각을 거부한다. 둘째는 권력을 민주정치에서처럼 분리하고 견제하도록 하는 것이 아니라 중앙집중하고 무제한적이도록 한다. 셋

---

31) Eduard Tannenbaum, *The Fascist Experience: Italian Society and Culture, 1922~1945* (New York: Basic Books, 1972), pp. 89-116 참조.

째는 통치자들이 인민과의 대화를 통해 목표와 프로그램을 도출하는 것이 아니라 자신의 직관을 통해 국가이익에 관한 우월한 지식을 도출해 낸다. 리더십에 관한 파시스트와 나치스의 이러한 원칙들 각각에 대해서 보다 자세히 살펴보면 다음과 같다.

첫째, 일단 참된 지도자가 어떤 직책을 맡도록 정해지면 최소한 그 지도자는 더 이상 경쟁적인 민주적 선거에 의해 선출되어서는 안 된다. 무솔리니와 히틀러는 처음에 권력을 추구할 때 선거에 입후보했지만, 이 두 사람은 위기상황에서 명목상의 우두머리에 의해 직책을 맡도록 지명되었다. 권력을 장악하자마자 이탈리아의 파시스트당과 독일의 국가사회주의당은 종속적인 입법부로부터 독재적 권력을 획득하였고 정치적 반대자들을 억압하였다. 선거가 파시스트 정권과 나치 정권하에서 치러지는 한 그것은 시민들로 하여금 권력을 장악하고 있는 정당 지도자들의 권력을 인정하고 확인하도록만 허용될 뿐이었다.

둘째, 지배 엘리트들의 권력에 대한 입헌적·제도적 제한이나 견제는 약하거나 존재하지 않는다. 파시스트 이탈리아나 나치 독일에서 집권당은 여론과 교육, 언론, 엘리트의 지시를 거부할 수도 있는 여타의 다른 집단이나 제도를 통제하였다. 국가의 모든 기관들은 당의 수뇌인 총통에 순종적인 당원들의 손에 놓여 있었다.

파시스트 이데올로기에 따르면 지도자의 권력은 당과 국가권위의 위계를 통하여 위에서 밑으로 향하는 것이었다. 나치즘과는 대조적으로 이탈리아의 경험을 고려하는 파시즘에서는 총통에 대한 무솔리니 추종자들의 책임을 확립시킴으로써 순수하게 위임된 권위라는 포괄적인 개념은 존재하지 않았지만, 모든 권위는 총통에게 귀속되고 있으면서도 추종자들에게도 재량의 여지는 어느 정도 존재하고 있었다. 그러나 나치 이데올로기에서는 총통의 중앙집중적이고 무제한적인 권위는 일인통치를 확립하는 **총통제**(Fuehrerprinzip)로 정식화되었다.

나치 총통의 절대 권위는 모든 사람들이 개인적으로 지도자에게 책

⟨설명상자 7-2⟩ 아돌프 히틀러

아돌프 히틀러는 하급 세무관리의 아들로서 1889년 브로노암-인(Braunauam-Inn)이라는 오스트리아의 조그마한 국경마을에서 태어났다. 그는 평범한 학생이었고 부모와의 관계에서는 행복하지 않았다. 그는 15세 나이에 고아가 되었다. 1906년 그는 건축가나 화가가 되기 위해서 비엔나로 갔다. 비엔나의 유명한 예술학교는 그를 받아들이지 않았고, 당시 그는 건축을 공부할 수 있는 자격을 갖추고 있지 않았다. 그래서 그는 건설에서의 색다른 직업을 찾았으며 결국 자신의 생계를 꾸려나가기 위해서 집에 색칠을 하고 벽지를 부치고 엽서를 디자인하는 일을 하였다. 비엔나에서 그는 악의적인 반유태주의라든가 또는 세계를 이해하는 데 있어 단순하고 혼란스러운 일련의 낭만주의적이고 민족주의적인 정치적 원칙들을 포함하여 자신의 세계관의 많은 부분을 얻었다.

1912년 그는 뮌헨으로 떠나서 1914년 전쟁이 발발하자 독일군대에 입대했다. 그는 하사의 직급에 머물러 있었지만, 용맹을 떨쳐 누구나 탐을 내는 철십자훈장을 두 번이나 받는 등 영예롭게 복무했다. 전쟁이 끝났을 때 히틀러 역시 독일의 항복에 대해 부당하고 배신감을 느끼는 많은 독일 국민들 가운데 한 사람이었다.

1920년 히틀러는 당세(黨勢)가 미미한 독일노동당에 입당했으며, 곧 그는 효율적인 조직가이며 특히 뛰어난 연설가임을 입증했다. 그의 리더십하에서 국가사회주의독일노동당(NSDAP 또는 'Nazis')으로 개명한 이 정당은 재빠르게 완벽한 정책정강을 개발했고 소속 당원의 숫자는 수천 명으로 불어났다. 1923년 11월 8일 히틀러는 바바리안(Bavarian)정부를 무너뜨리고 그럼으로써 베를린에서 국민정부를 전복시켜 종국적으로는 나치의 통치를 가져오리라는 기대하에 쿠데타 내지는 '폭동'을 시도했다.

히틀러는 반역을 이유로 9개월에 걸친 가벼운 구금에 처해졌는데, 이 때 그는 『나의 투쟁』이라는 자신의 자서전적 강령의 첫 부분을 집필했다. 1924년 석방되자마자 히틀러는 자신의 행동을 재개했다. 1924년 이후 나치스는 전국적으로 독일의회에서 약간의 의석만을 확보했다. 그러나 1930년 나치스의 의석확보는 12석에서 107석으로 비약적으로 확대되었고, 1932년에는 230석으로 그리고 1933년 3월에는 288석으로 약진했다. 1933년 1월 히틀러는 수상으로 지명되었고, 3월 23일 독일 제국의회는 그에게 독재적 권력을 제공했다. 나치의 독재가 시작된 것이었다.

임을 지는가 하면 또 권위가 공식적으로는 위계질서를 통해서 전달되고 있음에도 불구하고 실제로는 직접 지도자로부터 '위임' 되는 것으로 이해되는 위계적 행정에 의해서 강화되었다.[32] 이러한 원칙은 총통으로부터 발원해서 가장 하위의 지방적 수준으로 내려가는 위임된 지도력을 허용한다. 모든 결정과 행위는 궁극적으로는 설사 위임되어 있다고 하더라도 절대적인 권한을 갖고 있는 총통의 책임이다. 이러한 형태의 조직은 정상적인 권위와 위계를 무너뜨리고 나아가 추종자의 자유와 자발성을 제거함으로써 전체주의적인 통치로 전환시키는 경향이 있다.

이런 조직은 목적을 달성함에 있어서 총통과 피치자 사이에 존재하면서 "각각에 상응하는 몫의 권위와 순종을 담당하는 믿을 만한 중재적 수준"을 제거하게 되고 그 결과 "총통의 의지는 모든 경우에 모든 장소에서 구현되어 나타나게 되며, 총통 자신은 어떤 위계질서에도 연계되지 않으며 심지어는 그 자신이 만들어 놓은 위계에도 연관되지 않는다."[33] 다차원의 기구와 관료조직은 위계질서와 안정을 가져다 주는 것처럼 보이지만, 실제로는 이렇게 연속적이면서 중복되는 관료-행정 기관들의 양파같은 계층구조는 다음과 같은 리더십 원칙을 그대로 보여주고 있다:

> 기능이 중첩되면서도 자기 나름의 과제를 책임지고 있는 행정기관들 간의 연속적인 경쟁으로 인해 반대나 방해행위가 효율적으로 될 가능성은 거의 존재하지 않는다. 아무도 변화를 알지 못하고 반대가 존재한다는 사실이라든가 또는 나치 정권의 경우처럼 반대 부서는 전혀 폐지될 것이 아니며 훨씬 나중에 특정한 문제에 어떤 명백한 연

---

32) Paul Brooker, "The Nazi Fuehrerprinzip: A Weberian Analysis," in *Political Ideologies and Political Philosophies*, edited by H. B. McCullough (Toronto: Wall and Thompson, 1989), pp. 193-199 참조.
33) Arendt, *The Origins of Totalitarianism*, p. 405.

관도 없이 청산될 것이기 때문에 반대 부서가 자신의 패배에 대해서 전혀 알 수 없다는 것이 곧 체제에는 또 하나의 이익이 된다는 것을 알지 못한다. 그럼에도 어떤 부서를 명목상의 것으로 좌천시키고 다른 부서에게는 권위를 부여하는 강조점의 급격한 변화를 통해서 모든 문제들을 해결 할 수 있다. 주도적인 몇몇 사람들을 제외하고는 아무도 부서들 간의 명확한 관계를 아무도 모르기 때문에 이러한 변화는 훨씬 더 쉽게 이루어질 수 있다.[34]

그래서 나치의 통치는 전체주의의 가능성을 높이는 유동적 지배체제로 귀결되었다. 이와 대조적으로 파시스트 통치는 위임된 권위라는 매우 포괄적 개념을 결여하고 있으며 그래서 파시스트 통치는 전체주의로 나아가지 않고 전형적으로 강력한 권위주의적 성향의 위계적 권위구조의 경계 내에 남아 있었다.

셋째, 파시스트와 나치의 역할은 민주적 정부의 권위에서 공식적 권한에 의해 제한되는 역할보다는 훨씬 더 컸다. 입법상의 의제를 설정하고 정부의 집행 부서를 관리하며 군 총사령관이 되고 외교에서 국가를 대표하는 것을 넘어서서 이탈리아나 독일의 총통은 자국민의 의지와 운명을 인식하고 대변하며 표출할 것으로 기대되었다. 파시스트와 나치의 이데올로기에서 지도자들의 의지는 국민의 의지이며 '일반의지' 였다. 이상적으로 총통은 개인적 이익이나 기분으로 행동하지 않는다. 그 대신에 그는 모든 국민들과 신비적인 통합을 이루고 있고 모든 국민들의 의지와 운명을 직관적으로 파악한다.

국민들의 의지와 운명을 발견하고 해석하기 때문에 동조와 순종을 이끌어 내도록 국민들과 의사소통을 하는 것이 지도자들의 역할이다. 파시스트와 나치스는 총통의 목표와 정책 또는 프로그램들이 실제로 일반의지에 부합하는가를 결정하는 합리적이고 객관적인 기반이 존

---

34) Arendt, *The Origins of Totalitarianism*, p. 404.

〈설명상자 7-3〉 베니토 무솔리니

이탈리아의 조그만 마을에서 가난한 대장장이의 아들로 태어난 베니토 무솔리니는 가난한 배경에도 불구하고 공식적인 교육을 받았다. 그는 다른 것들보다도 벽돌공, 학교 교사, 이탈리아의 사회주의 신문인 아반티(Avanti)의 편집자 등 다양한 경력을 갖고 있었다.

1차대전에서 중립적 입장을 주장했던 이탈리아 사회주의자들과 이탈리아의 전쟁참여를 주장했던 무솔리니 간의 정책 차이로 인해 무솔리는 사회주의당의 당원 신분과 아반티 신문의 편집자 직책을 상실하게 되었다. 그는 자신의 신문을 출간했지만, 곧 징집되어 전선에서 심한 부상을 입었다.

1919년 무솔리니는 파시스트정당을 창당했다. 자신의 당이 1918년과 1921년 사이의 선거에서 3번이나 연속적으로 패배를 하자 무솔리니는 불만스런 대중과 볼셰비키 혁명이 일어날까 봐 두려워하며 신경을 곤두세우고 있는 자본가들에게 단순히 호소하는 데서 벗어나 공개적인 반란을 계획하고 실행하는 데로 옮겨갔다. 1922년 10월 27일 보수적인 엘리트들의 암묵적인 지지를 배경으로 하여 그는 지리멸렬한 정부와 약체 군주정에 대항하여 쿠데타를 실행했다. 10월 29일 위협적인 쿠데타로 인해 신변의 불안을 느낀 빅터 엠마뉴엘 3세(Victor Emmanuel III)는 무솔리니를 불러 신정부를 수립하도록 하였다.

무솔리니가 자칭했던 지도자라는 의미의 총통(Il Duce)이 이탈리아의 수상이 되었다. 1925년 1월 3일 그는 공식적으로 자신의 독재를 선언할 수 있었다. 갑작스런 권력장악으로 인해 이탈리아의 파시스트들은 그들이 실행하고자 하는 것이 무엇이고 어떻게 할 것인지에 대해 일관되고 잘 다듬어진 개념을 갖고 있지 않았다. 그 결과 이탈리아의 파시즘은 자주 이데올로기적 언명과 프로그램에서 다소 임시변통의 특성을 보였다.

재한다고 주장하지는 않는다. 이들은 단순하게 총통의 목표나 정책이 일반의지에 부합한다고 가정하고 그렇다고 주장할 뿐이다. 이러한 가정은 총통의 권한을 최대로 강화시킬 수 있다. 왜냐하면 이러한 이데올로기는 지도자의 지시가 합법적인가에 대해 의문을 제기하지 못하도록 하기 때문이다.

통치자에 대한 이러한 원칙들은 민주적 규범에 익숙한 사람들에게는 생소한 것일 수 있지만, 파시스트나 나치스가 권력을 장악하고 있었던 이탈리아나 독일 또는 여타의 국가에서 이러한 민주적 규범이라는 것이 그렇게 지배적인 것은 아니었다. 실제로 20세기 초 엘리트이론가로 지칭되는 일군의 사회과학자들은 민주적 통치에 대해서 매우 비판적이었고 이들 엘리트이론의 신봉자들은 엘리트의 통치를 강력하게 주창했다.

빌프레도 파레토(Vilfredo Pareto, 1848~1923)는 재능있는 소수와 양처럼 뒤따르는 대중을 구분하였다. 가에타노 모스카(Gaetano Mosca, 1858~1941)는 민주적 정부체제를 검토하고는 이들 국가들이 대중의 요구에 반응을 안 하는 것은 아니지만 그럼에도 불구하고 스스로를 정당화하는 신화의 사용을 통해 엘리트가 통치를 하고 있다는 점에서 실제로는 엘리트지배의 형태를 띠고 있다는 주장을 폈다. 모스카의 제자인 로버트 미헬스(Robert Michels, 1876~1936)는 자기 스승의 가르침을 이어받아 모든 형태의 조직과 정치적 지배는 소규모의 지도자와 대다수의 피치자들로 구성되는 구조로 진화해 나가는 경향이 있다는 저 유명한 '과두제의 철칙' 을 제안했다.

파레토와 모스카, 미헬스 사이의 논쟁은 적대적이고 복잡하다. 왜냐하면 이 세 사람은 엘리트 지배가 참여정부 체제에 어떤 의미를 갖는지에 대해서 의견을 달리했기 때문이다. 엘리트가 어떻게 지배하는가 라든가 이들 엘리트의 성격과 이들 지배의 성격 그리고 이와 같은 엘리트 지배가 바람직한 것인가는 이들과 다른 엘리트이론가들에게 평생에 걸친 탐구를 불러일으켰다. 파시스트와 나치스가 이들로부터 배운 것은 매우 단순한 것이었다. 즉, 사회는 엘리트에 의해 통치되고 있으며 또 그래야 한다는 것이었다. 더욱이 국민의 힘과 영광은 적정한 방식으로 이루어지는 '올바른' 엘리트의 지배에 의존한다는 것이었다.

엘리트이론가들 이외에도 많은 유럽의 지식인들은 엘리트지배를 정당화하는 사상을 옹호했다. 예를 들면 프리드리히 니체의 저작은 자주 통치하길 원하면서 창조적인 권력에의 의지를 보유하고 있음으로 해서 다수대중을 지배하는 위치에 들어가게 되는 이른바 영웅적

인물이나 초인을 요구하는 것으로 단순하게 해석되었다. 특히 조지-유진 소렐(Georges-Eugene Sorel, 1847~1922)은 무솔리니에게 대중을 조작하고 동기 부여하는 데서 상징을 활용하도록 일깨워 주었는가 하면 귀족정신이라든가 폭력의 사용을 가르쳐 주었다. 소렐은 통치자가 자신의 우월한 능력에 의해 지배를 하는 것이며 자신의 지배를 강화하고 또 적절한 목적을 달성하도록 하는 방향으로 대중을 지도하기 위해서 상징적인 이미지와 폭력을 활용해야 한다고 가르쳐 주었다.

4. 시민권

파시스트와 나치스는 엘리트주의자들이었지만 동시에 정부의 프로그램과 정책을 위해서 대대적인 **시민동원**을 추구했다. 국민들은 국가의 목표를 위해서 행동을 할 필요가 있지만, 그러나 이들의 참여는 정치적 영향력을 얻거나 자신들의 개인적인 정치적·경제적 이익을 확보하기 위한 것이 아니라 귀속감과 충성 그리고 순종의 관점에서 이해되고 있다. 개인의 이익과 의지라는 것은 다시 한번 전체의 이익과 의지에 종속되고 있다.

파시스트의 대중동원은 때때로 일종의 '민주집중제'인 것으로 이해되어 왔다. 통치는 전체의 이익과 의지를 표명하는 한 사람의 지도자에게 집중되지만, 이 지도자는 대중을 동원하여 의지의 관점에서 이러한 이익들을 달성해 나간다. 지도자가 표명하는 목표들을 달성하는 데 참여하는 것은 국가에 대한 개인의 일체감을 가져다 줄 뿐만 아니라 모든 사람의 완전한 참여는 국가의 대외적 이익들을 확보해 준다.

파시스트 시민이나 나치 시민에게 있어 최고의 윤리적 가치는 의무이며, 개인의 진정한 자유는 국가권위에 대한 **총체적인 순종**을 통해서 확보된다. 의무 개념은 파시스트 정권에서 시민권의 의미를 분명하게 밝혀준다. 파시스트 사회에서 각각의 사람은 사회의 도구인 국가에 대해서 특정의 책임을 보유하고 있는 집단적 전체의 일부분이다. 파시스트는 다원주의와 개인의 자기표현, 언론자유를 조장하려고 하지 않으며 이러한 사상에 뒤따라야 하는 사회적·정치적 기구를 장려하지도 않는다.

그 대신에 파시스트들은 국가에 대한 충성과 순종을 발전시키고 자유주의가 촉발시키고자 하는 이른바 개인주의적 표현 형태에 대한 열정을 약화시키기 위해서 집회라든가 당 조직과 같은 것에 참가하도록 독려한다. 국가행위에 참가하고 더 커다란 전체의 목표와 행동에 자신을 속박시키는 것은 국가의 모든 구성원들의 의무이다. 파시스트는 분파적 정치를 추구하지 않으며 국가를 위한 보편적 지지를 추구한다. 이러한 지지는 지도자에게로 집중된다. 국가사회주의 국가나 파시스트 국가의 시민이 무엇보다도 먼저 직면하는 것은 국가에 대해서 자신들이 주장할 수 있는 일련의 권리들이 아니라 국가나 더 커다란 사회적 전체를 위한 일련의 의무들이다.

그래서 파시스트는 자유와 시민참여를 원하면서도 이러한 것을 자유주의 전통과는 사뭇 다른 관점에서 이해한다. 자유주의자들은 개인적 자유가 가장 위대한 인간적 선이라고 주장하는 경향이 있다. 국가는 생명, 자유, 재산에 대한 개인의 권리를 확보해 주기 위해서 존재한다. 현대 자유주의자들은 이러한 권리를 확장시켜 교육권, 최소 수준의 생활권(복지권), 적정한 주거와 최소한의 의료 등과 같은 것들을 포함시킨다. 반면에 파시스트들은 "자유주의가 특정 개인의 이익이라는 관점에서 국가를 거부하고 있는" 데 반해 "파시즘은 국가를 유일하게 개인의 진정한 표출인 것으로 확인시켜 주고 있다"고 주장한다. 무솔리니는 다음과 같이 **자유의 파시스트 개념**을 피력하였다:

> 만약 자유가 개인주의적 자유주의에 의해서 만들어진 허수아비의 덕성이 아니고 진정한 인간의 덕성이라면, 파시즘은 자유를 위한 것이다. 이렇게 진실되고 유일한 자유는 국가의 자유이고 국가에서의 자유이다. 왜냐하면 파시스트에게 있어 모든 것은 국가에 포함되어 있고 국가 밖에는 어떤 덕성은 말할 것도 없고 정신적이거나 인간적

인 것은 아무 것도 존재하지 않는다. 이 점에서 파시즘은 총체적인 개념이며, 모든 덕성의 총화이자 종합인 파시스트 국가는 인민의 전체 생활을 해석하고 발전시키며 강화시킨다.[35]

알프레드 로코(Alfred Rocco)가 천명했듯이, "우리들의 자유 개념은 개인이 국가를 위해서 자신의 개성을 발전시키도록 허용되어야 한다"는 것이다. "그렇기 때문에" 자유는 마땅히 시민과 계급에게 주어져야 하지만, 다만 전체 사회의 이익을 위해 행사해야 한다는 조건과 사회적 긴급성에 의한 제약 내에서 그렇다. 그리고 자유는 어떤 다른 개인의 권리와 마찬가지로 국가의 허용이다.[36]

5. 구조

파시스트와 나치 정부의 구조는 권위와 통치자에 대한 자신들의 원칙의 논리적 산물이다. 국가권력과 엘리트 지배를 확립하기 위해서 파시스트와 나치스는 권력의 경쟁적 중심을 제거하기 위해서 정부와 경제, 사회를 구조화한다.

파시스트나 나치스는 미국에서 보는 바와 같이 경쟁적인 집단과 분파들이 서로 균형을 이루도록 한다는 개념에 근거한 입헌적 정부를 탐탁하게 여기지 않는다. 그들은 다양한 기구 내의 권력분립이라든가 견제와 균형이라는 개념을 거부한다. 통치자에 관한 앞 절에서 총통제를 논의할 때 나타나 있듯이 나치스는 총통의 권력을 강화시키는 구조에 강조점을 두었다. 권력의 다차원적 기구가 존재하는 한, 각각은 중앙권위에 의해 통제된다는 것이다. 이러한 중앙통제의 구조적 장치를 통해 경쟁적인 권력기반을 제거함으로써 정부의 권력은 고도로 집중되고 집적된 형태의 단일적 실체로 전환된다. 중앙집중화를 통

---

35) Mussolini, "The Doctrine of Fascism," p. 10.
36) Alfred Rocco, "The Political Doctrine of Fascism," in *Readings on Fascism and National Socialism* (Chicago: Swallow Press, 1952), p. 36.

해 정부는 분파적 이해관계를 조정하기보다는 국민의지에 초점을 맞출 수 있고 또 이러한 국민의지에 의해 결정된 목표를 신속하게 달성할 수 있다.

파시스트 이탈리아에서 무솔리니는 일종의 **조합주의**(Corporatism)를 실행함으로써 사회내적 갈등을 줄여나갔다. 파시스트는 광범한 영역의 경제활동을 대표하는 22개의 조합을 만들었다. 운송, 철강, 섬유, 곡물 등과 같은 경제부문들은 각각 그들 자신의 조합에 의해 대표되었다. 노동자, 조합, 관리자, 중역들은 모두 자신들의 특정 산업에 조응하는 조합을 통해 대표되었다. 마지막으로 파시스트 당원들은 각 조합의 관리조직 내에 포함됨으로써 조합이 직접 국가에 연결되도록 하였다. 그래서 파시스트는 노동자와 관리자 모두를 통제하고 나아가 국가의 목표를 달성하는 방향으로 생산성을 극대화하기 위해서 경제의 목적과 활동간에 통합을 이루도록 하는 장치를 확보했다. 이렇게 밀접하고 제도화된 조합을 확립함으로써 중앙집중화는 우월성과 영광을 위한 국가간 투쟁에서 성공하기 위해 요청되는 중점적 선도와 집단적 힘을 증진시킨다는 것이었다.

사회내 권력을 구조화하는 방법으로 총통제에 강조를 둔 나치스가 조합주의의 원칙을 이용하여 경제를 구조화하는 데 강조점을 둔 파시스트보다 좀 더 성공적이었다.[37] 부문별 조합을 만들기보다는 행동과 능력이 중복되는 영역을 창출함으로써 총통은 자신의 의지에 가장 반응적이고 효과적인 기구에게 권위를 위임할 수 있었다. 나치 국가의

---

37) 에두아르드 탄넨바움(Eduard Tannenbaum)의 평가를 보면 이탈리아의 조합주의는 완전히 실패했다. 조합이 노동자를 훈련시키는 데는 기여했지만, 조합주의적 개입과는 상관없이 대부분 이전과 마찬가지로 결정을 하는 자본가 소유자에게는 전혀 영향을 미치지 못했다. 파시스트의 경제적 목표는 조금도 달성하지 못했다(Tannenbaum, *The Fascist Experience*, pp. 89-100 참조). 국가를 재구조화하는 데에서 나치스의 상대적 성공에 대해서는, Brooker, "The Nazi Fuehrerprinzip," pp. 198-199 참조.

명백한 일원적 위계는 나치의 통치에 대해서 논의하면서 우리가 주목했던 1933년 이후 독일의 다층적이고 침투 가능한 행정구조와는 모순되는 것이었다.

이렇게 침투 가능한 구조 덕분에 나치의 제도적 장치는 이탈리아의 정태적인 조합들보다는 훨씬 더 적응력이 뛰어났고, 그래서 나치는 끊임없는 동원이 가능할 수 있는 제도적 유연성을 확보할 수 있었다. 총통으로부터 권위의 직접적이고 개인적인 위임이라는 개념과 함께 행동과 능력의 중복적 영역으로 인해 행정의 안정이 훼손되는 경향이 없는 것은 아니지만, 오히려 바로 이것을 통하여 독일의 제도와 전체적으로는 독일사회가 지속적인 운동의 상태를 유지해 나갈 수 있었다. 나치는 아리안족을 순화시키고 다른 종족들을 퇴치하려는 의도 하에 독일의 정치체를 고도로 동원적인 대중운동으로 전환시켜 나갔다.[38]

6. 변화

좌-우의 이데올로기적 지형에서 파시스트와 나치스는 많은 경우 전통적 보수주의의 근처 어딘가에 아니면 그 오른쪽에 위치하게 된다. 이들 세 이데올로기의 몇 가지 특징들은 이들의 명백한 이데올로기적 유사성을 설명해 준다.

첫째, 전통적 보수주의와 파시즘 그리고 나치즘은 모두 계몽적인 자유주의나 개인주의를 반대한다는 점에서 일치한다.

둘째, 행동은 그렇지 않을지 몰라도 말로는 나치즘과 파시즘 모두 도시화와 산업화로 인해 위협을 받고 있는 보수적이고 농업적이거나 농촌적인 가치들을 유지해 나가야 한다고 주장한다.

셋째, 이들 세 이데올로기는 공동체의 윤리가 개인의 권리와 자유를 넘어서는 유기체적 사회 개념을 공유한다.

넷째, 이들 세 이데올로기 모두 세습적이거나 아니면 어떤 신화적

---

38) Arendt, *The Origins of Totalitarianism*, chaps. 11-13, passim.

인 근거에 기반하여 주장되는 사회내 위계 구조의 어떤 형태를 받아들인다.

다섯째, 이들 모두 부의 보편적 재분배를 요구하는 사회주의나 공산주의의 주장을 받아들이지 않는다. 또한 이들은 부의 광범한 불평등에 대해서는 물론이고 특히 자본주의 사회에서의 이동성이라든가 엘리트의 사회적 무관심으로 인해 조장된 하층계급의 빈곤에 대해서도 사회주의자나 공산주의자들과는 반대의 입장을 취한다.

여섯째, 이들 모두 낭만주의에 뿌리를 두고 있으며 인간존재의 비합리적이고 신화적이며 감정적인 측면에 대한 존중을 포함하여 국민적 통합이라든가 민족자결 등과 같은 신화를 강조한다.

일곱째, 전통적 보수주의는 강력한 민족주의적 혹은 인종주의적 이미지를 보유하고 있으며, 그 결과 파시즘이나 국가사회주의에 아주 가까운 입장을 보인다.

마지막으로 그리고 아마도 이러한 공통적 특성 때문에 역사적으로 보면 일부 보수적인 정당이나 정치가들은 상당한 정도로 파시스트나 나치스에 대해 동정적이고 이들과 기꺼이 협력하려고 했다. 바이마르 공화국의 보수주의자들은 자유주의적 민주주의자들을 따돌리고 나치스로 하여금 권력을 잡도록 하는데 일조를 했다. 이와 비슷하게 이탈리아의 보수주의자들은 무솔리니의 파시스트가 위협적인 볼셰비키나 사회주의자들을 막아줄 것으로 보았다. 그러나 파시스트와 특히 나치스가 권력을 장악하자 보수주의자들은 곧 자신들의 목적에 전혀 공감하지 않는 세력을 지원해 왔음을 알게 되었다.

자신의 명백한 '보수적' 특징들에도 불구하고 파시즘과 나치즘은 곧 보수주의자들을 실망시켰는데, 그 이유는 둘 다 보수주의와는 달리 혁명적 이데올로기이기 때문이다. 파시즘과 나치즘은(일정부분 '조작된' 문제이기도 했지만) 심각한 사회적·정치적 문제들이 팽배해 있는 상황에서 자신들이 이러한 문제들을 해결할 수 있다고 주장하면서 등장하였다. 그렇기 때문에 파시즘은 이미 확립된 사회적 관례나 제도의 보존이라든가 그러한 이데올로기적 옹호에 대해서 혁명적 행동을 강조하는 이데올로기이다.

공개적으로 공산주의와 자유주의 모두를 반대하면서 그리고 암묵적으로는 보수주의에 대해서도 반대하면서 파시즘은 두 이데올로기를 전복시키고 제거하려는 노력의 하나였다. 자유주의와 공산주의 모두 사회를 균열시키고 약화시키기 때문에 파시스트는 사람들을 통합하고 조직화하기 위해서 그리고 국가의 힘과 영향력을 확충하고 나아가 국가들 간의 공동체에서 국가에게 우월성의 올바른 위치를 회복시켜 주기 위해서 자유주의 국가나 사회주의 국가의 목적과 구조를 급격하고 근본적으로 변화시켜 나가고자 하였다. 이러한 목표는 공산주의에서처럼 역사의 의미와 방향에 대한 성찰을 통해서 달성될 수 있는 것이 아니며, 그렇다고 자유주의에서처럼 제도적 개혁과 점진적인 교육을 통해서 달성될 수 있는 것도 아니며, 또 전통적 보수주의에서처럼 과거에 대한 일관된 견해를 갖고서 점차적으로 변화시켜 나감으로써 달성될 수 있는 것도 아니다. 그것은 아마도 폭력적이기도 한 즉각적인 정치적 행동을 요구한다는 것이다.

나치즘의 가장 급진적이고 혁명적인 요소는 국가의 시민들을 완전히 변형시키려고 했다는 점이다. 나치즘은 우월한 인종적 유형에 기반하여 새로운 형의 인간을 만들려고 꿈꾸었다. 나치즘이 낭만적으로 보수적 이미지를 불러일으킨 이유는 그들이 이러한 목적으로 대중을 동원하기 위해서 사용한 도구 때문이었다. 대중들은 보수주의로부터 아리안족의 인간이라는 새로운 유형의 초인을 실현하기 위해 좀 다른 방향으로 동원되었다. 완전하지도 않으며 정태적이지도 않은 인간본성 그 자체가 변형되어야 했다.

권력을 장악하는 수단에 있어서는 스페인과 이탈리아의 파시스트 그리고 독일의 국가사회주의운동 사이에는 차이가 있었다. 나치가 바이마르 공화국에서 선거를 통해 다소 합법적으로 권력을 장악했다는 것은 아이러니이다. 이탈리아에서는 정부의 단호함이 무솔리니의 온건한 쿠데타를 패퇴시켰지만, 무솔리니는 1923년 총파업의 위기에서 이탈리아 황제에 의해 통치를 부탁 받았다. 반면에 스페인에서 프랑코는 피비린내 나는 내전이 끝나서야 권력을 장악했다. 파시스트와 나치에서 중요한 것은 권력을 장악하는 수단이 아니라 권력을 장악하기 위해서 행동이 취해졌다는 사실이다.

IV. 요약과 결론

국가사회주의 특히 파시즘은 죽은 게 아니다. 다양한 형태로 파시즘과 국가사회주의는 계속 존재하고 있다. 현재에도 두 이데올로기에 기반을 둔 운동이 거의 모든 산업화된 국가에서 계속되고 있다. 정치적으로 합법적인 파시스트 정당이 독일과 프랑스 등지에서 활동을 하고 있다. 이들 운동은 자유주의자나 마르크스주의자 또는 다양한 변종의 자유주의나 마르크스주의 신봉자들로 하여금 인간의 삶에서 비합리적이고 비경제적인 차원을 간과하지 말도록 상기시켜 주고 있다.

귀속감이라든가 개인을 초월하는 목적에 대한 사명감 또는 영광과 권력 의식에 대한 인간의 요구로 인해 어떤 사람들에게는 파시즘이나 국가사회주의가 계속 호소력을 갖고 있다. 더욱이 파시즘의 존속은 자유주의자와 사회주의자 또는 보수주의자 모두에게 국수주의나 민족주의의 힘이라든가 고립의 두려움 또는 공동체의 필요성에 대해 경계를 하도록 촉구하고 있다. 나치즘은 공동체 의식을 형성하기 위한 방법으로 인종주의적 사고를 하는 것에 대해 경고를 하고 있다. 나치즘과 파시즘 모두 우리들로 하여금 자유주의적 개인주의라든가 사회주의적 평등주의 또는 보수적 전통주의의 한계를 염두에 두도록 하고 있다.

용어해설(Glossary)

개인주의적 사회관(individualist image of society) 사회는 단순히 개인들의 집합체이며 그래서 사회는 사회를 구성하는 개인들의 특성을 넘어서는 어떤 특성을 보유하지 않는다고 보는 고전적 자유주의의 견해. 자유주의자들은 사회적 요구가 개인들의 권리보다 더 중요하다고 보는 전통적 보수주의자들의 주장을 반박하기 위해서 이렇게 '약한' 사회 개념을 제시했다.

경제결정론(economic determination) '역사유물론'이라고도 불리는 이 경제결정론에 대해서 정통 마르크스주의자들은 이를 마르크스의 덕분으로 여긴다. 경제결정론은 인간생활의 궁극적 실재라든가 변화나 갈등의 근본적 원인은 지적인 것이거나 정신적인 것이 아니라 경제적이고 물질적인 것이며 이와 같은 경제적·물질적 요인들은 본질적으로 의도적인 인간의 통제를 넘어서는 것이라고 주장한다.

경험이론(empirical theory) 실제 일어나는 그대로의 정치에 대한 일반화된 기술과 설명. 경험이론은 보다 이상적인 조건을 어떻게 달성할 것인가의 주장을 제시하기보다는 실제의 정치적 행동과 사건들에 초점을 맞춘다.

계급없는 사회(classless society) 사회경제적으로 구별되는 계급이 존재하지 않는 역사 이후의 사회에 대한 마르크스의 비전. 역사 후기사회에서는 계급구분을 낳는 노동분업이 더 이상 존재하지 않을 것이다. 때문에 계급없는 사회에서는 모든 사람이 마르크스가 인간존재의 자연적이고 바람직한 상태라고 구상한 대로 창조적이고 비소외적인 방식으로 자유로이 노동할 것이다.

계몽된 자기이익(enlightened self-interest) 개인은 단순히 즉각적인 개인적 또는 감각적 즐거움만을 극대화해서는 안 되고 다른 사람들도 마찬가지로 만족을 하는 사회에서 인생의 전 과정을 통해 더 높은 수준에서 지적이고 정신적인 만족을 극대화해야 한다는 생각.

계몽운동(Enlightenment) 18세기 유럽에서 인간을 무지와 미신에서 해방시키고 이성과 이성의 과학적인 적용에 근거하여 우주와 사회, 인간에 대한 이해를 발전시켜 나가고자 했던 지적인 운동.

고전적 자유주의(classical liberalism) '19세기 자유주의'를 현대 자유주의와 구별하기 위해서 사용되는 고전적 자유주의는 개인의 자유, 자유시장 또는 자본주의 경제, 제한정부, 대의정부 등을 강조하는 세계관이다.

공공재(public goods) 국방의 경우처럼 그 혜택을 나누기가 어려운 재화. 만약 공공재가 공동체의 한 사람에게 주어진다면, 그 공동체의 다른 사람들도 그 비용을 지불하지 않아도 그러한 혜택을 꼭 같이 누릴 수 있다.

공리적 계산법(felicific calculus) 정부가 현행의 법 때문에 각 개인에게 갖다 주는 순행복(즐거움에서 고통을 뺀 것)과 제안된 변화로 인해 각 개인에게 갖다 줄 순행복을 계산하는 공리주의적 방법. 이에 따르면, 제안된 개혁이 '최대 다수의 최대 행복'을 증대시키느냐 아니면 줄이느냐를 결정하기 위해서 이러한 개인적 효용들이 전체적으로 계산되어야 한다는 것이다.

공리주의(utilitarianism) 정부는 공공의 복리와 행복을 최대화하도록 해야 한다는 자유주의적 견해. 제레미 벤담에 따르면, 정부는 '최대 다수의 최대 행복'을 증진시켜야 한다.

공산주의(communism) 러시아와 중국 등 저발전 사회에서 혁명의 발발을 조장하는 20세기 이데올로기. 공산주의는 미래의 이상적인 사회를 건설하기 위해서 잠정적이지만 필요한 조치로서 경제에 대한 국가소유와 통제, 공산당에 의한 권위주의적 통치 그리고 포괄적인 시민들의 희생을 정당화한다.

공화제적 구조(republican structures) 어떤 당파나 이익집단도 정부의 모든 권력을 장악하지 못하도록 하기 위해서 고안된 정부 체제. 공화제 이론에 따르면, 공익은 편협한 이해관계를 넘어서서 계명된 대의제가 갖추어 질 때 그리고 어떤 당파도 모든 정부 기구를 다 지배하지 못하도록 구조적 장치가 마련될 때 성립될 가능성이 가장 높다.

과학적 사회주의(scientific socialism) 역사의 경제적 법칙에 대한 연구를 지칭하는 엥겔스의 개념. 이에 따르면, 과학적 사회주의는 사회주의적이고 평등한 사회가 도덕적 선이나 바람직함의 문제가 아니라 역사적 필연의 문제임을 보여준다고 한다.

관용(tolernce) 각각의 개인은 선한 생활에 대해서 각자 다른 개념을 갖고 있으며 각각의 개인은 자신의 행복을 가장 잘 판단할 수 있고 그리고 어떤 개인이나 정부도 다른 사람에게 선에 대한 자신의 개념을 강요해서는 안 된다는 자유주의적 생각.

교환양식(modes of exchange) 마르크스주의 이론에서, 상품이 사람과 계급 사이에서 어떻게 전달되는가를 결정하는 사회적 메카니즘을 지칭함.

교회-국가의 분리(separation between the church and the state) 정부는 세속적인 문제에 초점을 맞추며 특정의 정신적인 신념을 증진시키려고 해서는 안 되고 또 교회는 정신적인 문제에 초점을 맞추고 세속적인 문제는 국가에 맡겨야 한다고 주장하는 자유주의적 신조.

국가배의 은유(metaphor of the 'ship of state') 사회의 통치에 대한 고전적 자유주의자들의 은유임. '배' 라는 말은 정부와 사회가 신이 아니라 인간에 의해서 만들어졌다는 것을 뜻한다. 또한 '배' 는 사회가 어떤 목적을 향해 꾸준히 전진해 나간다는 것을 뜻하며, 시민인 승객들은 이러한 도착지를 결정해야 하며 자격을 갖춘 관리자로서 선장은 거기에 도달하기 위한 최선의 방법을 결정해야 한다는 것을 뜻한다.

국가종교(established religion) 국가로부터 인정되고 지원되는 종교. 전통적 보수주의자들은 국가종교의 필요성을 역설하였는데, 왜냐하면 국가종교가 사회를 위해서 도덕적 권위를 제공해 주기 때문이다. 대부분의 고전적 자유주의자들은 국가종교를 양심과 종교적 관용의 자유를 침해하는 것으로 공격을 가했다.

국민 단합(national solidarity) 다른 국가들에 대항하여 국가권력을 보존하고 공고히 하며 확장하기 위해서 국가 내의 계급과 개인들 간의 모든 경쟁을 종식시키려는 나치스와 파시스트의 정책. 파시스트와는 달리 나치스는 국민단합을 위해서는 인종적 순수성이 필요할 것으로 보았다.

권력 분립(separation of powers) 정부의 입법, 행정, 사법권은 구분되어야 하고 이를 각기 다른 기관에 위임해야 하며 이렇게 다른 기관의 직책들은 다른 이해관계를 대표하는 다른 사람들이 맡도록 해야 하며 그리고 각 기관의 관리들은 다른 기관의 관리들에 의해 자신들의 권한이 침탈당하는 것을 거부할 수 있는 장치를 보유하고 있어야 한다는 생각. 고전적 자유주의 이론에서 권력의 분립은 정부의 권력을 제한하고 견제하는 데 도움을 주는 것으로 인식되었다.

권리와 의무의 상응(commensurate of rights and obligations) 위계사회에서 권리의 불평등한 분배를 정당화하는 전통적 보수주의의 신조. 이에 따르면, 가장 많이 권리를 보유하는 사람은 사회적·정치적 의무를 가장 많이 보유한다는 것이다. 위계의 하층에 속하는 사람들은 권리를 적게 가지며 그래서 의무도 그만큼 적다는 것이다.

권위와 자율성 간의 갈등(conflict between authority and autonomy) 정치적 권위는 정부

의 명령에 순종하도록 시민들에게 의무를 부과한다. 개인의 자율성이란 모든 사람들이 자신의 도덕적 판단에 도달하기 위해서 자신의 능력을 사용할 권리를 뜻한다. 울프 같은 무정부주의자들에 따르면, 정부가 개인에게 자신의 도덕적 판단과 갈등관계에 있는 것을 하도록 명령할 때 마다 개인의 도덕적 판단은 이러한 정부를 파괴할 것을 요구한다고 본다. 무정부주의자들은 그래서 정부 권위는 정당하지 않은 것이라고 결론을 맺는다.

권위주의(authoritarianism) 공동체의 지도자가 추종자들에 대해 지배적인 그리고 심지어는 무제한적인 권력을 행사해야 하며 또 이들 추종자들은 지도자들의 명령에 복종하고 요구사항을 수용해야 한다는 신념.

귀속적인 사회적 지위(ascribed social status) 중세 유럽과 오늘날의 일부 전통적 사회에서 보이는 것처럼 사람의 지위가 성과보다는 출생에 의해서 의존하는 계층제도. 귀속적인 사회적 지위를 갖고 있는 대부분의 사회에서 사람들은 자신들의 사회적 위치를 상향 이동시키는 데 필요한 능력을 거의 보유하지 못한다.

귀족의무(noblesse oblige) 중세 사회에서 귀족에게는 특정의 특권이 부여되었지만 동시에 이러한 특권에는 특별한 의무가 뒤따르도록 하였다. 귀족은 가난한 사람들에게 자선을 베풀고 또 농노나 평민들로 하여금 단순한 생계 수준을 넘어서는 조건에서 살 수 있도록 지원을 하리라 기대되었다. 전통적 보수주의자들은 이 귀족의무 개념에 의지하여 위계사회를 정당화하였다.

규범이론(normative theory) 정치에 대한 일반화된 주장으로 규범이론은 현존하는 조건과 관행들을 비판하며, 보다 이상적인 정치세계를 옹호하고, 특정의 정치적 원칙을 정당화한다.

규율잡힌 볼셰비키정당(disciplined Bolshevik party) 레닌에 따르면, 공산주의에로의 성공적인 이행을 위해서는 소규모의 훈련을 잘 받은 중간계급의 지식인 (규율잡힌 볼셰비키정당) 집단이 요구된다. 이 볼셰비키정당은 적절한 전략과 행동을 개발하고 수행함에 있어서 프롤레타리아를 지도한다. 이 볼셰비키정당 개념은 역사적 문제에 있어서 마르크스가 예견하지 않았던 일정한 정도의 인간 의지를 중시하고 있다.

근본주의(fundamentalism) 신의 의지가 자신들의 성경에 간명하게 드러나 있다고 주창하는 경건한 유대교, 기독교 그리고 이슬람교의 많은 신도들의 공통적인 생각. 근본주의는 성스러운 진리를 무시하는 세속적 이데올로기에 반대하며 인간은 신의 의지에 순종해야 한다고 주장한다.

금융자본주의(finance capitalism) 레닌에 따르면, 역사적으로 볼 때 마르크스가 분석한 바 있는 산업자본주의 이후의 자본주의 형태. 이러한 새로운 형태의 자본주의 하에서 거대 은행과 다른 금융기관은 기업들에게 자본을 빌려준다. 이로 인해 기업들은 점점 더 이러한 금융대출에 의존하게 되는데, 결국 이들 금융기관들은 자본을 빌려준 기업들에 대해 통제권을 행사하게 된다. 이와 같은 권력과 부의 집중은 금융업자와 은행가들로 하여금 자신들의 자본을 투자할 새로운 투자처를 찾도록 만든다. 이러한 시장 가운데 하나가 산업적으로 저발전된 제국주의의 식민지이다.

기여의 원리(contribution principle) 사회주의적인 평등사회에로의 이행기에서 마르크스는 물질적인 궁핍이 해소될 때까지 잠정적으로 불평등한 노동에 대해 각기 다르게 보상하는 이러한 원리가 유지될 것으로 보았다. 물질적 궁핍이 해소되는 시점에서 이러한 모든 보상의 불평등은 사라지게 될 것으로 보았다.

나치즘(nazism) 1920~45년간 아돌프 히틀러 치하의 독일국가사회당(Nazis)에 의해서 가장 명확하게 제시된 이데올로기. 나치즘은 '아리안족'의 인종적 우월성을 주창했고 이들 인종들로 구성된 '위대한 독일' 건설을 추구했으며 그리고 군사적 지배와 특히 유대인종에 대한 대학살 정책을 통해서 이러한 목표를 추진했다.

네오마르크스주의(neo-Marxism) 마르크스의 변증법적 유물론이나 앞으로의 혁명에 대항 진단을 필수적으로 수용하지 않으면서도 오늘날의 사회나 국제문제에 대해 비판을 가하기 위해서 다양한 마르크스의 개념과 이론을 활용하고 수정하는 마르크스주의의 한 분파.

노동가치설(labour theory of value) 사람은 자신의 노동의 소유자이며 자산의 가치는 사람이 거기에 투입한 노동으로부터 나오고 그래서 자신의 노동을 자연과 혼합시킨 사람은 그 자산에 대한 합법적인 소유자라고 본 존 로크의 주장.

노동계급의식(working-class consciousness) 마르크스는 노동자의 계급의식, 다시 말해서 세상에 대한 해석, 문제점과 해결책에 대한 의식, 그리고 노동자 자신의 자아의식 등은 자신의 생산행위에 의해서 결정된다고 믿었다. 여기서 노동자의 생산행위란 노동자가 생산하고 노동하는 자원과 생산과정에서의 노동자의 사회적 위치 간의 조합을 뜻한다. 노동자의 의식은 역사적 상황에 따라 자신의 실제적 이익을 인식할 수도 있고 못할 수도 있다. 그래서 마르크스에 따르면, 노동계급의 구성원들은 혁명이 일어나기 이전에 먼저 자신의 실제적인 계급이익을 인식하지 못하도록 왜곡하는 요인들을 극복해야 한다고 보았다.

노동자자치평의회(self-managed workers' council) 인간의 의식을 변혁시키려는 티토의 방식. 이 노동자자치평의회에서 노동자의 소외는 노동자에게 지방 수준에서의 공장 통제권을 부여함으로써 그만큼 약화될 것으로 보았다.

노동조합주의(trade unionism) 자본가와 집단적 협상을 벌이기 위해서 노동자들에 의해 조직된 노동조합의 발전은 프롤레타리아의 혁명의식을 약화시킬 것이라고 본 레닌 등 공산주의자들의 신념. 왜냐하면 노동조합은 노동자들로 하여금 자본주의 체제를 전체적으로 전복시키도록 고무하기보다는 자본주의 체제 내에서 노동조건 개선과 임금인상에 주력할 것이기 때문이다.

농민(peasantry) 땅을 일구며 사는 신분이 낮고 교육수준도 낮은 사람들. 모택동에 따르면, 공산주의를 앞당기기 위해서는 이와 같은 '프롤레타리아 이전' 계급이 혁명에서 더 중요한 역할을 할 수 있다고 본다. 이들 농민의 역할은 마르크스나 정통 마르크스주의자들이 간과한 부분이다.

다수의 횡포(tyranny of the majority) 무제한적인 다수의 지배는 부자들의 재산권이나 인기가 없는 소수자의 시민권을 침해하는 법의 통과로 나타날 수도 있다고 본 고전적 자유주의자들의 우려.

대의민주주의(representative democracy) 대중적 선거를 통해서 가장 강력한 정치권력 보유자를 선택하는 체제. 대의민주주의의 원칙에 따르면, 선거에서 이겨 선출된 사람들은 정책결정에 직접 참여할 수 있는 권한을 부여받는다. 그리고 대의민주주의는 정책을 결정하고 관직을 계속 보유하고자 하는 사람에 대해서 이들이 다음 선거에서 유권자에게 책임을 질 것을 요구한다.

대학살(Holocaust) 일반적으로는 특히 불로 많은 사람의 생명을 대대적으로 파괴하는 것을 지칭함. 대문자로 쓸 경우는 특별히 유대인과 아리안족 간의 인종투쟁에 대한 나치의 '최종해결'을 지칭한다. 이 대학살 때 1938~45년간 600만의 유럽 유대인과 수백만의 다른 사람들이 죽음을 당했다.

데카르트 방법론(Cartesian method) 확실한 진리를 획득하는 첫 번째 방법은 명백하고 확정적인 생각을 제외하고는 모든 진술에 의문을 제기하는 것이라는 신념. 이 방법론에 따르면, 가장 자명한 생각은 보다 복잡한 생각을 이끌어 내는 기반이 된다.

도구적 이성(instrumental reason) 고대의 정치이론가들이 '선'을 알 수 있는 인간의 능력을 강조했다면, 고전적 자유주의자들은 선은 주관적인 선호의 문제이며 그래서 인간의 이성은 선 자체에 대한 지식을 얻는 데 그 역할이 있는 게 아니고 선에 대한 주관적인 이해를 획득하는 수단이 무엇인가를 알아내는 데 그 역할이 있는 것으로 주장했다.

도덕적 자율성(moral autonomy) 자신의 행동과 그것이 다른 사람들에게 미칠 영향에 대해서 합리적이고 윤리적인 판단을 할 수 있는 개인의 권리. 무정부주의자들은 특히 단호하게 개인은 도덕적 판단을 할 수 있는 어떤 능력도 정부의 권위에 위임해서는 안 된다고 주장한다.

독립적인 사법부(independent judiciary) 정부의 입법기관이나 행정기관으로부터 간섭을 받지 않고 갈등을 평결할 수 있는 법원체제.

독일낭만주의(German Romanticism) 낭만주의는 18세기 유럽의 계몽운동에서 강조된 바와 같이 과도한 합리주의, 실증주의, 과학주의, 공리주의에 반대하여 인간생활의 비합리적이고 감정적이며 직관적인 힘을 강조했던 9세기 유럽의 철학운동이다. 낭만주의의 독일적 변용은 자주 민족주의적 내지는 인종주의적 함의를 띠는 경우가 많았다.

동질화(Gleichschaltung) 나치의 목적을 가장 효과적이고 효율적으로 달성하기 위해서 국가를 활용하여 모든 개인적·사회적·정치적 제도와 활동을 일치시켜 나가는 나치의 정책.

마르크스-레닌주의(Marxist-Leninism) 1917년 러시아혁명과 냉전기간 동안 소련과 많은 위성국가들을 지도해 왔던 공산주의 이데올로기에 대한 해석. 마르크스-레닌주의는 저발전 국가들에서 혁명적 활동을 허용하고 또 성공적인 혁명 이후 이들 국가에서 공산당에 의한 강력한 통치를 정당화하기 위해서 마르크스의 신조를 재해석한 레닌에게 강조점을 두고 있다.

마르크스주의(marxism) 칼 마르크스와 그의 추종자들의 생각으로서, 이는 두 가지로 해석된다. 하나는 자본주의의 불가피한 붕괴와 그에 이어 공산주의 사회의 출현을 예견하는 과학이고, 다른 하나는 생산자산의 사적 소유와 기타 자유주의적 사상, 제도, 관행을 반대하는 이데올로기가 그것이다.

만장일치의 직접민주주의(unanimous direct democracy) 공동체의 모든 구성원들이 공동체의 의사결정에 직접 참여하며 이러한 결정에 모든 구성원들이 동의하는 과정.

무정부주의(anarchism) 모든 정부는 억압적이고 불필요하다는 신념. 무정부주의는 만약 모든 억압적인 기구가 파괴된다면 보다 자연적이고 자발적인 사회적 장치가 나타날 수 있다고 본다.

민족주의(nationalism) 비슷한 종족, 문화, 언어 및 역사적 배경을 보유하는 일단의 사람들의 강력한 감정. 그래서 이들은 독립적인 정치공동체를 구성할 자격이 있다고 생각한다.

민족지학적 연구(ethnographic study) 민족지학은 인종적으로 구별되는 집단에 대한 연구이다. 민족지학은 이러한 집단의 어떤 행태를 그들의 생리적인 특성이나 그들이 살고 있는 환경에 근거하여 설명하려고 한다. 19세기 유럽에서 이러한 연구는 왕왕 다양한 인종집단의 생물학적인 또는 인종족인 특성과 관련하여 의문의 여지가 있는 가정들과 깊이 연루되었다.

민주사회주의(democratic socialism) 보다 평등한 사회가 마르크스가 특정화한 것과 같은 혁명에 의해서가 아니라 점진적인 수단을 통해서 달성할 수 있다고 믿는 대표적인 20세기 이데올로기. 민주사회주의자들은 시민들이 자유주의자들이 제시하는 것 이상으로 개인성, 평등, 민주주의 그리고 공동체 조화에 대해서 더 깊은 이해를 가져야 한다고 주장하면서 나아가 이러한 가치에 헌신하는 정치가들을 선출해야 할 뿐만 아니라 이렇게 대중적으로 선출된 사회주의 정부는 자본주의의 나쁜 점을 치유할 것으로 보았다.

민주적 자본주의(democratic capitalism) '고전적 자유주의'와 동의어인 용어. 민주적 자본주의는 경제가 자유기업의 원칙에 의해서 조정될 때 그리고 정부가 투표권이라든가 기존의 정책이나 정부에 대해 반대할 권리 등 정치적 권리에 기초할 때 발생하는 개인의 자유에 강조점을 둔다.

민주주의(democracy) (1)공동체의 모든 구성원들을 정치적으로 평등하게 대우하면서 의견의 불일치를 해결하는 과정. 민주적 과정이 존재할 때, 자격을 갖춘 모든 시민들은 기본적인 정치적 권리들을 동등하게 보유하며 시민들의 다양한 주장과 이해관계들에 대해서 동등한 고려가 주어진다. (2)정치공동체의 지도자들을 자유롭고 공정하여 경쟁적인 선거에 의해 선출하는 과정.

민주집중제(democratic centralism) 정당과 국가를 조직하는 하나의 원칙을 지칭함. 이 민주집중제 원칙은 소련 공산당에 의해서 옹호되었다. 레닌에 의해서 개발된 이 민주집중제 원칙은 공개 토론(민주주의)을 요구하지만, 결정이 일단 이루어지면 정당 내에 정당하게 구성된 권위에 순종할 것(집중)을 촉구한다.

바이로이트 학파(Bayreuth circle) 바이로이트에서 리차드 와그너를 중심으로 모인 미술가, 음악가, 지식인 집단. 와그너는 작곡가이자 수필가이며 일단의 독일 민족주의자와 유럽 인종주의자들을 매혹시킨 독일 낭만주의자이자 민족주의자이다.

반동적(reactionary) 새로이 등장하는 세력에 반대하고 이전의 상황을 옹호하는 생각, 행동, 사람에 대해 다소 경멸적으로 표현하는 말.

반란(rebellion) 정부의 권위적 명령에 복종하는 것을 거부하는 것. 그리고 적절한 대안을 제시함이 없이 현 지배체제를 파괴하고자 하는 열망. 마르크스주의자들은 계급관계가 역전된다는 의미에서 혁명을 주장하는 데 반해 무정부주의자들은 반란을 추구한다. 왜냐하면 무정부주의자들에게 혁명이란 기존의 억압체제를 다른 형태의 억압체제로 대치하는 것에 불과한 것이기 때문이다.

반명제(antithesis) 사회에서 지배적인 요인 혹은 명제에 대해 반대의 입장을 취하는 일련의 물질적 조건 내지는 이론.

범신론(pantheism) 신은 인간을 지배하는 초자연적 힘이 아니라 인간과 인간 그리고 인간과 자연을 연결시키는 인간 내부의 자연적인 생명력이라고 보는 대다수 무정부주의자들의 신념.

변증법적 수단(dialectical method) 정치공동체가 어떻게 통치되어야 하는가에 대한 담론들을 점검하기 위해서 철학자들이 채택하는 절차. 이러한 절차들에는 어떤 사람의 생각을 다른 사람으로부터 비판적으로 논평을 받는 것도 포함된다.

변증법적 유물론(dialectical materialism) 경제적·물질적 삶의 조건에서의 변화가 계급갈등을 낳고 종국적으로는 새로운 형태의 사회적·정치적·이데올로기적 조건을 창출하는 것으로 역사과정을 바라보는 마르크스의 생각.

부르주아지(bourgeoisie) 원래는 '도시에 거주하는 사람들'(따라서 중간계급)을 지칭하는 말. 마르크스는 이를 토지, 은행, 공장, 자연자원 등 생산수단을 소유하고 있는 자본주의 사회의 사회경제적 계급을 지칭하는 말로 사용했다.

부르주아 헤게모니(bourgeois hegemony) 이탈리아 공산주의자인 안토니오 그람시에 따르면, 부르주아지는 폭력으로 지배하는 것이 아니라 광범하게 전파된 이데올로기를 통해서 지배한다. 이 부르주아 이데올로기는 다양한 제도에서 이루어지는 교육, 사회화, 대중의사소통을 통해 자신의 지배를 정당화하며 프롤레타리아 계급의식과 진정한 혁명적 변화 가능성을 잠재우는 역할을 담당한다.

분권주의(decentralism) 위에서부터 아래로가 아니라 아래로부터 위로 조직된 제도.

분화된 세계체제(differentiated world-system) 마르크스와 달리 공산주의자들은 자본주의가 보편적으로 동질적인 경제체제가 아니며 각각의 자본주의 사회를 서로 구별할 뿐만 아니라 중요한 방식으로 국제체제에서 각각의 행동을 결정하는 구조적 차이가 자본주의 사회들 간에 존재한다고 주장한다.

불합리성의 이데올로기(ideologies of irrationality) 파시즘과 나치즘은 그들이 강조하는 바와 같이 반드시 합리적이지 않은 인간 의지를 중시하기 때문에 그리고 대규모의 사람을 동원하는 수단으로 강력한 지도자의 감정적 호소력에 강조점을 두기 때문에 자주 불합리성의 이데올로기라 지칭된다.

비례대표(proportional representation) 다양한 이해관계나 정당들이 각기 유권자들 사이에서 옹호되는 것과 거의 유사한 비율로 입법부에 대표되는 선거제도의 특징.

사유재산의 철폐(abolition of private property) 마르크스주의적인 사회주의 국가에서는 공장, 은행, 토지와 같은 생산수단의 사적 소유가 존재하지 않는다. 왜냐하면 이러한 사적 소유는 권력의 불평등을 계속 유지해 나갈 것이기 때문이다. 다만 식량, 의류, 주거, 오락상품 등 순전히 개인적 재산은 사적 소유로 남을 터이지만, 이 경우도 과다한 소유는 금한다.

사회계약(social contract) 만약 사람들이 자신의 기본적 권리를 확보하려고 한다면, 자연상태에서 개인들 간에 체결되는 가정적인 또는 암묵적인 동의로서 이에 따라 각 사람은 정부에 순응할 것에 합의한다. 이 사회계약 개념은 자유주의적인 민주정부를 정당화하기 위해서 자유주의 이론가들에 의해 채용되어 왔다.

사회법(social laws) 정부에 의해서 부과된 법과는 대조적으로 사회법은 시민들이 서로에 대해 어떻게 대우해야 하는가에 관련된 규범으로서 이는 자연적 이해와 사회적 관습을 통해서 만들어 진다. 무정부주의자들은 비공식적인 장치와 사회적 압력을 통해서 강화된 사회법이 사회질서를 확보하는 데 정부의 법보다 더 유용할 것으로 본다.

사회적 다원주의(social pluralism) 인간의 사회생활은 많은 형태의 경제적, 사회적, 문화적, 종교적, 지방적 정치결사체의 존재에 의해서 풍요롭게 될 것이라고 보며 이러한 결사체는 정부로부터 독립적이어야 한다는 신념.

사회적 재화(social goods) 부, 명예, 영향력 등과 같이 대부분의 사람들이 가치 있다고 생각하지만 희소하고 동시에 다른 사람들과 관련해서만이 보유할 수 있는 것들.

산업자본주의(industrial capitalism) 레닌에 따르면, 마르크스가 연구한 것이 바로 이 산업자본주의이다. 이 산업자본주의에서는 시장경쟁으로 인해 기업이 해체되거나 다른 기업과 병합되면서 점차로 독점화하여 나간다고 보았다.

삶의 공적 영역과 사적 영역(public and private spheres of life) 삶의 공적 영역은 어떤 사람의 행위가 다른 사람에게 해를 끼칠 수 있는 행동들에 관심을 갖는다. 반면 삶의 사적 영역은 어떤 사람의 행위가 자기 자신에게만 해를 끼칠 수 있는 행동들에 관심을 갖는다. 존 스튜아트 밀과 같은 고전적 자유주의자들은 정부는 공적 영역에서의 행동들에 대해서만 규제해야 한다고 주장했다. 일부 여성주의자들은 삶의 공적 영역과 사적 영역간의 이러한 구별이 가족과 다른 비국가적 결사체를 사적 영역인 것으로 규정하도록 하는 데 오용되고 있으며 그 결과 집에서 여성에게 해를 가하는 남성의 행위에 대해 간섭하지 않는 것을 정당화하고 있다고 비판한다.

상부구조(superstructure) 사회의 구성원들이 종교, 도덕, 법, 정치에 대해서 갖고 있는 생각을 지칭하는 마르크스의 용어. 마르크스는 이러한 생각들이 생산수단이나 생산양식과 같은 사회의 하부구조에 의해서 결정된다고 보았다.

상호부조(mutual aid) 불행이나 어려운 상태에 놓여 있는 다른 사람에 대해 도움을 주고자 하는 인간의 생물학적인 충동. 무정부주의자들에 따르면, 모든 인간은 이기적인 본능과 사회적인 본능을 둘 다 갖고 있지만 서로를 도와가면서 살도록 촉구하는 인간의 사회적 본능은 정부와 같은 억압적인 제도와 자본주의와 같은 경쟁적인 정치로 인해 억눌려지고 있는 것으로 파악된다.

상호주의(mutualism) 관련 당사자들 간의 자발적이고 상호 동의가 가능하며 서로 이익이 되는 동의에 기초한 사회적 관계. 무정부주의자들은 모든 억압적인 관계는 나쁜 것이며 상호주의에 기반한 것만이 좋은 것이라고 믿는다.

생계임금(subsistence wage) 마르크스에 따르면, 자본가가 노동자에게 노동의 대가로 지불하는 임금을 뜻한다. 생계임금은 노동자로 하여금 살아가는 데 그리고 아마도 (새로운 노동자를 양육하기 위해서)가족을 부양하는 정도만 주어질 것이다. 그러나 이 생계임금은 노동자가 생산과정에 기여한 전체 가치를 반영하지는 않는다고 본다.

생산관계(relations of production) 마르크스주의 이론에서, 사회 내의 다양한 사회경제적 계급 사이에서 일어나는 물질적(경제적) 및 사회적(권력적) 상호작용을 묘사하는 개념. 이러한 생산관계는 계급구분에 기반하며 이러한 계급구분은 사회 내 재생산 행위에서의 노동분업에 토대를 둔다.

생산력(forces of production) 마르크스주의 이론에서, 생산활동이 사회적으로 조직화되는 방식과 이러한 생산활동에 사용된 물질과 기술을 지칭함.

생산수단(means of production) 마르크스주의 이론에서, 물질적인 것을 생산하기 위해서 인간이 사용하는 물리적 기구와 기술을 지칭함. 마르크스는 이러한 요소들에서의 변화와 이러한 변화들이 사회적·문화적·정치적 생활에 미치는 영향에 관심을 기울였다.

생산양식(modes of production) 마르크스주의 이론에서, 물질을 생산하는 행위가 사회적 및 정치적으로 조직화되는 방식을 지칭함. 이러한 조직에는 가계, 공장, 수공업조합, 노동조합, 기업 등이 있다. 또한 생산양식 개념에는 보다 미묘한 형태의 묵시적 조직과 이와 같이 공식적으로 인정된 사회조직 내의 규율 등도 포함된다.

소외(alienation) 인간의 실재적 조건과 잠재적 조건 사이의 괴리. 마르크스에 따르면, 역사적으로 본 모든 사회에서 노동분업은 4가지의 소외를 가져왔는데, 즉 자기 스스로부터의 소외, 이웃 등 서로들로부터의 소외, 자신의 노동행위로부터의 소외, 자신의 노동의 산물로부터의 소외가 그것이다.

수요공급의 법칙(laws of supply and demand) 상품이나 서비스의 공급이 증가함에 따라 그것을 확보하기 위해서 지불해야 할 가격은 하락할 것이다. 상품이나 서비스의 수요가 증가함에 따라 그것을 확보하기 위해서 지불해야 할 가격은 상승할 것이다. 수요공급의 법칙은 사람들로 하여금 공급보다는 수요가 더 많아서 수익을 얻을 수 있는 기회가 존재하는 지역으로 자신의 재원을 이동시키도록 촉구할 것이다.

수정주의 마르크스주의자(Revisionist Marxists) 이들 사회주의자들은 마르크스의 저작에 대해 그 권위를 수용하지만, 정통 마르크스주의자들에 비해 마르크스의 저작에 대해 덜 결정론적이고 덜 교조적으로 해석을 한다. 이들은 마르크스가 자본가들로 하여금 자본주의의 예견된 전복에 저항할 수 있도록 하게 하는 정치적·경제적·사회적 변화를 예상하지 못했다고 생각한다. 이들은 또한 사회주의적인 평등한 사회가 혁명적 수단보다는 민주적 방식에 의해 달성될 수 있다고 본다.

수탁(trusteeship) 대표는 전체 사회를 위해서 최선의 결과가 무엇인지에 대한 자신의 인식에 기반 하여 투표에 임해야 한다고 본 버크의 견해. 전통적 보수주의에 따르면, 대표는 단순히 자신의 지역 선거구민들이 요구하는 것이 아닌 사회 전체 구성원들에게 선한 것을 확보하려고 하는 수탁자로서 행동해야 한다.

수호자주의(guardianship) 공동체가 공동체 내에서 가장 능력 있고 덕성 있는 사람들에 의해서 통치되어야 하며 이들 지도자들은 기존에 확보되어 있는 가장 능력 있는 수호자집단 구성원들에 의해서 선출되어야 한다는 주장. 수호자주의 원칙이 적용될 경우 정치 지도자들은 보통의 시민들에게 책임을 지지 않는다. 왜냐하면 이들 보통의 시민들은 지도자들의 성과를 판단할 자격이 없는 것으로 간주되기 때문이다.

스코틀랜드 계몽운동(Scottish Enlightenment) 18세기 스코틀랜드에서의 지적인 운동. 스코틀랜드 계몽운동의 주창자들은 인간행동에 대한 과학이 가능하며 인류의 진보에 기여할 수 있다는 프랑스 계몽운동 사상가들과 의견을 같이 했다. 그러나 이들은 이성과 감성 모두가 다 유용하다고 주장하면서 기고만장한 이성에만 의존하는 것에 대해서는 이의를 제기했다.

시민동원(citizen mobilization) 총통의 지도 하에 엘리트들이 통치해야 하며 대중은 국가 목표를 달성하기 위해서 대대적으로 동원되고 지도되어야 한다는 나치의 개념. 특히 대중의 이러한 동원은 충성과 순종을 요구한다고 본다.

시장정의(market justice) 제한을 받지 않는 자유시장의 작동은 상품과 서비스의 수요에 맞춰 얼마나 공급을 하는 가의 기여도에 따라 보상을 해 주며 그렇기 때문에 자유시장에서 사람이 벌어들인 수입은 정당하다는 생각.

신좌파(new left) 1960년대 동안 미국의 대학에서 특히 두드러지게 나타났던 정치운동. 이 신좌파운동은 무정부주의 원칙에 크게 의존하면서 모든 권위에 대해 의문을 제기했으며 많은 전통적인 관행들에 대해 비판을 가했다. 신좌파는 특히 자본주의와 군사주의 그리고 대의민주주의에 대해 비판적이었다.

실질대표(virtual representation) 입법자들이 전체 사회의 수탁자로서 행동하는 한 입법부에 대표를 선출하지 않았던 사람들이라 할지라도 입법부에 (실질적으로) 대표될 수 있다고 본 전통적 보수주의자들의 생각. 실질대표 이론에 따르면, 예를 들어 미국의 피식민자들은 자신들에게 대표를 선출할 권한이 주어져 있지 않다고 하더라도 이들이 식민지를 포함하여 영국제국의 이해관계를 위해서 행동하는 의회 의원들이 존재하는 한 영국의회에 대표될 수 있다.

아리안족의 우월성(Aryan supremacy) 독일 민족이 그 중심을 이루고 있는 것으로 정의된 아리안족이 문화적·지적·기술적으로 가장 발전되어 있고 자연적으로 가장 강한 종족이며 그래서 아리안족이 다른 종족을 지배하거나 전멸시켜야 한다고 주장한 나치의 신조.

압축혁명(telescoping the revolution) 사회주의 혁명이 아마도 예를 들면 비산업화된 국가나 전자본주의 사회와 같이 자본주의의 '가장 취약한 고리'에서 쉽게 달성될 것으로 본 트로츠키와 레닌 등 공산주의자들의 이론. 이에 따르면, 원시사회에서 자본주의 후기 사회로의 변혁은 마르크스가 예견한 것처럼 자본주의가 성숙하여 내적 모순을 발전시켜 나가는 확대된 역사적 과정에서가 아니라 하나의 거대한 진전에 의해 압축적으로 달성될 것으로 파악되었다.

양원제 입법부(bicameral legislature) 각기 다른 선거구를 대표하는 두 개의 의회 내지는 입법기구를 보유하며 입법은 두 개의 의회를 통과하도록 요구하는 입법기구제도.

업적이나 필요에 따른 분배(distributions according to one's deeds or needs) 상품이 업적에 따라 분배될 때 가장 많은 기여를 한 사람이 더 많은 몫을 받는다. 상품이 필요에 따라 분배될 때 공동체에 대한 개인의 기여는 간과되고 상품은 그 상품을 가장 필요로 하는 사람에게 분배된다. 무정부주의자들에 따르면, 지방 결사체의 구성원들은 이러한 정의의 원칙들 가운데 어느 것을 채택할 지에 대해 서로 동의해야 한다고 한다. 마르크스주의자들은 이상적인 공산주의 사회에로의 이행기 동안은 업적에 따른 분배가 통용될 터이지만 풍요롭고 계급 없는 사회가 달성되면 그 때에는 필요에 따른 분배가 일어날 수 있다고 본다.

엘리트 이론가(elite theorists) 20세기 초에 민주적 지배를 비판하면서 정치·경제적 엘리트의 지배를 옹호했던 일단의 이탈리아 사회과학들. 오늘날의 엘리트 이론가들은 대부분의 경우 현대 사회에서도 민주적 과정을 통해서 엘리트의 지배가 감추어지고 있다고는 생각을 하지만, 그러나 이러한 엘리트의 지배를 옹호하지는 않는다.

엘리트주의(elitism) 정치권력은 소수의 능력 있는 지도자에게 집중되고(또는 집중되어야 하고) 보통의 시민들에게는 중요한 정치권력이 주어지지 않는다(또는 주어져서는 안 된다)고 보는 신념. 민주사회주의와 같은 어떤 이데올로기는 권력이 소수 엘리트의 손에 집중되어 있다는 경험적 주장을 제시하면서 이러한 권력집중이 제거되어야 한다는 규범적 주장을 편다. 이에 반해 파시즘과 같은 다른 이데올로기는 권력집중이 광범위할 뿐만 아니라 이러한 권력집중은 아마도 모든 사회집단의 불가피한 특성이라고 지적하면서 이렇게 권력이 집중된 리더십이 오히려 사회와 인간의 진보에 유용할 것이라는 주장을 제시한다.

여성주의(feminism) 공공생활에서 남성의 지배와 여성의 과소대표를 비판적으로 바라보는 생각들. 모든 여성주의자들은 여성이 남성과 '동등한 권리'를 가져야 한다고 주장하는 반면, 보다 급진적인 여성들은 공적이고 사적인 생활 모두에서 남성 지배에 기여한다고 생각되는 많은 사회적·경제적 관행들을 제거해야 하다고 주장한다.

역사주의(historicism) 마르크스주의 이론에서, 역사는 연속적인 역사적 단계의 시작과 끝을 장식하는 주요 사건들로 구성된다는 주장. 이러한 사건들은 의도적인 인간의 통제를 넘어서서 물질적인 조건과 과정으로부터 강하게 영향을 받는다고 본다.

연방주의(federalism) 정부 권력을 연방정부와 주정부 그리고 지방정부에 각각 나누어 줌으로써 정부의 권위를 나누고 제한하는 수단.

영구혁명(permanent revolution) 공산주의 이론에서, 영구혁명은 장기화된 기간 동안 별개의 자본주의 사회를 구축함이 없이 봉건적 내지는 시민지 사회에서 공산주의 사회로 변혁시켜 나가는 지속적인 과정을 뜻한다.

우세한 보호기관(dominant protective agency) 자유지상주의자들은 정부가 없으면 개인들은 자신의 권리를 보호하기 위해서 대행기관을 고용할 것이라고 주장한다. 실제 모든 사람들은 권리에 대한 어떤 논쟁에 대해서도 이기기 위해서 가장 강력한 대행기관을 고용할 것이다. 그 결과 그 보호기관은 사회에서 지배적이 될 것이고 그의 권력은 정부의 것에 근사하게 될 것이다. 자유지상주의자들은 이러한 논리를 빌어 오직 최소정부만이 필요할 것이라고 주장한다.

원시성에 대한 숭배(cult of the primitive) 무정부주의자들은 인습적인 사회가 제공하는 것보다 더 단순하고 자연적인 생활방식을 요구하기 때문에 때때로는 더 원시적인 사회를 추구하고 있다고 비난을 받곤 한다.

유기체적 사회관(organic conception of society) 사회는 자유주의자들의 주장처럼 생명이 없는 기계가 아니라 살아있는 신체와 같다는 전통적 보수주의자들의 생각. 사회는 살아있고 진화하는 실체이다. 사회는 다른 부분들 보다 더 중요한 어떤 구성 요소를 보유하고 있다. 물론 모든 부분이 다 중요하다. 그래서 만약 어떤 부분이 무시되거나 신체로부터 분리된다면 전체의 복지는 손상을 입게 된다. 이렇게 살아있는 실체의 복잡성 때문에 고도로 상호의존적인 실체는 쉽게 포착이 안 된다. 그래서 아주 조그마한 변화도 조심스럽게 도입되어야 한다. 왜냐하면 조그마한 변화라 하더라도 광범하고 예기치 못한 결과를 가져올 수 있기 때문이다.

유기체적 진화(organic evolution) 사회는 변화의 결과에 대해서 조정의 여지를 줄 수 있도록 서서히 변화해야 한다는 전통적 보수주의의 견해.

유토피아(utopia) 이상적 공동체에 대한 포괄적 묘사. 유토피아 개념은 '아무 데에도 없음'을 의미하는 그리스 말에서 따왔는데, 이는 이 개념이 정치적 가능성을 구상하는 데는 도움을 줄 수 있지만 궁극적으로 이상적인 형태의 실현은 불가능함을 시사하고 있다.

유효성(validity) 어떤 사람의 정치적 주장이 경험적 근거를 잘 갖추고 있는지를 확인하는 것. 정치이론가들은 정치적 주장들이 감정과 이해관계 그리고 교조적 신념에 근거를 두는 경우가 많다고 본다. 그래서 정치이론가들은 이러한 주장들의 '객관적' 진실을 검증할 수 있는 수단을 제시하고자 한다.

이데올로그(ideologue) (1)1795-1815년 사이에 가장 활동적으로 '개념의 과학'을 발전시키려고 애쓰면서 '이데올로기'라는 말을 만들어 낸 일단의 프랑스 철학자들. 이들은 전통적인 개념의 편견과 부적합성을 드러내 보여 주고자 했으며 이들 전통적 개념에 대해 이를 고전적 자유주의로 알려진 새롭고 '보다 합리적인' 개념으로 대치하고자 하였다. (2)필립 콘버스는 이데올로그를 정치에 대해서 가장 정교하게 지적인 이해를 보유하고 있는 소수의 사람들이라고 정의하면서 이들은 이데올로기로터 도출된 추상적 개념을 이해하고 효율적으로 적용해 간다고 보았다.

이데올로기(ideology) 포괄적인 정치적 세계관을 구성하는 상호 연관된 정치적 생각들. 이러한 세계관 안에서 논리적으로 연관되어 있는 생각들은 정치생활에 대해 묘사와 설명을 제공하는가 하면 정치공동체가 가까운 미래에 어떻게 구조화되고 운영되어야 할 것인지의 처방을 제시해 준다. 이들 세계관 내의 생각들은 간혹 심오한 철학적 기반을 보유하고 있는가 하면 추상적인 일반화 형태로 제시되기도 하지만, 그럼에도 불구하고 이들 생각들은 구체적인 정치적 사건과 조건을 이해하고 평가하는 데 그리고 정치의 일상생활에서 행동을 위한 기반을 제공해 준다. 이데올로기의 이러한 생각들은 정치적 목적으로 활용되는 경우가 많기 때문에 이들 생각의 유효성은 자주 문제시된다.

인간의 순응성(human malleability) 인간의 근본적인 특성이나 동기가 어떤 생물학적인 또는 자연적인 인간 본질에 의해서 고정된 것이 아니고 오히려 환경적 조건이 변화함에 따라 변화하는 것이라는 신념. 무정부주의와 마르크스주의와 같이 대부분의 좌파 이데올로기 사이에서 두드러지게 나타나는 이러한 순응성 개념에 따르면, 이기심이라든가 게으름 같은 약점들은 고정된 인간 특성이기보다는 억압적인 조건에서 살기 때문에 생겨난 것으로 파악된다.

인민주권(popular sovereignty) 정부는 인민으로부터 권위를 도출하며 시민은 권력을 남용하는 정부를 해체시킬 수 있다는 생각.

인식론(epistemology) 지식의 본질과 기원을 다루는 철학의 분과.
인종차별정책(apartheid) 다양한 인종들을 철저히 격리시킨 이전 남아프리카의 인종정책.
인종투쟁(racial struggle) 역사의 모든 것과 특히 2차대전 이후 독일의 모든 문제점은 인종간의 투쟁, 특히 유대인과 '아리안' 족 간의 투쟁의 결과로서 이해될 수 있다는 나치의 생각.
일반대중(Volk) 영어의 'folk'와 어원이 같은 독일 말. 이는 '사람들'을 의미하지만, 나치는 여기에 민족적 단결과 역사적 결정론 그리고 인종적 정체성이라는 낭만적 함의를 부여했다.
입헌민주주의(constitutional democracy) 지도자들이 성문법을 대신하는 헌법적 규정에 의해서만 제한을 받는 정치체제. 이러한 제한들에는 최고 지도자가 선거에 의해서 선출되어야 한다는 규정 등이 포함된다.
잉여가치(surplus value) 마르크스주의 이론에서, 잉여가치는 노동자가 생산한 실제 가치와 생산수단을 소유한 자본가가 노동자에게 노동의 대가로 지불한 가치 사이의 차이를 말한다. 장비와 원자재의 비용을 제하고도 남은 이러한 차이가 생산과정으로부터 자본가가 벌어들이는 수익이다.
자격이론(entitlement theory) 만약 부가 다른 사람의 권리를 훼손하지 않는 생산과 교환 과정을 통해서 확보된 것이라면 그러한 부의 불균등한 분배는 공정한 것이라는 자유지상주의의 생각. 자유지상주의자들은 상품을 생산·교환하는 자유가 종종 어떤 사람의 필요나 공과를 반영하지 않는 분배를 가져온다는 것을 인정하면서도 그렇다고 이와 같은 비정형화된 분배가 그것이 자유의 결과이기 때문에 부당한 것으로 보아서는 안 된다고 주장한다.
자본주의(capitalism) 토지와 공장과 같은 생산자본이 개인적으로 소유되고 개인들은 자신의 자연적 능력과 경제적 자원에 의해서만 제한을 받을 뿐 그 외에는 자신이 원하는 대로 일하고 투자하고 무역하고 소비하는 광범한 자유를 보유하는 경제체제.
자연권(natural rights) 자연은 각각의 개인에게 자신의 생명에 대한 소유권을 부여하였으며 그래서 각 개인은 자연이 제공한 자원(정신과 육체)을 사용하여 행복에 대한 자신의 이해를 추구할 권리가 있다는 생각. 고전적 자유주의자들은 생명, 자유, 자신의 노동의 과실에 대한 자연적 권리는 다른 사람의 비슷한 권리를 보호하거나 안전하게 하기 위한 것을 제외하고는 정부에 의해서 제한되어서는 안 된다고 주장한다.
자연상태(state of nature) 인간의 행동을 규제하는 정치적 또는 사회적 제도나 문화적 관습이 존재하지 않는 상태를 묘사하기 위해서 자유주의자들과 무정부주의자들에 의해서 자주 채용되었던 개념. 자연상태 개념은 만약 사람들이 인습적인 제도나 관습에 의해 제한을 받지 않을 경우 자연적으로는 어떻게 행동할 것인지를 설명하기 위해서 정식화된 개념이다.

자연신교(deism) 신의 존재를 믿으면서도 신은 우주와 우주를 통괄하는 법을 창조하고는 더 이상 이들 자연법의 운용에 개입하지 않는다고 생각했던 고전적 자유주의자들의 공통적인 신념.

자연적 공동체(natural communities) 쌍무적이고 면대면의 동의와 이해 그리고 진정한 상호존중과 배려에 기반한 개인들의 결사체. 무정부주의자들은 이러한 결사체를 사회질서에 대한 필요와 자유에 대한 갈망을 조화시키는 것으로 간주한다.

자연적 귀족정(natural aristocracy) 사회는 본질적으로 위계적이고 사회의 일부 구성원들은 지도자 역할을 수행하는 데 유용한 특정의 재능을 타고 났으며 이러한 지도자 역할에는 다른 사람들보다 더 많은 권력과 특권, 책임이 수반된다고 보는 전통적 보수주의의 견해.

자유의 파시스트 개념(fascist conception of liberty) 자유주의와 대조적으로 파시즘은 개인의 자유가 국가권위의 의지와 일치할 때 증진되며 그래서 전체 사회를 위해서 행동할 수 있도록 국가의 힘을 강화해야 한다고 주장한다.

자유주의적 자유 개념(liberal conception of liberty) 각자는 선한 생활에 대해 자신이 규정한 개념을 선택하고 추구해야 하며 국가는 이러한 개인의 행위가 타인에게 해를 끼치지 못하도록 하기 위해서 필요로 할 때만 개인이 선택한 행동을 제한해야 한다는 생각.

자유주의적 정치과학(liberal science of politics) 인간과 사회에 대해 의문의 여지가 없는 가정들로부터 연역하여 개인에게 특정의 권리와 자유를 부여하고 이러한 권리를 확보하기 위해서 국가권위를 제한하는 등의 명확한 정치적 원칙들을 도출해 낼 수 있다고 본 존 로크 등 초기 자유주의자들의 신념.

자유지상주의(libertarianism) 고전적 자유주의에 크게 의존하는 오늘날의 반국가주의적 논지. 자유지상주의자들은 개인을 위한 경제적·사회적 자유를 대대적으로 추구하며 또 지배적인 도덕적 감성을 공격하면서도 다른 사람에게 심각한 해를 가하지 않는 개인의 행동에 대해서는 이를 범죄시 하지 않는다.

재산(property) 어떤 사람이 소유하고 자신의 즐거움을 위해서 사용할 수 있는 재화. 다양한 형태의 재산을 소유하고 통제할 수 있는 권리를 둘러싸고는 다양한 이데올로기 간에 논쟁이 치열하다. 일반적으로 자유주의자와 보수주의자들은 재산에 대한 포괄적인 권리를 인정한다. 마르크스주의자들은 다른 재산을 생산하는 공장과 같은 생산재산의 소유는 반대하지만 개인적 재산까지 반대하는 것은 아니다.

'재산은 강탈이다'(property is robbery) 다른 사람을 지배하기 위해서 생산재산에 대한 통제권을 활용하여 다른 사람을 지배하거나 혹은 다른 사람에 대한 권력을 사용하여 공동 노동의 생산물을 자기의 것으로 만드는 사람들을 비판하면서 피에르 프루동이 내건 선전문구.

전유양식(modes of appropriation) 마르크스주의 이론에서, 누가 무엇을 소유하는가 그리고 그러한 소유의 기반에 대한 서술.

전통적 보수주의(traditional conservatism) 프랑스 혁명 이전 유럽을 지배했던 정치적 견해로서 프랑스혁명과 같은 봉기의 자유주의적이고 급진적인 측면을 강하게 반대했다. 이러한 입장의 중심적 생각은 에드먼드 버크에 의해서 가장 명확하게 제시되었는데, 사회를 구성하는 개인보다는 사회에 대한 더 많은 강조, 사람들 사이의 자연적인 불평등에 대한 인정, 가장 재능 있는 사람에게 통치권을 부여할 필요성, 그리고 '추상적 권리' 보다는 전통적인 지혜를 따를 필요성 등을 골자로 한다.

전체주의(totalitarianism) 사회적·개인적 생활에서 대대적인 변혁을 일으키기 위해서는 경제, 종교, 예술, 심지어는 가족생활 등 사회의 모든 영역에 걸쳐 정부 지도자가 '총체적인 통제권'을 가져야 한다는 주장.

점진주의(incrementalism) 정책과 프로그램에서 시간을 갖고 조그마하게 이것저것 조정해 가는 과정. 자유주의자들은 이러한 변화들이 모여 종국에는 대대적이고 바람직한 진보가 이루어질 것으로 보았다.

정-반-합(thesis-antithesis-synthesis) 마르크스는 변증법적 유물론의 3가지 기본적 요소를 묘사하기 위해서 헤겔의 역사변증법 이론으로부터 정-반-합이라는 3가지 개념을 차용했다. '정'은 자본주의와 부르주아 계급과 같이 기존 사회의 지배적인 물질적·사회적 조건을 뜻한다. '반'은 프롤레타리아처럼 '정'에 반대의 입장을 취하는 물질적 힘과 사회계급을 지칭한다. 정과 반의 갈등은 종국적으로 혁명으로 이어져 어떤 새로운 사회형태인 '합'을 낳게 되는데, 이 합은 갈등을 잠정적으로 해결한 모습을 띤다. 이어 이 합은 다시 새로운 정이 되고 이 정은 새로운 형태의 모순적인 반과 대립되고 보완되어 나간다.

정의의 귀속적 원칙(ascriptive principles of justice) 권력, 지위, 기타 재화가 출생이나

환경적 요인 또는 계급-인종-종족-성 과 같은 선천적인 특성에 근거하여 분배되어야 한다는 전통적 보수주의의 생각.
정치(politics) 사람들이 자신의 공동체를 통치하는 방법에 대해 각자 생각하는 바에 따라 자주 갈등관계에 있는 자신들의 생각과 이해관계를 표명하고 논쟁하고 해결하는 과정.
정치개혁(political reform) 어떤 근본적인 방식으로 헌법적 내지는 제도적 장치를 변화시키지 않고도 정부의 정책과 법, 프로그램을 바꾸어 가는 것.
정치문화(political culture) 통치 문제와 관련하여 특정의 공동체 내에서 지배적인 신념과 가치.
정치의 과학(science of politics) 과학이 우주와 물리적 환경에 대해서 의문의 여지가 없는 법칙들을 제공해 주었듯이 과학혁명은 인간과 사회생활, 정부에 대해서 명백한 법칙을 제공해 주리라는 신념. 이러한 신념은 특히 초기 고전적 자유주의자들에게서 두드러지게 나타났는데, 불확실성과 상대주의로 특징되는 포스트 모더니즘 시대에는 거의 주장되지 않는다.
정치이론(political theory) 사람들이 공동체에서 어떻게 살고 이러한 공동체를 어떻게 통치할 것인가에 대해 이를 서술하고 설명하고 평가하는 일반화.
정치적 절대주의(political absolutism) 보통 군주인 경우가 많지만 지도자의 권력이 다른 사람으로부터 경쟁을 받지 않고 다른 사람과 공유하지도 않으며 의문시 되지도 않는 정치체제.
정치혁명(political revolution) 정부의 해체 내지는 전복. 정치혁명이 발생하려면 정부의 헌법적 및 제도적 장치가 심대하게 변화되어야 한다. 정부 지도자들이나 정책에서의 대규모 변화는 혁명이 아니다. 더욱이 정치혁명은 '사회혁명' 과 다르다. 왜냐하면 정부 체제에서 중요한 변화는 사회질서나 경제체제에 대해 커다란 영향을 미치지 않고서도 일어날 수 있기 때문이다.
정통 마르크스주의자(orthodox Marxists) 마르크스의 저작에서 역사적 사건이 경제적 조건들에 의해 결정된다는 것을 강조하는 칼 마르크스의 추종자들. 이들 정통 마르크스주의자들은 경제적 조건이 '성숙' 될 때에만 자본주의에 반대하는 혁명이 일어날 수 있다고 주장한다. 여기서 경제적 조건의 성숙이란 산업화가 고도로 이루어졌지만 심각한 경제적 어려움을 겪으면서 광범한 경제적 실업과 착취가 발생하고 이로 인해 노동자들로 하여금 봉기를 하도록 하게 만드는 상황을 뜻한다.
제국주의(imperialism) 19세기에 경제적 침탈을 목적으로 아시아, 아프리카, 라틴아메리카에서 기술적으로나 정치적으로 덜 발전되어 있는 영토들을 식민지

화해 나간 유럽 국가들의 다양한 관행. 레닌은 이러한 식민화 관행을 자본주의의 생명을 확장시키는 수단으로 파악했다. 식민지가 존재하지 않는다면 자본주의는 그 내부적 모순으로 인해 벌써 붕괴할 것으로 보았다.

제한정부(limited government) 정부는 대부분의 경우 시민들에게 안전을 제공하기 위해서 약간의 기능만을 수행하면 된다는 생각. 사람들이 제한정부를 요구할 때, 이는 통상 경제행위에 대한 정부의 규제와 정부에 의한 부의 재분배에 대해 반대한다는 것을 뜻한다.

조합주의(corporatism) 경제의 광범한 영역을 거대한 조합들로 통합시켜 나간 이탈리아 파시스트의 방식. 조합주의를 통해서 이탈리아 파시스트 통치자들은 노동자와 관리자를 포함하여 경제 전반을 통제하고 조정하며 이들을 사전에 정해진 국가목표에로 동원해 나갔다.

존재론(ontology) 존재와 역사적 사건의 궁극적 원인을 다루는 철학의 분과.

존재론적 유물론(ontological materialism) 세계는 '운동하는 물질'로 구성되어 있다는 자유주의적 신조.

존재의 거대한 사슬(Great Chain of Being) 모든 것이 궁극적으로는 지고한 신에게 연결되어 있다는 위계적 우주관. 이 위계는 신으로부터 천사, 인간, 동물, 식물, 미생물로 이어져 내려온다. 이러한 개념은 중세 시기 동안 널리 유포되어 있었으며 19세기 초반까지도 대중들 사이에 남아있었다. 전통적 보수주의자들은 이러한 위계적 우주관에 기대어 사회가 위계적으로 구성되어야 한다고 역설하였다.

존재의 평등(equality of being) 개인적 능력과 이해관계의 많은 차이를 넘어서서 각자의 생명, 자유, 행복이 동등하게 중요하다는 점에서 모든 사람은 근본적으로 평등하다고 보는 고전적 자유주의의 신념.

종속이론(dependency theory) 마르크스의 개념을 빌어 국제체제에서의 많은 현상들을 설명하려는 국제관계이론. 종속이론은 국제체제에서 소수의 강력한 국가들에 의해 경제적으로 그리고 기술적으로 지배당하고 있기 때문에 대다수 국가들은 저발전을 면치 못한다고 주장한다.

중범위이론(midrange theory) 하나 혹은 소수의 중요한 정치적 쟁점에 초점을 맞추는 일반화. 그래서 중범위이론은 포괄적인 정치적 세계관의 일부를 구성하지 않는다.

중앙집중화(centralization) 특정의 제도나 특정의 지도자에게 권위를 집중하는 것. 많은 정치체제는 일정 부분 집중화를 수행하지만, 나치와 파시스트는 다원화된 권력기관을 통제하기 위해서 가장 엄격하게 중앙집중화된 정부중심을 고안했다. 이를 통해 나치와 파시스트는 분파적인 이해관계를 조정하려고 하기보다는 이들 정부기구들을 국가 의지에 집중시킴으로써 국가 목표를 달성하고자 하였다.

중앙집중화된 프롤레타리아 국가(centralized proletarian state) 마르크스의 개념에서 프롤레타리아는 자본주의를 파괴하기 위한 수단으로서 잠정적으로 정치·경제적 권력의 모든 수단을 국가에 집중시켜야 한다. 그러나 사회주의가 성숙되면 중앙통제는 불필요하고 국가는 '사라지게' 될 것이다.

지속혁명(continuous revolution) 사람들을 지속적으로 전복된 상태에 놓이도록 하여 그럼으로써 사람들의 본성을 혁명 이후 사회의 필요에 일치하게 재조정하기 위해서는 폭력과 개혁 그리고 사회적 변혁 등의 장기적인 정치적 행동이 요구된다는 모택동의 신조.

직관주의(intuitionism) 과학주의와 실증주의에 반대하는 철학적 조류. 직관주의는 과학이 관심을 갖고 있는 단순한 표면적 현상 이상의 실체에 대해서 알 수 있다고 주장하면서 이는 과학의 연구 대상인 외피를 넘어 우리에게 '실재'의 세계를 알려주는 직관 내지는 인간 경험의 감정적·정신적 차원을 통해서 가능하다고 본다.

직접민주주의(direct democracy) 시민들에게 논쟁적인 쟁점을 결정하고 의사결정과정에 직접 참여하도록 하는 장치로서 보통은 공공 투표를 통해서 한다.

집단주의적 소비에트 국가(collectivist Soviet state) 1929년 소련에서 조셉 스탈린에 의해서 구축된 국가를 지칭함. 이 집단주의적 국가에서는 모든 산업재산이 국유화되고 모든 농업활동은 집단화되며 국가 경제는 강력하고 집중화된 관료에 의해서 통제된다.

착취(exploitation) 다른 사람을 이용하여 자신의 이기적 목적을 달성하는 것. 마르크스주의자들은 계급으로서 자본가가 프롤레타리아의 노동으로부터 불공평하게 이기적으로 이익을 뺏어 가며 노동계급에게는 부적절한 보상을 한다고 주장한다.

창조적 노동자(creative laborers) 마르크스에 따르면, 모든 인간은 자신의 창조적 노동을 통해서 자연을 변화시킬 수 있는 잠재력을 보유하고 있다. 그러나 자본주의라는 현행의 물질적·경제적 조건 때문에 대부분의 사람들은 그러한 잠재력을 실현하지 못하고 있다. 그래서 이상적인 공산주의 사회에서 창조적 노동자는 규범이 될 것으로 본다.

책임성(accountability) 다른 사람으로 하여금 어떤 영역에서 행동할 권한을 부여 받은 사람들의 행동을 감독하고 만약 이들의 행동이 비효율적이고 불공정하며 바람직하지 않은 것으로 판단될 경우 이들을 면직할 수도 있도록 하는 원칙.

청년 마르크스(young Marx) 칼 마르크스의 초기 저작은 그의 후기의 보다 경제결정론적인 저작에서는 다루지 않은 철학적이고 인본주의적인 측면을 담고 있다. 일부 마르크스 해석가들은 마르크스의 후기 '보다 과학적'이고 '유물론적'인 주장보다는 '청년 마르크스'의 저술에서 나타난 철학적이고 이상주의적인 주장에 더 강조점을 두려고 있다.

총체적인 순종(total obedience) 국가 권위에 대한 완전한 순종이 모든 시민의 참된 자유라고 보는 나치와 파시스트의 개념.

총통제(Fuehrerprinzip) 국가 지도자인 총통은 무제한적인 권위를 보유해야 하며 그의 직접적인 보좌관들은 총통의 명을 받들어 총통이 요구하는 순종을 이끌어내야 한다는 나치의 신조.

최종 해결(Final Solution) 유럽에서부터 시작하여 유대인과 집시, 기타 '바람직하지 않은' 인종 모두를 제거하려는 나치의 정책을 일컬음. 이 최종해결은 이들 종족들과 '아리안족' 간의 도덕적 갈등을 해결하기 위한 방편으로 제시되었다.

추상적 권리(abstract rights) 역사와 전통으로부터 분리된 권리. 전통적 보수주의자들은 특정의 나라에서 역사적으로 발전되어 온 권리들을 옹호한다. 이들은 자연권이 구체적이고 특정한 상황에 관계없이 모든 사람에게 보장되어야 한다는 고전적 자유주의자들의 주장에 비판적이었다. 전통적 보수주의자들은 이러한 자연권을 추상적 권리라고 부르면서 자유주의적 권리관을 공격하였다.

카리스마적 리더십(Charismatic leadership) 일반적으로 자신의 독특한 개성으로 개인적이고 공적인 견해를 장악해 나가는 지도자들을 지칭하기 위해서 광범하게 사용되는 개념.

쿠바모델(Cuban model) 공산주의 혁명 활동을 수출하기 위해서 피델 카스트로와 체 게바라에 의해서 처음 개발된 패러다임. 레닌의 신념과는 다르게 쿠바모델은 집권적인 공산당의 역할을 덜 강조하고 그 대신 대중반란과 소규모의 많은 혁명적 세포조직의 활용을 중시했다.

파시즘(Fascism) 1920~45년간 무솔리니 치하의 이탈리아에서 파시스트 정당에 의해 가장 명확하게 표명된 이데올로기. 파시즘은 극단적인 민족주의를 강조한다. 즉 국가 목표를 달성하기 위해서 모든 형태의 사회적·개인적 생활을 통제하는 전체주의적 국가를 주장하는가 하면 권위주의적 중심 지도자의 지시에 시민들이 전적으로 순종할 것을 요구한다.

패러다임(paradigm) 현존하는 정치세계의 가장 기본적인 특성 그리고 역사적으로 일어났던 대로의 기본적인 정치변화 과정을 서술하고 설명하는 포괄적 이론.

페레스트로이카(perestroika) 방향전환을 뜻하는 러시아의 말. 페레스트로이카는 소련 관료의 집중화된 권력을 줄이고 생산수단의 사유화를 도입하려는 의도 하에 소련의 마지막 수상인 미하일 고르바초프에 의해서 촉발된 일련의 개혁을 지칭한다.

편견(prejudice) 어느 사람의 특별성에 의해서 만들어진 영향과 생각. 편견을 비판했던 자유주의자들과는 반대로 전통적 보수주의자들은 어떤 사람의 역사, 사회, 사회적 지위, 가족 등이 적극적인 방식으로 그 사람의 사고에 영향을 미친다고 주장한다.

평등주의적 윤리(egalitarian ethic) 정의는 사회적 재화의 엄격한 평등을 요구하지 않고 오히려 모든 사람은 소수에게만 가용한 많은 재화에 대해서 일정한 자격을 보유하고 있으며 그리고 모든 사람의 필요는 꼭 같이 중요하다는 인식을 요구한다는 무정부주의자들과 사회주의자들의 신념.

프랑스혁명(French Revolution) 1789년에 시작된 봉기. 프랑스혁명 지도자들은 귀족과 성직의 특권을 제거하고 군주의 권한을 제한하고자 하였다. 다른 급진적인 사상들도 영향을 미치기는 했지만, 대부분의 경우 혁명은 자유주의적이고 민주적인 원칙에 근거를 두었다. 혁명이 테러와 학살로 얼룩지게 됨에 따라 남아 있는 개혁들은 거의 달성되지 못하고 1799년 나폴레옹의 지배로 귀결되고 말았다. 대부분의 경우 전통적 보수주의의 원칙들은 프랑스혁명을 반대하는 에드먼드 버크에 의해 가장 명확하게 제시되었다.

프롤레타리아(proletariat) 마르크스에 따르면, 부르주아지와 함께 자본주의 사회의 중요한 사회경제적 계급을 구성하는 노동자계급. 자본주의 사회에서 프롤레타리아 계급은 토지, 은행, 공장, 자연자원과 같은 생산수단을 소유하지 않는다. 그래서 프롤레타리아는 이러한 생산수단을 소유하고 있는 부르주아지에게 자신의 노동을 팔 수 밖에 없다.

프롤레타리아 독재(dictatorship of the proletariat) 마르크스주의 이론에서, 프롤레타리아가 자본주의를 복구시키려는 부르주아지의 시도를 억누르기 위해서 요구되는 혁명 이후의 짧은 시기. 이러한 모든 반혁명 시도와 목적이 좌절될 때 비로소 모든 사람이 보편적인 공산주의에 도달하게 될 것으로 보았다.

프롤레타리아의 궁핍화(immiseration of the proletariat) 자본주의적 경쟁과 경제순환은 대대적인 하향의 경제적 이동을 초래할 것이라는 마르크스의 예견. 이에 따르면 실패한 자본가들은 하층계급으로 전락할 것이고 노동자들은 일자리를 잃고 궁핍하게 될 것이다. 이러한 궁핍화 과정을 거치면서 사람들은 자본주의가 바람직한 것인가에 대해 의문을 제기하게 되고, 이러한 의문과 함께 사람들은 자본주의를 반대하는 반란에 참여하면서 자본주의 체제를 사회주의 사회로 변혁시켜 나갈 것이다.

프롤레타리아 전위대(vanguard of the proletariat) 레닌의 신조에서 프롤레타리아 전위대는 '역사적 순간'을 이해하고 있으며 그럼으로써 프롤레타리아를 지도할 수 있는 소규모의 지식인 집단을 지칭함. 여기서 역사적 순간을 이해한다는 것은 공산주의 혁명이 일어날 수 있는 적절한 시점과 상황을 이해한다는 것을 뜻한다. 프롤레타리아 전위대 개념은 마르크스 자신은 허용하리라 생각되지 않는, 이른바 역사적 사건에서의 인간 의지의 중요성에 대해 그것을 상당한 정도로 인정한다는 것을 뜻한다.

'하는 대로 내버려 두라'(Laissez faire, laissez passer) 규제를 받지 않는 경제를 요구하면서 고전적 자유주의자들에 의해서 개발된 선전문구.

하부구조(infrastructure) 생산수단과 생산양식과 같이 특정의 역사 시대의 다양한 물질적·경제적 조건을 지칭하는 마르크스의 용어.

합명제(synthesis) 경쟁적인 힘과 생각을 변증법적인 방식에 의해 한 단계 높은 형태나 진리로 연결시킴으로써 이러한 갈등을 해결하는 것.

해방신학(liberation theology) 1950년대 라틴아메리카에서 등장한 가톨릭 신학자들의 운동. 해방신학은 널리 인정되는 마르크스의 언어로 가난하고 소외된 사람들에 대한 전통적인 가톨릭교회의 관심을 표명하면서 이들을 위해서 정치적 행동과 함께 때로는 혁명까지도 옹호했다.

헌법(constitutions) 정치공동체의 최고 규범. 헌법에는 정부의 합법적인 권위나 권력이라든가 특정의 법과 정책을 만들고 집행하는 권한을 부여 받은 기관 그리고 정책결정자를 선출하고 입법화 하는 과정 등을 명세화한 일반적 원칙들이 포함된다.

혁명(revolution) 정치적·경제적·사회적 제도에서 심대하고도 급격한 변화를 가져오는 과정. 전통적 보수주의자들은 혁명적 변화를 반대하지만, 다른 이데올로기의 신봉자들은 대개의 경우 최소한 특정의 영역에서라도 이와 같은 근본적인 변화를 지지한다.

현대 보수주의(contemporary conservatism) 2차대전 이후 많은 경우 공산주의와 민주사회주의 그리고 현대 자유주의에 반대하여 출현한 대표적 이데올로기. 현대 보수주의는 자유주의적이고 사회주의적인 정부는 그들이 직면하고 있는 문제를 해결하지 못한다고 본다. 왜냐하면 이들 자유주의적이고 사회주의적인 정부는 오히려 경제침체, 관료적 형식주의, 개인적 창의의 결여 그리고 도덕적 해이와 같은 새로운 형태의 경제적·사회적 문제들을 초래할 것이기 때문이다.

현대 자유주의(contemporary liberalism) 고전적 자유주의의 이상을 수용하면서 수정한 정치사상. 현대 자유주의는 개인의 자유, 주로 사적인 창의에 기반을 둔 경제의 확장, 민주적인 정치제도 등과 같은 과거의 자유주의적 가치와 목표를 지지한다. 그러나 현대 자유주의는 적극적이고 문제해결에 앞장서는 정부가 모든 시민을 위해서 경제적 복지를 격려하고 개인의 자유를 증진시킬 수 있다는 주장함으로써 고전적 자유주의의 제한정부론 원칙과 결별하고 있다. 또한 현대 자유주의는 민주적 제도들이 현대의 다원사회에 팽배하여 있는 집단이익의 다원성을 대변해야 한다고 주장한다.

환경주의(environmentalism) 인간은 다른 동물들을 포함하여 자연환경을 단지 인간에게 어떤 유용성이 있는지의 자원 창고로만 다루는 것을 중지해야 한다고 주장하는 신생 이데올로기. 환경주의는 더 건강한 환경을 유지해 나가기 위해서 생태적 체계와 다양성에 대한 깊은 이해를 촉구하고 나아가 경제성장을 추구하는 데도 자제할 것을 요청한다. 환경주의자들은 자연자원을 보존해야 한다는 점에서는 보수주의자들과 의견을 같이 하지만, 자연을 인간에게 보다 유용하도록 어떻게 보존하고 관리할 것인가에 초점을 맞추는 보수주의자들의 공리주의적 견해에는 반대한다.

효용성의 극대화(maximizer of utilities) 인간은 개인적 즐거움을 극대화시키고 고통을 최소화하려고 애쓰는 이기적 존재라고 보는 고전적 자유주의자들의 가정.

참고문헌 (References)

Adams, John. "Discourses on Divila," in *The Portable Conservative Reader*, edited by Russell Kirk (New York: Penguin, 1982 [1814]).

Adams, Henry. *Democracy: An American Novel* (New York: Harcourt Brace Jovanovich, 1973[1880]).

_____. *History of the United States of American*, edited by Herbert Agar (Westport, Conn.: Greenwood Press, 1974[1889]).

Adler, Mortimer. *Six Great Ideas* (New York: Macmillan, 1981).

Aiken, Henry. *The Age of Ideology: The Nineteenth Century Philosophers* (New York: George Braziller, 1957).

Alford, Robert and Roger Friedland. *Powers of Theory: Capitalism, the State, and Democracy* (Cambridge: Cambridge University Press, 1985).

Almond, Gabriel A. *A Discipline Divided: Schools and Sects in Political Science* (Newbury Park, Calif.: Sage, 1990).

Althusser, Louis. *Essays in Ideology* (London: Verso Press, 1984).

_____. "Ideology and Ideological State Apparatuses," in *Lenin and Philosophy* (London: Monthly Review Press, 1972).

Anderson, Charles. *Pragmatic Liberalism* (Chicago: Univ. of Chicago Press 1990).

_____. "Pragmatic Liberalism: Uniting Theory and Practice," in *Liberals on Liberalism*, edited by Alfonso J. Damico (Totowa, N.J.: Rowman and Littlefield, 1986).

Arendt, Hannah. *Eichmann in Jerusalem* (New York: Penguin, 1963).

_____. *The Human Condition* (Chicago: University of Chicago Press, 1958).

_____. *The Origins of Totalitarianism* (New York and London: Harcourt Brace Jovanovich, 1951).

Bahro, Rudolph. "Building the Green Movement," in *The Green Reader: Essays*

Toward a Sustainable Society, edited by Andrew Dobson (San Francisco: Mercury House, 1991).

Bakunin, Mikhail. "Letter to La Liberte," in *Bakunin on Authority,* edited by Sam Dolgoff (New York: Alfred A. Knopf, 1972[1872]).

_____. *The Political Philosophy of Badunin: Scientific Anarchism,* compiled and edited by G. P. Maximoff (New York: Free Press of Glencoe, 1953).

Barber, Benjamin. *Strong Democracy* (Berkeley: Univ. of California Press, 1984).

Barkan, Joanne, "Sweden: Not Yet Paradise, but...," *Dissent* (spring 1989): 147-151.

_____. "The End of the Swedish Model?" *Dissent* (spring 1992): 92-98.

Barry, Brian. "How Not to Defend Liberal Institutions," *British Journal of Political Science* 20(June 1990): 1-14.

_____. *A Treatise on Social Justice, Volume One: Theories of Justice* (Berkeley: University of California Press, 1989).

Bay, Christian. "Civil Disobedience: Prerequisite for Democracy in Mass Society," in *Political Theory and social Change,* edited by David Spitz (New York: Atherton Press, 1967).

Bayat, Mangol. "Hi' a Islam as a Functioning Ideology in Iran: The Cult of the Hidden Imam," in *Iran Since the Revolution,* edited by Barry M. Rosen (New York: Columbia University Press, 1985).

Beecher, Jonathan, and Richard Bienvenu. *The Utopian Vision of Charles Fourier* (Boston: Beacon Press, 1971).

Beel, Daniel. *The End of Ideology* (New York: Collier, 1960).

Bellah, Robert, et al. *Habits of the Heart* (New York: Harper and Row, 1985)

Bennett, William, J., ed. *The Book of Virtues* (N.Y.: Simon and Schuster, 1993).

Bentham, Jeremy. "Fragment on Government," in *A Bentham Reader*, edited by Mary Peter Mack (New York: Pegasus, 1969[1776]).

_____. *An Introduction to the Principles of Morals and Legislation,* edited by Wilfred Harrison (Oxford: Basil Blackwell, 1967[1789]).

Bergson, Henri. *The Two Sources of Morality and Religion,* translated by R. Ashley Audra and Cloudesley Brereton (Garden City, N.Y.: Doubleday 1954[1935]).

Berlin, Isaiah. *Four Essays on Liberty* (London: Oxford University Press, 1969).

참고문헌 *433*

Bernstein, Eduard. *Evolutionary Socialism* (New York: Schocken, 1961[1899]).
Bloom, Allan. *The Closing of the American Mind* (New York: Simon and Schuster, 1987).
Bluestone, Barry and Bennett Harrison. *The Deindustrialization of America: Plant Closings, Community Abandonment, and the Dismantling of Basic Industry* (New York: Basic, 1982).
Blumenthal, Samuel. "How Rhenquist Came Down in Hobbes v. Locke," *The Washington Post Weekly Edition 6* (Oct. 1986):23-24.
Bookman, Ann, and Sandra Morgen. *Women and the Politics of Empowerment* (Philadelphia: Temple University Press, 1989).
Bottomore, Tom. *Classes in Modern Society,* 2d ed. (London: HarperCollins Academic, 1991).
_____. *The Socialist Economy* (New York: Guilford Press, 1990).
Boyte, Harry. *The Backyard Revolution: Understanding the New Citizen Movement* (Philadelphia: Temple University Press, 1980).
Brader, Karl Dietrich. *The German Dictatorship* (New York: Praeger, 1970).
Braybrooke, David, and Charles Linblom. *A Strategy of Decision* (New York: Free Press, 1963).
Brooker, Paul. "Teh Naxi Fuehrerprinzip: A Weberian Analysis," in *Political Ideologies and Political Philosophies,* edited by H. B. McCullough (Toronto: Wall and Thompson, 1989).
Brown, Lester R. Hal Kane, and David Malin Boodman. *Vital Signs* (Washington, D.C.: Worldwatch Institute, 1994).
Buckley, William F., Jr. *The Jeweler's Eye: A Book of Irresistible Political Reflection* (New York: Putnam, 1968).
_____. *McCarthy and His Enemies: The Record and Its Meaning* (Chicago: H. Regney, 1954).
_____. *Up from Liberalism* (New York: Mcdowell, Obolensky, 1959).
Burke, Edmund. "An Appeal from the New to the Old Whigs," in *The Political Philosophy of Edmund Burke,* edited by Iain Hampshire-Monk (London: Longman, 1987[1791]).
_____. *Burke's Politics: Selected Writings and Speeches of Edmund Burke on Reform, Revolution and War,* edited by Ross J. Hoffman and Paul Lev-

ack (New York: Alfred A. Knopf, 1967)).

_____. *Reflections on the Revolution in France* (New York: Liberal Arts Library Press, 1955[1790]).

Burns, James MacGregor. *Leadership* (New York: Harper and Row, 1978).

Camus, Albert. *The Rebel* (New York: Vintage Books, 1953).

Carens, Joseph H. "Aliens and Citizens: The Case for Open Borders," *Review of Politics* 49 (spring 1987): 251-273.

Carson, Rachel. *Silent Spring* (Greenwich, Conn.: Fawcett Publications, 1962).

Castro, Fidel. *Fidel Castro Speaks,* edited by Martin Kenner and James Petras (New York: Grove Press, 1969).

Ceaser, James W. *Presidential selection: Theory and Development* (Princeton: Princeton University Press, 1979).

Chalmers, Johnson. *Autopsy on People's War* (Berkeley: University of California Press, 1973).

Chamberlain, Houston S. *Foundations of the Nineteenth Century,* translated by George L. Mosse (New York: H. Fertig, 1968[1899]).

Chenery, Hollis, et al. *Redistribution with Growth* (New York: Oxford University Press, 1974).

Chubb, John E., and Terry M. Moe. *Politics, Markets and America's Schools* (Washington, D.C.: Brookings Institution, 1990).

Clark, Terry N., and Seymour Martin Lipset. "Are Social Classes Dying?" *International sociology* 6 (Dec. 1991): 397-410.

_____. Terry N., and Michael Rempel. "The Declining Political Significance of Social Class," *International Sociology* 8 (Sept. 1993): 293-316.

Code, Lorraine. *What Can She Know?* (Ithaca, N.Y.: Cornell University Press, 1991).

Cohen, G. A. *History, Labour, and Freedom: Themes from Marx* (Oxford: Oxford University Press, 1988).

Cohen, Joshua, and Joel Rogers. *On Democracy* (Hamondsworth Middlesex, England: Penguin, 1983).

Cohn, Norman. *The Pursuit of the Millennium* (New York: Oxford University Press, 1970).

Cole, G. D. H. *History of Socialism* (London: Macmillan, 1953-1960).

_____. *Self-Government in Industry* (London: G. Bell, 1919).

_____. *Worker's Control and Self-Government in Industry* (Nendelin, England: Kraus Reprint, 1979[1933]).

Coleman, Janes, and Sara Kelly. "Education," in *The Urban Predicament,* edited by William Gorham and Nathan Glazer (Washington, D.C.: Urban Institute, 1976).

Commoner, Barry. *Science and Survival* (New York: Viking, 1966).

_____. *The Closing Circle: Nature, Man and Technology* (New York: Bantam Books, 1974).

_____. *The Poverty of Power: Energy and the Economic Crisis* (New York: Knopf, 1977).

Conradt, David P. *The German Polity,* 5th ed. (New York: Longman, 1993).

Converse, Philip E. "The Nature of Belief Systems in Mass Publics," in *Ideology and Discontent,* edited by David E. Apter (New York: Free Press, 1964).

Cooper, Barry. *The End of History: An Essay on Modern Hegelianism* (Toronto: University of Toronto Press, 1984).

Cord, Robert L. *Separation of Church and State: Historical Fact and Current Fiction* (New York: Lambeth Press, 1982).

Crawford, Alan. *Thunder on the Right* (New York: Pantheon, 1980).

Crick, Bernard. In *Defence of Politics* (New York: Penguin, 1962).

_____. *Socialism* (Minneapolis: University of Minnesota Press, 1987).

Cronin, Thomas E. *Direct Democracy* (Cambridge: Harvard University Press, 1989).

Cropsey, Joseph. *Political Philosophy and the Issues of Politics* (Chicago: University of Chicago Press, 1977).

Crosland, C. A. R. *The Future of Socialism* (London: Cape, 1956).

Dahl, Robert A. *Democracy and Its Critics* (New Haven: Yale University Press, 1989).

_____. *A Preface to Economic Democracy* (Berkeley: University of California Press, 1985).

_____. *Who Governs?* (New Haven: Yale University Press, 1961).

Daly, Mary. *Gyn/Ecology: The Metaethics of Radical Feminism* (Boston: Beacon Press, 1978).

_____. *Pure Lust: Elemental Feminist Philosophy* (Boston: Beacon Press, 1984).
De Leon, David. *The American Anarchist* (Baltimore: Johns Hopkins University Press, 1971).
Descartes, Rene. *Discourse on Method,* translated by Donald A. Cress (Indianapolis: Hackett, 1980[1637]).
_____. *Meditation on First Philosophy,* translated by Donald A. Cress (Indianapolis: Hackett, 1980[1641]).
Deutsch, Karl. "On Political Theory and Political Action," *American Political Science Review* 65(Mar. 1971): 11-27.
Dewey, John. *Liberalism and Social Action* (New York: Capricorn, 1935).
_____. *The Public and Its Problems* (New York: Henry Holt, 1927).
Dickerson, Mark O., and Thomas Flanagan. *An Introduction to Government and Politics: A Conceptual Approach* (Toronto: Methuen, 1982).
Dione, E. J. *Why Americans Hate Politics* (New York: Simon and Schuster, 1991).
Djilas, Milovan. *The New Class: An Analysis of the Communist System* (New York: Praeger, 1957).
Dolgoff, Sam. *Bakunin on Authority* (New York: Alfred A. Knopf, 1972).
Domhoff, G. William. *The Power Elite and the State: How Policy is Made in America* (New York: A. DeGrayter, 1990).
_____. *Who Really Rules?* (Santa Monica, Calif.: Goodyear, 1978).
Drucker, H. M. *The Political Uses of Ideology* (London: Macmillan Press, 1974).
Durkheim, Emile. *Suicide: A Study in Sociology,* edited by George Simpson (New York: Free Press, 1966[1897]).
Dworkin, Andrea. *Pornography: Men Possessing Women* (New York: Perigee, 1981).
Dworkin, Ronald. *Law's Empire* (Cambridge, Mass.: Belknap, 1986).
_____. *Taking Rights Seriously* (Cambridge, Mass.: Harvard University Press, 1977).
Eckersley, Robyn. *Environmentalism and Political Theory: Toward an Ecocentric Approach* (Albany, N.Y.: State University of New York Press, 1992).
Eckstein, Harry. "Case Study and Theory in Political Science," in *Handbook of*

Political Science, vol. 7., edited by Fred I. Greenstein and Nelson Polsby (Reading, Mass.: Addison-Wesley, 1975).

Ehrenfeld, David. *The Arrogance of Humanism* (New York: Oxford University Press, 1978).

Elshtain, Jean Bethke. "Feminism, Family and Community," *Dissent* 29 (fall 1982): 442-449.

_____. *Mediations on Modern Political Thought* (New York: Praeger, 1986).

_____. *Power Trips and Other Journeys* (Madison: University of Wisconsin Press, 1990).

_____. *Public Man, Private Woman* (Princeton: Princeton University Press, 1981).

Engels, Friedrich. *Socialism: Utopian and Scientific,* in *The Marx-Engels Reader,* 2d ed., edited by Robert C. Tucker (New York: W. W. Norton, 1978[1880]).

Falwell, Jerry, ed. *The Fundamentalist Phenomenon* (Garden City, N.Y.: Doubleday, 1981).

Fecher, Charles A. *The Philosophy of Jacques Maritain* (New York: Greenwood Press, 1953).

Fein, Rashi. "National Health Insurance," *Dissent* (spring 1992): 157-163.

Feuerbach, Ludwig. *The Essence of Christianity,* translated by Marian Evans (London: John Chapman, 1854[1845]).

Firestone, Shulamith. *The Dialectic of Sex: The Case for Feminist Revolution* (New York: Morrow, 1970).

Flathman, Richard. *Toward a Liberalism* (Ithaca, N.Y.: Cornell Uneversity Press, 1992).

Foreman, David, and Bill Haywood, eds. *Ecodefense: A Field Guide to Monkeywrenching,* 2d ed. (Tucson, Ariz.: Ned Ludd, 1989).

Forman, James D. *Fascism: The Meaning and the Experience of Reactionary Revolution* (New York: Dell, 1974).

Fowler, Robert Booth. "The Anarchist Tradition of Political Thought," *Western Political Quarterly* (Dec. 1973): 738-752.

French, Marilyn. *Beyond Power: On Women, Men and Morals* (New York: Summit, 1985).

Freyfogle, Eric T. *Justice and the Earth: Images of Our Planetary Survival* (New York: Free Press, 1993).
Friedan, Betty. *The Feminine Mystique* (New York: W. W. Norton, 1963).
_____. *The Second stage* (New York: Summit, 1981).
Friedman, Milton. *Capitalism and Freedom* (Chicago: University of Chicago Press, 1962).
_____, and Rose Friedman. *Free to Choose: A Rersonal Statement* (New York: Harcourt Brace Jovanovich, 1980).
Fromm, Erich. *Escape from Freedom* (London: Routledge and Kegan Paul, 1960[1941]).
_____. *The Sane Society* (New York: Rinehart, 1955).
Fukuyama, Francis. *The End of History and the Last Man* (New York: Avon, 1992).
_____. "The End of History?" *The National Interest* 16(summer. 1989): 3-18.
Galbraith, John Kenneth. *The Affluent Society* (Boston: Houghton Mifflin, 1958).
_____. *Economics and Public Purpose* (New York: Houghton Mifflin, 1973).
_____. *The New Industrial State* (New York: Signet, 1972).
Galston, William. "Civic Education in a Liberal State," in *Liberalism and the Moral Life,* edited by Nancy L. Rosenblum (Cambridge: Harvard University Press, 1989).
_____. "Liberalism and Public Morality," in *Liberals on Liberalism,* edited by Alfonso J. Damico (Totowa, N. J.: Rowman and Littlefield, 1986).
Gasset, Jose Ortega Y. *The Revolt of the Masses* (New York: W. W. Norton, 1957[1930]).
Geertz, Clifford. "Ideology as a Cultural System," in *Ideology and Discontent,* edited by David E. Apter (New York: Free Press, 1964).
Gentile, Giovanni. "The Philosophical Basis of Fascism," in *Readings on Fascism and National socialism* (Chicago: Swallow Press, 1952[1928]).
Gilder, George. *Wealth and Poverty* (New York: Bantam, 1981).
Gill, Emily. "Goods, Virtues, and the Constitution of the Self," in *Liberals on Liberalism,* edited by Alfonso J. Damico (Totowa, N.J.: Rowman and Littlefield, 1986).
Gilligan, Carol. *In a Different Voice* (Cambridge: Harvard University Press,

1982),

Glendon, Mary Ann. *Abortion and Divorce in Western Law* (Cambridge: Harvard University Press, 1987).

_____. *Rights Talk: The Impoverishment of Political Discourse* (New York: Free Press, 1991).

Gobineau, Joseph Arthur de. *Essay on the Inequality of Human Races* (New York: Garland, 1984[1854]).

Godwin, William. *Enquiry Concerning Political Justice* (Middlesex, England: Penguin Classics, 1985[1793]).

Goffman, E. "The Income Gap and Its Causes," *Dissent* (winter 1990):8.

Goldman, Emma. "Anarchism: What It Really Stands For," in *Anarchism and Other Essays* (New York: Dover, 1969[1911]).

Goldwater, Barry. *The Conscience of a Conservative* (New York: Macfadden, 1960).

Goodman, Paul, and Percival Goodman. *Communitas* (New York: Vintage, 1960).

Gorbachev, Mikhail. "The Socialist Idea and Revolutionary Perestroika," *National Affairs* (Nov. 17, 1989): 70-80.

Gould, Stephen J. *The Mismeasure of Man* (New York: W. W. Narton, 1983).

Gramsci, Antonio. "The Study of Philosophy," in *Selections from the Prison Notebooks of Antonio Gramsci*, edited and translated by Quinton Hoare and Geoffrey Nowell Smith (New York: International, 1971).

Gray, John. *Liberalisms: Essays in Political Philosophy* (London: Routledge, 1989).

Green, Thomas Hill. *Lectures on the Principles of Political Obigation* (London: Longmans, Green, 1907[1886]).

Guevara, Ernesto. *Che Guevara Speaks,* edited by George Lavan (New York: Pathfinder Press, 1983).

_____. *Guerrilla Warfare* (New York: Vintage, 1969).

_____. *Reminiscences of the Cuban Revolutionary War,* translated by Victoria Ortiz (New York: Monthly Review Press, 1968).

Gutmann, Amy. "Undemocratic Education," in *Liberalism and the Moral Life,* edited by Nancy Rosenblum (Cambridge: Harvard University Press,

1989).

Habermas, Jürgen. *Legitimation Crisis*, translated by Thomas McCarthy (Boston: Beacon Press, 1975).

Hardin, Garrett. "The Tragedy of the Commons," in *Managing the Commons*, edited by Garrett Hardin and John Baden (San Francisco: W. H. Freeman, 1977).

Harding, Sandra. *The Science Question* (Ithaca, N.Y.: Cornell University Press, 1986).

Harrington, Michael. *The Other America: Poverty in the United States* (New York: Macmillan, 1961).

_____. "Toward a New Socialism," *Dissent* (spring 1989): 153-163.

_____. *Twilight of Capitalism* (New York: Simon and Schuster, 1976).

Hartmann, Heidi. "The Unhappy Marriage of Marxism and Feminism: Towards a More Progressive Union," in *Women and Revolution: A Discussion of the Unhappy Marriage of Marxism and Feminism*, edited by Lydia Sargent (Boston: South End Press, 1981).

Hartsock, Nancy. *Money, Sex, and Power: Toward a Feminist Historical Materialism* (New York: Longman, 1983).

Hartsz, Louis. *The Liberal Tradition in America* (New York: Harcourt, Brace, and World, 1955).

Hawley, Willis. *Nonpartisan Elections and the Case for Party Politics* (New York: John Wiley, 1973).

Hayek, Friedrich von. *The Constitution of Liberty* (Chicago: University of Chicago Press, 1960).

_____. *The Road to Serfdom* (Chicago: University of Chicago Press, 1944).

Hegel, G. W. F. *Phaenomenologie des Geistes* (Frankfurt: Verlag Ullstein, 1970).

Heidenheimer, Arnold J., Hugh Heclo, and Carolyn Teich Adams. *Comparative Public Policy*, 3d ed. (New York: St. Martin's Press 1990).

Heilbroner, Robert L. *The Worldly Philosophers* (New York: Simon and Schuster, 1953).

_____, et al. "From Sweden to Socialism: A Small Symposium on a Big Question," *Dissent* (winter, 1991): 96-110.

Henig, Jeffrey. *Public Policy and Federalism* (New York: St. Martin's Press, 1985).
_____. *Rethinking School Choice* (Princeton, N.J.: Princeton University Press, 1994).
Herson, Lawrence J. P. *The Politics of Ideas: Political Theory and American Public Policy* (Homewood, Ill.: Dorsey Press, 1984).
Herzen, Alexander. *From the Other Shore,* translated by Moura Budberg (London: Weidenfeld and Nicolson, 1956[1850]).
Hirschman, Albert O. *The Passions and the Interests: Political Arguments for Capitalism Before Its Triumph* (Princeton: Princeton University, 1977).
_____. *The Rhetoric of Reaction : Perversity, Futility, and Jeopardy* (Cambridge, Mass.: Belknap Press, 1991).
Hitler, Adolf. *Mein Kampf,* translated by Ralph Mannheim (Boston: Houghton Mifflin, 1971[1925-6]).
Hobbes, Thomas. *Leviathan,* edited by Herbert Schneider (Indianapolis: Bobbs-Merrill Liberal Arts Library, 1958[1651]).
Hochschild, Jennifer. *What's Fair?* (Cambridge: Harvard University Press, 1981).
Hoeveler, David, Jr. *Watch on the Right: Conservative Intellectuals in the Reagan Era* (Madison: University of Wisconsin Press, 1991).
Holmes, Stephen. "The Liberal Idea," *The American Prospect 7* (fall 1991): 81-96.
Hoover, Kenneth. *Ideology and Political Life,* 2d ed. (Belmont, Calif.: Wadsworth, 1993).
Hout, Mike, Clem Brooks, and Jeff Manza, "The Persistence of Classes in Post-Industrial Societies," *International Sociology* 8 (Sept., 1993); 259-276.
Howe, Irving. *Beyond the Welfare State* (New York: Schocken, 1982).
_____. "The First 35 Years Were the Hardest," *Dissent* (spring 1989): 133-136.
_____. *Socialism and America* (New York: Harcourt Brace Jovanovich, 1977).
Huber, Rudolf. *Constitutional Law of the Greater German Reich,* in *Communism, Fascism, and Democracy: Theoretical Foundations,* edited by Carl Cohen (New York: Random House, 1962[1939]).
Hume, David. *A Treatise of Human Nature,* edited by L. A. Selby Bigge

(Oxford: Clarendon Press, 1975[1739]).
Huntington, Samuel P. "The Democratic Distemper," *The Public Interest* 41 (fall 1975): 9-38.
Huxley, T. H. "Evolution and Ethics," in *Selections from the Essays of Huxley*, edited by Alburey Castell (Arlington Heights, Ill.: Crofts Classics, 1948[1893]).
Ingersol, David E., and Richard K. Matthews. *The Philosophic Roots of Modern Ideology: Liberalism, Communism, Fascism*, 2d ed. (Englewood Cliffs, N.J.: Prentice Hall, 1991).
Inglehart, Ronald. *Culture Shift* (Princeton: Princeton University Press, 1989).
Jaffa, Harry V. *How to Think About the American Revolution* (Durham, N.C.: Carolina Academic Press, 1989).
Jagger, Alison. *Feminist Politics and Human Nature* (Totowa, N.J.: Rowman and Allenheld, 1983).
Jencks, Christopher. *Inedquality* (New York: Harper Colophon, 1972).
Joll, James. *The Anarchists* (New York: Grosset and Dunlop, 1964).
Jouvenal, Bertrand De. *The Pure Theory of Politics* (Cambridge: Cambridge University Press, 1963).
Kahane, Rabbi Meir. *Listen World, Listen Jew* (Jerusalem and Brooklyn, N.Y.: Institute of the Jewish Idea, 1978).
Kaplan, Lawrence, ed. *Fundamentalism in Comparative Perspective* (Minneapolis: University of Minnesota Press, 1992).
Kariel, Henry. "Creating Political Reality," *American Political Science Review* 64 (Dec. 1970): 1088-1098.
Kelly, Petra. *Fighting for Hope* (Boston: South End Press, 1984).
Kendall, Wilmoore. "Equality and the American Political tradition," in *Keeping the Tablets: Modern American Conservative Thought*, edited by William F. Buckley, Jr., and Charles R. Kesler (New York: Harper and Row, 1988).
Key, V. O. Jr. *The Responsible Electorate* (Cambridge: Harvard University Press, 1966).
Keynes, John Maynard. *The Collected Writings of John Maynard Keynes*, edited by Donald Moggridge (London: Macmillan, 1980).

참고문헌 443

Khomeini, Imam. *Islam and Revolution: Writing and Declarations of Imam Khomeini,* translated by Hamid Algar (Berkeley: Mizan Press, 1981).
Kinder, Donald. "Diversity and Complexity in American Public Opinion," in *Political Science: The State of the Discipline,* edited by Ada Finifter (Washington, D.C.: American Political Science Association, 1983).
King, Martin Luther, Jr. "Letter from Birmingham Jail," in *Why We Can't Wait* (New York: Harper and Row, 1963).
Kirk, Russell. *A Program for Conservatives* (Chicago: Henry Regnery, 1954).
Kirkpatrick, Jean. "Dictatorships and Double Standards," in *Keeping the Tablets: Modern American Conservative Thought,* edited by William F. Buckley, Jr., and Charles R. Kesler (New York: Harper and Row, 1988[1980]).
_____. "Politics and the 'New Class'," *Society* 16 (Jan./Feb. 1979): 42-48.
Kneese, Allen V., and Charles L. Schultze. *Pollution, Prices, and Public Policy* (Washington, D.C.: Brookings Institution, 1975).
Koestler, Arthur. *Darkness at Noon,* translated by Daphne Hardy (New York: Macmillan, 1941).
Kolakowski, Leszek. *Main Currents of Marxism,* translated by P.S. Falla (Oxford: Oxford University Press, 1978).
Kornhauser, William. *The Politics of Mass Society* (Glencoe, Ill.: Free Press, 1959).
Kristol, Irving. *Two Cheers for Capitalism* (New York: Basic, 1978).
Kropotkin, Peter. "Anarchist Communism: Its Basis and Principles," in *Revolutionary Pamphlets* (New York: Vanguard Press, 1927).
_____. *Conquest of Bread* (New York: Vanguard Press, 1926[1892]).
_____. *Memoirs of a Revolutionist* (New York: Horizon Press, 1968[1899]).
_____. *Mutual Aid: A Factor in Evolution* (New York: New York University Press, 1972[1907]).
Kuenne, Robert. *Economic Justice in American Society* (Princeton: Princeton University Press, 1993).
Kuhn, Thomas. *The Structure of Scientific Revolutions* (Chicago: University of Chicago Press, 1962).
Kuttner, Robert. "Socialism, Liberalism, and Democracy," *The American Prospect* (spring 1992): 7-12.

Kymlicka, Will. *Contemporary Political Philosophy* (New York: Oxford University Press, 1990).
_____. "Liberalism and Communitarianism," *Canadian Journal of Philosophy* 118 (June 1988): 181-203.
LaHaye, Tim. *The Battle for the Mind* (Old Tappan, N.J.: Revell, 1980).
Lane, Robert. *Political Ideology* (New York: Free Press, 1962).
Lasch, Christopher. *The True and Only Heaven* (New York: Norton, 1991).
Lather, Patti. *Getting Smart: Feminist Research and Pedagogy with/in the Postmodern* (New York: Routledge, 1991).
Lenin, V.I. "Foreign Communist Parties and the Russian Spirit," in *The Lenin Anthology,* edited by Robert C. Tucker (New York: W. W. Norton, 1975[1920]).
_____. "Introducing the New Economic Policy," in *The Lenin Anthology,* edited by Robert C. Tucker (New York: W. W. Norton, 1975[1921]).
_____. " 'Left-Wing' Communism: An Infantile Disorder," in *The Lenin Anthology,* edited by Robert C. Tucker (New York: W. W. Norton, 1975[1920]).
_____. *Imperialism: The Highest Stage of Capitalism* (New York: International, 1939[1917]).
_____. "The State and Revolution," in *The Lenin Anthology,* edited by Robert C. Tucker (New York: W. W. Norton, 1975[1902]).
_____. "What Is to be Done?" in *The Lenin Anthology,* edited by Robert C. Tucker (New York: W.W. Norton. 1975[1920]).
Leopold, Aldo. *The Sand County Almanac* (New York: Oxford University Press, 1947).
Lerner, Daniel. *The Passing of the Traditional Society* (Glencoe, Ill.: Free Press,1959).
Lifton, Jay. *The Nazi Doctors: Medical Killing and the Psychology of Genocide* (New York: Basic, 1986).
Lijphart, Arend. *Democracy in Plural Societies* (New Haven: Yale University Press, 1977).
Limbaugh, Rush. *The Way Thing Ought to Be* (New York: Pocket Star, 1992).
Lindblom Charles E. *Politics and Market* (New York: Basic, 1977).
Lipset, Seymour Martin. *Political Man* (Garden City, N.Y.: Doubleday, 1960).

Locke, John. *Essay on Human Understanding*, edited by Peter H. Nidditch (Oxford: Clarendon Press, 1975[1960]).
_____. *Letter Concerning Toleration,* edited by Patrick Romanell (Indianapolis: BobbsMerrill, 1950[1689]).
_____. *Two Treatises of Government,* edited by Peter Laslett (New York: Mentor, 1960[1690]).
Lovelock, James. *Gaia: A New Look at Life on Earth* (New York: Oxford University Prees, 1979).
Lowi Theodore J. "American Business and Public Policy, Case Studies, and Political Theory," *World Politics* (July 1964).
_____. *The End of Liberalism: The Second Republic of the United States* (New York: W.W. Norton, 1979).
_____, and Bejamin Ginsberg. *Poliscide* (New York: Macmillan, 1976).
Lukes, Steven. "Alienation and Anomie," in *Philosophy, Politics, and Societ,* 3d ed., edited by Peter Laslett and W. G. Runciman (Oxford: Basil Blackman, 1967): 140-156.
_____. "Socialism and Equality," *Dissent* 22 (spring 1975): 154-168.
_____. *Marxism and Morality* (Oxford: Oxford University Press, 1987).
_____. *Power: A Radical View* (London: Macmillan, 1974).
Lustig, R. Jeffrey. *Corporate Liberalism* (Berkely: University of California Press, 1982).
Luxemburg, Rosa. *The Accumulation of Capital,* translated by Rudolf Wichmann (New York: Montly Review, 1973[1913]).
Machan, Tibor R. *The Main Debate: Communism versus Captalism* (New York: Random House, 1987).
Mackinnonm Catherine. *Feminism Unmodified* (Cambridge: Harvard University Press, 1977).
_____. *Toward a Feminist Theory of the state* (Cambridge: Harvard University Press, 1989).
Macpherson, C. B. *The Life and Times of Liberal Democracy* (New York: Oxford University Press, 1977).
Madison, Jame, Alexander Hamilton, and John Jay. *Federal Papers,* edited by Isaac Kramnick (New York: Penguin, 1987[1788]).

Maistre, Joseph de. "Considerations on France," in *The Works of Joseph de Maistre,* edited by Jack Lively (New York: Macmillan, 1965[1797]).
Mannheim, Karl. *Ideology and Utopia* (London: Routledge and Kegan, 1936).
Mansbridge, Jane J. "The Limits of Friendship," in *Nomos XVI: Participation in Politics,* edited by J. Roland Pennock and John W. Chapman (New York: New York University Press, 1977): 246-266.
_____. *Why We Lost the ERA* (Chicago: University of Chicago Press, 1986).
Manuel, Frank E., and Fritzie P. Manuel. *Utopian Thought in the Western World* (Cambridge: Harvard University Press, Belknap Press, 1979).
Mao Zedong. *The Collected Works of Mao Tse-tung* (Arlington, Va.: Joint Publication Research Service, 1978).
Marsh, Margaret S. *Anarchist Women, 1870-1920* (Philadelphia: Temple University Press, 1981).
Marx Karl. "Amsterdam Speech of 1872," in *Karl Marx, Selected Writing,* edited by David McClellan (Oxford: Oxford University Press, 1977).
_____. *The Civil War in France,* in *The Marx-Engels Reader,* 2d ed., edited by Robert C. Tucker (New York: W. W. Norton, 1978[1871]).
_____. *Critique of the Gotha Program,* in *The Marx-Engels Reader,* 2d ed., edited by Robert C. Tucker (New York: W. W. Norton, 1978[1875]).
_____. *The German Ideology,* in *The Marx-Engels Reader,* 2d ed., edited by Robert C. Tucker (New York: W. W. Norton, 1978[1846]).
_____. *On The Jewish Question,* in *The Marx-Engels Reader,* 2d ed., edited by Robert C. Tucker (New York: W. W. Norton, 1978[1843]).
_____. *Philosophical and Economic Manuscripts,* in *The Marx-Engels Reader,* 2d ed., edited by Robert C. Tucker (New York: W. W. Norton, 1978[1844]).
_____. *Theses on Feuerbach,* in *The Marx-Engels Reader.* 2d ed., edited by Robert C. Tucker (New York: W. W. Norton, 1978[1845]).
_____, and Friedrich Engels. *The Manifesto of the Communist Party,* in The *Marx-Engels Reader,* 2d ed., edited by Robert C. Tucker (New York: W. W. Norton, 1978[1848]).
Marzorati, Gerald, et al. "Who Owes What to Whom?" *Harper's Magazine* 282 (Feb. 1991): 44-45.

Mazzini, Guiseppe. "The Duties of Man," in *Dogma and Dreams,* edited by Nancy Love (New York: Chatham House, 1991[1875]).

McClosky, Herbert, and John Schaar. "Psychological Dimensions of Anomy," *American Sociological Review* 30 (1965): 14-40.

McCoy, Charles. *Contemporary ISMS: A Political Economy Perspective* (New York: Franklin Watts, 1982).

McLellan, David. *Ideology* (Minneapolis: University of Minnesota Press, 1986).

_____. *Karl Marx: His Life and Thought* (New York: Harper and Row, 1973).

_____. *Marxism After Marx* (Boston: Houghton Mifflin, 1979).

Mehring, Franz. *Karl Marx: The Story of His Life,* translated by Edward Fitzgerald (Ann Arbor: University of Michigan Press, 1962).

Milbank, John. *Theology and Social Thery: Beyond Secular Reason* (Oxford and Cambridge: Blackwell, 1990).

Mill, James. *Essay on Government,* edited by Jack Lively and John Rees (Oxford: Clarendon Press, 1978[1820]).

Mill, John Stuart. *Considerations on Representative Government* (Oxford: Blackwell, 1946[1861]).

_____. *On Liberty,* edited by Elizabeth Rapaport (Indianapolis: Hackett, 1978[1859]).

_____. *Principles of Political Economy* (New York: Penguin, 1985[1846]).

_____. *Utilitarianism* (New York: Bobbs-Merrill, 1957[1861]).

_____. and Harriet Taylor. *The Subjection of Women* (London: Virago, 1983 [1869]).

Miller, Eugene. "Positivism, Historicism, and Political Inquory," *American Political Science Review* 66 (Sept, 1972): 796-873.

Millet, Kate. *Sexual Politics* (Garden City, N.Y.: Doubleday, 1970).

Mills, C. Wright. *The Power Elite* (New York: Oxford University Press, 1956).

Mitchell, Juliet. *Women's Estate* (New York: Pantheon, 1991).

Mitchell, William. "Efficiency, Responsibility, and Democratic Politics," in *Liberal Democracy*, NOMOS XXV, edited by J. Roland Pennock and John W. Chapman (New York: New York University Press, 1983): 343-373.

Montesquieu, Charles-Louis de Secondat, baron de. *The Spirit of Laws,* translated by Ann M. Cohler, Basia C. Miller, and Harold Stone (New York:

Cambridge University Press, 1989[1750]).
More, Thomas. *Utopia,* edited by Robert M. Adams (New York: Norton, 1992[1516]).
Mosca, Gaetano. *The Ruling Class,* translated by H. D. Kahn (New York: McGraw-Hill, 1939[1896]).
Mueller, Ingo. *Hitler's Justice* (Cambridge: University of Harvard Press, 1991).
Mussolini, Benito. "The Doctrine of Fascism," in *Readings on Fascism and National Socialism* (Chicago: Swallow Press, 1952[1928]).
Naess, Arne. Ecology. *Community, and Lifestyle: Outline for an Ecosophy* (Cambridge: Cambridge University Press, 1984).
_____. "The Shallow and the Deep, Long-Range Ecology Movement: A Summary," *Inquiry* 16 (1973): 95-99
Nakane, Chie. *Japanese Society* (Berkeley: University of California Press, 1970).
Nathan, Robert P. *The Plot That Failed: Nixon and the Administrative Presidency* (New York: John Wiley, 1975).
Nelson, Barbara J., and Najma Chowdhury. *Women and Politics Worldwide* (New Haven: Yale University Press, 1994).
Neubauer, David W. *America's Courts and the Criminal Justice System,* 4th ed. (Belmont, Calif.: Wadsworth, 1992).
Nie, Norman, Sidney Verba, and John Petrocik. *The Changing American Voter* (Cambridge, Mass.: Harvard University Press, 1979).
Nietzsche, Friedrich. *The Genealogy of Morals,* translated by Carol Diethe (New York: Cambridge University Press, 1994[1887]).
Nisbet, Robert. *Conservatism: Dream and Reality* (Minneapolis: University of Minnesota Press, 1986).
_____. "The Decline and Fall of Social Class," *Pacific Sociological Review* 2 (winter 1959): 1-17
Novak, Michalel. *Freedom with Justice: Catholic Social Thought and Liberal Institutions* (San Francisco: Harper and Row, 1984).
_____. *The Spirit of Democratic Capitalism* (New York: Simon and Schuster, 1982).
_____. *Will It Liberate? Questions about Liberation Theology* (Mahwah, N.J.: Paulist Press, 1987).

Nove, Alec. *The Economics of Feasible Socialism Revisited* (London: Harper-Collins, 1991).
Nozick, Robert. *Anarchym State, and Utopia* (New York: Basic, 1874).
Oakeshott, Michael. "On Being Conservative," in *Rationalism and Politics and Other Essays* (New York: Basic, 1962).
Okin, Susan Moller. *Justice, Gender, and Family* (New York: Basic: 1989).
_____. *Women in Western Political Thought* (Princeton: Princeton University Press, 1979).
Okun, Arthur M. *Equality and Efficiency: The Big Tradeoff* (Wishington, D.C.: Brookings Institution, 1975).
Ollman, Bertil. "Marx's Vision of Communism: A Reconstruction," *Critique* 8 (1978).
Olson, Mancur. "Rapid Growth as a Destabilizing Force," *Journal of Economic History* 23 (1963).
Paine, Thomas. *The Rights of Man* (New York: Penguin, 1984[1791]).
Pakulski Jan. "The Dying of Class or of Marxist Class Theory?" *International Sociology* 8 (Sept. 1993).
Pareto, Vilfredo. *The Mind and Society*, edited by A. Livingston (New York: Harcourt, Brace, 1937[1916]).
Pateman, Carole. "Frminism and Democracy," in *Democracy Theory and Practice*, edited by Graeme Duncan (Cambridge: Cambridge University Press, 1986): 209-214.
_____. *Participation and Democratic Theory* (New York: Cambridge University Press, 1970).
Payne, James. "The Congressional Brainwashing of Congress," *The Public Interest* (summer 1990): 3-13.
Peck, M. Scott. *The Different Drum* (New York: Simon and Schuster, 1987).
Peffley, Mark, and Jon Hurwitz. "A Hierarchical Model of Attitude Constraint," *American Journal of Political Science* 29 (1985): 871-890.
Pennock, J. Roland. "Liberalism Under Attack," *The Political Science Teacher* 3 (winter 1990): 6-9.
Peters, Charles. "The Neoliberal Manifesto," *The Washington Monthly* (May 1983): 9-18.

Peterson, Paul. *City Limits* (Chicago: University of Chicago Press, 1981).

Peterson, V. Spike, and Anne Sisson Runyan. *Global Gender Issues* (Boulder, Colo.: Westview Press, 1993).

Phillips, Kevin. *Post-Conservative America* (New York: Radom House. 1982).

Piercy, Marge. *Women on the Edge of Time* (New York: Knopf, 1976).

Pigou, Arthur Cecil. *The Economics of Welfare,* 4th ed. (London: Macmillan, 1948).

Pitkin, Hanna. *The Concept of Representation* (Berkeley: University of California Press, 1972).

Piven, Francis Fox, and Richard A. Cloward. *Regulating the Poor: The Functions of Public Welfare* (New York: Vintage, 1971).

Polanyi, Karl. *The Great Transformation: The Political and Economic Origins of Our Time* (Boston: Beacon Press, 1944).

Popperm Karl. *The Open Society and Its Enemies,* 4th ed. (New York: Harper and Row, 1963[1945]).

Proudhon, Pierre. *The General Idea of the Revolution in the Nineteenth Century,* translated by John B. Robinson (New York: Haskell House, 1923[1851]).

_____. *What Is Property?* translated by B. R. Tucker (London: William Reeves, n.d.[1840]).

Przeworski, Adam, and Henry Teune. *The Logic of Comparative Social Inquiry* (New York: Wiley Interscience, 1970).

_____. and John Sprague. *Stone Papers: A History of Electoral Socialism* (Chicago: University of Chicago Press, 1986).

Putnam, Robert. "Studying Elite Political Culture: The Case of Ideology," *American Political Science Review* 65 (Sept., 1971): 651-681.

Quinney, Richard. *Criminology* (Boston: Little, Brown, 1979).

Rae, Douglas. *Equalities* (Cambridge: Harvard University Press, 1981).

Ramsey Colloquium, The. "Morality and Homosexuality," *Wall Street Journal* (Fed. 24, 1994): A20.

Rand, Ayn. *Atlas Shrugged* (New York: New American Library, 1957).

_____. *Capitalism: The Unknown Ideal* (New York: New American Library, 1966).

_____. *The Fountainhead* (New York: Bobbs-Merrill, 1943).
_____. *The Virtue of Selfishness* (New York: New American Library, 1961).
Rawls, John. *A Theory of Justice* (Cambridge, Mass.: Harvard University Press, 1971).
_____. "Justice as Fairness: Political Not Metaphysical," *Philosophy and Public Affairs* 14 (1985): 223-251.
_____. *Political Liberalism* (New York: Columbia University Press, 1993).
Regan, Tom. *The Case for Animal Rights* (Berkeley: University of California Press, 1983).
Reich Robert. *The Next Americal Frontier* (New York: Times, 1983).
_____. *The Work of Nations: Preparing Ourselves for the 21st Century* (New York: Knopf, 1991).
Reiman, Jeffrey H. *In Defense of Political Philosophy: A Reply to Robert Paul Wolff's In Defense of Anarchism* (New York: Harper Torchbacks, 1972).
Ricci, David. "Receiving Ideas in Political Analysis: The Case of Community Power Studies, 1950-1970," *Western Political Quarterly* 33 (Dec. 1980): 451-475.
_____. *The Tragedy of Political Science: Politics, Scholarship, and Democracy* (New Haven: Yale University Press, 1984).
Riesebroat, Martin. *Pious Passion: The Emergence of Modern Fundamentalism in the U. S. and Iran,* translated by Don Reneau (Berkeley: University of California Press, 1993).
Riker, William. *Liberalism Against Populism* (San Francisco: W. H. Freeman, 1982).
Robertson, Pat, with Robert Slosser. *The Secret Kingdom* (Nashville, Tenn.: T. Nelson, 1982).
Rocco, Alfredo. "The Political Doctrine of Fascism," in *Readings on Fascism and National Socialism* (Chicago: Swallow Press, 1952).
Rodgers, Harrell R., Jr. *Poverty Amid Plenty* (Reading, Mass.: Addison-Wesley, 1797).
Roemer, John. *Free to Lose: An Introduction to Marxist Economic Philosophy* (Cambridge: Harvard University Press, 1988).

_____. *A Future for Socialism* (Cambridge: Harvard University Press, 1994).
Rose, Richard, and Ian McAllister. *The Loyalties of Voters* (Newbury Park, Calif.: Sage, 1990).
Rosen, Stanley. *The Limits of Analysis* (New Haven: Yale University Press, 1980).
Rothbard, Murray N. "Society Without a State," in *NOMOS XIX: Anarchism*, edited by J. Roland Pennock and Johm W. Chapman (New York: New York University Press, 1978).
Rothenberg, Randall. *The Neoliberals* (New York: Simon and Schuster, 1984).
Rousseau, Jean-Jacques. *The First and Second Discourses*, edited and translated by Roger D. Masters and Judith R. Masters (New York: St. Martin's Press, 1969 [1949 and 1755]).
_____. *on the Social Contract*, edited by Roger D. Masters and translated by Judith R. Masters (New York: St. Martin's Press, 1969 [1762]).
Ryan, Alan. "Socialism for the Nineties," *Dissent* (fall 1990): 436-442.
Schaar, John. "Equal Opportunity and Beyond," *NOMOS IX: Equality*, edited by J. Roland Pennock and John W. Chapman (New York: Atherton Press, 1967).
Schlafly, Phylls. *Power of the Positive Woman* (New Rochelle, N. Y.: Arlington House, 1977).
Schopenhauer, Arthur. *World as Will and Idea*, translated by R. B. Haldane and J. Kemp (London: Keganm Paul, Trench, Thubner, 1883[1818]).
Schram, Stuart R. *The Political Thought of Mao Tse-Tung*, rev. ed. (New York: Praeger, 1969).
Schuck, Paul H. "The Great Immigration Debate," in *The American Prospect* 3 (fall 1990): 100-117.
Schultze, Charles L. *The Public Use of Private Interest* (Washington, D.C.: Brookings Institution, 1977).
Schumacher, E. F. *Small Is Beautiful* (New York: Harper and Row, 1973).
Schumaker, Paul. *Critical Pluralism, Democratic Performance, and Community Power* (Lawrence: University Press of Kansas, 1991).
_____. "Estimating the First and (Some of) the Third Faces of Power," *Urban Affairs Quarterly* 28 (Mar. 1993): 441-461.

참고문헌 *453*

Schumpeter, Joseph. *Capitalism, Socialism, and Democracy* (New York: Harper and Row, 1942).
Schwarz, John. *America's Hidden Success* (New York: W. W. Norton, 1983).
Seliger, M. *Ideology and Politics* (New York: Free Press, 1976).
Shiva, Vandana, *Staying Alive* (London: Zed Books, 1988).
Shklar, Judith. *After Utopia: The Decline of Political Faith* (Princeton: Princeton University Press, 1957).
Shtromas, Alexander. *The End of ISMs?* (Cambridge: Harvard University Press, 1994).
Shulman, George. *Radicalism and Reverence: The Political Thought of Gerrard Winstanley* (Berkeley: University of California Press, 1989).
Sibley, Mulford Q. *Political Ideas and Ideologies: A History of Political Thought* (New York: Harper and Row, 1970).
Singer, Peter. *Animal Liberation* (New York: Avon, 1975).
Skocpol, Theda. "Legacies of New Deal Liberalism," in *Liberalism Reconsidered*. edited by Douglas MacLean and Claudia Mills (Totowa, N. J.: Rowman and Allenheld, 1983).
Smith, Adam. "The Wealth of Nations," in *Adam Smith's Moral and Political Philosophy*, edited by Herbert W. Schneider (New York: Hafner, 1948[1776]).
Smith, Tony. *Thinking Like a Communist: State and Legitimacy in the Soviet Union, China, and Cuba* (New York: W. W. Norton, 1987).
Sorel, Georges. *Reflections on Violence*, translated by T. E. Hulme (London: Allen, 1915[1960]).
Sowell, Thomas. *Ethnic America: A History* (New York: Basic, 1981).
_____. *Inside American Education: The Decline, the Deception, and the Dogma* (New York: Free Press. 1993).
_____. *Preferential Policies: An International Perspective* (New York: Quell, 1990).
Speer, Albert. *Inside the Third Reich: Memoirs*, translated by Richard and Clara Winston (New York: Macmillan, 1970).
Spencer, Herbert. *The Man Versus The State* (Caldwell, Idaho: Caxton Press, 1969[1892]).

_____. "The Survival of the Fittest," in *Social Statics* (New York: D. Appleton, 1851).
Spitz, Elaine. "Citizenship and Liberal Institutions," in *Liberals on Liberalism*, edited by Alfonso J. Damico (Totowa, N. J.: Rowman and Littlefield, 1986).
Spragens, Thomas. "Reconstructing Liberal Theory," in *Liberals on Liberalism*, edited by Alfonso J. Damico (Totowa, N. J.: Rowman and Littlefield, 1986).
_____. *The Irony of Liberal Reason* (Chicago: University of Chicago Press, 1981).
Sprinzak, Ehun. *The Ascendance of Israel's Radical Right* (New York: Oxford University Press, 1991).
Stalin, Joseph. *Dialectical and Historical Materialism* (Tirana: "8 Nentori," 1979[1938]).
_____. *Economic Problems of Socialism in the USSR* (Moscow: Foreign Language Publishing House, 1953).
Starr, Paul. "Liberalism After Socialism," in *The American Prospect* (fall 1991):70-80.
Steinem, Gloria. *Outrageous Acts and Everyday Rebellions* (New York: Holt, Rinehart and Winston, 1983).
Stigler, George. "Director's Law of Public Income Distribution," *Journal of Law and Economics* 13(Apr. 1970): 1-10.
Stirner, Max (Johann Kaspar Schmidt). *The Ego and His Own*, translated by S. T. Bylington (London: Jonathan Cape, 1921[1843]).
Stone, Alan. "Justifying Regulation," in *The Liberal Future in America*, edited by Philip Abbot and Michael B. Levy (Westport, Conn.: Greenwood Press, 1985).
Stone, Clarence. *Regime Politics* (Lawrence: University Press of Kansas, 1989).
Stone, Deborah A. "Why the States Can't Solve the Health Care Crisis," *American Prospect* (spring 1982): 51-60.
Stone, Lawrence. *The Family, Sex, and Marriage: In England 1500-1800* (London: Widenfelf Nicolson, 1977).
Storing, Herbert J. (ed.). *Essays on the Scientific Study of Politics* (New York:

Holt, Rinehart, and Winston, 1962).
Strauss, Leo. "The New Political Science," in *Keeping the Tablets: Modern American Conservative Thought*, edited by William F. Buckley, Jr., and Charles R. Kesler (New York: Harper and Row, 1988).
Sundquist, James. *Policies and Politics: The Eisenhower, Kennedy, and Johnson Years* (Washington, D.C.: Brookings Institution, 1968).
Tannenbaum, Eduard. *The Fascist Experience: Italian Society and Culture, 1922-1945* (New York: Basic, 1972).
Tawney, Richard. *Equality* (London: Allen and Unwin, 1964 [1931]).
Terchek, Ronald. "The Fruits of Success and the Crisis of Liberalism," in *Liberals on Liberalism*, edited by Alfonso J. Damico (Totowa, N. J.: Rowman and Littlefield, 1986).
Thomas, Elizabeth Marshall. "Of Ivory and the Survival of Elephants," *The New York Review of Books* 41 (Mar. 24, 1994): 3-6.
Thompson, John B. *Studies in the Theory of Ideology* (Cambridge, England: Polity Press, 1984).
Thoreau, Henry David. *Walden* and *On the Duty of Civil Disobedience* (New York: Collier, 1962[1854, 1849]).
Thorson, Thomas. *The Logic Democracy* (New York: Holt, Rinehart, and Winston, 1962).
Thurow, Lester. *The Zero Sum Society* (New York: Penguin, 1980).
Tinder, Glenn. *Political Thinking: The Perennial Questions*, 5th ed. (New York: Harper Collins, 1991).
Tolstoy, Leo. *The Kingdom of God Is Within You*, translated by Leo Wiener (New York: Farrar, Straus, and Giroux, Noonday Press, 1961[1905]).
Tong, Rosemarie. *Feminist Thought* (Boulder, Colo.: Westview Press, 1989).
Tracy, Antoine Louis Claude Destutt de. *Elements of Ideology*, translated and edited by John Morris (Detroit: Center for Public Health, 1973).
Tribe, Lawrence. "Ways Not to Think About Plastic Trees: New Foundations for Environmental Laws," *Yale Law Review* 83 (fall 1974): 1314-1348.
Trotsky, Leon. *History of the Russian Revolution*, translated by Max Eastman (New York: Simon and Schuster, 1933).
_____. "The Defence of Terrorism," in *Basic Writings of Trotsky*, edited by Irv-

ing Howe (New York: Random House, 1963 [1920]).
Trounstine, philip, and Terry Christensen. *Movers and Shakers* (New York: St. Martin's press, 1982), pp.40-47.
Tsongas, Paul. *The Road from here: Liberalism and Realities in the 1980's* (New York: Knopf, 1981).
Verba, Sidney, and Gary Orren. *Equality in America* (Cambridge: Harvard University press, 1985).
Vigurie, Richard. *The New Right: We're Ready to Lead* (Falls Church, Va.: Vigurie, 1980).
Voegelin, Eric. "Gnosticism—The Nature of Modernity," in *Keeping the Tablets: Modern American Conservative Thought*, edited by William F. Buckley, Jr., and Charles R. Kesler (New York: Harper and Row, 1988).
Vogel, Lise. *Marxism and the Oppression of Women: Toward a Unitary Theory* (New Brunswick, N. J.: Rutgers University Press, 1983).
Voltaire (Francois-Marie Arguet), "Letters Philosophiquws," in *The Selected Letters of Voltaire*, edited by Richard A. Brooks (New York: New York University Press, 1973[1734]).
Vonnegut, Kurt. "Harrison Bergeron," in *Welcome to the Monkey House* (New York: Dell, 1970).
Walzer, Michael. "A Day in the Life of a Socialist Citizen," in *Obligations: Essays on Disobedience, War, and Citizenship* (Cambridge: Harvard University Press, 1970).
_____. "Socializing the Welfare State," *Dissent* (summer 1988): 292-300.
_____. "The Community," *The New Republic* (Mar. 31, 1982): 11-14.
_____. *Spheres of Justice* (New York: Basic, 1983).
Warren, Carol A. B., ed. *Gender issues and Field Research* (Newbury Park, Calif.: Sage, 1988).
Webb, Sidney. *Socialism in England* (London: Sonnenschein, 1890).
Weedon, Chris. *Feminist practice and Post-Structural Theory* (New York: Basil Blackwell, 1987).
Weffort, Francisco. "The Future of Socialism," *Journal of Democracy* 3 (July 1992): 90-99.
Weinstein, James. *The Corporate Ideal and the Liberal State* (Boston: Beacon

참고문헌 *457*

Press, 1966).
Weir, Margaret, Ann Schola Orloff, and Theda Skocpol. *The Politics of Social policy in the United States* (Princeton: Princeton University Press, 1988).
Welch, Susan, and Timothy Bledsoe. *Urban Reform and Its Consequences: A Study in Representation* (Chicago: University of Chicago Press, 1988).
Will, George F. *Restoration: Congress, Term Limits, and the Recovery of Deliberative Democracy* (New York: Macmillan, 1992).
_____. *Statecraft as Soulcraft: What Government Does* (New York: Simon and Schuster, 1982).
_____. *The Pursuit of Virtue and Other Tory Nations* (New York: Simon and Schuster, 1983).
Williams, Bernard. "The Ideas of Equality," in *Philosophy, Politics, and Society*, edited by Peter Laslett and W. G. Runciman (Oxford: Basil Blackwell, 1962).
Wilson, Edmund. *To the Finland Station* (London: Macmillan, 1972).
Wilson, James Q. *The Moral Sense* (New York: Free Press, 1993).
_____. "The Rediscovery of Character: Private Virtue and Public Policy," *The Public Interest* 81 (fall 1985): 3-16.
Wilson, William Julius. *The Truly Disadvantaged* (Chicago: University of Chicago Press, 1987).
Wolff, Robert Paul. *In Defense of Anarchism* (New York: Harper and Row, 1970)
Wolfinger, Raymand. "Reputation and Reality in the Study of Community Power," *American Sciological Review* 25 (Oct. 1960): 636-644.
Wollstonecraft, Mary. *A Vindication of the Rights of Women*, 2d ed., edited by Carol H. Poston (New York: W.W.Norton, 1988 [1792]).
Woodcock, George. *Anarchism: A History of Libertarian Ideas and Movements* (Cleveland: World, 1962).
Wright, Anthony. *Socialisms: Theory and Practice* (New York: Oxford University Press, 1986).
Young, Crawford. *Ideology and Development in Africa* (New Haven: Yale University Press, 1982).
Young, Iris Marion. *Justice and the Politics of Difference* (Princeton: Princeton

University Press, 1990).
Z (an anonymous observer of the Soviet Scene). "To the Stalin Mausoleum," *Daedalus* (winter 1990): 295-342.
Zimmerman, Ekkart. "Macro-comparative Research on Political protest," in *Handbook of Political Conflict*, edited by Ted Gurr (New York: Free Press, 1980).

색인(Index)

ㄱ

가셋, 호셋 오르테가 이 148
가중투표제 133
개인주의적 사회관 106
거대이론 171
게바라, 에르네토("체") 307, 309, 333, 334
견유학파(Cynics) 190
경제결정론 271, 272, 275, 276, 405
경찰국가 307
경험이론 25, 26, 405
계급갈등 271, 303
계급구조 264, 271, 285, 314
계급 없는 사회 285, 405
계급의식 254, 257, 265, 290, 303, 324, 335, 341
계급투쟁 344, 362
계몽된 자기이익 111, 405
계몽운동(사상가) 86, 146, 149, 405
계몽주의 철학자 170
계획경제 43, 346
고드윈, 윌리엄 191, 192, 193, 216, 221, 234, 237

고르바초프, 미하일 309, 338, 346, 347, 349
고비노, 아터 드 355, 371, 372
고전적 자유주의 40, 41, 46, 64, 84, 85, 87, 88, 147, 154, 155, 163, 164, 166, 172, 190, 191, 206, 212, 245, 272, 406
고전적 자유주의자 33, 40, 56, 57, 60, 90, 107, 179, 183, 202, 226, 234, 237, 239, 369, 379
골드만, 엠마 190, 197, 209, 210
공공선 176, 182
공동체주의 160
공리주의 63, 108, 276, 406
공리주의적 방법 110
공산주의 43, 256, 276, 292, 300, 305-352, 406
공산주의 혁명 58, 318
공화제적 구조 180, 406
과두제의 철칙 395
과학적 사회주의 215, 277, 407
과학적 정치이론 26

과학혁명 149
교환양식 265, 288
구빈법(救貧法) 122
국가사회주의 54, 360, 374, 383, 388, 397, 401-403
국가주의적 사회 54
국부론 121
국제공산주의 운동 338, 340
국제노동자협회 338
굿맨, 폴 192, 195
권력분립 128, 129, 407
권위주의 55, 408
귀족의 의무(Noblesse Oblige) 152, 408
그람시, 안토니오 307, 309, 329, 334
근본주의 47, 409
글라스노스트 349
금융자본주의 313, 409
기술진보 275
기술혁신 274
기여의 원리 297, 409

노동조합주의 315, 349, 410
노직, 로버트 126
니체, 프리드리히 355, 369, 370

| ㄷ |

다수의 횡포 133, 410
다윈, 찰스 98, 373
달, 로버트 225, 226
대리이론(substitutionism) 290
대약진운동 329
대의민주주의 42, 96, 131, 142, 143, 272, 273, 410
데카르트, 르네 38, 107
데카르트의 방법론 107, 277, 411
데카르트적 자유주의자들 108
도구적 이성 100, 411
도덕적 자율성 202, 411
뒤르켕, 에밀 148, 165
디즈렐리, 벤자민 175
디킨스, 찰스 257

| ㄴ |

나치당 54
나치스 44, 45, 56, 62, 339, 360-366, 368, 377-380
나치즘 44, 45, 64, 353-403, 409
낙태문제 72
네오마르크스주의 252, 409
노동가치설 123, 409
노동계급 311, 323, 359, 410
노동분업 260, 261, 262
노동자자치평의회 329, 410

| ㄹ |

레닌 247, 248, 307, 309, 312, 313, 315, 318, 320, 322-325, 332, 335, 337, 350, 369
레닌주의 43
레이드, 토마스 172
로크, 존 32, 38, 87, 91, 96, 101, 106, 112, 123, 138, 140
루소, 장-자크 95, 225, 266
루터, 마틴 138
룩셈부르크, 로자 307, 309, 312, 362

리카도, 데이빗 141

| ㅁ |

마르쿠제, 허버트 195
마르크스 존재론 321
마르크스, 칼 32, 42, 61, 63, 215, 217, 218, 239, 243, 248, 305, 326, 327
마르크스-레닌주의 32, 43, 247, 317, 333, 369, 411
마르크스주의 42, 59, 64, 78, 213, 239, 243-303, 305, 352, 411
마르크스주의 혁명 43
마르크스주의자 211, 217, 218, 328
(수정주의)마르크스주의자 247
마이스트르, 조셉 드 148
마치니, 주세페 355
막시모프, G. P. 213
만하임, 칼 48
매킨타이어, A. 160
메디슨, 제임스 87, 117, 134
명예혁명 138
모스카, G. 355, 395
모어, 토머스 30, 257
모택동(毛澤東, 마오쩌둥) 43, 247, 248, 308, 309, 320, 325, 332, 333
몽테스키외 87, 117, 129
무솔리니, B. 44, 355, 356, 364, 369, 370, 383, 385, 389, 394
무오류적 이해/단정 348
무정부주의 41, 43, 57, 191-240, 412
문화대혁명 329

미국시민자유연맹(ACLU) 161
미헬스, R. 395
민족주의 29, 412
민족주의 운동 29, 313
민주사회주의 45, 46, 47, 67, 412
민주주의 28, 29, 412
민주집중제 336, 337, 349, 396, 412
밀, 제임스 87, 132, 135, 140, 141
밀, 존 스튜어트 32, 86, 92, 94, 101, 102, 109, 112, 118

| ㅂ |

바그너, R. 372
바이마르 정부/공화국 359, 360
바쿠닌, 미하일 191, 193, 217, 218, 231
바타유, 조지 194
반유태주의 372, 391
버크, 에드먼드 32, 41, 147-151, 154, 155, 166, 182, 183
범신론 205, 413
범주적 명령(Categorical imperative) 101
베르그송, 앙리 377, 378
베르사이유 조약 358
베른스타인, 에드워드 362
베이컨, 프란시스 30
벤담, 제레미 87, 109, 110, 140
벤담주의자들 141
벨, 다니엘 161
변증법 273, 413
변증법적 유물론 269, 275, 280, 306, 321, 325, 369, 413

복지국가 자유주의 141
복지권 142
볼셰비즘 32, 43
볼셰비키당 43, 332
볼테르 87, 117
봉건경제(feudal economy) 153
봉건사회 89
부르주아 헤게모니 334, 335, 413
부르주아지 독래 289
분권주의 228, 414
비례대표 132, 414
비스마르크 175

| ㅅ |

사유재산의 철폐 295, 414
사회계약(론) 116, 184, 212, 414
사회적 다원주의 54
사회적 재화 58, 415
사회진화론자 122
산델, 미카엘 160
산업자본주의 312, 415
살린스, 마샬 225
생산관계 265, 416
생산력 264, 416
생산수단 263, 264, 266, 274, 279, 287, 288, 292, 296, 314, 319, 342, 416
생산양식 260, 264, 274, 279, 288, 293, 416
생시몽 257
생태주의 47
소렐, 조지-유진 355
소로, 헨리 D. 189, 202, 204, 227

소범위이론 27, 29
소외 260, 261-263, 284, 288, 291, 303, 306, 315, 328, 416
소크라테스 18
쇼펜하우어, A. 355, 376, 377
수요공급의 법칙 125, 416
수호자주의(guardianship) 56, 417
숙련민주주의론 134
스미드, 아담 38, 87, 102, 120, 121, 171, 172
스위프트, 조나단 303
스코트랜드 계몽학파/주의 172, 417
스키너, B. F. 30
스탈린, 조셉 307, 309, 315, 318, 320, 335, 345, 346, 351
스터너, 막스 191, 192, 201, 213, 214, 234
스펜서, 허버트 98, 122, 207
시민권 55, 134, 135, 147, 183, 237, 299, 349, 396
시장경제 174
시장실패 65
시장정의(market justice) 124, 126, 417
신분의회 88
신좌파운동 195, 417
신파시즘 44
실질대표론 182, 417

| ㅇ |

아노미 169
아담스, 존 41
아담스, 헨리 148

아리스토텔레스 18, 98, 129, 233, 238
알튀세, L. 276
압축혁명이론 323, 418
야경경찰 176
에치오니, 아미타이 161
엘리트주의 389, 419
엠마, 골드만 192
엥겔스 F. 215, 244, 246, 250, 254, 257, 269, 275, 276, 303
여성주의 48, 418
영구혁명 323, 418
오스틴, 존 141
오웬, 로버트 255, 257
옥샷, 미카엘 148, 159, 162, 188
왕권신수설 39
요아킴 267
월프, 로버트 폴 192, 224, 226
웨일, 시몬느 25
유기체적 사회(관) 167, 170, 419
유기체적 사회개념 400
유기체적 진화 185, 419
유토피아 30, 257
유토피아론자 30, 31
유토피아적 공동체 255
의회민주주의 360
이데올로그들(ideologues) 33, 62, 64, 71, 74, 320, 420
이데올로기 31-35, 86
이데올로기의 종언 44
인간과학(science of man) 164
인간의 순응성 211
인간의 합리성 101
인민주권 133, 420
인종법 366

인종우생학 356
인종(이)론 365, 367, 373, 374
인종주의 356, 357, 373
인종차별 정책(apartheid) 357, 421
인종청소 356, 357
인종투쟁 354, 374, 421
일국사회주의 307
입헌민주주의 95, 421
잉여가치 279, 293-295, 311, 315, 421

| ㅈ |

자격이론(entilement theory) 126, 127, 421
자본주의 42, 94, 147, 263, 272, 273, 279, 281, 285, 305, 315, 352, 421
자연권 85, 108, 142, 421
자연상태 97, 102, 103, 112, 421
자연신교(deism) 97, 422
자연적 공동체 203, 422
자연적인 귀족정 181, 422
자유민주주의 360, 361
자유시장 원칙 94
자유시장경제 44
자유시장체제 68
자유의 파시스트적 개념 397, 422
자유주의 목표 94, 95
자유주의(자) 85, 86, 93, 94, 273, 280, 353
자유주의적 자유 93, 422
자유지상주의 114, 422
자코뱅 당원 193
장개석 325

재산권 142, 422
전유양식 265, 288, 423
전체주의 54, 423
정의의 귀속적 원칙 178, 423
정치개혁 140, 424
정치이데올로기 31
정치적 권리 28
정치적 절대주의 90, 96, 424
정치적 평등 28
정치체(body politic) 155
정치혁명 139, 140, 424
제1인터내셔널 338
제2인터내셔널 339
제3인터내셔널 339, 349, 350
제국주의 312, 313, 315, 321, 326, 330, 344, 424
제한정부 116, 425
젠틸레, G. 355, 356, 380
조합주의 399, 425
존재론적 유물론 98, 425
존재의 평등 101, 425
종교개혁 91, 149
종교전쟁 92
종말론적 세계관 267
종속이론 314, 425
중간계급 363
중농주의자 120
중범위이론 27-29, 425
중상주의적 경제정책 95
중재적 제도 168, 169, 173
지속혁명(continuous revolution) 329, 426
지식사회학 49
직관주의 377, 426

직접민주주의 222, 426

| ㅊ |

참여민주주의 57
창조적인 노동자 259, 426
챔벌린, H. S. 355, 372
처칠, 윈스턴 187
철갑이념(iron-clad doctrine) 320
총통제 390, 427
추상적인 권리 150, 427

| ㅋ |

카리스마적 리더십 330, 427
카스트로, 피델 43, 308, 320, 330, 333, 334
칸트, 임마뉴엘 101, 117, 118
컥, 러셀 148
케네, 프랑수아 120
코민테른(Comintern)/제3인터내셔널 338, 339, 349, 350
콩도르세 138
콩트, 오귀스트 257
쿠바 모델 333, 427
크로포트킨, 피터 191, 192, 205, 209, 210, 213, 215, 225, 235, 236

| ㅌ |

테일러, 찰스 160
토크빌 133
톨스토이, 레오 189, 192, 199, 209, 212, 220

트라시, 데스튀트 드 38
트로츠키, L. 247, 307, 309, 323
티토 43, 308, 329

| ㅍ |

파레토, 빌프레도 355, 395
파시스트 44, 45, 56, 62, 356, 357, 362, 364, 366, 368, 377-380, 384, 389
파시스트 사회 169
파시즘 44, 45, 54, 64, 65, 353-403, 427
패러다임 29, 31, 428
퍼거슨, 아담 172
페레스트로이카 338, 347, 349
페론, J. 357
페미니즘 32
페인, 토마스 87, 92, 139, 190
평등주의 정신 358
포이에르바하, L. 271
포퍼, 칼 25
푸리에, 찰스 211, 255, 257, 260
풀란짜스, N. 276
프랑스혁명 39, 146, 147, 149, 150, 155, 166, 184, 185, 428
프랑코, F. 357
프랑크푸르트 학파 252
프로테스탄트 개혁 146
프로테스탄티즘 91
프롤레타리아 계급 314, 428
프롤레타리아 국가 288
프롤레타리아 독재 56, 221, 283, 284, 290, 300, 319, 340, 343, 352, 428
프롤레타리아 전위 290, 324
프롤레타리아 허위의식 310
프롤레타리아 혁명 323, 325
프롤레타리아 혁명의식 311
프롤레타리아의 궁핍화 282, 429
프루동, 피에르 192, 193, 198, 204, 209, 218, 230, 231, 236
플라톤 18, 98
피히테, 요한 374

| ㅎ |

하버마스, 위르겐 252
하이에크, 프리드리히 87, 126
해방신학 344, 429
허위의식 64
헤겔 248, 259, 260, 270, 271
헤르첸, 알렉산더 192, 200, 207, 209
헤르츠카, 테오도르 30
혁명(의식) 315, 429
현대 보수주의 45, 47, 429
현대자유주의 45-47, 59, 430
호치민 308, 320
호크하이머, 막스 252
홉스, 토마스 38, 92, 101, 210
홉슨 311
후버, R. 355
후센인, S. 357
흄, 데이비드 108, 171, 172
히틀러, A. 44, 354, 355, 363, 391

역자 후기

이 책은 Paul Schumaker, Dwight C. Kiel, Thomas Heilke가 공저한 *Great Ideas/Grand Schemes: Political Ideologies in the 19th and 20th Centuries* (New York: The McGraw-Hill Companies, Ins., 1996)를 번역한 것이다. 출간한 지 10년이나 되는 이 책을 번역하게 된 것은 역자가 이 책을 지난 몇 년간 강의교재로 썼다는 경험 때문이다.

역자가 5년 전 제주대학교 사범대학 윤리교육과에서 〈사회사상연구〉 강좌를 개설할 때 향후 중등학교에서 도덕과 윤리를 가르칠 교사 후보자들에게 교양과 전문성을 동시에 충족시켜 줄 수 있는 강의를 어떻게 제공할 것인가에 직면하였다. 주된 교재가 필요하다는 생각에서 여기저기 알아보았지만 마음에 드는 교재를 찾지 못하던 중, 우연히 이 책을 접하게 되었다. 가능하면 국문으로 된 교재로 강의하려고 했던 역자에게 이 교재는 영문책이지만 내가 소화해서 잘 전달해 주면 될 것이고, 또 혹 영문 원본으로 읽고 싶어 하는 학생들에게 부분적으로 복사해서 주면 될 것이라는 생각으로 이 책을 교재로 삼았다.

2000년 그때부터 번역에 들어갔더라면 좀 더 일찍 이 번역서가 세상에 나왔을 텐데 하는 아쉬움이 있지만, 항상 늦었다고 할 때가 빠른 것이라는 생각에서 2년 전부터 번역에 착수했다. 강의 준비를 하면서 이 책이 얼마나 체계적으로 19세기와 20세기의 정치사상들을 정리해 주고 있는지에 대해서 잘 알고 있었지만, 번역을 하면서는 단순한 정리를 넘어서서 많은 통찰과 비전을 제시해 주고 있음에 저자들에게 많이 고마워했다.

원저의 내용이 좋다고 역저가 반드시 좋다는 법은 없다. 더욱이 그동안 번역서를 읽을 때마다 차라리 원저로 공부해야 되는게 아닌가 할 정도로 마음에 안 드는 번역서도 적지 않았다. 그래서 역자 역시도 괜히 좋은 책을 잘못 번역해서 원저의 가치를 떨어뜨리게 되는 건 아닌지 하는 우려가 없지 않다. 더욱이 역자는 정치사상 전공자가 아니기 때문에 더욱 그렇다. 그런데도 굳이 시간을 내어 이 책을 번역하게 된 것은 무엇보다도 역자가 수업 시간에 강의 교재로 활용했던 경험을 버리기가 아까웠기 때문이다. 수업 시간에 몇 번 이 책을 강의하다 보니까 책의 내용에 대한 파악도 깊어지고 해서 나름대로 번역에 자신도 생겼다.

그러나 의욕이 크다고 성과가 그대로 나는 것은 아니어서, 실제 번역 작업에는 생각보다 시간이 꽤 걸렸다. 수업을 통해서 내용을 잘 안다고 해도 원저의 미세하고 미묘한 뉘앙스의 함의까지 어떻게든 담아보려고 노력할수록 번역이 얼마나 힘들고 고생스러운 일인가를 새삼 확인만 할 뿐이었다.

이제 가까스로 원저의 절반 분량만큼 번역을 마치고 우선 역서 1편을 내게 되었다. 워낙 책의 분량이 많아서 한 권으로 다 출간하는 것보다는 두 권의 책으로 내는 것이 여러 가지로 독자들에게는 더 유용할 것이라는 생각에서이다. 그래서 이 역서를 내면서도 또 두 번째의 역서를 내야 한다는 일정이 남아 있기 때문인지, 이 역서는 완성이라기보다는 중간 점검이자 '시작의 반'에 해당한다.

이 책의 번역과 출간을 흔쾌히 허락해 준 세 분의 저자와 오름출판사의 부성옥 사장 그리고 최선숙 과장에게 고마운 뜻을 전한다. 항상 바쁘다는 이유로 시간을 같이 하지 못하는 역자로서는 아내 강애진과 아들 양성후가 이 역서를 보면서 조금이나마 이해를 해 주면 고맙겠다는 생각을 해 본다. 독자 여러분들에게 마음이 드는 역서가 되었으면 하는 바람이다.

2005년 8월
안개 자욱한 한라산을 바라보면서
양길현 배상

저자소개

폴 슈마커(Paul Schumaker)

미국 캔자스대학교 정치학과 교수이며 서구문명에 관한 권위자이다. 1973년 위스콘신-매디슨대학교에서 박사학위를 받았다. 정치운동과 민주과정 그리고 정치적 영향력에서의 성(性) 차이 등에 대해 많은 연구를 하고 있고, 대표적으로 *Journal of Politics*, *American Journal of Political Science* 등 많은 학술지에 연구를 발표하였다. 1991년 캔자스대학교 출판부에서 *Critical Pluralism, Democratic Performance, and Community Power*가 출간되었다. 최근에는 분배적 정의의 다양한 원칙들에 대해 정부 관리들이 어떻게 생각하고 적용하고 있는지에 대해 연구 관심을 기울이고 있다.

드윗트 키엘(Dwight C. Kiel)

미국 센트럴플로리다대학교 정치학과 부교수이다. 1984년 매사추세츠-암허스트대학교에서 박사학위를 받았으며, 버링톤우수교육자상(Burlington Outstanding Educator Award) 등 많은 상을 수상했다. 계몽주의 시기의 인간이성에 대한 다양한 관점을 정리한 저작이 있으며, *American Review of Politics*에 기고된 대표적 논문은 언어와 환경 문제를 다루고 있다.

토머스 헤일케(Thomas W. Heilke)

미국 캔자스대학교 정치학과 교수이다. 1990년 듀크대학교에서 박사학위를 받았다. *The Review of Politics and Political Theory* 등에 수 편의 논문을 실었고, 1990년에 *Voegelin on the Idea of Race: An Analysis of Modern European Racism*을 저술했다. 프리드리히 니체의 정치교육에 대한 논문을 마치고 최근에는 재침례교의 사상에 대한 연구에 집중하고 있다.

역자소개

양길현(Yang, Gil-Hyun | yangh@cheju.ac.kr)

현재 제주대학교 사범대학 윤리교육과 부교수이다. 서울대학교에서 1996년 "제3세계 민주화의 정치적 동학 비교분석: 한국, 니카라과, 미얀마의 경험을 중심으로"로 정치학 박사학위를 받았다. 경남대학교 극동문제연구소에서 15년간 연구활동을 한 후 1999년 제주대학교로 자리를 옮기고는 민주주의론, 사회사상연구, 한국정치론, 동아시아연구, 북한 및 통일론을 가르치고 있다. 『사건으로 보는 한국의 정치변동』(2004) 외에 수 편의 단행본을 다른 학자들과 함께 저술했으며, "신남북시대의 평화공영과 연합제 — 낮은 단계의 연합제"(2001), "아웅산수지의 민주화 리더십"(2003) 그리고 "동아시아 공동체의 가능성과 전략"(2004) 등 다방면에 걸쳐 연구를 하고 있다. 최근에는 『세계평화의 섬 제주』를 출간하려고 준비 중에 있다.

정치사상의 이해 I · 근대편

인쇄 2005년 8월 23일
발행 2005년 8월 30일

옮긴이 양길현
발행인 부성옥
발행처 도서출판 오름
등록번호 제2-1548호 (1993. 5. 11)

서울특별시 서초구 서초동 1420-6 통일시대연구소빌딩 301호
전화 (02)585-9122, 9123   팩스 (02)584-7952
E-mail oruem@oruem.co.kr
URL http://www.oruem.co.kr

ISBN 89-7778-239-2   93340   값 16,000원

* 이 책의 한국어판 저작권은 도서출판 오름에 있습니다.
  한국 내에서 보호를 받는 저작물이므로 무단전재와 무단복제를 금합니다.

* 잘못된 책은 교환해 드립니다.